句容年鉴 2024

JURONG NIANJIAN

句容市史志办公室 编

苏州大学出版社
Soochow University Press

《句容年鉴（2024）》编审人员

主　　　审　　周必松　　束克之

副　主　审　　赵树锋　　周　强　　许俊超　　张　凯
　　　　　　　凌　华　　徐　飞　　贡月明　　江　贝
　　　　　　　周建军　　贾良旭　　沈　辉

执行副主审　　孙太元　　高志祥

主　　　编　　胡文成　　吕兴齐

副　主　编　　徐彬彬　　陈　勇

编辑部主任　　陈龙浩

编校人员　　　赵　霞　　刘明亮　　陈龙浩　　张婉悦
　　　　　　　朱　峰　　吴　冉

编　　　务　　唐家亮

封面摄影　　　郑　军

编辑说明

一、《句容年鉴》是句容市人民政府公报性质的综合性资料工具书。本书由句容市人民政府主办，句容市史志办公室编纂。第1卷于1996年编辑出版；第2卷于2001年编辑出版，系1996—2000年合编；第3卷于2006年编辑出版。此后每年一卷，《句容年鉴（2024）》为总第21卷。

二、《句容年鉴（2024）》以马克思列宁主义、毛泽东思想、邓小平理论、"三个代表"重要思想、科学发展观、习近平新时代中国特色社会主义思想为指导，坚持辩证唯物主义和历史唯物主义的立场、观点与方法。其宗旨是通过综合整理，全面、系统、翔实地记录句容经济、社会的基本面貌和发展情况，为广大读者了解句容、研究句容进而建设句容提供准确可靠的信息资料和数据，为全市精神文明建设和各项社会事业协调发展服务。

三、《句容年鉴（2024）》共设34个类目。个别分目下设立次分目，其标题前后加·表示。不同层次的标题，在字号、字体和版式设计上有明显区分。全书条目标题统一用黑体字加【】表示。《附录》中"组织机构及领导干部"中的＊表示"兼职"。全书稿件均按市政府批准的《句容年鉴》组稿大纲和撰稿要求，由各镇政府、各部门、各有关单位指定专人负责撰写，并经主要领导审定。所用统计数据，由于统计的来源、口径、方式、方法和时间不同而有一定差异，引用时请以市统计局提供的"句容市国民经济和社会发展统计资料"数据为准。

四、人物入鉴标准。"市领导简介"，收录年度内新任职者，介绍简历；年度内职务调整者，简历参见前鉴。"模范人物简介"，收录省委、省政府以上表彰者，以及各类比赛国际前三名、国家前两名、省第一名；有重大贡献的新闻人物，介绍简历。省以上各类荣誉获得者和集体以名录形式收录。

五、本书在排版上，双页书眉为书名，单页书眉为类目标题；同时，设目录、索引等，以便读者查阅。

六、为丰富内容，本书收集部分补白资料及随文图照，力求做到图文并茂，形象、生动地反映句容市的发展面貌。

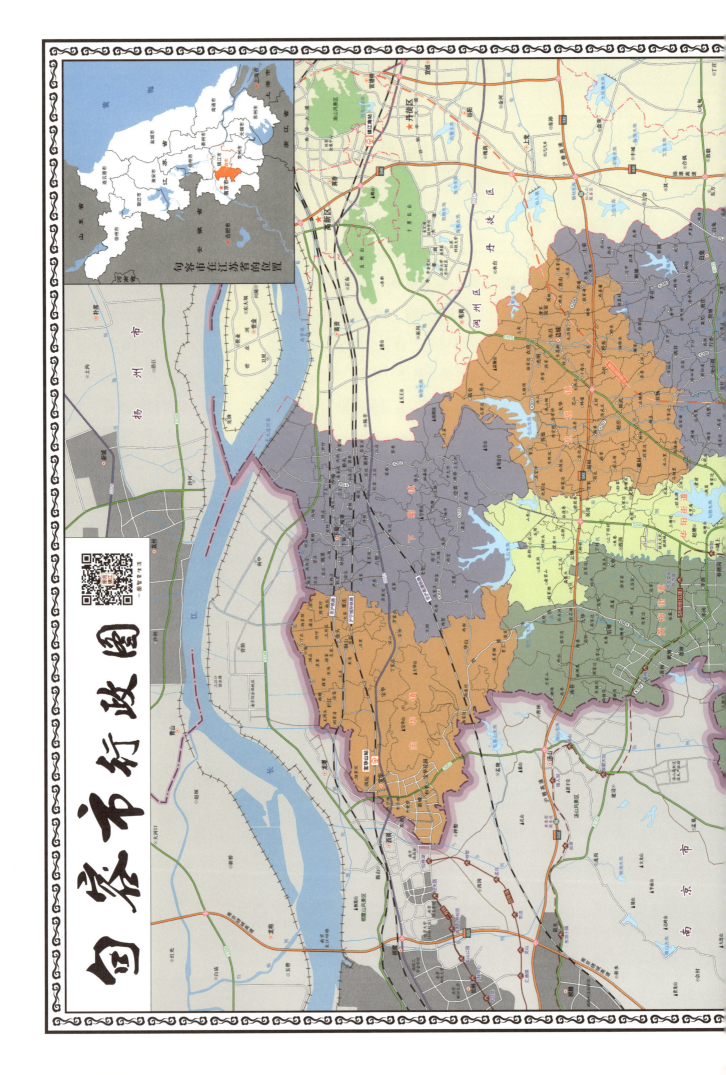

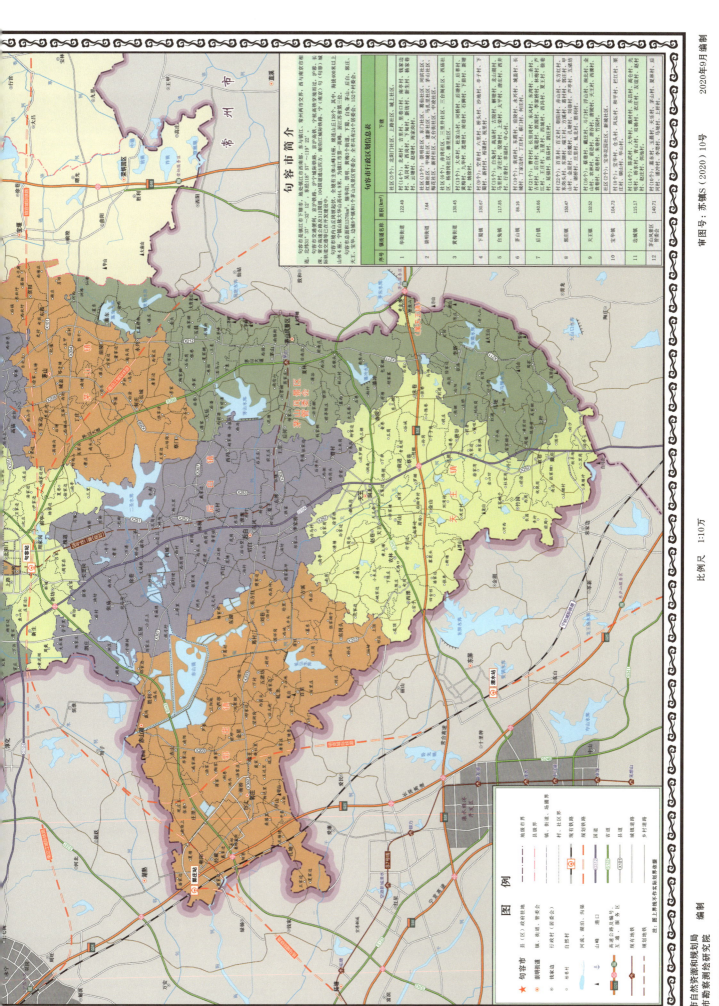

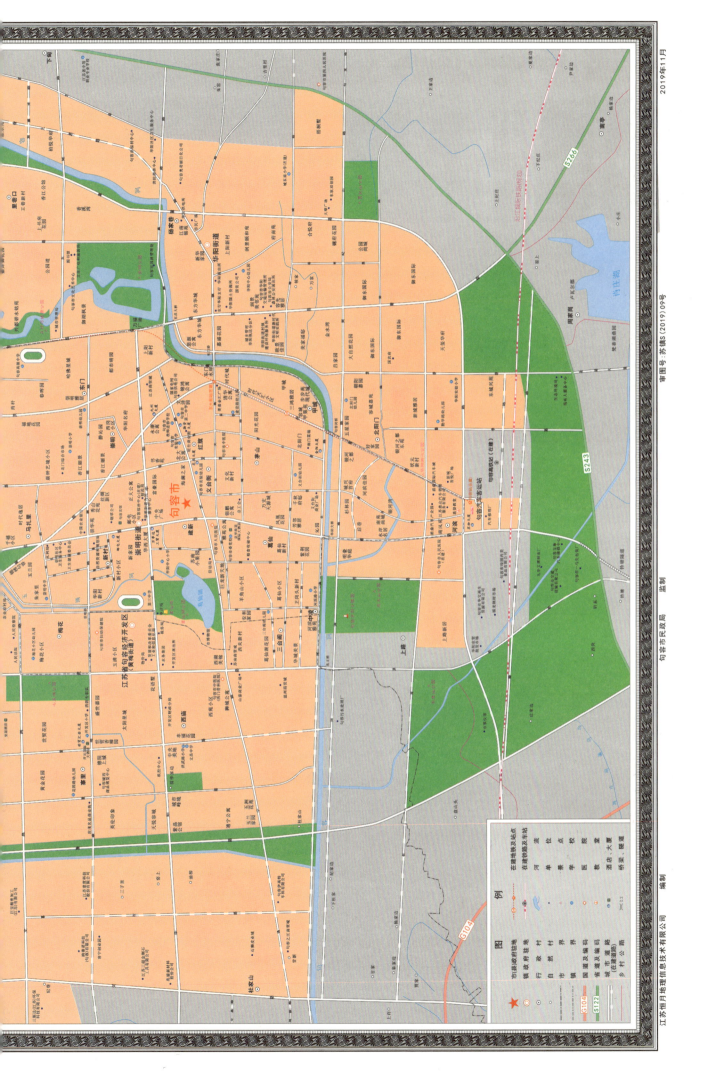

2023年句容市十大新闻

1月29日,产业强市大会在句容市文化艺术中心召开,会议以"奋进新征程 '句'力向未来"为主题,展现出过去一年全市上下风雨无阻向前进的生动历程,彰显出新一年的坚定信心,以及敢为善为,奋力推进中国式现代化句容新实践的坚定决心

2023年句容市十大新闻

3月26日,第十三届中国句容茅山文化旅游节启动仪式在句容康缘养生谷举行,本届旅游节主题为"水韵江苏 福地句容",分为"问道寻福""悠游田园""文韵句曲""跃动容城"四大板块,共36项主题活动、近百项子活动

3月7日,农业农村部公布第十二批全国"一村一品"示范村镇及2022年全国乡村特色产业产值超十亿元镇和超亿元村名单,句容市白兔镇中心村成功入选

 2023年句容市十大新闻

6月7日,"2023中国最美县域榜单"在第十九届中国(深圳)国际文化产业博览交易会上发布,全国共有105个县、市、区上榜,句容市入选

4月17日,农业农村部发布《关于2022年全国农业科技现代化先行县共建工作评估结果的通报》,句容市在全国72个创建县(市)中综合考评居第10位,成功入选首批"全国农业科技现代化先行县"

7月底,中央电视台《开学第一课》录制团队将"实景课堂"放在了句容戴庄白沙村的生态农业园里,由农技专家、时代楷模、全国脱贫攻坚楷模赵亚夫为句容市实验小学的学生们讲述传统农业中的生态循环。9月1日,《开学第一课》节目在中央电视台综合频道播出。赵亚夫亮相节目,以奋斗者的第一视角讲述新时代奋斗故事,鼓舞全国广大青少年博学笃行,投身强国建设、民族复兴的新征程

9月28日,农业农村部、财政部公布2023年国家现代农业产业园创建名单,句容市现代农业产业园入选,实现镇江国家级现代农业产业园零的突破

9月24日—25日，第五届国际道教论坛在句容市举行。本届论坛以"崇道尚德·与世偕行"为主题，表达了共享人类文明成果、共建人类美好家园的愿景

9月28日，2023年度"江苏省省长质量奖"正式揭晓，句容市企业建华建材（中国）有限公司入选，成为10家获奖企业之一

2023年句容市十大新闻

9月28日,沪宁沿江高铁正式通车。沪宁沿江高铁线路全长279千米,最高设计时速350千米,全线共设南京南、句容、金坛、武进、江阴、张家港、常熟、太仓8个车站

下蜀水厂建设工程

江苏和正特种装备有限公司入选江苏省专精特新"小巨人"企业认定名单

312国道346国道宁镇段改扩建工程句容段施工现场

治理完成后的肖杆河支流段

江苏圣海服饰科技有限公司

句容经济开发区智能精密制造研究与产业化项目

镇江北新建材有限公司

后白镇林梅村钟花樱盛开

江苏省生态宜居美丽乡村——华阳街道下甸村

省级"绿美村庄"——宝华镇仓头村

捕捞人员在北山水库起网收获

边城镇使用无人机防治水稻病虫害

10月21日,江苏省第三届猕猴桃产业发展论坛暨第六届镇江市农业科技嘉年华在句容市举行

5月4日,后白镇开展"戏曲进乡村"活动

3月30日,句容市实验高级中学在赤山湖国家湿地公园开展毅行活动

句容市积极应对低温雨雪冰冻天气

8月31日,茅山风景区华阳洞时隔十年再次对外开放

回眸 2023

12月12日，江苏农林职业技术学院建校100周年高质量发展大会举行

12月21日，2023年句容市"福地青年英才"创业大赛决赛举办

白兔草莓产销两旺

宝华山国家森林公园在春节期间举行花山古庙会活动

沪宁沿江高铁开通

沪宁沿江高铁开通

铸就"长龙"	箱梁架设	联调联试
工地现场		
句容站夜景	沪宁沿江高铁开通首日	

容城风光

容城风光 | 句容年鉴 JURONG NIANJIAN

容城晚霞　郑军（摄）

容城风光

容城风光

沪宁沿江高铁　王军（摄）

句容年鉴 | 容城风光

容城风光

宁句城际轨道　王军（摄）

第五届国际道教论坛

9月24日,第五届国际道教论坛开幕式

主论坛现场

分论坛活动现场

9月25日,第五届国际道教论坛闭幕式

目 录

特 载

圆满、精彩点亮论坛承办轨迹
——第五届国际道教论坛综述 ………………… 1
沪宁沿江高铁建设工程综述 …………………… 5
江苏农林职业技术学院百年发展综述 ………… 7

大事记

1月 ………………………………………………… 9
2月 ………………………………………………… 10
3月 ………………………………………………… 10
4月 ………………………………………………… 12
5月 ………………………………………………… 13
6月 ………………………………………………… 14
7月 ………………………………………………… 15
8月 ………………………………………………… 16
9月 ………………………………………………… 17
10月 ……………………………………………… 19
11月 ……………………………………………… 19
12月 ……………………………………………… 20

句容概览

地情概要 …………………………………………… 23

地理位置 ………………………………………… 23
土地面积 ………………………………………… 23
地质地貌 ………………………………………… 23
水系河流 ………………………………………… 23
水文水情 ………………………………………… 24
气候 ……………………………………………… 24
表1　2023年度句容市气候资料统计情况一览表
………………………………………………… 25
资源 ……………………………………………… 26
建置沿革 ………………………………………… 27
行政区划 ………………………………………… 28
表2　2023年句容市村（社区）情况一览表 …… 28
城市性质及规划 ………………………………… 29
交通 ……………………………………………… 29
人口 ……………………………………………… 30
民族 ……………………………………………… 31
宗教 ……………………………………………… 31
方言 ……………………………………………… 31
风景名胜 ………………………………………… 32
历史文化遗存 …………………………………… 32
历代名人 ………………………………………… 33
历代兵事 ………………………………………… 33
市徽和市花 ……………………………………… 33
国民经济和社会发展 ……………………………… 34
概况 ……………………………………………… 34
农业 ……………………………………………… 34
工业 ……………………………………………… 34
建筑业 …………………………………………… 34
房地产业 ………………………………………… 34
固定资产投资 …………………………………… 34
服务业 …………………………………………… 34

· 1 ·

开放型经济 …… 34	基层党组织和党员队伍建设 …… 43
财政 …… 35	人才工作 …… 44
金融 …… 35	公务员工作 …… 44
科技 …… 35	综合考核工作 …… 45
教育 …… 35	市级机关党建工作 …… 45
卫生 …… 35	**宣传工作** …… 45
文化 …… 35	概况 …… 45
旅游 …… 35	思想理论建设 …… 45
城乡建设 …… 35	新闻宣传 …… 46
环境保护 …… 35	文化建设 …… 46
人民生活 …… 36	意识形态工作 …… 46
社会保障 …… 36	·精神文明建设· …… 46

中共句容市委员会

综述 …… 37
 概况 …… 37
 经济发展 …… 37
 城乡发展 …… 38
 绿色发展 …… 38
 民生保障 …… 39
 省委巡视、审计工作 …… 39
重要会议 …… 39
 全市产业强市大会 …… 39
 全市文化旅游高质量发展大会 …… 39
 全市"七一"表彰大会暨党建引领高质量发展
  推进会 …… 39
 中共句容市委十三届四次全会 …… 40
 全市组织工作会议 …… 40
 中共句容市委十三届五次全会 …… 40
重要活动 …… 40
 句容(北京)高质量发展恳谈会 …… 40
 第三届江苏发展大会句容行合作恳谈会 …… 40
 句容(上海)高质量发展恳谈会 …… 40
 第五届国际道教论坛 …… 40
组织工作 …… 40
 概况 …… 40
 主题教育 …… 41
 干部队伍建设 …… 42

 概况 …… 46
 文明城市创建 …… 47
 新时代文明实践 …… 47
 公民道德建设 …… 48
 未成年人思想道德建设 …… 48
 社会文明建设 …… 48
统战工作 …… 49
 ·综述· …… 49
 概况 …… 49
 统战人才建设工作 …… 49
 发展促进工作 …… 49
 民营经济工作 …… 49
 统战阵地建设工作 …… 49
 党外代表人士工作 …… 50
 ·民族工作· …… 50
 概况 …… 50
 民族工作宣传活动 …… 50
 ·宗教工作· …… 50
 概况 …… 50
 传授三坛大戒法会 …… 50
 宗教领域"两个专项"整治 …… 50
 宗教领域安全生产工作 …… 51
 ·侨务工作· …… 51
 概况 …… 51
 侨务联盟建设 …… 51
 为侨服务 …… 51
 侨务交流 …… 51
 ·港澳台工作· …… 51
 概况 …… 51

| 台企服务 | 52 |
| 考察交流 | 52 |

机构编制
概况	52
体制机制改革	52
机构编制管理	53

老干部工作
概况	53
老干部政治待遇落实	53
老干部走访慰问	53
离休干部"三有一落实"工作	53
老干部作用发挥	54

党校工作
概况	54
干部教育培训	54
理论宣讲	54
理论研究	54
师资队伍建设	54

档案工作
概况	55
档案库房全面盘库	55
档案为民服务	55
档案征集编研	55

史志工作
概况	56
党史工作	56
年鉴工作	56
志书工作	56

句容市人民代表大会

综述
概况	57
助推经济社会发展	57
监督工作	58

重要会议
市十七届人大二次会议	58
市人大常委会会议	58
市人大常委会主任会议	59
专项评议大会	62

重要活动
| 任免市政府副市长 | 62 |
| 五级人大代表统一接待选民日 | 62 |

人大代表工作
概况	62
乡镇人大工作	63
代表议案、重点建议	63

句容市人民政府

综述
| 概况 | 64 |

重要会议
| 政府常务会议 | 64 |
| 市政府全体（扩大）会议 | 66 |

重要决策
出台《句容市产业项目"招引评估"办法》 …… 66

表3　2023年句容市政府重要文件目录一览表 … 67
印发《2023年市政府重点工作》	67
句容市第五次全国经济普查工作	67
出台《关于加强沪宁沿江高速铁路句容站综合管理意见》	67
出台《句容市供排水一体化改革实施方案》	67

重要活动
"江苏省普惠金融县区行"镇江专场活动	67
市政府与江苏农林职业技术学院全面深化战略合作	68
江苏句容农旅招商专场推介会	68
宁句企业家对口交流活动	68
句容农文旅上海推介招商会	68

政务服务
概况	68
企业服务	68
产业项目服务	69
便民服务	69
公共资源交易	69

机关事务管理 ……………………… 70
　概况 ……………………………… 70
　办公用房管理 …………………… 70
　公务用车管理 …………………… 70
　公共机构节能 …………………… 70
　后勤服务保障 …………………… 70

政协句容市委员会

综述 ………………………………… 71
　概况 ……………………………… 71
　政协委员管理 …………………… 71
　专委会建设 ……………………… 71
重要会议 …………………………… 72
　市政协十一届二次会议 ………… 72
　市政协常委会 …………………… 72
　市政协主席会 …………………… 72
议政协商 …………………………… 72
　概况 ……………………………… 72
　建言献策 ………………………… 73
　提案工作 ………………………… 73
　社情民意反映 …………………… 74
　民主监督 ………………………… 74

中共句容市纪律检查委员会 句容市监察委员会

综述 ………………………………… 75
　概况 ……………………………… 75
　队伍建设 ………………………… 75
　内部整治 ………………………… 75
监督工作 …………………………… 75
　概况 ……………………………… 75
　"两个责任"落实 ………………… 76
中心工作保障 ……………………… 76
　概况 ……………………………… 76
　决策部署落实 …………………… 76

营商环境优化 ……………………… 76
　容错纠错 ………………………… 76
　"四风"纠治 …………………… 76
专项监督治理 ……………………… 76
　概况 ……………………………… 76
　融资领域专项监督 ……………… 77
　国有资产专项监督 ……………… 77
　土地领域专项监督 ……………… 77
党风廉政建设 ……………………… 77
　概况 ……………………………… 77
　腐败惩治 ………………………… 77
　以案促改 ………………………… 77
　警示教育 ………………………… 77
巡察工作 …………………………… 78
　概况 ……………………………… 78
　政治巡察 ………………………… 78
　"纪巡"联动 …………………… 78
　巡察整改 ………………………… 78

群众团体

句容市总工会 ……………………… 79
　概况 ……………………………… 79
　职工文化建设 …………………… 79
　工会服务工作 …………………… 79
　帮扶纾困工作 …………………… 80
　基层工会建设 …………………… 80
共青团句容市委员会 ……………… 80
　概况 ……………………………… 80
　青少年思想引领工作 …………… 80
　青少年服务工作 ………………… 81
　青年发展工作 …………………… 81
　青年志愿者工作 ………………… 81
句容市妇女联合会 ………………… 81
　概况 ……………………………… 81
　困境妇女儿童帮扶 ……………… 82
　妇女儿童权益维护 ……………… 82
　家庭家教家风建设 ……………… 82
　妇女就业创业 …………………… 83

句容市科学技术协会 ……… 83
- 概况 ……… 83
- 科技服务 ……… 83
- 科普阵地建设 ……… 83
- 科普宣传教育 ……… 83

句容市文学艺术界联合会 ……… 84
- 概况 ……… 84
- 文艺主题活动 ……… 84
- 文艺创作 ……… 84

句容市残疾人联合会 ……… 85
- 概况 ……… 85
- 康复服务 ……… 85
- 残疾人教育就业 ……… 85

句容市红十字会 ……… 85
- 概况 ……… 85
- 救护培训 ……… 85
- "三献"工作 ……… 86
- 人道救助 ……… 86

民主党派·工商联

中国民主同盟江苏农林学院支部 ……… 87
- 概况 ……… 87
- 支部活动 ……… 87

中国民主同盟句容支部 ……… 87
- 概况 ……… 87
- 支部活动 ……… 87
- 社会服务 ……… 87
- 参政议政 ……… 88

中国民主促进会句容支部 ……… 88
- 概况 ……… 88
- 参政议政 ……… 88
- 支部活动 ……… 88

中国农工民主党句容支部 ……… 89
- 概况 ……… 89
- 支部活动 ……… 89
- 社会服务 ……… 89
- 参政议政 ……… 89

九三学社句容支社 ……… 90
- 概况 ……… 90
- 支社活动 ……… 90
- 参政议政 ……… 90

句容市工商业联合会 ……… 90
- 概况 ……… 90
- 商会建设 ……… 90
- 法律服务 ……… 90
- 企业服务 ……… 90
- 社会服务 ……… 91

句容市党外知识分子联谊会 ……… 91
- 概况 ……… 91
- 知联会活动 ……… 91
- 参政建言 ……… 91
- 社会服务 ……… 91

法 治

综述 ……… 92
- 概况 ……… 92
- 平安建设 ……… 92
- 法治建设 ……… 92
- 社会综合治理 ……… 93

公安 ……… 93
- 概况 ……… 93
- 案件侦破 ……… 93
- 电诈案件整治 ……… 93
- 治安防控 ……… 93
- 执法服务 ……… 94
- 交通管理 ……… 94

检察 ……… 95
- 概况 ……… 95
- 刑事犯罪打击 ……… 95
- 民事检察 ……… 95
- 行政检察 ……… 95
- 公益诉讼检察 ……… 95
- 营商环境服务 ……… 96
- 社会综合治理 ……… 96
- 未成年人保护 ……… 96
- 检察为民服务 ……… 96

法院 ··· 96
    概况 ··· 96
    刑事审判 ·· 96
    民商事审判 ·· 97
    案件执行 ·· 97
    乡村振兴助力 ··· 97
    审判监督 ·· 97
    诉讼服务体系建设 ······································· 97
    多元解纷 ·· 97
司法 ··· 98
    概况 ··· 98
    法治句容建设 ··· 98
    依法行政 ·· 98
    法治宣传 ·· 98
    法律服务 ·· 98
    公证工作 ·· 98
    律师工作 ·· 98
    社会矛盾化解 ··· 99
    社区矫正帮扶 ··· 99
信访 ··· 99
    概况 ··· 99
    信访问题化解 ··· 99
    信访问题源头治理 ······································ 99
    信访工作基层建设 ······································ 99

军 事

句容市人民武装部 ··· 100
    概况 ··· 100
    国防教育 ··· 100
    新兵应急救护培训 ···································· 100
国防动员 ··· 100
    概况 ··· 100
    国防动员体制改革 ···································· 101
    国防动员演练 ··· 101
退役军人管理 ··· 101
    概况 ··· 101
    权益保障 ··· 101
    移交安置 ··· 102
    优优待 ··· 102
    双拥共建 ··· 102

自然资源和生态环境

自然资源 ··· 103
    概况 ··· 103
    农村不动产确权登记 ································ 103
    农村集体土地所有权确权登记 ················ 103
    国土空间监测 ··· 103
    耕地保护 ··· 103
    林业管理 ··· 104
    林长制工作 ··· 104
    表4 句容市农林场圃一览表 ················ **104**
    国土绿化行动 ··· 104
    野生动物监测 ··· 104
    森林防灭火工作 ······································· 104
    矿产资源管理 ··· 105
    地质灾害防治工作 ···································· 105
    自然资源行政执法 ···································· 105
    土地市场 ··· 105
城乡规划 ··· 105
    概况 ··· 105
    城市总体规划 ··· 106
    城市详细规划 ··· 106
    村镇规划 ··· 106
环境 ··· 107
    ·环境质量·
    空气环境质量 ··· 107
    水环境质量 ··· 107
    土壤环境质量 ··· 107
    声环境质量 ··· 107
    ·环境管理·
    环境执法 ··· 107
    环境信访工作 ··· 107
    排污许可证管理 ······································· 108
    安全生产 ··· 108
    核与辐射安全管理 ···································· 108

工业园区限值限量管理监测监控能力建设……… 108
生态红线及生态管控区管理……………………… 108
·环境卫生整治·……………………………………… 108
机动车尾气管控…………………………………… 108
应急减排清单管理………………………………… 108
施工和道路扬尘监管……………………………… 108
餐饮油烟整治……………………………………… 109
断面达标整治……………………………………… 109
重要水体水质保障………………………………… 109
水污染防治重点工程……………………………… 109
太湖综合治理攻坚战……………………………… 109
危险废物污染防治………………………………… 109
危险废物排查整治………………………………… 109
"无废城市"建设工作……………………………… 110
·环境监测·………………………………………… 110
水、气、声环境质量例行监测…………………… 110
农村环境质量监测………………………………… 110
环境质量自动监测………………………………… 110
监督执行监测……………………………………… 110
实验室监测质量控制……………………………… 110

综合经济管理

发展规划管理………………………………………… 111
概况………………………………………………… 111
产业布局优化……………………………………… 111
重大项目建设……………………………………… 111
数字经济建设……………………………………… 112
优质企业培育……………………………………… 112
·深化改革·………………………………………… 112
开发园区体制改革………………………………… 112
"句满意"服务品牌升级…………………………… 112
政务诚信建设……………………………………… 113
碳达峰碳中和落实………………………………… 113
循环经济和资源循环利用………………………… 113
·民生保障·………………………………………… 113
民生实事项目建设………………………………… 113
稳价保供…………………………………………… 114

粮食储备…………………………………………… 114
国有资产管理………………………………………… 114
概况………………………………………………… 114
资产招租…………………………………………… 115
国有资产监管……………………………………… 115
·江苏句容投资集团有限公司·…………………… 115
概况………………………………………………… 115
代建业务…………………………………………… 115
自营业务…………………………………………… 115
民生服务…………………………………………… 115
·江苏句容新农控股集团有限公司·……………… 116
概况………………………………………………… 116
资产工作…………………………………………… 116
重点工程项目……………………………………… 116
国有企业实体化转型……………………………… 116
·句容国有资本投资控股集团有限公司·………… 116
概况………………………………………………… 116
财政…………………………………………………… 117
概况………………………………………………… 117
表5　句容市2023年一般公共预算收入完成情况表
　　……………………………………………… 117
表6　句容市2023年一般公共预算支出执行情况表
　　……………………………………………… 117
财政平稳运行……………………………………… 117
产业强市支持……………………………………… 117
民生保障…………………………………………… 118
财政改革和管理…………………………………… 118
税务…………………………………………………… 118
概况………………………………………………… 118
税收征管…………………………………………… 118
税收改革…………………………………………… 119
税费服务…………………………………………… 119
审计…………………………………………………… 120
概况………………………………………………… 120
政策跟踪审计……………………………………… 120
财政预算审计……………………………………… 120
政府投资审计……………………………………… 120
民生审计…………………………………………… 121
经济责任审计……………………………………… 121
内部审计…………………………………………… 121

统计	121
概况	121
第五次全国经济普查	121
统计能力提升	121
依法治统	121
统计服务	122

市场监督管理	122
概况	122
市场主体管理	122
营商环境管理	122
发展环境管理	122
消费环境管理	123
食品安全监管	123
药品安全监管	123
产品质量安全监管	123
特种设备安全监管	123
价格管理	123

农业·农村

综述	124
概况	124

农村工作	124
·乡村建设·	124
农村人居环境整治村庄垃圾清理专项行动	124
农村户厕改造	125
宜居宜业和美乡村示范创建工作	125
·扶贫工作·	125
富民强村帮促行动	125
乡村公益医疗互助试点	125
高效产业项目帮扶	125
防返贫保险	125
·农业综合行政执法·	126
农业综合行政执法规范建设	126
涉农执法办案	126
涉农执法行动	126
农业普法宣传	126

农业经济	126
新型农业经营主体建设	126
表8 2023年句容市省级及以上重点家庭农场一览表	127
表9 2023年句容市省级及以上重点农民合作社一览表	128
村级"一事一议"财政奖补项目监管	128
政策性农业保险工作	128
农村宅基地工作	129
第四轮省农村改革试验任务	129
乡村治理	129
农村产权交易监督管理	129

种植业	130
概况	130
绿色高质高效创建	130
新技术示范推广	130
新品种、新技术推广应用	130
耕地质量提升	130
绿色防控示范区建设	131

养殖业	131
概况	131
重大动物疫病防控	131
表7 2023年句容市良种场情况一览表	131
畜牧生态健康养殖技术推广	132
畜禽粪污资源化利用	132
屠宰环节监管	132
无害化处理监管	132
饲料兽药监督	132
渔业产业概况	132
池塘标准化改造	132
太湖综合治理	132
渔业科技创新	132
青虾产业技术体系推广示范项目	132
外来入侵水生动物普查	133
水产品质量安全专项整治	133

农业产业化	133
概况	133
乡村产业项目	133
休闲观光农业	133
农业品牌化建设	133
农产品展示展销	133

数字化智慧农业建设……………… 133
　　茶产业资源整合…………………… 133
表10　2023年句容市省级及以上重点农业龙头
　　　企业一览表 ……………………… 134
　　农村电子商务……………………… 134
农业综合开发…………………………… 134
　　概况………………………………… 134
　　高标准农田建设项目……………… 134
农产品质量监管………………………… 134
　　绿色优质农产品供给……………… 134
　　生产经营主体入网监管…………… 134
　　食品安全高质量发展……………… 134
　　全域农安追溯……………………… 135
农业科技推广…………………………… 135
　　概况………………………………… 135
　　农业绿色发展……………………… 135
农业机械………………………………… 135
　　概况………………………………… 135
　　农机购置补贴……………………… 136
　　秸秆机械化还田…………………… 136
　　农机源头管理……………………… 136
　　农机新机具、新技术示范推广及培训… 136
农田水利………………………………… 136
　　概况………………………………… 136
　　生态河道建设及农村河道疏浚…… 136
　　农村河道管理范围划界…………… 137
镇江市农科院…………………………… 137
　　概况………………………………… 137
　　农业科技研究……………………… 137
　　农科院科技服务…………………… 137

工　业

综述……………………………………… 139
　　概况………………………………… 139
　　产业结构…………………………… 139
表11　2023年句容市工业30强企业情况一览表
　　　 ……………………………………… 140

　　企业结构…………………………… 140
　　项目引进…………………………… 141
　　项目推进…………………………… 141
特色产业………………………………… 141
　　信息技术产业……………………… 141
　　绿色建材产业……………………… 141
　　新型电力（新能源）装备产业…… 141
　　高性能材料产业…………………… 142
　　汽车及零部件产业………………… 142
重点企业选介…………………………… 142
　　建华建材（中国）有限公司……… 142
　　句容台泥水泥有限公司…………… 142
　　巨宝精密加工（江苏）有限公司… 142
　　江苏骏成电子科技股份有限公司… 142
　　汤嘉五金制品（江苏）有限公司… 142
　　句容宁武新材料股份有限公司…… 143

经贸合作

对外及对港澳台贸易…………………… 144
　　概况………………………………… 144
　　进出口产品结构…………………… 144
　　企业帮扶…………………………… 144
　　品牌建设…………………………… 145
利用外资及港澳台资…………………… 145
　　概况………………………………… 145
　　港台资情况………………………… 145
表12　2023年句容市出口排名前十企业……… 146
表13　2023年句容市进口排名前十企业……… 146

商贸流通

综述……………………………………… 147
　　概况………………………………… 147
　　电子商务…………………………… 147
供销合作………………………………… 147

概况 ……………………………………… 147
　　农产品流通 ……………………………… 147
　　信用金融合作 …………………………… 147
粮食 ………………………………………… 148
　　概况 ……………………………………… 148
　　机构整合 ………………………………… 148
　　粮食购销 ………………………………… 148
　　粮食安全 ………………………………… 148
　　粮油储备 ………………………………… 149
　　粮食安全宣传 …………………………… 149
烟草 ………………………………………… 149
　　概况 ……………………………………… 149
　　涉烟案件 ………………………………… 149
食盐 ………………………………………… 149
　　概况 ……………………………………… 149
石油 ………………………………………… 149
　　概况 ……………………………………… 149
邮政 ………………………………………… 149
　　概况 ……………………………………… 149
　　邮政惠农 ………………………………… 150
　　邮政快递 ………………………………… 150
　　《癸卯年》特种邮票首发仪式 ………… 150
物流业 ……………………………………… 150
　　概况 ……………………………………… 150
表14　2023年句容市石油系统在营加油站一览表
　　　………………………………………… 151

旅游业

综述 ………………………………………… 152
　　概况 ……………………………………… 152
旅游规划建设 ……………………………… 152
　　概况 ……………………………………… 152
　　文旅融合 ………………………………… 152
表15　2023年句容市接待游客人数及旅游总收入
　　　统计一览表 …………………………… 153
表16　2023年句容市主要旅游景点游客接待情况
　　　一览表 ………………………………… 153

表17　2023年句容市星级旅行社情况一览表 … 153
　　旅游产业建设 …………………………… 153
　　旅游项目推进 …………………………… 154
旅游行业管理 ……………………………… 154
　　概况 ……………………………………… 154
　　民宿管理 ………………………………… 154
旅游宣传推介 ……………………………… 154
　　概况 ……………………………………… 154
　　文旅招商推介会 ………………………… 154
　　外地推介活动 …………………………… 155
旅游节庆活动 ……………………………… 155
　　第十三届中国句容茅山文化旅游节 …… 155
　　第六届白兔草莓文化旅游节 …………… 155
　　第十届句容桑果紫酒节 ………………… 155
　　第十四届丁庄葡萄节 …………………… 155
　　宝华山第十五届泡山节 ………………… 155

金融

综述 ………………………………………… 156
　　概况 ……………………………………… 156
金融管理 …………………………………… 156
　　概况 ……………………………………… 156
　　金融普惠 ………………………………… 157
　　企业上市服务 …………………………… 157
　　金融风险化解 …………………………… 157
　　金融服务 ………………………………… 157
银行 ………………………………………… 157
　　概况 ……………………………………… 157
　　货币信贷政策 …………………………… 158
　　地方金融稳定 …………………………… 158
　　数字人民币试点 ………………………… 158
　　征信服务 ………………………………… 158
　　外汇服务 ………………………………… 158
　　中国工商银行句容支行 ………………… 158
　　中国农业银行句容市支行 ……………… 158
　　中国银行句容支行 ……………………… 159
　　中国建设银行句容市支行 ……………… 159
　　交通银行镇江句容支行 ………………… 159
　　中国邮政储蓄银行句容市支行 ………… 159

中国农业发展银行句容市支行 …………… 160
江苏句容农村商业银行 …………………… 160
江苏银行句容支行 ………………………… 160
江苏紫金农村商业银行句容支行 ………… 161
兴业银行句容支行 ………………………… 161
中国光大银行句容支行 …………………… 161
句容苏南村镇银行 ………………………… 161
江苏常熟农村商业银行句容支行 ………… 162
江苏苏州农村商业银行句容支行 ………… 162
中国民生银行句容支行 …………………… 162
南京银行句容支行 ………………………… 162
上海浦东发展银行句容支行 ……………… 162
华夏银行句容支行 ………………………… 163
中信银行句容支行 ………………………… 163

小额贷款公司
概况 ………………………………………… 163
小贷行业发展 ……………………………… 163

交　通

综述 ………………………………………… 164
概况 ………………………………………… 164
交通综合执法改革 ………………………… 164

交通建设 ………………………………… 164
概况 ………………………………………… 164
沪宁沿江高铁句容站投入使用 …………… 165
句容综合交通枢纽建设 …………………… 165
312国道句容段快速化改造工程 ………… 165

交通运输 ………………………………… 165
概况 ………………………………………… 165
货运管理 …………………………………… 166
客运管理 …………………………………… 166
出租车行业管理 …………………………… 166
路政巡查 …………………………………… 166
科技治超 …………………………………… 166

交通管理 ………………………………… 166
公路管理 …………………………………… 166
航道管理 …………………………………… 167
农路管养 …………………………………… 167
宁句城际轨道管理 ………………………… 167

无人机路网巡查 …………………………… 167

信息化建设

综述 ………………………………………… 168
概况 ………………………………………… 168
信息基础设施建设 ………………………… 168
智改数转网联工作 ………………………… 168
无线电管理工作 …………………………… 168

通信 ………………………………………… 169
· 中国电信股份有限公司句容分公司 · …… 169
概况 ………………………………………… 169
信息化建设 ………………………………… 169
网络安全 …………………………………… 169
· 中国移动通信集团江苏有限公司句容分公司 ·
……………………………………………… 169
概况 ………………………………………… 169
国家级5G工厂建设 ……………………… 169
· 中国联合网络通信集团有限公司句容市分公司 ·
……………………………………………… 169
概况 ………………………………………… 169
数字化建设 ………………………………… 169

广电网络 ………………………………… 170
概况 ………………………………………… 170
基础网络建设 ……………………………… 170
数字电视 …………………………………… 170

网络管理 ………………………………… 170
概况 ………………………………………… 170
网络宣传 …………………………………… 171
网络治理 …………………………………… 171
网络安全 …………………………………… 171

城乡建设和管理

城区建设 ………………………………… 172
概况 ………………………………………… 172
城区拆迁安置工作 ………………………… 172

招投标工作 …… 172
　　房屋白蚁防治 …… 172
　　抗震节能 …… 172
　　消防审查 …… 172
村镇建设 …… 172
　　美丽乡村建设 …… 172
　　农村危旧房改造 …… 172
市政建设·公用事业 …… 172
　　概况 …… 172
　　市政基础设施维护 …… 173
　　路灯养护 …… 173
建筑业 …… 173
　　建筑企业监督管理 …… 173
　　表18　2023年句容市住建局市政重点工程建设情况一览表 …… 174
　　建筑企业信用管理 …… 174
房地产业 …… 174
　　概况 …… 174
　　物业管理 …… 174
住房保障 …… 174
　　保障性安居工程 …… 174
　　公共租赁住房 …… 174
　　保障性补助 …… 174
电力供应 …… 175
　　概况 …… 175
　　电力安全生产 …… 175
　　电网建设 …… 175
　　供电服务 …… 175
自来水供应 …… 176
　　概况 …… 176
　　供水管网建设 …… 176
　　供水服务 …… 176
污水处理 …… 176
　　概况 …… 176
　　农村生活污水治理 …… 177
天然气供应 …… 177
　　概况 …… 177
　　燃气安全 …… 177
城乡管理 …… 177
　　概况 …… 177
　　市容环境整治 …… 177
　　人居环境整治 …… 177
　　渣土运输整治 …… 177
　　违建管控 …… 178
　　民生工程建设 …… 178
　　城市管理服务 …… 178
　　生态安全保障 …… 178
　　安全生产 …… 178
　　停车服务 …… 178
城市绿化和园林建设 …… 179
　　概况 …… 179
　　园林绿化工程建设 …… 179
　　绿地养护 …… 179
　　公园广场管理 …… 179
水利设施建设与管理 …… 179
　　概况 …… 179
　　水利工程建设 …… 179
　　水利工程管理 …… 180
　　水库移民后期扶持项目建设 …… 180
　　水利工程监督 …… 180
　　水政水资源管理 …… 180
表19　2023年句容市水库一览表 …… 181

科学技术

综述 …… 182
　　概况 …… 182
　　科技指标 …… 182
　　科创载体建设 …… 182
表20　2023年句容市科技计划项目［（镇江）市级及以上］情况一览表 …… 183
　　农业科技创新 …… 183
　　安全生产工作 …… 183
科技管理 …… 183
　　概况 …… 183
　　创新型示范县（市、区）建设 …… 183
　　科技服务 …… 183
科技活动 …… 184
　　概况 …… 184
科技计划 …… 184

概况 …………………………… 184
　　科技项目立项 ………………… 184
科技成果 ………………………… 184
　　概况 …………………………… 184
　　3家企业入选省级"瞪羚"企业 …… 185
　　获省科学技术奖6项 …………… 185
气象科技 ………………………… 185
　　概况 …………………………… 185
　　气象灾害监测 ………………… 185
　　气象灾害防御 ………………… 185
　　气象灾害风险管理 …………… 186
　　气象服务 ……………………… 186

教　育

综述 ……………………………… 187
　　概况 …………………………… 187
　　集团化办学 …………………… 187
　　"双减"工作 …………………… 187
　　人事制度改革 ………………… 188
　　校家社协同育人 ……………… 188
　　大中小学思政课一体化建设 … 188
　　青少年生命健康"润心"行动 … 188
　　艺体教育 ……………………… 189
　　教科研成果 …………………… 189
教师队伍 ………………………… 189
　　概况 …………………………… 189
　　教师培训工作 ………………… 190
　　师德师风建设 ………………… 190
　　对外交流工作 ………………… 190
教育督导 ………………………… 190
　　概况 …………………………… 190
　　督学工作 ……………………… 190
　　督政工作 ……………………… 191
　　"双创"工作 …………………… 191
教育基础建设 …………………… 191
　　概况 …………………………… 191
　　江苏省句容高级中学异地新建 … 191
　　儿童青少年近视防控工程 …… 191

教育装备 ………………………… 191
　　概况 …………………………… 191
　　教育装备管理 ………………… 192
学校安全 ………………………… 192
　　概况 …………………………… 192
　　"两个年"行动 ………………… 192
　　校园安全防范 ………………… 192
学前教育 ………………………… 192
　　概况 …………………………… 192
　　幼儿园发展 …………………… 192
小学教育 ………………………… 193
　　概况 …………………………… 193
　　小学教育内涵建设 …………… 193
初中教育 ………………………… 193
　　概况 …………………………… 193
　　初中"研学课堂"推进 ………… 193
普通高中教育 …………………… 193
　　概况 …………………………… 193
　　高考成绩 ……………………… 193
特殊教育 ………………………… 194
　　概况 …………………………… 194
职业教育 ………………………… 194
　　概况 …………………………… 194
　　职教高考录取情况 …………… 194
社区教育 ………………………… 194
　　概况 …………………………… 194
　　全民终身学习 ………………… 195
高等教育 ………………………… 195
　　江苏农林职业技术学院 ……… 195
校外培训 ………………………… 196
　　概况 …………………………… 196
　　培训机构监管 ………………… 196

文化·体育

文化 ……………………………… 197
・公共文化服务・ ………………… 197
　　概况 …………………………… 197
　　文化惠民 ……………………… 197

广播电视管理	197

- 文化场所 -

图书馆	198
博物馆	198

- 文化遗产 -

非物质文化遗产的保护利用	198
文物保护	199

- 文化艺术 -

概况	199
文艺创作	199
文艺活动	199

- 文化产业 -

概况	200
文化市场监管	200

大众传媒

概况	200
电视新闻宣传	200
报纸媒体宣传	201
新媒体宣传	201
对外宣传	201
传媒产业发展	201

体育

- 群众体育 -

概况	202
体育设施建设	202
体育组织建设	202
体教融合	202
体育产业	202

- 竞技体育 -

概况	202
体育赛事	203
2023福地句容马拉松	203
2023句容茅山湖铁人三项赛	203

卫 生

综述

概况	204

疾病预防控制

急性传染病控制	204
免疫规划工作	205
慢性非传染病防治	205
艾滋病防治	205
结核病防治	205
血寄地防工作	205
健康教育与健康促进工作	206

卫生监督执法

概况	206

爱国卫生

"国家卫生乡镇"复审	206
健康镇村（社区）建设	206
病媒生物防制	206
健康促进工作	206
控烟工作	206

基层卫生

概况	207

妇幼健康

概况	207

老龄健康

概况	208

卫生基础建设

概况	208
句容市妇幼保健院异地建成投入使用	208

医政管理

概况	208
医疗培训	209
医疗机构管理	209

中医中药

概况	209
基层中医	209

社会生活

民政工作

概况	210
社会治理	210
社会组织管理	210
社工工作	210

殡葬工作 ················· 211
地名工作 ················· 211
生育服务和管理 ············ 211
概况 ··················· 211
婚姻登记 ················ 211
概况 ··················· 211
婚俗改革 ················· 211
养老服务工作 ·············· 212
概况 ··················· 212
尊老金发放 ················ 212
居家养老上门服务 ············· 212
市级养老服务指导中心投入运营 ······ 212
特殊困难老年人探访关爱服务 ······· 213
表21　2023年句容市百岁老人情况一览表 ······ 213
老年人助餐服务 ·············· 215
关心下一代工作 ············ 215
概况 ··················· 215
青少年主题教育 ·············· 215
校外教育辅导站建设 ············ 215
"三扶两创"工作 ············· 215
青少年服务 ················ 215
社会救助 ················ 216
概况 ··················· 216
未成年人救助 ··············· 216
社会救助宣传 ··············· 216
社会救助扩围增效专项行动 ········ 216
社会救助对象年度复查工作 ········ 217
慈善事业 ················ 217
概况 ··················· 217
慈善网络募捐 ··············· 217
慈善助医 ················· 217
慈善助学 ················· 217
慈善助老 ················· 217
慈善助残 ················· 217
"幸福家园"村社互助工程 ········ 217

应急管理

安全生产 ················ 218

概况 ··················· 218
专项整治 ················· 218
安全隐患治理 ··············· 218
安全生产执法 ··············· 218
工贸企业安全生产监管 ··········· 219
危险化学品监管 ·············· 219
网格化治理 ················ 219
非煤矿山安全生产综合整治 ········ 219
"三包干一统筹"工作 ··········· 219
信息采集 ················· 220
防灾减灾 ················ 220
概况 ··················· 220
应急救援能力建设 ············· 220
消防工作 ················· 220

人力资源和社会保障

人力资源服务 ·············· 222
概况 ··················· 222
人才服务 ················· 222
青年人才培育 ··············· 222
创新人才培育 ··············· 222
技能人才培育 ··············· 222
乡土人才培育 ··············· 223
就业创业 ················ 223
概况 ··················· 223
护航企业用工 ··············· 223
促进创新创业 ··············· 223
扶持重点群体 ··············· 223
提升就业技能 ··············· 224
劳动监督与仲裁 ············· 224
概况 ··················· 224
和谐劳动关系 ··············· 224
劳动保障监察 ··············· 224
劳资纠纷调处 ··············· 224
社会保障 ················ 224
概况 ··················· 224
保险扩面征缴 ··············· 224
社保惠民 ················· 224

社保基金监管 225
医疗保障 225
　概况 225
　职工基本医疗保险 225
　城乡居民基本医疗保险 225
　公共服务 225
　医疗救助 225
　药品采购 226
　医保基金监管 226
　就医保障 226

开发区建设和管理

综述 227
　概况 227
　经济发展 227
项目建设 228
　概况 228
　招商引资 228
　项目推进 228
　科技创新 228
　企业服务 229
创新管理 229
　概况 229
　城乡建设 229
　民生事业 229

镇·街道·管委会

华阳街道 230
　概况 230
　工业经济 230
　农业发展 230
　镇村建设 230
　民生事业 231
　1912文化休闲商业街正式营业 231
　"华阳蟠桃"获评全国名特优新农产品 231

下蜀镇 231
　概况 231
　工业经济 231
　农业发展 232
　村镇建设 232
　民生事业 232
　华电江苏句容新能源有限公司揭牌 233
宝华镇 233
　概况 233
　工业经济 233
　旅游产业 233
　镇村建设 233
　民生事业 234
　石砀山铜矿抽水蓄能电站项目签约 234
白兔镇 234
　概况 234
　工业经济 235
　农业发展 235
　镇村建设 235
　社会事业 235
　《癸卯年》特种邮票首发仪式 236
　第六届白兔草莓文化旅游节 236
边城镇 236
　概况 236
　工业经济 236
　农业发展 236
　镇村建设 237
　民生事业 237
郭庄镇 237
　概况 237
　工业经济 238
　农业发展 238
　镇村建设 238
　民生事业 238
　"飞地经济"战略合作协议签订 239
后白镇 239
　概况 239
　工业经济 239
　农业发展 240
　镇村建设 240

民生事业 ……………………………… 240
　　林梅村入选第三批全国乡村治理示范村 ……… 240
天王镇 ……………………………………… 240
　　概况 …………………………………… 240
　　工业经济 ……………………………… 241
　　农业发展 ……………………………… 241
　　镇村建设 ……………………………… 241
　　民生事业 ……………………………… 241
　　天王镇重点产业项目集中开工仪式 …… 242
茅山镇 ……………………………………… 242
　　概况 …………………………………… 242
　　项目推进 ……………………………… 242
　　农业发展 ……………………………… 242
　　旅游产业 ……………………………… 243
　　镇村建设 ……………………………… 243
　　民生事业 ……………………………… 243
　　句容第十四届丁庄葡萄节 ……………… 243
茅山风景区管委会 ………………………… 243
　　概况 …………………………………… 243
　　经济发展 ……………………………… 244
　　旅游产业 ……………………………… 244
　　镇村建设 ……………………………… 244
　　民生事业 ……………………………… 244
崇明街道 …………………………………… 245
　　概况 …………………………………… 245
　　社区建设 ……………………………… 245
　　社区服务 ……………………………… 245
　　社区管理 ……………………………… 245
　　社区睦邻治理 ………………………… 246

人物·荣誉

市领导简介 ………………………………… 247
模范人物简介 ……………………………… 248
先进人物名录 ……………………………… 250
　表22　2023年句容市获省条线以上荣誉人物一览表
　　　　　……………………………………… 250
先进集体名录 ……………………………… 253

　表23　2023年句容市获省条线以上先进集体一览表
　　　　　……………………………………… 253
正高级专业技术人员名录 ………………… 259
　表24　2023年句容市新增正高级专业技术人员一
　　　　　览表 ……………………………… 259

附　录

牢记嘱托　感恩奋进
　坚定不移推进中国式现代化句容新实践
　　——在中共句容市委十三届五次全会上的讲话
　　（摘录） ……………………………… 261
政府工作报告
　——在句容市第十七届人民代表大会第三次会议上
　　的讲话（摘录） ……………………… 267
组织机构及领导干部 ……………………… 274
　·中共句容市委员会· ………………… 274
　·句容市人民代表大会常务委员会· … 276
　·句容市人民政府· …………………… 276
　·中国人民政治协商会议句容市委员会·… 288
　·中共句容市纪律检查委员会· ……… 289
　·句容市人民法院· …………………… 290
　·句容市人民检察院· ………………… 290
　·社会团体· …………………………… 290
　·各镇党委、人大、政府· …………… 291

索　引

A、B、C ……………………………………… 295
D、E、F、G ………………………………… 296
H、J …………………………………………… 297
K ………………………………………………… 298
L、M、N ……………………………………… 299
P、Q、R、S ………………………………… 300
T ………………………………………………… 301
W、X ………………………………………… 302
Y、Z …………………………………………… 303

编校人员：吴 冉

圆满、精彩点亮论坛承办轨迹
——第五届国际道教论坛综述

国际道教论坛前身为2007年中国道教协会和中华宗教文化交流协会在中国西安和香港共同举办的国际道德经论坛，2011年、2014年及2017年分别在湖南衡山、江西龙虎山和湖北武当山举办，目前已成为道教界规模最大、影响最深远的国际性文化交流活动，在海内外产生良好反响。2019年8月，经国宗函〔2019〕311号批复，第五届国际道教论坛定于2020年5月在江苏省镇江市句容市茅山举办，后因疫情等原因三次推迟。2023年2月，经批准，第五届国际道教论坛筹备工作重启，拉开第五届国际道教论坛正式举办的大幕，也标志着江苏省镇江市句容市高质量承办第五届国际道教论坛进入实战推进期和成果验收期。

一、第五届国际道教论坛主旨清晰、尽善尽美

志不求易者成，事不避难者进。为深化前四届论坛取得的成果，继续深入挖掘道教的当代价值，增强中华优秀传统文化自信，增进与港澳台地区及外国道教、文化和学术界的交流与合作，服务共建"一带一路"和国家外交大局，提升中华文化的国际影响力，打造道教对外交流品牌，本届论坛按照"向前四届论坛致敬"的总要求举办，发扬道教崇俭戒奢的优良传统，遵循节俭办会的原则，于9月24日—25日在中国茅山圆满、精彩举办，全面完成此项上级赋予的重要任务。

一是论坛承办指导思想鲜明。本届论坛由中国道教协会、中华宗教文化交流协会主办，第五届国际道教论坛江苏组委会承办，香港道教联合会、澳门道教协会、台湾"中华道教总会"协办，以"崇道尚德·与世偕行"为主题，旨在展现道教以"道德为尊"的核心理念和"与时代同行"的圆融特质，从道教思想和道教智慧中找寻与当今社会相契合、相融通的内容，充分发挥道教的时代正能量，为构建人类命运共同体作出积极贡献。在筹备过程中，中央统战部副部长、国家宗教事务局局长陈瑞峰调研时提出要突出"文明、安全、俭朴、和谐"的总体要求；江苏省委常委、统战部部长惠建林调研时指出要提高政治站位、增强工作主动、加强统筹协调、强化底线思维的指示要求；镇江市委书记马明龙调研时强调要牢牢把握论坛筹备工作的"三个性、一个化"，即政治性原则、安全性原则、国际性原则和宗教中国化方向的工作要求。这些都为高质量承办第五届国际道教论坛提供了根本遵循和行动指南。

二是论坛承办内容"硬核"丰富。本届论坛由开幕式、世界道教联合会成立大会、主论坛、电视论坛、2场新媒体论坛、5场分论坛、闭幕式等主要活动,以及祈福法会、嘉宾参访、道文化展等配套活动组成。130位嘉宾围绕道教的当代价值、传承创新、国际化实践、世界传播、人才培养、健康生活等主题进行主旨发言,其余代表也通过各种形式发表对道教的独到见解。通过深入挖掘道教文化的时代价值,展示道教文化的独特魅力,用道教蕴含的古老东方智慧为当今人类社会发展面临的共同问题提供新的思路和解决方式。开幕式活动,聘请中国东方演艺集团东方歌舞团艺术总监、国家一级编导沈晨担任总导演,文艺演出《大道无垠》分为"上善若水""尚德济世""天下大同"3个篇章,共9个节目,创作上立意高远,将"道"文化的精髓和大道无垠的道义完美结合,精雕细琢,巧妙地将宫观山景与舞美空间融合,突出道教特色、茅山特点、江苏风韵、中国气派。整场演出共有演职人员500余名,经过10余轮的策划调整,同时克服时间紧、任务重、要求高及连日阴雨天气等现实困难,为所有嘉宾呈现一场国际级的文艺饕餮盛宴,得到各级领导及海内外嘉宾的一致好评,达到气势恢宏、精彩大气、震撼人心的效果。

三是论坛承办协同机制高效。本届论坛承办,始终坚持"圆满、精彩"的办会目标,不折不扣地落实中央、江苏省和镇江市交办的各项工作任务,按照三方备忘录的要求,句容筹委会梳理出执行方案制订、各类活动保障、标识系统设计、宣传氛围营造等20项具体任务,并分别落实到人、到岗、到责。筹备过程中坚持把世界道教联合会成立大会和开幕式暨文艺演出等作为重中之重,反复推敲研讨方案,加强检验实操效果,坚持问题导向,强化过程管理,系统梳理存在的不足,做到边筹备边整改、边优化边提升,确保见方案、见执行、见成效。每个项目、每个点位上都有牵头市领导和点位市领导,每项工作都有工作专班和实施框架,切实发挥牵头抓总的中枢作用。各专项工作组和点位坚持条块结合、系统发力,抓好各项任务闭环落实。论坛筹备期间,拟制各类汇报材料30余套,形成工作简报45期。此外,在论坛举办前半个月落实中央统战部、中国道教协会—江苏组委会—镇江筹备工作领导小组—句容筹委会四级集中办公,制定每日工作清单20期,交办工作259项并对账销号,做到"件件有落实,事事有回音"。

二、第五届国际道教论坛亮点纷呈、圆满精彩

有志者事竟成。论坛筹办工作得到中央领导同志和江苏省委主要领导同志的高度认可与充分肯定,中共中央政治局委员、中央统战部部长石泰峰给予"成功、圆满"的评价,江苏省委书记、江苏省人大常委会主任信长星表示"超过预期",赢得中外嘉宾和社会各界的广泛赞誉。这是各级全力以赴,以最佳状态、最实举措、最优作风取得的骄人成绩。

一是论坛举办规格最高。中共中央政治局常委、全国政协主席王沪宁为论坛发来贺信,向论坛召开和世界道教联合会成立表示祝贺,向出席论坛和世界道教联合会成立大会的嘉宾致以问候。他指出,中国政府将积极践行习近平总书记提出的全球文明倡议,一如既往地支持中国道教界与海外道教界深入开展友好交流,携手并肩,行道立德,为促进世界持久和平与共同繁荣作出贡献。中共中央政治局委员、中央统战部部长石泰峰出席论坛开幕式和世界道教联合会成立大会并分别致辞,同时会见与会重要嘉宾。他认为,论坛的举办有利于密切中外道教界的友好交往,推动中华文明与世界不同文明间交流互鉴。希望世界道教联合会充分发挥积极作用,为世界和平发展贡献智慧和力量。江苏省委书记、江苏省人大常委会主任信长星在论坛开幕式上发表致辞。他表示,江苏将全面贯彻宗教信仰自由政策,支持道教界弘扬中华优秀传统文化,秉持开放包容、兼收并蓄的胸怀,深化同海内外朋友合作,崇大德教化之"道"、行文化传承之"道"、悟交流互鉴之"道",为构建人类命运共同体作出更大贡献。中国道教协会会长李光富在论坛开幕式上致辞。

二是论坛举办规模最大。目前,除中国外,新加坡、马来西亚、韩国、日本、英国、法国、意大利等近40个国家相继成立道教组织,泰国、越南、澳大利亚、美国、加拿大等国也建立道教宫观。本届论坛有来自39个国家和地区的500余名道教界代表、专家、学者及相关人士出席(其中,境外代表167人,包括港澳台地区代表79人、国外代表88人),参加的国家和地区比上届多9个,参会代表中有近30位顶级道教学术专家。与会嘉宾参加论坛的积极性空前高涨,参加开幕式的各级领导、嘉宾、代表近千人,参加祈福法会的嘉宾有320余人,超前四届,主、分

论坛更是座无虚席，呈现出全球道友问道茅山的壮观盛况，也标志着中国道教的国际化进程迈上新台阶。

三是论坛举办影响最远。本届论坛共有镇江市级以上媒体记者63人参加，其中，境外媒体记者11人、统一战线系统媒体记者16人、央媒记者21人。新华通讯社、中国新闻社、中央人民广播电台、凤凰卫视、香港卫视、香港《文汇报》、《澳门日报》、法国《世界报》等44家知名新闻媒体参与论坛报道。江苏省广播电视总台、凤凰卫视直播开幕式文艺演出当天有14.6万人观看，中国新闻社、句容市融媒体中心顺利完成各场活动的录制任务。香港道教联合会主席梁德华用"颇感震撼""无比激动"等形容参加论坛的感受；台湾台北指南宫主任委员高超文、台湾"中华道教总会"秘书长张肇珩表示，这次论坛的举办给两岸道教人士搭建了很好的交流平台，他们愿意为两岸民间交流尽心尽力，发挥道教信仰在民间的作用，促进两岸民众心灵相通；以美国道长杰克为代表的多位国外道长表示愿意用自媒体的方式，以道为媒，讲述中华文化故事。

四是论坛举办成果最丰。论坛期间召开世界道教联合会成立大会，选举产生世界道教联合会第一届理事会，中国道教协会会长李光富当选为理事长。世界道教联合会是由中国道教协会发起成立，由各国（地区）道教团体、道教宫观、道教相关机构及信仰道教或热爱道教文化的知名人士自愿结成的国际性、专业性、非营利性的社会组织，有来自全球20个国家和地区的52个创始单位会员。论坛的配套活动道教文化展从征集到的1000多件书画摄影作品中评选出301件，由中国宗教杂志社汇编成《中国宗教·第五届国际道教论坛书画摄影作品集专刊》；从中精选出的81件书画作品、33件摄影作品在论坛主会场茅山玄宫展出，体现出中国道教文化历史悠久的独特内涵和时代精神。论坛发布《第五届国际道教论坛茅山宣言》，提出要反对冲突对抗、提倡合作共赢，弘扬全人类共同价值观，为构建人类命运共同体、维护世界和平不懈努力。闭幕式上，句容市委书记周必松代表江苏承办方接受主办方赠送的《世界道教联合会成立地》书法作品（由中国道教协会会长、世界道教联合会理事长李光富书写）。

三、第五届国际道教论坛多方鼎力、共赴美好

上下同欲者胜，同舟共济者赢。第五届国际道教论坛圆满、精彩举办，得益于中央、省、市及中国道教协会的精准指导和大力支持，得益于各级筹备组织的上下贯通和全力以赴，得益于句容市各筹备专项工作组的严密组织和辛勤付出。

一是现场调研指导，力求全面细致。论坛筹备期间，共接待各级调研论坛筹备团队30余批次，为论坛圆满、精彩承办提供指导意见。特别是中央统战部副部长、国家宗教事务局局长陈瑞峰先后2次，江苏省委常委、统战部部长惠建林先后3次，镇江市委书记马明龙先后5次赴现场调研第五届国际道教论坛筹备工作，对整体活动安排、开幕式暨文艺演出、世界道教联合会成立等重点工作提出明确要求，对会务接待、志愿服务、环境营造、交通保障、医疗救助等重点环节进行精准指导，确保论坛筹备的主旨正确、方向不偏。江苏省、镇江市、句容市分别成立相对应的承办机构和工作专班，各级领导亲自挂帅、亲自论证、亲自调度，保障论坛筹备工作的力度不减、完美收官。

二是筹备工作推进，突出破题解难。为保障论坛筹备工作强力推进，在江苏组委会和镇江筹备工作领导小组的直接领导下，句容市成立筹委会并构建"一办八组"（办公室和综合协调组、活动组、宣传组、环境提升组、安全保卫组、接待保障组、医疗保障组、审计组、档案组，其中，档案组为后成立的）工作专班，落实集中办公、系统推进。第五届国际道教论坛筹委会第一主任、句容市委书记周必松，句容市市长束克之，多次召开论坛筹备部署会、协调会、推进会及专题研究会；筹委会严格落实点位长负责制，形成近期工作"三张清单"，召开每日工作例会，梳理每日工作问题并督促整改，确保论坛筹备工作进度不落、标准不降。据统计，在论坛筹备全过程中，综合协调组等专项工作组先后针对嘉宾代表确认、参加媒体邀请、活动具体安排、纪念品样式、证件制作管理、全过程安全保卫等事项，与中央统战部、中国道教协会及江苏组委会沟通达60余次。

三是具体工作开展，注重细落实。论坛筹备严格按照三方备忘录的具体要求，制订总体方案、执行方案、板块方案及各专项工作组子方案等共计100余套，做到每个环节、每项事务、每个节点、每种标准的定时定人定岗定责。特别是在9月15日以后，针对具体工作内容和现场实际，各板块开展多轮方案推

演和现场演练，9月19日开始结合各活动场地进行全要素、全过程、全方位的实战演练，有效检验服务、保障、应急等各方面的实战能力。例如，综合协调组围绕"圆满、精彩"的办会目标组织好开幕式暨文艺演出，针对舞台、灯光、音响及观众席测试调整，开幕式流程细化，入退场秩序保障等环节，开展现场推演15次、实战演练8次，让所有嘉宾乘兴而来、满意而归；志愿者团队紧扣严格招募选拔、全面系统培训、突出实训演练的工作要求，分礼仪、接待、跟车、接送站、咨询引导、工作联络6种类型，共计招募志愿者578名，开展通识和专项轮训6次，组织演练10次，重要嘉宾落实"一对一"服务保障，论坛期间志愿者服务成为一道亮丽的风景线；接待保障组始终坚持服务到位、保障到位、管理到位的工作理念，充分考虑供电可能出现的问题，在开幕式现场、主论坛会场、嘉宾接待酒店采用双回路供电，并调配应急通信车、不间断电源（UPS）车等保障；邀请北京饭店专业团队指导菜肴制作、礼仪服务，召开板块会议19次，组织演练6次，全方位保障代表嘉宾入住、参会、返程各环节，让来自世界各地的嘉宾感受到"福地茅山"的好客精神和人文魅力；活动组结合本届论坛的主要活动和配套活动，从活动安排和活动场所"双向奔赴"、相向发力，在玄宫、洲际假日温泉酒店等活动主场所开展模拟演练12次，实现论坛2天内各项活动的无缝对接和圆满呈现；环境提升组将环境提升工作与农村人居环境整治、铁路公路干线沿途环境整治、文明城市建设、景区街区融合等工作相结合，制定工作清单45项，共交办整改各类问题516件，切实改善人居环境，提升群众幸福指数，为论坛精彩举办提供环境保障；安全保卫组坚持"万无一失、一失万无"的理念和"细致、精致、极致"的作风，累计巡查场所600余家次、重点部位207个，收集敏感线索150余条，摸排化解矛盾纠纷23个，抓获违法犯罪嫌疑人21人，开展各项演练10次，完善各类预案8套，实现"六个未发生"的工作目标，让家门口的盛会呈现别样的平安和精彩。

总之，在论坛承办全过程，各级各部门拿出"千淘万漉虽辛苦，吹尽狂沙始到金"的信心和决心，展现出极限付出、争先作为的拼搏精神，交出第五届国际道教论坛圆满、精彩的句容答卷。接下来，我们将以习近平新时代中国特色社会主义思想为指导，以成功承办本届论坛为契机，深化过程和结果运用，有力有序有效做好论坛"后半篇文章"。一是认真贯彻各级指示精神。深入学习习近平总书记关于宗教工作的重要论述和全球文明倡议的丰富内涵，以及中央领导关于论坛的贺信和讲话精神，更加坚定文化自信，不断挖掘中华优秀传统文化潜力，弘扬中华优秀传统文化魅力。二是全面做好经验总结与提炼。做好活动总结和各项资料收集归档、项目经费支出审核把关、有形资产核查登记等工作。特别是对各级文件、珍贵图片、影像资料进行整理归档，形成全面完整的档案史料。挖掘选树一批好的典型，营造真抓实干、奋勇争先的火热发展局面。三是加快拓展文旅融合业态。充分利用论坛成功举办的影响力，坚持"走出去"和"请进来"相结合，强化项目招引和设施利用，丰富旅游产品业态，唱响"中国茅山"品牌，讲好新时代中国茅山故事，推动句容乃至镇江文旅产业高质量发展不断呈现新图景。

(统战部、茅山风景区管委会)

沪宁沿江高铁建设工程综述

句容综合交通枢纽地处城南核心区，西邻华阳南路，东接勤学路，位于汽车客运站东南侧，是沪宁沿江高铁、宁句城际轨道（南京地铁S6号线）和规划建设的扬镇宁马城际铁路的交会点，同时也是南京铁路枢纽总图中东南部的重要节点枢纽，与其他功能区共同构建南京都市圈枢纽体系。

一、工程基本概况

句容综合交通枢纽采用一体化的立体布局，围绕沪宁沿江高铁句容站整体布设南北广场，规划建设站场周边市政道路及配套设施，综合布置城市高铁站、地铁站、旅游集散中心、公交首末站、出租车停车场、社会车辆停车场，形成快进、快出、快转换的集疏运系统。

句容综合交通枢纽工程主要包括句容站站房工程和综合交通枢纽市政配套工程。

（一）句容站站房工程。沪宁沿江高铁（建设初期暂定名为"江苏南沿江城际铁路"）起自南京南站，途经南京、镇江、常州、无锡、苏州，在太仓站与沪苏通铁路交会后共线，接入上海铁路枢纽。线路全长279千米，设计时速350千米，其中，句容段长23.78千米。线路全线共设南京南、句容、金坛、武进、江阴、张家港、常熟、太仓8个车站，其中，句容、金坛、武进、江阴为新建车站。工程建设主体为江苏南沿江城际铁路有限公司。句容站站房为线侧下式旅客站房，采用上进下出的进出站形式，建筑面积1.5万平方米，总投资3.2886亿元。

站房建设工程于2021年10月初进场施工，2022年4月28日混凝土主体结构封顶，是沪宁沿江高铁全线新建主体工程第一个封顶的高铁站。2023年5月，沪宁沿江高铁进行静态验收，句容站内外装修竣工。2023年9月，句容站通过全面验收，并于9月28日投入运营。句容站内外装修设计融合茅山、秦淮河、宝华玉兰、福字等本地文化特色，成为沪宁沿江高铁全线较具特色的高铁站之一。

（二）综合交通枢纽市政配套工程。该工程由句容市筹措资金建设，总投资4.185亿元。2021年6月7日，句容市成立综合交通枢纽建设工程统筹领导小组，下设工程建设指挥部，全面统筹工程的规划与建设。工程分市政道路配套工程和南北广场配套工程，分别由句容市交通运输局和江苏句容投资集团有限公司负责建设。其中，市政道路配套工程主要包括站区周边4条道路（宁杭南路、浮山路、磨盘山路和勤学路），共计2.7千米，另有一座连接高铁站落客平台的匝道桥（长735.4米），该工程于2021年10月正式开工建设。南北广场配套工程总面积5.73万平方米，包括站前南北广场、道路、绿化、出租车停车场、社会车辆停车场、城乡及公交综合换乘中心等。句容综合交通枢纽工程做到与沪宁沿江高铁工程同步建设、同步投入使用，是镇江市和句容市2022年度重点民生实事工程之一。

二、工程建设过程中取得的一些成效

（一）实现三轨会聚句容历史性突破。沪宁沿江高铁、宁句城际轨道和规划建设的扬镇宁马城际铁路3条轨道交通在句容城区实现零距离立体交会。其意义在于：一方面，通过轨道大幅缩短句容市与长三角各城市间的时空距离，加快推动句容市融入长三角一小时高铁圈，提升句容市在长三角城市群中的交通区位优势，有助于句容市与区域链接，强化与长三角一体化协同发展；另一方面，加速推进句容市"站产城"一体化建设，打造具备"城市形态、工业产出、枢纽优势"的枢纽经济区，发挥基础性、先导性和战略性节点支撑作用，使句容市迎来全新的发展阶段。

（二）为城市赢得发展空间。综合交通枢纽工程在建设过程中强化以我为主、自主规划，积极对上争取：一是将句容站由落地站调整为高架站，站场规模由2台4线增加到4台10线，站房面积由8000平方米扩大到1.5万平方米，并具备开行始发列车功能。二是目前国内县级高铁站大多无法利用铁路红线内空间，句容突破传统，积极与中国铁路上海局沟通，成功争取到在线下空间设置出租车蓄车场的方案，紧凑功能设施布局，大大缩短出租车换乘距离；争取到袁相路至华阳南路高铁线下空间交由句容市管理使用，同时将站台西侧桥下空间设置为出租车蓄客区，节约枢纽空间，完善枢纽功能。其意义在于：将站房调升为高架站实现南北互通，避免因站房设置形式确定不当造成的城市割裂；具备开行始发列车功能，为句容市今后发展成为"南京东部枢纽城市"预留载体空间；争取到的线下空间，为句容市城南片区空间利用集约土地资源。

（三）实现交通组织"零"换乘。在交通组织上，按照"合理分工、功能集中、立体布局、有利于发展枢纽经济"的思路，科学合理布设南北广场，统筹整合句容站地上地下建筑空间结构与竖向交通。与中国铁路上海局争取，取得高铁桥下空间3800平方米，交由地方进行交通功能组织转换使用，建设地面式出租车上下客区（2700平方米）和人行通道（1100平方米）（主要用于出租车临时上下客，人行通道在其东侧连通南北广场），充分利用高铁桥下空间，简化换乘流线；设置宁句城际轨道句容站3号出入口地下通廊，直连公交换乘和旅游集散中心，与铁路站房无缝衔接，实现交通功能与建筑空间一体化。同时，注重人文设计和装饰，充分考虑行人的舒适度，在地下通廊里增加人性化的服务设施和空间布局；利用铁路站房架空层设置"城市客厅"，展示句容城市特色和名片。其意义在于：一方面，实现城市高铁站、地铁站、旅游集散中心、公交首末站、出租车停车场、社会车辆停车场等设施的"零"换乘；另一方面，将句容综合交通枢纽打造成具有句容特色的城市新地标，提高人民群众的获得感、幸福感。

三、工程建设带来的社会效益

（一）补齐对外短板，强化区域链接。句容综合交通枢纽的规划建设意味着句容中心城区正式进入双铁（高铁和地铁）时代，实现句容交通从公路交通向公路、轨道交通并举的历史性新跨越，圆句容城区人民期盼多年的高铁梦、地铁梦，摆脱中心城偏离区域交通走廊的困境，补齐对外出行短板，极大解决居民对外出行不便捷的问题。同时，综合交通枢纽也是句容市加快融入宁镇扬一体化发展的主抓手，大幅缩短句容市与南京都市圈、苏南城市群的联系时间，提升句容市在长三角城市群中的交通区位优势，有助于句容市与区域链接，强化区域一体化协同发展。

（二）助力站城融合，支撑枢纽经济。句容综合交通枢纽通过高架式站房、站台的设计模式，有效防止城市空间的"分割"，实现站城一体化布局。同时，规划引入商务商业、科创研发等多重城市功能，将交通枢纽与城市建设、产业发展紧密融合，以高铁枢纽建设开发促进城市空间发展。此外，地铁、公共汽车、出租车等枢纽配套交通设施，有利于吸引客流、物流、资金流、信息流，支撑打造枢纽经济区，更将成为句容经济发展的强大"引擎"。

（三）集散高效畅达，换乘无缝一体。针对句容站枢纽、片区开发的交通服务需求，通过构建功能明确、层次合理、快速通达的集疏运交通体系，实现进出站车流高效集散。便捷的换乘是句容站枢纽规划设计的灵魂，通过平面布局交通设施、竖向整合交通换乘，实现枢纽内部人行动线精细化组织、各类交通设施无缝衔接。居民在出行上变得更加快捷，句容站枢纽集高铁、城际铁路、轨道交通、长途客运、城市公交等多种通行方式于一体。目前，通过沪宁沿江高铁，从句容城区到南京仅需19分钟、到上海为2小时；通过宁句城际轨道从句容至南京通勤仅需37分钟；未来，扬镇宁马城际铁路开通后，约15分钟即可从句容站到达南京禄口国际机场。

（交通局）

江苏农林职业技术学院百年发展综述

1923年，上海三育大学因沪地"寸土寸金"，难以扩展，有意西迁，欲于南京与镇江之间寻觅新址。几经实地考察，鉴于句容县桥头镇北濒长江，南倚山丘，西靠南京，宁沪铁路贯穿其中，火车可以直达上海，便决定迁至桥头镇办学。1925年9月，上海三育大学正式由沪迁至句容县桥头镇，并更名为"中华三育神道学校"，简称"中华三育学校"。1931年秋，学校更名为"中华三育研究社"，简称"中三社"。其后至1951年，曾几易其名。1946年，江苏省立江阴农业职业学校在江阴县西门外夏港镇西南2.5千米处静堂里创建，1949年学校更名为"苏南江阴农业技术学校"。1951年10月，苏南人民行政公署（署教高字第363号）决定将苏南江阴农业技术学校迁至句容县桥头镇中华三育研究社所在地，两校合并建立"苏南句容农业技术学校"，同时撤销苏南江阴农业技术学校和中华三育研究社建制。1953年，学校更名为"江苏省句容农业学校"。1969年3月，江苏省革命委员会撤销江苏省句容农业学校建制，在校址上建立江苏省"五·七"干部学校。1975年5月，经江苏省革命委员会批准，建立镇江地区五七农业大学，选择南京师范学院句容实习农场450亩（1亩≈667平方米）土地作为办学校址。1980年5月，江苏省人民政府批复同意恢复"江苏省句容农业学校"。1981年夏，镇江地区行政公署决定在镇江地区五七农业大学的校址上恢复江苏省句容农业学校。2001年8月，经江苏省农林厅审定报江苏省人民政府批准，"江苏省句容农业学校"更名为"江苏省农林学校"。2002年6月，江苏省人民政府发文，决定在江苏省农林学校基础上建立江苏农林职业技术学院。自此，学院成为全日制普通高等学校，进入高等职业教育序列。2023年12月12日，学院举行建校100周年高质量发展大会。回顾百年办学历史，学院先后经历中华三育研究社、苏南句容农业技术学校、镇江地区五七农业大学、江苏省句容农业学校和江苏农林职业技术学院5个办学时期，走过创办、壮大、振兴、跨越和提升5个发展阶段。

2023年，江苏农林职业技术学院已发展为以农业类专业为主体的综合型高等职业院校，形成以本部校区和茅山校区相协同、江苏农博园（国家AAA级旅游景区）和江苏茶博园（国家AAAA级旅游景区）相呼应的办学格局。学院占地面积6000余亩，建筑面积495亩，在校生13000多人，现有专业42个，拥有博士学位教师182人。学院与12所院校合作开展"4+0""3+2""3+3"等现代职业教育体系建设试点项目，本科在校生1066人。自办学以来，累计为社会培养服务"三农"的高素质技术技能型人才12万余名。

学院深化教育教学改革，提升人才培养质量。近五年，学生获得全国职业院校技能大赛一等奖25项，位列全国农业类赛项第一，入选世界技能大赛中国集训队15人。学院率先在全国探索农村基层治理定制人才培养，累计招收学生1697名，毕业生98%以上在村级（涉农社区）组织任职，被江苏省委组织部确立为全省唯一"定制村干"培育学校。学院培养了以"全国乡村振兴青年先锋标兵"华梦丽（2023年5月作为在全国高校毕业生等青年就业创业工作电视电话会议上发言的唯一高校毕业生代表）、创新创业英才奖获得者吴中平等"新农人"为典型代表的一大批优秀"三农"人才。

学院实施有组织科研和成果推广，获批国家自然科学基金12项，获得省部级科研成果奖励34项；主动服务乡村振兴战略，重点研发推广的草业、应时果蔬、茶业、彩叶苗木、种业五大产业，被省政府确定为丘陵地区优势主导产业；成功打造了"一棵小草富农民、一粒种子强农业、一片叶子美农村"三张名片；推广农作物良种500万亩，建有草坪示范基地16万余亩，推广彩叶苗木20万余亩，辐射20多个省（市），带动6万户农民家庭致富。学院加强与属地政府的紧密合作，2003年10月，获得句容市人民政府支持，无偿划拨赵庄林场国有土地800亩为学校所有,租赁使用集体土地1800亩,创建"江苏农林科技示范园";2006年4月,学院与句容市人民政府签署共建体育馆协议,由地方政府出资1000万元支持学院建设;2008年9月,学院与句容市人民政府签署"关于高庙茶场和高庙职业中学转让协议",确定高庙茶场和高庙职业中学1850余亩土地及地面建筑设施划归学院所有,在此基础上创建江苏茶博园和江苏农林职业技术学院茅山校区;2017年10月,学院与句容市人民政府举行战略合作协议签约仪式,借助学院人才技术优势,更好地服务地方经济社会发展。

学院积极开展新型农业经营主体培训,年培训培养农民、农技人员2万余人次;分别与云南普洱、新疆伊犁、西藏拉萨签订结对帮扶战略协议,开展西部对口支援工作,近三年累计举办18个班次,培训1800余人;开展对口帮扶新疆应用职业技术学院、克孜勒苏职业技术学院、培黎职业学院、青海交通职业技术学院工作。

学院坚持走国际化、特色化办学道路,主动融入和服务共建"一带一路",推动中法两国政府合作项目中法农业培训和乡村振兴服务中心、中法农业科技示范园落户学院。与肯尼亚埃格顿大学合作,共建中肯现代农业科技示范园。在非洲国家建设"神农学院",埃塞俄比亚神农学院建设项目入选"未来非洲—中非职业教育合作特色项目"。2017年,学院被农业农村部确定为首批农业对外合作科技支撑与人才培训基地。1956年,学院招收越南留学生24名。自2015年以来,学院先后接收来自阿塞拜疆、巴基斯坦、刚果(布)、加蓬、科特迪瓦、肯尼亚、老挝、马来西亚、孟加拉国、缅甸、尼日利亚、塞内加尔、斯里兰卡、印度尼西亚等国的留学生,共计培养468人。

1959年,学院被确定为全国重点中等专业学校;1999年,学院被评定为全国重点中等专业学校;2007年,学院被教育部、财政部确定为国家示范性高等职业院校建设计划立项单位;2019年,学院成功入选"中国特色高水平高职学校和专业建设计划"单位。多年来,学院先后获国家级教学成果一等奖2项、二等奖7项;获全国深化创新创业教育改革示范高校、黄炎培职业教育"优秀学校奖"等荣誉。学院牵头组建的中国现代农业职业教育集团,成为首批国家示范性职业教育集团。 (江苏农林职业技术学院)

大事记

编校人员：吴 舟

1月

1日 中国人民政治协商会议句容市第十一届委员会第二次会议在句容大剧院举行。句容市委书记周必松到会并发表讲话。句容市政协党组书记、主席章壮钧代表政协句容市第十一届委员会常务委员会，向大会报告工作。大会应到委员240人，实到185人。会议于3日闭幕。

2日 句容市第十七届人民代表大会第二次会议在句容大剧院开幕。大会应到代表258名，实到221名。代理市长束克之代表市政府向大会作工作报告。会议于4日闭幕，大会选举束克之为句容市人民政府市长。

4日 句容市"信用助推全域农产品质量安全追溯"案例入选第四届"新华信用杯"全国信用优秀案例。

5日 江苏句容第六届白兔草莓文化节暨兔年特种邮票全国首发仪式在白兔镇举行。

△ 句容市磨盘山林场、溧阳亚东实业发展有限公司茅山分公司获评"2022年度江苏省放心消费创建示范单位"。

9日 句容市召开青年发展型城市（县域）建设试点部署会暨青年工作联席会议第四次全体会议。

10日 句容市公安局举办"警察荣光"报告会，庆祝第三个"中国人民警察节"。

12日 江苏省级专项督查组到句容市督查河湖长制工作。

17日 句容市举办第九届运动会闭幕式暨表彰大会。本届运动会自2022年8月8日开赛以来，共有来自80个代表团的7000多名运动员参赛。

18日 "我们的中国梦——文化进万家"2023年句容市迎新春系列文化惠民示范活动在青山村新时代文明实践站举办。

19日 江苏省铁路集团有限公司党委书记、董事长常青一行到句容市，通过实地调研和座谈形式，推进南沿江高铁句容站项目建设。句容市委书记周必松陪同。

29日 句容市召开产业强市大会，全面贯彻落实产业强市"一号战略"。句容市委书记周必松出席会议并致辞，市四套班子领导出席会议。

△ 句容市委书记周必松、市长束克之会见浙江雷可澳投资有限公司董事长俞补孝、浙江侨福置业有限公司总经理张永生一行，就项目合作事宜进行座谈。

30日 句容市举办"春风行动"大型招聘会。

31日 句容市委书记周必松、市长束克之与协鑫（集团）控股有限公司董事长朱共山进行工作会谈。

是月 句容市公安局交警大队车辆管理所获评"全国一等县级车辆管理所"。

△ "让数字化协商议事成为基层治理'好帮手'"案例入选2022年江苏省政协工作创新案例名单。

△ 白兔镇选送的10份参赛样品在第十届江苏"紫金杯"优质草莓评比中分获金奖、银奖和优秀奖。

△ 江苏苏博特新材料股份有

限公司、江苏和正特种装备有限公司、江苏联博精密科技股份有限公司3家企业入选江苏省"瞪羚"企业，实现全市省级"瞪羚"企业"零"的突破。

△ 句容市北山水库水利风景区成功创成"省级水利风景区"。

△ 江苏省句容中等专业学校入选江苏省职业院校教学管理三十强。

2月

2日 句容市正式启动农作物外来入侵病虫害普查踏查工作。

4日 茅山镇丁庄村党委书记、村委会主任方静被江苏省委宣传部授予江苏"最美基层干部"称号。

△ 由江苏省演艺集团有限公司党委副书记、国家一级演员、著名锡剧表演艺术家周东亮领衔出演的"致敬模范树新风 踔厉奋发开新局"——江苏省演艺集团锡剧团句容专场演出在句容大剧院上演。

7日 边城镇"幸福菜篮"志愿服务项目入选2022年度江苏省学雷锋优秀志愿服务项目。

12日 句容市委书记周必松会见到句容市考察的挪威安德森控股集团有限公司董事长泰杰·安德森和挪威88控股有限公司董事长戴骏峰一行。

14日 江苏省政协党组副书记、副主席杨岳带领江苏省政协调研组到句容市开展走访调研。

16日 句容市青年企业家协会第二次会员大会暨新时代企业家精神师承计划顺利举办。会议选举产生句容市青年企业家协会新一届领导班子、理事会、监事和秘书长。

△ 江苏省人大常委会副主任曲福田带领调研组到句容市开展湿地保护调研。

18日 首届天王唐陵花木节·梅花季开幕。

22日 句容市市长束克之会见中国能建葛洲坝集团华东分公司执行总经理冉小华一行，双方就推进抽水蓄能项目进行深入交流。

23日 句容市举行"学习雷锋精神，争做时代新人"2022年度新时代文明实践志愿服务项目大赛路演。

25日 江苏伊斯贝拉生态农业科技有限公司总经理范亚君获"全国巾帼建功标兵"称号。

26日 2023年"跑遍句容"第一站——长江马拉松在下蜀开赛。

是月 句容市长江提水站运行控制系统维修工程通过验收。

△ 句容市入选全国首批自然资源节约集约示范县（市）名单。

△ 果牧不忘家庭农场句容有限公司党支部书记、总经理华梦丽获首届"江苏省乡村振兴青年先锋"标兵称号；秦淮花灯文化研发中心传承人陈梦媛和镇江市菇满园生态农业有限公司总经理郁宝锋获首届"江苏省乡村振兴青年先锋"称号。

△ 江苏省委组织部印发《关于第十六届全省党员教育作品观摩交流活动评选结果的通报》。句容市制作上报的电教片《为农民服务一辈子》获得全省一等奖，《步履不停 学习不止》、《我在家乡当村干》、《与你同行》系列公益广告获得三等奖。

△ 句容市下蜀镇东来家庭农场以"发展立体种养模式 探索综合赢利路径"特色入选全国家庭农场典型案例名单。

△ 工信部公布2022年度绿色制造名单，句容台泥水泥有限公司获评国家级绿色工厂。

△ 建华建材（中国）有限公司入选江苏省绿色工厂名单（第三批）。

△ 后白镇芦江村芦江入选第六批江苏省传统村落名录。

△ 句容龙山湖生态跑步环线获评"魅力江苏 最美体育"2022江苏省最美跑步线路，同时获2022江苏省最美跑步线路网络人气奖。

3月

2日 句容市举行《迟明堂日记》交流研讨会。

△ 后白镇举行"智改数转"专题交流会。会上，后白镇与中国移动通信集团江苏有限公司句容分公司签订战略合作协议。

4日 句容市委书记周必松主持召开第五届国际道教论坛筹备工作会议。

△ 2023年句容"体育旅游嘉年华"暨新春乒乓球混合团体邀请赛在句容市崇明中学体育馆举办。

7日 句容市白兔镇中心村入选第十二批全国"一村一品"示范村镇。

△ 句容市召开2023年市人大

代表建议和政协委员提案交办会，句容市委常委、常务副市长赵树锋出席会议。

△ 句容市委宣传部在市文化艺术中心广场主办2022句容市"百姓大舞台"市级调演暨2023句容市"百姓大舞台"启动仪式。

8日 句容市妇幼保健院顺利完成整体搬迁。

8日—28日 "美丽句容——第三届风情写生创作展"在句容市美术馆（文化艺术中心）举办。

9日 江苏恒顺集团有限公司党委书记、董事长杭祝鸿带队到句容市考察。双方围绕品牌联合、产品开发、销售平台融合等领域进行深入交流，进一步寻找合作空间，助推句容市文旅产业高质量发展。句容市委书记周必松陪同调研。

△ 江苏省自然资源厅党组成员、副厅长，江苏省林业局党组书记、局长王国臣一行到句容市宝华山国家森林公园开展植树活动，句容市市长束克之参加，并为宝华山国家森林公园"互联网+全民义务植树基地"揭牌。

10日 江苏省安全生产第四督导组张军带队到句容市开展督导检查。句容市委书记周必松陪同。

11日 2023年"乡游后白 探春之旅"启动仪式——"同心红"与您共赏樱活动在林梅绿道生态农业花木园开幕。

12日 由句容市文联、句容市文体广电和旅游局、句容市摄影家协会、句容市文化馆共同举办的第二届"美丽句容 美好生活"全民手机摄影展颁奖仪式举行。

14日 句容市市长束克之会见台泥集团副总经理吕克甫一行，双方就句容台泥水泥有限公司今后的发展进行交流。

15日 华电江苏句容新能源有限公司揭牌暨江苏华电句容整市光伏项目第一批次111.08兆瓦开工仪式举行。

16日 2022—2023"江苏省普惠金融县区行"镇江专场活动在句容市举行。

17日—18日 全国政协委员、上海大学副校长汪小帆一行到句容市开展党的二十大暨全国两会精神分享会。

19日 2023年句容"体育嘉年华""凝聚秦淮"江苏省垂钓邀请赛首场比赛在岩藤农场举行。这是"凝聚秦淮"江苏省垂钓邀请赛的第一场分站赛，也是句容市首届"体育嘉年华"活动的首场比赛。

20日 2023"相约福地 才聚镇江"在镇高校联动双选会在江苏农林职业技术学院举行，47家重点企业用人单位向应届大学生提供600多个工作岗位。

△ 句容台泥水泥有限公司环保节能项目入选2023年度江苏省工业和信息产业转型升级专项资金（第一批）拟安排项目。

△ 句容市入选第二批江苏省数字乡村试点地区。

21日 句容市民政局联合各街道慈善社工站、社区及多家社会工作服务机构和志愿服务组织，举办"推进'五社联动' 关爱'一小一老'"主题宣传活动。

△ 句容市入选2022年度江苏省文化产业和旅游产业工作拟激励支持地方名单。

23日 句容市召开深化全国文明城市创建工作推进会。句容市委书记周必松出席会议并讲话。

△ 句容团市委与句容农村商业银行战略合作签约仪式暨金融赋能青年发展型城市建设会议在句容农村商业银行举行。

24日 第六届镇江市农业科技嘉年华草莓专场活动在句容市举行。

26日 第十三届中国句容茅山文化旅游节开幕式在句容康缘养生谷举行。

28日 "追梦中华·奋进新江苏"2023海外华文媒体江苏采访团走进白兔镇徐村草莓基地。

△ 句容市退役军人事务局启动2023年"镇爱优抚·结对认亲"关爱行动。启动仪式上，10家爱心单位与10位烈士遗属家庭代表现场"结亲"。

△ 2023招才引智"镇江日"（句容-西北农林科技大学）专场活动在陕西杨凌举办。

29日 句容市委、市政府组织市四套班子领导、各镇（街道、园区）党政主要负责人和相关部门主要负责人到丹阳市、镇江新区、扬中市观摩重点产业项目。

30日 句容市召开项目攻坚暨经济工作推进会。

31日 中国道教协会秘书长李寒颖一行到句容市调研指导第五届国际道教论坛筹备工作。

△ 句容市人民政府与江苏农林职业技术学院战略合作协议签约暨合作专项启动仪式成功举行。

△ 镇江市暨句容市道德模范与身边好人现场交流活动在句容市融媒体中心演播大厅举行，2023年第一季度"镇江好人（大

爱之星）"、2022年第二期"句容好人榜"同时发布。

△ 第十四届江苏省乡村旅游节分会场暨江苏句容第六届白兔草莓文化旅游节在白兔镇伏热花海景区开幕，句容市委常委王红芳、副市长凌华出席开幕式。

是月 江苏省科学技术协会党组成员、副主席冯少东一行到句容市检查2022—2025年度江苏省科普示范县（市、区）创建工作。

△ 由句容市委组织部主办，句容市委市级机关工作委员会、句容市融媒体中心委员会联合承办的"学习二十大 句力建新功"党的二十大精神知识竞赛决赛在句容市融媒体中心举行。

△ 新一届江苏省人大代表第一期履职学习班在句容市举办。160多名江苏省人大代表实地视察调研句容市特色农业及基层人大工作。

△ 句容市人民法院收到淮安市盱眙县人民法院发出的全国首份家庭教育指导委托函。两地法院在全国首次联动实现"法院+法院"跨区域家庭教育委托指导。

△ 句容市文明办、市民政局联合开展"厚养礼葬 文明追思"2023年句容市清明节"移风易俗 文明祭扫"主题活动。

△ 句容市宝天线、句宝线获评江苏省"美丽农村路"样板路。句容市句宝线获评江苏省"平安放心路"样板路。

△ 句容市发改委启动312国道沿线和宁句城际轨道沿线产业规划编制工作。

△ 句容市中医院脾胃科入选2023年度省级中医特色专科建设项目名单，是句容市首个省级中医重点建设专科。

△ 茅山景区入选2022"驾游中国"最受欢迎全国自驾旅游目的地。

4月

1日 句容市委书记周必松、市长束克之会见立邦投资有限公司副董事长、立邦中国供应链管理总部高级副总裁邢荣华一行。

9日 挪威王国中华统一促进会会长、挪威王国华人联谊会共同会长戴成方一行到句容市考察。句容市委书记周必松陪同。

10日 句容市白兔镇致富果业专业合作社、句容市边城绿农粮食种植土地股份专业合作社和句容市润民食用菌专业合作社3家农民合作社成功入选2022年国家农民合作社示范社名单。

12日 国家发改委地区经济司副司长、一级巡视员张东强带队到句容市调研长三角一体化发展重点项目建设情况。

△ 第十二届江苏国际农业机械展览会在南京国际博览中心开幕。句容市农机维修中心负责人夏洪宇作农机社会化服务典范经验交流，来自句容市的"十佳新型职业农民"杰出代表谢广胜作"新农人"典型交流。

△ 2023年句容"体育嘉年华"老年人体育节在宝华山风景区千华古村启动。

13日 长江生态环保集团有限公司来句容交流座谈会举行。

△ 句容市成功入选江苏省科普示范县（市、区）（2022—2025年度）。

16日 2023崇明街道睦邻文化节开幕式在句容市福地广场举行。

17日 句容市政府召开专题会议，启动国家级慢性病综合防控暨示范区建设工作。

△ 句容市被列为首批"全国农业科技现代化先行县"。

22日 句容（北京）高质量发展恳谈会在北京饭店国际会展中心举行，句容市委书记周必松出席会议并致辞。

24日 位于郭庄镇的固驰智能装备（江苏）有限公司智能制造及自动化生产线项目正式开工建设。

25日 句容市召开慈善工作表彰大会。

26日 句容市入选第二批江苏省创新型示范县（市、区）建设名单。

26日—27日 中国老区建设促进会副会长漆志恒一行到句容市调研红色资源旅游产业发展情况。

27日 句容市庆祝"五一"国际劳动节暨表彰大会举行。

△ 甘肃省肃南裕固族自治县政协党组书记、主席兰永武，县委常委、宣传部部长刘泽带领考察团到句容市学习交流"全国文明城市"创建工作。

28日 江苏省句容市现代农业产业园入选2023年国家现代农业产业园创建名单。

是月 句容市供销合作总社在2022年度江苏省二十强县级供销合作社中位列第11位，连续十一年被评为"全省二十强县级社"。

△ 句容市医保局通过对全市175家定点零售药店开展信息化改造，在江苏省率先探索药品"赋码"管理。

△ 茅山风景区综合服务中心正式运营。

△ 2023第一届天王浮山登山节在天王镇举行。

△ 句容市第35个爱国卫生月暨世界卫生日主题宣传活动在福地广场举行。

△ 句容市首次开行高铁旅游专列。

5月

1日 句容市委书记周必松会见中国工商银行江苏省分行党委书记、行长张慎一行，双方就深化合作事宜进行交流。

5日 黑龙江省应急管理厅副厅长任俊杰带领国家矿山安全监察局黑龙江局交叉互查组一行，到句容市开展矿山安全生产工作检查。

6日 江苏省副省长王晖到句容市调研农业农村工作。

8日 由江苏省演艺集团有限公司党委副书记、国家一级演员、著名锡剧表演艺术家周东亮领衔出演的大型现代锡剧《装台》在句容大剧院上演。

9日 句容市委书记周必松、市长束克之与江苏吴中集团有限公司决策委员会主席葛健进行座谈交流。

△ 江苏省教育厅网站发布省教育厅、团省委关于表彰2023年普通高中省级三好学生和优秀学生干部的通知，其中，句容市共有10人受到表彰。

10日 秦淮灯彩国家级非遗代表性传承人陈柏华获评2022"中国非遗年度人物"。

11日 生态环境部华东督察局处长卢诰宇带队到句容市检查第二轮中央生态环境保护督察问题整改工作。

△ 江苏省关工委常务副主任张艳一行到句容市调研关心下一代工作。

△ 全国高校毕业生等青年就业创业工作电视电话会议在北京举行。江苏农林职业技术学院2016届园艺技术专业毕业生华梦丽作为基层就业毕业生代表发言。

△ 句容市卫健委举办"5·12国际护士节"庆祝活动暨2022年度优秀护士表彰大会。

△ 句容市警方侦破"1999·12·16"命案。

14日 以"让城市对青年更友好 让青年在城市更有为"为主题，句容团市委、市文明办、市文体广电和旅游局等单位联合举办2023"农商银行杯"句容市第八届青春毅行活动。

15日 句容市孙建云家庭获评2022年度"江苏省最美家庭"。

△ 句容市森林消防专业队业技能培训班开班，9支森林消防专业队分10批开展理论知识及专业技能培训。

17日 中华全国供销合作总社管理干部学院院长林元达带领全国全面深化供销合作社综合改革专题研究班学员到句容市实地了解供销合作社综合改革等工作推进情况。

18日 沪宁沿江高铁沿线环境整治及保开通工作推进会在句容市召开。

△ 句容市举行以"完善残疾人社会保障制度和关爱服务体系，促进残疾人事业全面发展"为主题的系列活动周启动仪式。活动表彰2022年度句容市"自强模范""助残先进集体""助残先进个人"。

19日 由江苏省房地产业协会、句容市政府共同主办的房地产与区域经济融合发展活动在句容市举行。

△ 句容市科技局、市委宣传部、市科学技术协会联合主办2023年句容市"全国科技活动周"暨句容市第35届科普宣传周启动仪式。

20日 第十届句容桑果紫酒节在茅山镇丁家边村开幕。现场为句容市第一批非遗工坊、第三批非遗项目授牌。

21日 第三届江苏发展大会句容行合作恳谈会召开。句容市委书记周必松出席会议并致辞，市长束克之主持会议。

△ 镇江市第十届青少年机器人科技竞赛在句容市实验小学福地校区举行，来自镇江全市的640名选手参加比赛。

22日 句容市召开全市高质量发展推进会。

△ 句容市工商联召开十一届二次执委会议。会上，句容市"同心红"律师服务团成立，句容市商会"同心红"律师服务和诉调中心揭牌。

23日 江苏省消防救援总队总队长邓立刚一行到句容市调研消防工作。

△ 句容市气象局与句容农村

商业银行举行战略合作签约仪式。

△ 茅山风景区管委会的非遗进茅山景区项目入选第二批江苏省无限定空间非遗进景区示范项目。

27日 句容（上海）高质量发展恳谈会在上海举行。句容市委书记周必松出席会议并致辞。上海市浦东新区高东镇商会、上海市长宁区江苏路街道商会与句容市商会签订交流协作协议。

△ 江苏省党外知识分子联谊会联合南京医科大学知识分子联谊会、南京中医药大学知识分子联谊会到茅山镇卫生院开展"智服工程·送医下乡"社会服务活动。

29日 江苏省楹联研究会会长周游一行到句容市调研中国楹联文化市创建工作。

31日 江苏省民营企业进高校"'三个一'+X"行动走进江苏农林职业技术学院。

是月 中国国际贸易促进委员会纺织行业分会一行到白兔镇考察调研纺织行业发展情况。

△ 2023年句容市老年人家庭居家适老化改造工作正式启动。

△ "大益茶杯"2023句容市第五届诗词大赛启动。

△ 2023年江苏省科学技术协会"院士专家科普基层行"活动走进句容市崇明街道建新社区，为居民宣讲健康知识。

△ 句容市农业农村局申报的"句容市'茅山长青'茶旅二日游"线路入选以"中国茶技·忆之非遗"为主题的茶乡旅游精品线路。

6月

3日 句容市开展沪宁沿江高铁添乘活动。活动中，相关属地政府工作人员乘坐列车从沪宁沿江高铁金坛站出发，前往句容站。

5日 江苏省科技厅公布2023年度省级工程技术研究中心（企业类）绩效考评结果，句容市2家企业获"优秀"等级，分别是江苏省（建华）管桩制备工程技术研究中心和江苏省（绿苑）彩叶苗木繁育工程技术研究中心。

6日 句容市委书记周必松会见到句容市调研的长江航道工程局有限责任公司华东分公司总经理刘苏庆一行，双方就加强合作开展座谈。

7日 民盟句容支部召开换届工作会议暨三届一次全体会议。会议选举凌麓为民盟句容支部新一届主委。

△ 句容市税务局对接中国人民银行句容支行、交通银行句容支行，签订数字人民币税企银三方协议，完成句容市首笔数字人民币缴税业务。

8日 江苏省发改委副主任、省能源局局长戚玉松带队到句容市调研新型能源体系建设工作。

10日 句容市举办民俗（年俗）摄影作品展，共征集作品300多幅，入选摄影作品56幅。

11日 由镇江市人民政府和江苏省科学技术协会联合主办的数字农业暨茶产业高质量发展对接活动开幕式在句容市举办。

△ 数字农业暨茶产业高质量发展对接会在句容市举行，活动现场数字农业领域学会联合体成立。

12日 句容市召开全市文化旅游高质量发展大会。

△ 句容市防汛抗旱指挥部发布句容市东部片区抗旱Ⅳ级预警。

△ 句容市郭庄镇中心小学、江苏农林职业技术学院入选首批全国健康学校建设单位。

13日 句容市与申万宏源集团股份有限公司举行合作交流座谈会。

14日 江苏农林职业技术学院机电工程学院与下蜀高新技术产业园签约。

16日 "禁毒与我同行——'点点微光'禁毒宣传青春联盟"启动仪式在江苏省女子强制隔离戒毒所举行。活动现场首次发布"点点微光"禁毒宣传吉祥物"星星"及主题曲《微光》。

18日 句容市防汛抗旱指挥部发布洪水蓝色预警，并启动防汛Ⅳ级应急响应。

19日 句容市市长束克之会见安能物流集团有限公司联席董事长、总裁秦兴华及其团队一行。

20日 江苏省民政厅党组成员、副厅长王小华到句容市调研指导民政工作。

21日 江苏农林职业技术学院教师陈军、句容市华阳中心小学校教师张维娜入选2023年江苏省教学名师。

23日 2023江苏句容第四届华阳福桃文化节正式开幕，副市长徐飞出席开幕式。启动仪式上，镇江市农科院与华阳街道进行"华阳福桃"新品种培育签约；句容农村商业银行向华阳福桃产业合作联社授信；福桃研学采摘游线路正式发布。

26日 "四进四促"乡村振兴青春建功主题活动暨句容团市委与江苏农林职业技术学院团委共育"新农人"计划启动仪式举行。

△ 江苏省工业和信息化厅公布2023年度首批省星级上云企业名单，句容市的江苏联博精密科技股份有限公司等9家企业通过认定。

27日 句容·蒲城2023年度苏陕协作联席会议召开。

△ 句容市首家工伤康复定点医院挂牌仪式在句容市中医院举行，句容市中医院正式挂牌句容市老年医院。

28日 句容市召开"七一"表彰大会暨党建引领高质量发展推进会，庆祝中国共产党成立102周年，表彰全市各条战线涌现出的先进典型。句容市委书记周必松出席会议并讲话，市长束克之主持会议。

△ 江苏广兴集团有限公司首席技师、总工程师、正高级工程师沈春雷入选首届"长三角大工匠"。

△ 第三届中国·镇江国际菁英创业大赛句容选拔赛举行，20名海内外高层次人才参赛，推荐创业项目，展示创业风采。

29日 江苏省人民政府颁布《关于2022年度江苏省科学技术奖励的决定》，句容市共有6项科技成果获奖，其中，二等奖3项、三等奖3项。

是月 江苏省信用办公布2022年度各设区市和县级地区政务诚信评价结果，句容市连续三年获评县（市、区）第一等次。

△ 句容市"以专业化管理育强乡村振兴'领头雁'队伍"案例入选第六届基层党建创新典型案例。

△ 句容市通过江苏省健康促进县建设评估。

△ 句容市人民政府网站发布《关于宝华镇新城片区村（社区）调整方案的公示》，拟对新城片区的村（社区）进行调整，在调整现有4个村（社区）的基础上，新成立4个社区，分别命名为秦淮源社区、鸿堰社区、仙东社区、琅琊社区。

△ 茅山景区针对2023年暑期游客群，推出乐在茅山、潮玩茅山、住在茅山、研学茅山、听见茅山五大主题活动。

△ 由句容市文体广电旅游局主办的"快乐童心 多彩童年"2023句容市首届少儿艺术展演在市文化艺术中心广场上演。

△ 由赤山湖管委会报送的"亲近湿地飞羽，共筑生态之美"湿地科普课程入选江苏省科学技术协会首批科普研学系列课程。

△ 句容市公布句容市级地名文化遗产保护名录，柴巷、轿巷、义台街等9个老地名入选。

△ 中央电视台中文国际频道到句容市采访党的二十大代表、全国脱贫攻坚楷模赵亚夫。

△ 句容市获评"江苏省健康县（区）"。

7月

1日 第十三届江苏书展在苏州开幕，句容市同步开展分展场活动。句容市文明办、市阅读办、市妇联组织开展家庭文明建设亲子共读活动。

3日 中国国家博物馆原副馆长、中国汉画学会会长陈履生到句容市参观指导乡村博物馆建设。

△ 江苏省体育局党组书记、局长陈少军，省委主题教育第九巡回指导组组长、省政协农业和农村委员会主任杨时云带领调研组一行到句容市进行调研。

△ 江苏华电句容发电有限公司的"'四大工程'全力打造产业工人队伍建设改革示范点"荣获2022年度省部属企业产业工人队伍建设改革工作优秀项目一等奖。

10日—11日 "助力乡村教育 服务乡村振兴"在宁高校工会到句容市进行交流学习。

12日 句容市委书记周必松会见到句容市考察的上海宏勃生物科技发展有限公司董事长赵国军和青海阿夏曼巴医疗设备有限公司总经理崔婷一行。

13日 新疆生产建设兵团第四师六十四团党委书记、政委沈兵带队到句容市考察。

△ 句容市交通事故一体化服务中心揭牌仪式举行。

15日 句容市举行2023年句容"体育嘉年华"全民健身"古20杯""千台万人"乒乓球比赛暨年度个人排位赛。

18日 句容市举办以"与'宁'融合 '句'力发展"为主题的宁句企业家对口交流活动。

△ 在2023年江苏省第五届优质桃果评比大赛中，句容"华阳福桃"获得6金7银。

19日 句容市启动防汛Ⅳ级

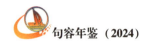

应急响应。

20日 农工党句容基层委员会举行成立大会。

21日 句容市公安局成功办理首个"开办旅馆一件事一次办"。

23日 句容市举行2023百校访企句容行深度对接活动。

25日 镇江市农业社会化服务现场推进会在句容市召开。

26日 镇江市现代农业产业人才交流会在句容市召开。

29日 句容市入选2023年全国县域旅游综合实力百强县，排名第21位。

△"福地句才　共创容光"2023年句容市"福地青年英才"创业大赛初赛在句容经济开发区举行，共有68个参赛项目成功入围。

△句容市举行"拥军联盟"签约授牌仪式，现场为21家拥军优属合作单位授牌。

是月 石砀山铜矿抽水蓄能电站项目正式签约，项目总投资超100亿元。

△句容市国土空间总体规划通过专家论证。

△2023年度镇江市级地名文化遗产名录公布，句容市柴巷、轿巷、马槽巷、义台街、天王老街、义成桥、斩龙桥7个老地名入选。

△句容、金坛两地启动茅山风景区跨区域跨部门综合监管工作。

8月

1日 中共句容市委十三届四次全会召开。句容市委常委会主持会议，句容市委书记周必松讲话。

2日 江苏省工会代表会议在南京召开，会议选举产生江苏省出席中国工会第十八次全国代表大会代表。句容市快递小哥周江，作为新就业形态劳动者代表出席会议，并当选为中国工会第十八次全国代表大会代表。

3日 句容市茅山老区返乡创业大学生座谈会召开。

△宝华山国家森林公园与港华紫荆农庄（句容）有限公司签订协议，开展"文旅+产业"合作开发。

7日 江苏省副省长徐缨到句容市调研农业农村工作。

△句容市企业江苏华神特种橡胶制品股份有限公司的"蛟龙"品牌入选2023—2025年度江苏省重点培育和发展的国际知名品牌。

8日 句容市农业农村局、公安局、市场监督管理局等禁捕办相关成员单位及镇江市高资海事处联合开展长江禁捕宣传月暨长江禁捕夏秋季专项联合执法活动。

△句容市白兔镇凭借草莓等特色优势产业入选首批国家农业产业强镇。

9日 句容市袁巷中心小学张兆伦入选2023年乡村优秀青年教师培养奖励计划人选名单。

△2023年首批丁庄巨峰葡萄装车发往新加坡，这是丁庄葡萄连续三年出口国际市场。

10日 江苏省委书记、省人大常委会主任信长星到镇江丹阳、句容调研。信长星强调，要深入贯彻习近平总书记对江苏工作重要讲话精神，按照省委十四届四次全会部署，进一步找准定位、明确目标，把优势做优、特色做特，在高质量发展和现代化建设上展现更大作为、取得更大成绩。

△江苏省人大常委会副主任、省总工会主席魏国强到句容市调研工会工作。

11日 句容市召开开发园区管理体制改革暨园区党建工作推进会。

13日 第三届海峡两岸青年文化月——"寻味宝岛　香品镇江"两岸美食文化暨青年文化周在句容市开幕。

14日 "苏台乡村振兴研讨交流会暨第二十四期江苏省台商大讲堂"活动在句容市举行。

15日 句容市老方葡萄科技示范园和句容市丁庄万亩葡萄专业合作联社获2023"江苏最美绿色优质农产品（葡萄）企业奖"。

16日 沪宁沿江高铁联调联试工作结束，转入试运行阶段。

△"大益杯"——句容市句说"非遗故事"大赛决赛举行，16名选手参赛。

17日 句容市委常委会召开（扩大）会议，学习贯彻习近平总书记近期重要讲话重要指示精神，传达落实江苏省委书记、省人大常委会主任信长星在句容调研时提出的工作要求和镇江市委有关工作要求。句容市委书记周必松主持会议。

18日 "同心共筑中国梦·携手助学育英才"中国（句容）第10届民间葡萄节暨圆梦助学纳凉晚会在句容市文化艺术中心举行。

19日 以"一粒葡萄，一个世界"为主题的2023中国·句容第十四届丁庄葡萄节开幕。

20日 由镇江市慈善总会、镇江市茅山老区兴教助学协会、镇江市政协离退休干部党支部共同主办的"青春心向党 强国我担当"主题报告会暨"激励成才,圆梦未来"兴教助学项目资金发放仪式在句容市举行。

22日 句容市委书记周必松会见广东省中山市工商联主席、广东毅马集团有限公司董事长张燕航一行。

△ 句容市丁庄万亩葡萄专业合作联社入选第一批农业高质量发展标准化示范项目(国家现代农业全产业链标准化示范基地)创建单位。

23日 句容市慈善总会举行2023年度慈善助学金发放仪式,现场为42名2023年新录取的贫困家庭大学生发放助学金。

25日 句容市华阳社区卫生服务中心中医馆被确定为第二批江苏省基层医疗卫生机构五级中医馆。

△ 江苏省少儿才艺大赛"艺起游"茅山活动在茅山景区举行。

30日 句容市启动数字人民币试点工作。

△ 江苏省典型宣传工作培训班在句容市开班。

31日 句容市召开第十五、十六批科技镇长团轮换工作会议。

△ 茅山风景区华阳洞时隔十年再次对外开放。

是月 句容市自然资源和规划局、市应急管理局、下蜀镇等联合开展2023年安全生产暨突发地质灾害应急演练。

△ 句台经贸文化合作交流恳谈会召开。

△ 句容市方应明工作室获评"江苏省乡土人才大师示范工作室",纪荣喜、张奎峰工作室获评"江苏省乡土人才大师工作室"。

△ 句容市下蜀中心幼儿园王语歆创作的童谣作品《全家福》获评"童声里的中国"长江青少年合唱节暨第十一届少儿歌谣创作大赛一等奖。

△ 茅山风景区管委会、句容市市场监督管理局、句容市退役军人事务局、句容农村商业银行联合在茅山景区举行"红色商户联盟"授牌仪式。

△ 句容市后白卫生院整体搬迁至原址新建综合楼,并在新院区全面开诊。

△ "水韵江苏 乡村嗨游"走进镇江句容启动仪式在句容市文化艺术中心广场举行。

△ 句容市文体广电和旅游局联合市委宣传部、市检察院,对辖区内的网吧、KTV等场所开展暑期文化市场专项检查。

△ 句容市举办2023年第六届"中国医师节"庆祝活动暨表彰大会。

△ 句容茅山景区与金坛茅山金牛洞景区实现"一票通"游玩。

△ 句容市自然资源和规划局在全市开展首次自然资源统一确权登记工作。

9月

1日 中央电视台《开学第一课》播出农技专家、"时代楷模"、全国脱贫攻坚楷模赵亚夫向学生介绍如何开始自己的农业工作,如何在戴庄和农民们一起搞有机农业,如何帮助农民富起来。句容市实验小学部分学生应邀参与摄制。

1日—3日 第七届句容优质农产品(南京)展销会暨2023江苏句容农业招商专场推介会在江苏国际农业展览中心举行。

6日 句容市山本家庭农场、句容市白兔镇张峰良品家庭农场和句容市茅山风景区句曲山隐家庭农场3家家庭农场入围江苏"百佳家庭农场"。句容市兴农家庭农场发展联盟入围江苏"十佳家庭农场服务联盟"。

7日—9日 第四届全国梨产业发展学术交流会暨第二届"中华好梨"品鉴推介活动在徐州市睢宁县举行。句容市获得"中华好梨"1个、金奖5个、银奖5个。

8日 "品劳模产品 游福地山水"句容市总工会助力乡村振兴南京高校推介会首站走进南京工业大学。

△ 2023句容茅山金秋戏曲节展演剧目——话剧《中央饭店》在茅山景区茅山玄宫上演。

△ 句容市庆祝第39个教师节座谈会召开。

12日 句容市下蜀镇的建华建材(中国)有限公司入围2023年中国制造业民营企业500强榜单,居第316位。

13日 沪宁沿江高铁句容站迎来初步验收。

△ 句容市总工会举办"永远跟党走,匠心铸辉煌"全市职工微宣讲比赛决赛,16名选手参赛。

△ 位于句容经济开发区的江苏维力安智能科技有限公司入选2023年江苏省首台(套)重大装

备认定名单。

14日 句容市天王镇凤华农机维修经营部农机修理员毕大钊获得第四、第五届全国农业行业职业技能大赛总决赛农机驾驶员第一名。

△ 江苏省人大常委会办公厅二级巡视员李江一行到句容市实地参观茅山新四军纪念馆。

△ 江苏省自然资源厅党组成员、副厅长，省林业局党组书记、局长王国臣一行到句容市调研松材线虫病防控工作。

15日 句容市先进典型事迹宣讲团成立暨2023年度"句容好人"（第一期）发布仪式举行，授予居文祥等20组共21人"句容好人"荣誉称号。

16日 句容市崇明街道中凌社区网格员孙玉华入选2023年第二季度"江苏好人"榜。

16日—19日 第二届全国职业技能大赛总决赛在天津举行，句容市共有4名选手参赛。精细木工赛项选手李康获得金牌，并通过世界技能大赛选拔入选国家集训队。园艺（双人）赛项选手梁山、贺伟排名第四，花艺赛项选手卓晨瑞位列前十，两个赛项选手均获优胜奖。

18日 西北农林科技大学到句容市开展校地合作对接活动，共同拓展校地合作、校企合作、互惠共赢的发展之路。

19日 江苏省安全生产第四督导组到句容市开展督导。

△ 由句容市委宣传部、市科协主办的2023年全国科普日启动仪式在句容市新时代文明实践中心举行。

19日—20日 中国老区建设促进会常务副会长曾广超带队到句容市调研红色资源保护利用和乡村振兴工作。

20日 镇江市银发赋能高质量发展"助力乡村振兴行动"现场推进会在句容市召开。

△ 句容苏润米业有限公司入选全国放心粮油示范工程第十二批示范企业。

22日 句容市政协"融入南京 接力镇江"主题书画展在句容市书画艺术研究会开展，展览持续至10月22日。

△ 江苏省高级人民法院党组副书记、副院长郑立新一行到句容市开展"八五"普法中期评估验收工作。

23日 句容市2023年度第二场退役军人专场招聘会举行，20家优质企业现场为退役军人提供300多个岗位。

24日 第五届国际道教论坛在茅山开幕。举行论坛期间召开了世界道教联合会成立大会，选举产生世界道教联合会第一届理事会，中国道教协会会长李光富当选为理事长。

25日 中国国家铁路集团有限公司党组副书记钱铭带队到句容市就沪宁沿江高铁开通运营工作进行检查。

26日—27日 江苏省教科及直属科研院所工会"聚焦科教兴农 助力乡村振兴"句容行活动举行，全国脱贫攻坚楷模赵亚夫现场宣讲。

28日 沪宁沿江高铁开通运营。项目起自南京南站，经南京市、镇江市、常州市、无锡市、苏州市，在太仓站与沪苏通铁路交会后下线，接入上海铁路枢纽。线路全长279千米，设计时速350千米。全线共设南京南、句容、金坛、武进、江阴、张家港、常熟、太仓8个车站，其中，南京南、张家港、常熟、太仓站为既有车站，句容、金坛、武进、江阴站为新建车站。

△ 句容市"乡村振兴杯"书画篆刻摄影大赛作品展开展，展览持续至10月28日。

△ 建华建材（中国）有限公司入选2023年度"江苏省省长质量奖"获奖名单。

△ 句容市义台街入选2023年江苏省省级地名文化遗产名单。

30日 句容市在兆文山烈士陵园举行向革命烈士敬献花篮仪式。句容市市长束克之等市四套班子领导和烈士家属代表、文明家庭代表、驻句官兵代表、志愿者代表、学生代表及各界群众近300人参加仪式。

是月 句容市白兔镇柏生草莓专业合作社入选第二批百个全国农作物病虫害绿色防控示范推广基地。

△ 句容市磨盘山林场入选2023年度全国"十佳林场"。

△ 句容市申报的"丁庄葡萄"系列、戴庄有机大米、"白兔草莓"系列入选2023年"苏韵乡情 百优乡产"推介名单。

△ 由句容农村商业银行打造的句容市数字乡村平台正式上线。

△ 句容市"贯彻二十大 奋进新征程"百姓名嘴风采展示活动总决赛举行，来自全市16名优秀"百姓名嘴"参加活动。

△ 句容市体育运动学校正式恢复招生，进入实质性运行。

△ 句容市举办首届中小学教

师美术、书法作品展。

△ 2023长三角阅读马拉松大赛在沪苏浙皖三省一市的186个图书馆同时展开。江苏省句容高级中学诚毅队获得长三角团队第五、江苏省第二的成绩。

10月

7日 句容市"决战四季度"高质量发展推进会召开。句容市委书记周必松出席会议并讲话，市长束克之主持会议。

8日 句容市医疗纠纷人民调解委员会调解员朱世平获评"全国模范人民调解员"。

△ 江苏广兴集团有限公司首席技师、总工程师、正高级工程师沈春雷入选首届"江苏最美工匠"。

11日 句容市委、市政府举行全市重大项目观摩推进会。句容市委书记周必松、市长束克之等市四套班子领导出席。

12日 北山水库成为江苏省首家获得国家级水利标准化管理工程殊荣的中型水库。

△ 总投资5100万元的途居茅山房车露营地项目在茅山景区成功签约。

13日 句容市召开人才金融服务对接活动。

14日 句容市第九届金秋诗歌朗诵会在葛仙湖公园大圣塔广场举办。

17日 由句容市委宣传部、市总工会等联合举办的"工会互助保障杯"2023句容市第七届"百姓大舞台"市级调演在市文化艺术中心广场上演。

18日 南京市玄武区人民法院党组书记、院长赵雪雁带队到句容市调研生态修复工作。

△ 句容市华阳社区卫生服务中心成功创建为二级综合医院。

19日 宝华镇栗庄村入选2023年全国示范性老年友好型社区拟命名名单。

△ 第五届国际道教论坛文化传承作品举行交接仪式。

△ 句容市志远电力新能源有限公司入选江苏省新能源汽车充（换）电设施建设运营承诺公示企业名单（第六批）。

20日 2023年全国千强镇发布暨镇域高质量发展论坛公布全国千强镇名单，句容市宝华镇居第107位，下蜀镇居第299位，郭庄镇居第739位。

21日 由镇江市人民政府、江苏省农业科学院等联合举办的江苏省第三届猕猴桃产业发展论坛暨第六届镇江市农业科技嘉年华在句容市举行。

24日 江苏省民政厅二级巡视员赵晓东带队到句容市就句容市贯彻落实2023年江苏省委一号文件情况进行督查指导。

△ 由句容市委宣传部主办的"学习新思想 奋进新征程"2023年句容市"学习达人"挑战赛决赛在市融媒体中心举行。

25日 在杭州第4届亚残运会男子72公斤（1公斤=1千克）级举重比赛中，句容籍运动员胡鹏以208公斤的成绩获银牌。

△ 句容市江苏三超金刚石工具有限公司的40μm以细超精细晶硅切片金刚石线的研发及产业化项目入选2022年度"中国好技术"项目库（B类）。

26日 江苏"最美人物"发布会在句容市举行，镇江市农业科学院研究员芮东明被江苏省委宣传部授予江苏"最美科技工作者"称号。

27日 江苏省人大常委会办公厅信访办主任陈勇带队到句容市调研拓宽民意征集渠道情况。

28日 2023镇江·句容农民丰收节在郭庄镇举行。

29日 由句容市委宣传部主办的"网'句'文明 你我同行"2023句容市第六届网络嘉年华在市文化艺术中心大剧院广场举行。

31日 句容市郭庄镇退役军人志愿服务队、句容市老兵志愿者服务队李敏、句容市边城镇退役军人志愿者服务队滕永辉入选2023年度江苏省退役军人志愿服务"双百"先进典型。

是月 江苏省公安厅、省人社厅和省见义勇为基金会联合公示江苏省见义勇为称号人员拟表彰对象名单，来自句容市的"单手"救人老党员袁正虎入选。

△ 句容市完成2023年居民健康素养监测工作。

△ 句容市人社局开展2023年一次性扩岗补助发放工作。

11月

1日 文化和旅游部公布第七次全国县级以上公共图书馆评估定级上等级馆名单，句容市图书馆获"一级图书馆"称号。

2日 句容市后白镇林梅村入

选第三批全国乡村治理示范村。

3日 中共中央党校（国家行政学院）教授、中国法学会副会长卓泽渊到句容市进行专题调研。

△《句容市红色资源集》首发式暨全市红色资源调研普查工作总结表彰会议召开。

△句容市绿茶制作技艺（茅山绿茶制作技艺）、中医正骨疗法（句容老人山程氏骨伤疗法）入选江苏省省级非物质文化遗产代表性项目名录扩展项目名录。

△江苏省人民政府发布《关于表彰第十三届全省见义勇为英雄模范和先进个人的决定》。句容市边城镇大西庄村村民袁正虎入选。

5日 句容农村商业银行·2023句容茅山湖铁人三项赛举行。

6日 江苏省认定机构2023年认定报备的第一批高新技术企业备案名单公示，句容市37家企业入选。

△《句容市国土空间总体规划（2021—2035年）》获江苏省人民政府批复。

8日 句容国家现代农业产业园与江苏农林职业技术学院新校区融合共建研讨会召开。

△句容市委书记周必松会见挪威安德森控股集团有限公司董事长泰杰·安德森和挪威88控股有限公司董事长戴骏峰一行。

△句容市镇江鸿义酵素园入选2023年江苏省工业旅游区名单。

9日 句容农村商业银行首家"红色银行"在茅山支行揭牌。

12日 句容茅山参与"洞天福地"申报世界遗产可行性专家论证会在北京举行。

△工信部公示《2023年5G工厂名录》，句容台泥水泥5G智慧矿山项目入选。

13日 句容市江苏三超金刚石工具有限公司的40μm以细超精细晶硅切片金刚石线的研发及产业化项目获2022年度"中国好技术"称号。

14日 "一区四园一片区"大党工委第一次会议暨句容市开发园区联席会议领导小组第一次会议召开。

17日 2023边城"中国人寿杯"第七届体育旅游登山节在句容市高骊山脚下望仙潭畔举办。

△2023年第三季度"江苏好人榜"发布，侯广龙入选助人为乐类"江苏好人"，胡正清入选孝老爱亲类"江苏好人"。

18日 《光明日报》发布《2023年中国中小城市高质量发展指数研究成果》，句容市在全国综合实力百强县市中居第49位，在全国绿色发展百强县市中居第61位，在全国投资潜力百强县市中居第42位，在全国科技创新百强县市中居第48位，在全国新型城镇化质量百强县市中居第34位。

17日—19日 句容市特殊教育学校教师吴晢获2023江苏省特殊教育青年教师教学基本功比赛一等奖。

20日 中国楹联学会会长李培隽、镇江市政协副主席吴彤一行到句容市调研考察"中国楹联文化城市"创建工作。

△茅山三宫入选首届江苏省风景名胜区最受欢迎十佳景点。

26日 句容市推荐的江苏好味稻生态科技有限公司获评"2023江苏最美绿色优质农产品（大米）企业"。

△句容农村商业银行·2023福地句容马拉松鸣枪开跑。

28日 句容果牧不忘家庭农场党支部书记、总经理华梦丽获"全国乡村振兴青年先锋标兵"称号。

是月 句容市行政审批局正式上线"企业登记档案网上查询平台"。

△句容市江苏联博精密科技股份有限公司、江苏天工科技股份有限公司、江苏和正特种装备有限公司3家企业入选第五批专精特新"小巨人"企业名单。

△句容市二圣水库水源地通过规范化建设验收。

△由句容市委宣传部主办的"大益茶杯"2023句容市第五届诗词大赛决赛举行。

△"戊戌六君子"之一的康广仁墓志入藏句容市博物馆。

△句容市自然资源和规划局联动乡镇开展"保护古树名木 赓续中华文脉"主题宣传周活动。

△句容茅山景区入选迈点研究院发布的2023年度"国家AAAAA级旅游景区影响力100强"。

△句容市黄梅社区卫生服务中心获评"江苏省健康促进医院"荣誉。

12月

1日—3日 中国科学院院士、中国科学院古脊椎动物与古人类研究所原所长朱敏一行到句容市考察古生物保护和利用工作。

4日 句容籍中国科学院院士杨樾档案捐赠仪式在句容市档案馆举行。

5日 句容市在黄金花园小区组织开展"'句'文明 暖容城"2023年句容市"温暖秋冬"文明实践示范活动暨国际志愿者日主题活动。

6日 江苏省社会面小场所安全监管系统试点动员部署会在句容市召开。

△ 联博产业学院成立暨"联博班"开班仪式在江苏农林职业技术学院举行。

7日 句容市委、市政府举办企业上市辅导培训会。40余家企业负责人参加培训。

△ 句容市入选2023年中国工业百强县（市）、2023年中国创新百强县（市）。

7日—8日 句容消防周兵兵代表江苏省消防救援总队在第七届全国红十字应急救护大赛获一等奖。

8日 2023年南京都市圈创新挑战季高端装备制造产业专场活动在句容市举行。

△ 句容市入选"长三角高铁旅游小城"。

9日 江苏省省长许昆林在句容市开展"四下基层"，强调要深入学习贯彻习近平总书记关于主题教育系列重要讲话重要批示和对江苏工作重要讲话精神，不断深化运用"四下基层"制度，走好新时代党的群众路线，坚定信念、坚守初心，强化基层治理和民生保障，扎实推进共同富裕，切实把主题教育抓出高质量好效果。

△ 以"乘着高铁游句容"为主题的句容农文旅上海推介招商会在上海国际会议中心举办。

10日 中国建筑业协会主办2023年度行业技术创新暨中国建设工程鲁班奖（国家优质工程）颁奖大会，南京至句容城际轨道交通工程（马群至东郊小镇段、汤泉西路至句容段）获奖。

12日 江苏农林职业技术学院建校100周年高质量发展大会举行。会上发布《农业高等职业教育质量发展报告（2023）》，为"亚夫新农人学院"成立揭牌，成立"神农学院联盟"并发布倡议，成立"校区+园区"融合发展项目暨成立丘陵地区现代农业产业研究院。

△ 句容市召开主题教育调研成果交流会。

△ 国家税务总局句容市税务局、江苏句容抽水蓄能有限公司入选2023年全国工会职工书屋示范点。

13日 句容市举行首届教育科技节暨第九届青少年机器人科技竞赛活动。

14日 句容市巡察工作会议召开。

△ 句容市宣传思想文化工作会议召开。

△ 句容赤山湖国家湿地公园入选2023年江苏省自然资源科普基地名单。

△ 句容市下蜀镇的江苏联博精密科技股份有限公司入选2022—2023年度新设江苏省博士后创新实践基地名单。

15日 句容市天王镇戴庄村、茅山镇何庄村、茅山风景区夏林村、下蜀镇空青村入选2023年江苏省乡村振兴示范村创建名单。

15日—16日 2023第四届金陵神经内分泌肿瘤论坛暨第七届江苏精准胃肠论坛在句容市召开，会上成立中国医药教育协会胃肠肿瘤专业委员会。

17日 句容市疾控中心刘敏获评江苏省"百名卫生防疫之星"。

18日 句容市天王镇戴庄村入围2023"和美乡村百佳范例"宣传推介名单。

20日 句容市获"江苏省第一批婚俗改革实验县（市、区）优秀单位"称号。

21日—22日 "福地句才 共创容光"2023年句容市"福地青年英才"创业大赛决赛在宝华镇举行，评选出一等奖2个、二等奖4个、三等奖6个、优秀奖7个。

27日 句容市深入打好污染防治攻坚战指挥部办公室获评"江苏省2023年度深入打好污染防治攻坚战宣传工作先进集体"。

28日 中共句容市委十三届五次全会召开，句容市委常委会主持会议，句容市委书记周必松讲话，市长束克之部署明年经济工作。全会审议通过《中国共产党句容市第十三届委员会第五次全体会议决议》，审议通过市委关于递补市委委员的"决定"，书面审议《中共句容市委常委会2023年度落实全面从严治党主体责任情况的报告》。

29日 句容发展促进会第三届会员代表大会举行，句容市委书记周必松、市长束克之参加会议。

是月 国家电网句容城区供电营业厅"光明使者爱心驿站"入选2023年"最美工会户外劳动

者服务站点"名单。

△茅山镇何庄村"基层党建推动自治共治 文明建设促进乡村和谐"案例入选第三批江苏省乡村治理典型案例。

△句容市张庙茶场有限公司被评为五星级生态茶园,句容市茅山茶场有限公司被评为四星级生态茶园。

△句容市地膜回收利用工作被农业农村部选为《地膜科学使用回收技术指导手册》典型案例,向全国推广使用。

△句容市郭庄镇百丈村、后白镇林梅村、茅山风景区李塔村、天王镇蔡巷村获评2023年"江苏省健康村",宝华镇新城社区、崇明街道新村社区获评2023年"江苏省健康社区"。

△江苏省科技厅公布2022年度省级科技企业孵化器绩效评价结果,句容高新技术创业园和光明中小企业新材料创业园被评为A类。

△句容市江苏天工科技股份有限公司、江苏赛达电子科技有限公司、江苏和正特种装备有限公司和江苏智达高压电气有限公司4家企业入围2023年江苏省省级企业技术中心认定名单。

△句容协鑫光伏科技有限公司、江苏中容电气有限公司、江苏建华新型墙材有限公司、镇江天力变压器有限公司、圣象地板(句容)有限公司5家企业入围2023年江苏省"绿色工厂"名单。

△句容市天王镇戴庄村顶冲自然村入选第十二批次"江苏省特色田园乡村"。

△句容市"冬意悟道寻禅养生游"线路入选2023中国美丽乡村休闲旅游行(冬季)精品景点线路推介名单。

句容市张庙茶场

句容概览

编校人员：吴 舟

地情概要

【**地理位置**】 句容市位于江苏省西南部，北纬31度37分至32度12分，东经118度57分至119度22分；地处长江下游南岸，东连镇江市丹阳、丹徒、润州和常州市金坛，西接南京市栖霞、汤山、江宁、溧水，南邻常州市溧阳、金坛，北隔长江与仪征相望。

（志 办）

【**土地面积**】 句容市地形南北向较长，约75千米；东西向较短，约40—50千米。全市土地总面积1378平方千米。 （志 办）

【**地质地貌**】 句容市境内地层出露齐全，化石丰富，岩浆岩发育，构造典型（属扬子地台褶皱带），是中国最早开展地质研究的地区之一。

在距今约8亿年前的元古代震旦纪地区沉陷呈海相，直到距今约2.3亿年前的中生代三叠纪，地面或海或陆（以海为主）。在中生代三叠纪晚期，境内转为陆地。距今约1.8亿年前的印支运动形成宁镇间连绵山脉的雏形。距今1.3亿年到6500万年前的燕山运动开始形成扬子大断裂带，并逐渐发育成长江。同时，奠定宁镇山脉的基本轮廓。在距今6500万年到300万年前的新生代第三纪，逐渐形成低山丘陵、平原山谷、河溪沟涧等地貌。境内已探明的主要地层有古生界寒武系上统地层观音台组、古生界志留系高家边页岩等十余种。部分地名是国内许多标准地层命名地，如泥盆系茅山砂岩，石炭系高骊山砂岩、船山灰岩；中生界白垩系上统赤山砂岩；新生界第四系下蜀黄土等。地质构造有褶皱，如宁镇山脉区宁沪线背斜，以及茅山丘陵区浮山、赤山玄武岩覆盖区等地。较大的断裂带有4条：汤山—东昌—上会断裂带；茅山—高淳断裂带；溧阳—南京断裂带；铜陵—扬州断裂带。在中生代白垩纪时期，岩浆活动十分活跃，特别是在宁镇山区的北部，大华山以东，仑山以北，空青山前后，多处有火成岩出露，其他地区火成岩分布较少。魏嘉平二年（250）至1985年，发生较大地震24次，其中，属中强地震3次。明建文元年（1399），方山发生5.5级地震（茅山—高淳断裂带）。明万历三十三年（1605），宝华山发生5级地震。明崇祯二年（1629），境北发生5级地震（铜陵—扬州断裂带）。

句容地貌形态主要有低山、丘陵、岗地、平原四大类型。除江河、水库、池塘等水体形态外，还有低山、丘陵及峰、岗、墩、凹、坡地（陡坡地、斜坡地、缓坡地、平缓坡地）等多样地形，素有"五山一水四分田"之称。

（志 办）

【**水系河流**】 句容市地处长江南岸、宁镇山脉中段与茅山丘陵交会处。南北环山，中部陇岗起伏，间以冲谷平原，西部低洼，东部向东南倾斜，是秦淮河东支、太湖西支与沿江3个水系的分水岭。境内河流分属秦淮河水系、太湖水系和沿江水系，共有大小河流44条，总长310.18千米，其中，流域性干河14条。市境北部宁镇山脉南侧和南部茅山山脉西侧属秦淮河水系，面积951.3平方千米，干支河道18条，其中，句容河最长。境内太湖水系面积264.82平方千米，主要有洛阳河、糜墅河。沿江水系面积162.99平方千米，有便民河、大道河2条干河。赤山湖是句容河流域的一片天然湖荡洼地，流域面积520平方千米（1975年前为806.13平方千米），有大小支流24条，其中，北河、中河、南河为一级支流，其流域面积均在100平方千米以上。赤山湖东西长约4千米，南北宽约2千米，面积约7.8平方千米。全市已建成在册中小型水库57座，湖泊2个，省名录骨干河道14条，镇级河道62条，管护名录范围内灌排泵站392座，干、支、斗、农渠道499.18千米，各类水工建筑物15986座。

（志　办）

【水文水情】　2023年，句容市降水量为1152.4毫米，与常年平均（1172.9毫米）基本持平（表1）。汛前1—4月句容市降水量为192.9毫米，较常年平均（275.9毫米）偏少三成多。5—10月句容市降水量为882.4毫米，较常年平均（743.7毫米）偏多近两成。

句容市6月17日入梅，7月23日出梅，梅雨期37天，较常年偏长，降水量较常年异常偏多。入梅以来，全市共遭遇6次暴雨到大暴雨过程，呈现出过程雨量大、短时降水强的特点，其中，下蜀镇7月17日5—6时出现99.5毫米/小时的极端强降水。全市平均梅雨量为580.8毫米，较常年平均（281.6毫米）偏多一倍以上，约为2022年平均梅雨量（104.7毫米）的5.5倍，最大雨量点下蜀镇达723.4毫米，最小雨量点二圣水库达403.9毫米。梅雨量居近30年以来第4位，仅低于1991年、2016年、2003年。

受2022年长江流域极端大旱及2023年汛前降水少的影响，入梅前全市河湖库水位较低，蓄水量严重不足。梅雨期多轮强降水过后，河湖库蓄水量得到有效补充，全市骨干河道除句容河外均低于警戒水位，6座中型水库除仑山水库外均达到汛限水位。

2023年第5号台风"杜苏芮"7月28日—30日影响句容市，全市大部分地区出现中雨到大雨、局部暴雨，部分地区有雷暴大风、短时强降水等强对流天气，全市面雨量9.4毫米。

（水利局）

【气候】　句容市属北亚热带季风气候区。根据1991—2020年气候资料统计，常年平均气温16.0℃，年降水量1172.9毫米，年日照时数1983.6小时，年极端最高气温41.1℃，年极端最低气温-14.8℃。

2023年平均气温16.8℃，较常年偏高0.8℃，年极端最高气温38.3℃，出现在8月12日；年极端最低气温-10.1℃，出现在1月25日。年总降水量1152.4毫米，比常年平均偏少约2%；年日照时数2093.8小时，比常年平均多110.2小时，年日照百分率47%。无霜期231天，年极大风速14.6米/秒。

（气象局）

附：重要天气气候事件及其影响

1. 暴雨（大暴雨）

2023年句容市共有3天暴雨日，具体为：

6月18日入梅第二天，受梅雨带内的持续性降水影响，全市普降暴雨到大暴雨。6月17日20时至18日20时降水量为161.7毫米。

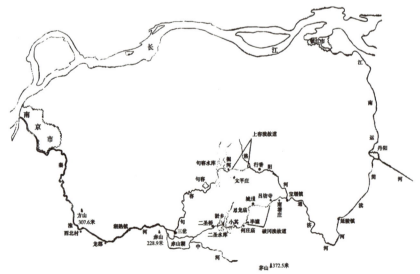

破冈渎、上容渎示意图

2023年度句容市气候资料统计情况一览表

表1

项目	平均气温/℃		降水量/毫米		日照/小时		相对湿度/%		平均风速/(米/秒)	
	常年	今年	常年	今年	常年	今年	常年	今年	常年	今年
1月	2.9	4.3	55.2	26.8	131.6	196.4	76	76	2.0	1.7
2月	5.1	5.7	56.9	62.4	129.4	108.2	75	69	2.3	1.8
3月	9.6	12.1	81.5	62.4	154.7	169.7	73	68	2.5	1.9
4月	15.6	16.8	82.3	41.3	179.5	194.9	72	66	2.4	2.3
5月	21.0	21.4	91.0	63.4	189.2	167.2	73	66	2.4	1.8
6月	24.6	25.5	205.3	366.7	154.8	169.9	78	70	2.2	1.7
7月	28.1	28.5	214.2	203.0	199.8	142.9	81	73	2.1	2.0
8月	27.5	28.1	159.2	122.1	200.1	238.0	82	68	2.2	1.6
9月	23.2	24.4	76.5	98.3	173.2	129.3	80	75	2.0	1.4
10月	17.5	18.5	59.9	28.9	172.3	210.0	77	74	1.8	1.2
11月	11.3	11.9	54.3	28.1	152.8	207.0	77	82	1.9	1.7
12月	5.1	4.5	36.6	49.0	146.7	159.7	74	66	1.9	1.7
全年	16.0	16.8	1172.9	1152.4	1983.6	2093.8	77	71	2.1	1.7

说明:"常年"数据由1991—2020年气候资料统计而来。

(气象局)

6月19日入梅第三天,受梅雨带内的持续性降水影响,全市普降暴雨到大暴雨。6月18日20时至19日20时降水量为109.6毫米。

7月17日受台风外围与西风槽共同影响,全市普降暴雨到大暴雨,7月16日20时到17日20时降水量为58.2毫米。

2. 高温

2023年句容市全年高温日数为14天,与常年平均的14天相持平,其中,6月、7月和8月的高温日数分别为4天、3天和6天,极端最高气温为38.3℃(8月12日)。

3. 降雪

2023年句容市共有雪日8天,其中降雪明显的主要是以下两次过程:

12月15日—16日,受冷空气影响,降雨于15日夜间转为降雪,16日8时有1厘米的积雪,24小时雨雪量为2.8毫米。

12月18日—19日,受冷暖空气交汇影响,出现暴雪,18日8时至19日8时降雪量13.9毫米,过程最大积雪深度8厘米。

4. 大雾和霾

2023年句容市全年大雾日数28天,霾天数62天。

5. 梅雨

2023年句容市于6月17日入梅(常年平均为6月19日),7月23日出梅(常年平均为7月13日)。入梅正常,出梅偏晚,梅雨期37天,较常年偏长。全市梅雨期降水较常年异常偏多,为403.9—723.4毫米,其中,句容城区梅雨量为534.7毫米,全市平均梅雨量为580.8毫米(常年平均为281.6毫米),较常年偏多一倍以上。梅雨期内分别在6月18日、19日、7月7日、10日、17日、19日出现暴雨到大暴雨过程,且呈现出过程雨量大、短时降水强的特点。其中,下蜀镇7月17日早晨出现88毫米/小时的极端强降水,句容本站6月18日—19日连续两天出现100毫米以上的大暴雨。

6. 寒潮

1月13日—15日,受北方冷空气南下的影响,全市出现了寒潮天气过程,24小时降温幅度为13.6℃,48小时降温幅度为17.6℃,1月15日最低气温为

−4.1℃。

1月23日—25日，受北方冷空气南下的影响，全市出现了寒潮天气过程，48小时降温幅度为13.3℃，1月25日最低气温为−10.1℃。

2月18日—20日，受北方冷空气南下的影响，全市出现了寒潮天气过程，48小时降温幅度为9.3℃，2月20日最低气温为−0.3℃。

3月11日—13日，全市出现了寒潮天气过程，48小时降温幅度为11.0℃，3月13日最低气温为2.8℃。

12月14日—17日，受北方冷空气南下的影响，全市出现了寒潮天气过程，72小时降温幅度为14.8℃，12月17日早晨最低气温为−5.4℃。

7. 低温冰冻

句容市2023年日最低气温小于等于0℃的日数共37天，极端最低气温出现在1月25日，为−10.1℃。　　　　（气象局）

【资源】　土地资源。句容市地带土壤为黄棕壤。全市土壤分6个土类、13个亚类、17个土属、23个土种（变种）（按土壤普查五级分类制）。其中，水稻土类主要分布在丘岗冲、圩区、湖区的高平原及江河一带低洼处；黄棕壤土类主要分布在茅山、宁镇山脉的低山丘岗、平缓坡地及山凹等地；紫色土类主要分布在茅山、赤山、红山、宝华山一带的低山山脚处；石灰岩土类主要分布在宁镇山脉的一些山脚处；红沙土类主要分布在一些低山山脚处；潮土类主要分布在长江南岸下蜀至宝华一带。据1985年《句容县综合农业区划》，境内5个区划土地资源总量为13.79万公顷。其中，宁镇丘陵区4.82万公顷，约占土地总面积的34.95%；茅山丘陵区5.68万公顷，约占土地总面积的41.19%；赤山湖平原圩区1.70万公顷，约占土地总面积的12.33%；沿江圩区0.49万公顷，约占土地总面积的3.55%；亭子山区1.10万公顷，约占土地总面积的7.98%。

生物资源。句容市境有宝华山国家森林公园、省级宝华山自然保护区、省级茅山森林世界，有林面积达2.7万公顷，木材蓄积量80万立方米。市境地带性植被为北亚热带含常绿树种的落叶阔叶林，现仅在宝华山隆昌寺西北、茅山华阳洞和大茅峰下的大洼尚有小片的落叶阔叶林。人工林木植被发展较快。赤山湖等湖荡、河道植被有水生植物和湿生植物群落，沿岸地区主要植被为芦苇和杂草，其他丘陵岗地有灌木、草本植物和菌类等。宝华山植被保存较好，自然保护区面积共148.7公顷，有乔木、灌木和草本植物、水生植物、菌类等；有"吃不尽的天宁米，烧不尽的华山柴"之说。宝华山植物共124科352属529种，其中，蕨类植物11科13属15种，裸子植物4科5属6种，双子叶植物88科261属480种，单子叶植物6科49属64种。宝华玉兰为特有珍稀树种，还有红豆杉、银杏、樟树、榉树、栎树等。国家和省级珍贵树种保护名录所列的古树名木有榉树、朴树、枫香、樟树、木瓜、黄连木、梣木、槭树、椴树、银杏、檀树、宝华玉兰、紫楠、珊

中国特有的生长于句容林场的国家一级保护植物——宝华玉兰

瑚、青冈栎、冬青、四照花、江南桤木、铜钱树、桂花等。树龄在100—199年的有139棵，200—299年的有45棵，300—399年的有21棵，400—499年的有13棵，500年及以上的有8棵，有3棵达800年，为宝华山最大树龄的树，全部被列入重点保护树种。动物有鱼纲、哺乳纲、两栖纲、爬行纲、鸟纲等脊椎动物，毛足纲、瓣鳃纲、昆虫纲、甲壳纲、蛛形纲、多足纲等无脊椎动物，其中，野生动物有5纲120多种。

中药材资源。句容市是江苏省药材重点产地。茅山有中草药750多种，仅《本草纲目》收录的就有380多种，如茅苍术、太保黄精等。全市各类药材有754种，其中，植物类药材153科460属705种，动物类药材32科44种，矿产类药材2种（人灵磁石和钟乳石），其他有人中白、伏龙肝、百草霜3种。全国重点调查的366种药材资源中，句容有157种，约占总数的43%。江苏省增加的重点调查35种药材资源中，句容有26种，约占74%。境内中药材蕴藏量丰富。据有关部门调查，重点药材品种年产量在25000千克以上的有39种，20000千克左右的有39种，5000千克以下的有11种，1000—2500千克的有62种，不足1000千克的有32种。

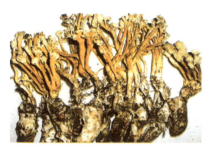

天王镇磨盘山金蝉花

矿产资源。句容市具备较好的成矿条件，矿产资源丰富。探明矿床30余处、矿产26种，其中，金属矿产8种、非金属矿产15种、能源矿产2种、水气矿产1种，主要有膨润土、铁、锰、铜、钼、石灰岩、煤、玄武岩等。矿床点分布广，储量大，易开采，具有投资少、见效快等特点。其中，膨润土矿品位高，储量达1.5亿吨，被列为全国第二大储区。优质石灰石储量达20亿吨，且含钙量高达55%以上。宝华山发现江苏省内第一处大型红柱石矿。此外，还有储量可观的黄砂、红砂等。

水资源。句容市水资源总量2.4亿立方米，正常年用水量2.0亿立方米。市境地表径流总量5.18亿立方米，人均占有量869立方米。全市河道及中小型水库和塘坝、浅井等水利工程的蓄量为2.47亿立方米，其中，水库为1.25亿立方米。市境深层地下水资源主要分布在宁镇山脉南北两侧和茅山丘陵区。

（志　办）

【建置沿革】　句容，春秋属吴，战国属越，楚并越遂属楚，秦属鄣郡。秦置江乘县（三国吴废，晋复置，隋开皇初废），句容境北部属之。汉置句容县，隶丹阳郡。西汉元光六年（前129），封长沙定王刘发之子刘党为句容侯，元朔元年（前128）党死，复为县。东晋大兴三年（320），句容琅琊乡、江乘金陵乡立为怀德县，安置琅琊国人；咸康元年（335），侨置琅琊郡有实土、桓温为太守，治所在金城（今句容市宝华镇西）。南朝宋改为南琅琊郡，齐迁治于白下（今属南京市），陈废。隋废郡置州，以州领县，句容属扬州。唐武德三年（620），以句容、延陵二县置茅州；武德七年（624），茅州废，句容属蒋州；武德九年（626），句容划归润州。唐天宝元年（742），句容属丹阳郡。唐乾元元年（758），升州辖句容。唐上元二年（761），升州废，句容复归润州。唐光启三年（887），复置升州，句容重归其辖，直至唐末。五代时期，升州先后改称"金陵府""江宁府"，均辖句容。宋初复置升州，北宋天禧二年（1018），置江宁府，辖句容；北宋天禧四年（1020），改句容县为常宁县，寻复为句容。南宋建炎三年（1129），江宁府改称"建康府"，句容属建康府。元建省设路，建康府改为建康路，后又改名"集庆路"，句容归其领治。明改集庆路为应天府，句容属应天府。清改应天府为江宁府，句容属江宁府。太平天国时，句容直属天京。民国元年（1912），江宁府改称"南京府"，辖句容。民国三年（1914），废府设道，句容属金陵道。民国十六年（1927），道废，句容直属江苏省政府。民国二十四年（1935），江苏省划分10个行政督察区，句容属第十行政督察区。抗日战争时期，句容属江南行署第一行政督察区。民国二十七年（1938），新四军进入茅山地区，建立以茅山为中心的苏南抗日根据地，先后成立"抗敌总会"和"抗日民主政府"，此间根据地和抗日民主政府归苏南第五行政区专员公署（后又曾与邻县地区建立过镇句、江句等县政府）。民国三十二年

（1943）后为苏南行政公署。敌占区被日伪统治。民国三十四年（1945）抗日战争胜利后，句容重归江苏省第一行政督察区。1949年4月23日句容解放，4月26日句容县人民政府正式成立，属苏南行政公署镇江专员公署。同年12月2日，中共中央华东局决定将句容划归南京市，1950年1月仍划归镇江专员公署。1953年江苏建省后属镇江专区。1958年镇江专区改为常州专区，后又改为镇江专区，句容仍属之。1983年3月，江苏省实行市管县后，句容属镇江市。1995年4月，经国务院批准，句容撤县设市；6月，江苏省人民政府正式发文，句容撤县设市，实行计划单列，仍由镇江市管辖。

(民政局)

附：句容名称由来

一是以山取名。南宋《景定建康志》、明弘治《句容县志》、民国《今县释名》均注明：县内有勾曲山（茅山），山形似"己"，勾曲而有所容，故名"勾容"，又名"句曲"。古代句、勾二字相通，因此逐渐写成句容。

二是以山、水取名。清乾隆《句容县志》转载明万历《句容县志》称："句容有句曲山，山形如'己'字……箕距三茅绛岭，襟带九曲秦淮，县治四面山水环抱，若城池焉。"清《茅山志》载："江水之东，金陵之左，右间有小泽（今赤山湖），……周时名其源泽，为曲水之穴。泽东维句曲山，形如'己'字，故名句曲号焉。山源曲而有容，故其境为句容里。"还有一说，是以秦淮河取名的。境内宝华山东南侧系秦淮河发源地之一，山、水由县城之东北绕经城南流向西南进赤山湖而入秦淮河，弯曲成"勹"状，县城为"口"处于"勹"中，为"句"字；县城有高地，古称之为"容山"，因而县名为"句容"。

三是以语音取名。南京大学语言学及应用语言学专业研究人员认为，句容在春秋战国时代是古越人居住的地方，他们说着一种与华夏语完全不同的语言。"句""勾"相通，在古越语中是"个""棵"的意思。"容"在上古时读"dōng"，与壮侗语译音"崇"字相同。而"崇"意为森林，壮侗语与古越语又密切相关。因此，两字合在一起就含"一个森林"之意。事实上，古代"句容"这块土地上树木确实是很多的，与周围各县有明显区别。

【行政区划】 截至2023年年底，句容市辖8个镇、3个街道办事处、1个管委会、25个社区居委会、152个建制村（表2）。

(民政局)

2023年句容市村（社区）情况一览表

表2

市、镇（驻地）	行政村数/个	涉农社区数/个	城市社区数/个	行政村名	涉农社区名	城市社区名
华阳街道	14	3	—	周家岗、南亭、吉里、下甸、新生、云塘、西岗、吴岗、北相、新坊、钱家边、里巷口、杨家巷、赵塘	上路、北阳门、城上	—
下蜀镇	9	—	—	下蜀、祝里、六里、裕课、沙地、桥头、亭子、空青、新村	—	—
宝华镇	8	1	1	宝华、铜山、栗庄、仓头、栏江、和平、凤坛、华山	宝华花园	新城
边城镇	14	—	—	东昌、友谊、衣庄、光明、青山、高仓、桥东、陈武、大华、俌池、双杨、戴村、赵庄、赵村	—	—

续表2

市、镇（驻地）	行政村数/个	涉农社区数/个	城市社区数/个	行政村名	涉农社区名	城市社区名
白兔镇	15	—	—	白兔、上荣、解塘、茅庄、幸福、唐庄、行香、中心、古隍、太平、龙山湖、马里、西井、高庙、倪塘	—	—
郭庄镇	22	—	—	郭庄、端王、甲山、孔塘、朝阳、庄里、经戴、百丈、金星、葛村、刘巷、东岗头、五渚坊、东湖、东方红、方溪、虬北、百里、谢桥、赤山、芦亭、胜利	—	—
后白镇	21	—	—	后白、芦江、曹村、淮源、古村、李家桥、夏王、东湾、东风、王庄、延福、西冯、二圣、徐巷、张庙、泗庄、五星、槐道、林梅、西城、长里岗	—	—
天王镇	16	—	—	天王、赵巷、前进、西溧、农林、金山、朱巷、蔡巷、唐陵、浮山、唐谷、涧北、袁巷、戴庄、斗门、竹园	—	—
茅山镇	10	—	—	城盖、丁庄、何庄、长城、永兴、前陵、东霞、袁相、丁家边、蔡门	—	—
黄梅街道	13	6	1	黄梅、莲塘、后塘、九华、新塘、南巷、河桥、石狮、后莘、大卓、下荫、杜家山、姚徐	三台阁、三里井、杨塘岗、西庙、赤岗、寨里	凤冠
茅山风景区管委会	10	—	—	茅山、夏林、玉晨、后河、天乐、墓东、潘冲、李塔、上杆、马埂	—	—
崇明街道	—	—	13	—	—	东门、义台街、红旗、崇明、茅山、马扎里、中凌、葛仙、甲城、新村、建新、梅花、河滨
合计	152	10	15	—	—	—

（民政局）

【城市性质及规划】 以打造"第一福地、山水花园名城"为战略目标，句容市致力发展成为南京都市圈先进制造业新高地、宁镇扬一体化先行区。培育形成具有区域主导力和带动效应的创新产业链，在推动区域协同创新、服务国家科技创新和创新产业发展中发挥协作功能，在科技创新活动、创新产业发展、创新组织协调中提升影响力和话语权，成为南京都市圈创新产业体系打造的重要组成部分。聚焦一体化发展，从量的扩展向质的提升转变，从公共服务的共享转向更多高品质公共服务的共建，从交通的单一联系转向多元便捷的立体综合交通互联，从产业的简单承接转向创新功能的转化，从单一的远郊休闲旅游转向区域文旅品牌的共塑。 （自然资源和规划局）

【交通】 句容市境内国省干线公路包含G4221沪武高速、G42沪蓉高速、G25长深高速、312国道、104国道、122省道、243省道、266省道、002省道、338省道、340省道。至2023年年底，全市公路总里程达2446.406千米。过境高速公路3条，里程为51.57千米；过境国道2条，里程为59.777千米；过境省道6条，里程为127.711千米；县道25条，里程为412.303千米；乡道254条，里程为975.419千米；村道789条，里程为819.626千米。公路客运站场5个。

句容市航道里程为76.63千米，其中，等级航道里程19.16千米，为句容河航道（东门电站—赤山友谊桥，现六级规划五级）。等外级航道里程57.47千米，包括秦淮中河航道（后白农场—赤山湖），里程为10.58千米；秦淮南河航道（李家桥—赤山湖），里程为10.35千米；赤山湖航道（赤山闸—北河口—中河口—赤山湖口），里程为14.34千米；便民河航道（桂花庄—长江江口，规划五级），里程为5.2千米；大道河航道（栏江桥—长江江口，其中4.3千米规划二级），里程为17千米。

句容市境内有在营铁路5条，分别为沪宁沿江高铁、沪宁普速铁路、沪宁城际铁路、京沪高铁、宁杭高速铁路，总里程达90.678千米，涉及7个乡镇（街道）。火车站设有句容西站、句容站、宝华山站（暂停运营）。其中，沪宁普速铁路途经句容境内（下蜀、宝华两镇）21.03千米；沪宁城际铁路途经句容境内（下蜀、宝华两镇）20.65千米，设有宝华山车站（暂停运营）；京沪高铁途经句容境内（下蜀镇）17.41千米；宁杭高速铁路途经句容境内（郭庄镇）7.72千米，设有句容西站；沪宁沿江高铁途经句容境内（开发区、华阳街道、茅山镇、茅山风景区）23.868千米，设有句容站。

宁句城际轨道是江苏省内首条跨市域城际轨道线路，起于南京东部马群综合换乘中心，终点站句容站与沪宁沿江高铁句容站衔接。2021年12月28日开通运营，全长43千米，其中，句容段长17千米，设站5座，分别为黄梅站、童世界站、华阳站、崇明站、句容站。 （交通局）

【人口】 2023年年底，句容市常住人口64.28万人，比上年增加0.08万人。其中，城镇常住人口42.73万人，乡村常住人口21.55万人，常住人口城镇化率约达66.47%。户籍人口57.7万人。
（统计局）

附一：句容先民移居崇明

据《句容县志》《崇明县志》等记载：崇明人的祖先于唐武周万岁通天元年（696）最早到东、西两沙定居，为黄、顾、董、施、陆、宋六姓，大多来自句容一带。北宋建中靖国元年（1101），涨三沙，句容人朱、陈、张三姓定居。北宋末年，开封鲁惠公后裔施天寿先迁句容，后于明洪武、永乐年间亦迁崇明。明洪武二十七年（1394），本县无田农民500余户，迁昆山县定居。明永乐年间，宋杰的祖先是从句容迁居崇明的。

附二：句容历史上的三次移民

第一次是在两晋交替时期。西晋末年，匈奴入侵中原，朝野的官僚和地主纷纷率家室与部属渡江南逃。晋室琅琊王司马睿在南京称帝后，在句容侨设"怀德县"，专门安置随他自山东琅琊一起出逃的亲朋故旧。不久，晋成帝司马衍在句容的北乡侨置琅琊郡，让从琅琊逃来的普通百姓也定居于此。至今，黄梅镇仍有一个村子叫"琅琊界"。过了这个郡界往东，则是"南徐州"（镇江）的辖地，侨置的多是江淮一带难民。

第二次是在南宋时期。句容民间流传"泥马渡康王"的故事。相传康王当年跑反时，曾被金兀术自江北一直追杀到句容葛村的短落桥，差点儿成了无头冤鬼。江北黎民不愿受异族的暴政统治，迁往江南。就连居住在城里的民众，也遵循"大乱入乡"的规律，逃来避乱。如宋太祖的七世孙赵伯珪，曾袭封为金陵（南京）的郡王。元兵南渡后，为了笼络这位王爷，特赐地200顷，其中，有20顷在句容境内。赵伯珪誓不与元兵合作，抛弃高官厚禄，隐居偏僻的句容南乡。如今，天王镇赵巷村住的便是这位王爷的后裔。据史料载，南宋前期，句容约有10%的客民，而130年后，居民中已有80%的外籍人了。

第三次是在清光绪年间。太平天国战争时期，清政府为绞杀农民起义，在石头城外筑起"江南大营"，以重兵包围。句容因此沦为两军恶战的主战场，历时11

年之久。经过战乱、兵火、瘟疫、旱灾、蝗灾的"重重洗劫",句容"荒榛满地、白骨撑天,数百里内无人觅食,村野为之一空"。战前约有50万居民的句容,一下子人口锐减80%以上。清代文人陈康祺《郎潜纪闻》记载,清同治三至四年(1864—1865)句容等地"到处食人""人肉始卖三十文一斤,后增至一百二十文一斤,句容、二溧,八十文一斤。"(1斤=0.5千克)

（志 办）

【民族】 句容市是汉族聚居、少数民族散杂居地区。全市有回族、蒙古族、藏族、维吾尔族、彝族、壮族、布依族、朝鲜族、满族等35个少数民族的群众共计4926人,其中,回族群众有900人,约占全市少数民族总人数的18.3%。边城镇伏池村是全省39个民族村之一,是句容市回族群众聚居相对集中的地方。

（统战部）

【宗教】 句容市现有道教、佛教、伊斯兰教、基督教四大宗教。经批准开放的宗教活动场所29处,临时活动点1处,其中,道教2处、佛教4处、伊斯兰教1处、基督教23处（含临时活动点1处）。茅山道院、宝华山隆昌寺是全国重点寺观。全市设有爱国宗教团体4个,登记备案的宗教教职人员103人。佛教信徒2070人（句容籍105人）、道教信徒5397人（句容籍168人）、伊斯兰教信徒教200人、基督教受洗礼信徒1681人,总计9348人。

（统战部）

【方言】 句容市西北部方言接近南京话,属江淮次方言;东部方言接近江淮方言与吴语的分界线,其中几个镇的语音、词汇有些接近吴语;南部历经战乱和灾荒,从河南、湖北等地迁进一批移民,他们的语言属北方方言,对当地有一定影响。

语音方面:句容方言有阴、阳、上、去、入5个声韵调。两个字或几个字连续时会发生变调。

句容话两字组轻声一般发生在后字,后字的轻声调值主要取决于前字的声调,与后字原调有时也有一定联系。古入声在普通话中已消失,分别归入新四调中。阴入如"积、黑"等,阳入如"国、绝"等,上入如"塔、葛"等,去入如"特、勒"等。声韵配合上,有很多发音没有什么规律,普通话无拼读关系的,句容方言有的却可以,但为数很少,如"去"读作"kì","峰"读作"fōng","回家"读作"嘎ki","好吃的"读作"hǎo qiē de",等等。鼻化元音中往往n与l、in与ing、en与eng不分。n、l不分且一律读作l,如"男、兰"等。鼻舌音n对于句容人来说很"陌生"。zh、ch、sh一律读成z、c、s。卷舌音对于句容人来说亦显困难,如"是的"读作"sì de","人生"读作"rén sēn"。j与g、r与y在个别字中相混,突出的如"讲""江"都读作"gāng";rong发yong音,比如说"句容",就读作"jù yóng","毛茸茸"读作"máo yóngyóng"。在韵母方面,in、ing相混且常读作"in",丢失g,如阴与英、津与京这样的字在普通话中,北方人是很容易分得清也读得准的。音节中韵母丢失现象严重,如罗、堆分别读作lō、dēi,丢失u。韵母ian读作in,丢失a,所以北方人听句容人念"天"字,常听成"厅"。

语法方面:句容方言构词特色一是有一些名词后加成分"家",在词中读"ge"的轻声,习惯上写作"格",表示强调,如"男人格、女人格、往年格"等,

民族村——边城镇伏池村

"格"在口语中读"gā";二是人体及动物名称,以及其他一些事物的名称,有一些词是用重叠法合成的,如"大腿瓜瓜(大腿肚)"。

词汇方面:句容方言有很多词是和普通话相同的,只是读音不同。句容方言和普通话不同的词也有很多,有些不能用适当的汉字写出来,而只能用同音字或字音相近的字来代替。

(王 晓 蒋兆有)

附:句容方言录入中国语言资源有声数据库

2011年1月12日—14日,中国语言资源有声数据库调查组专家对句容4名方言发音人进行有声数据采集。采集分为个体数据采集和群体数据采集。个体采集时,发音人须读1000个字、1200个词、50个句子,讲述包括"规定故事"和"自选话题"两部分约20分钟的话语;群体对话由4名方言发音人围绕句容地方文化特色、衣食住行改变等随机漫谈,对话时长约40分钟。有声数据采集过程利用录音、录像和摄影相结合的手段,相关数据在经过技术处理后将进入国家语言资源有声数据库,实现在线点击。

【风景名胜】 句容市是中国优秀旅游城市,旅游资源丰富,自然景观、宗教文化、红色文化、乡村生态、农业观光、休闲养生等皆有特色,主要景区有茅山(包括九龙山)、宝华山、赤山湖等。茅山是道教上清派发祥地,素称"第一福地,第八洞天""秦汉神仙府,梁唐宰相家"。茅山道院为全国首批对外开放的21座重点宫观之一。茅山是全国六大山地抗日根据地之一,茅山新四军纪念馆和苏南抗战胜利纪念碑为全国爱国主义教育示范基地。"碑下放鞭炮,碑上响军号"成为世界一绝,与高达33米的露天老子铜像一同被载入上海大世界基尼斯纪录。茅山风景区是江苏省甲级风景区、国家AAAAA级旅游景区、国家有机农业示范区。宝华山风景区是省级自然保护区、国家森林公园、国家AAAA级旅游景区,有"林麓之美,峰峦之秀,洞壑之深,烟霞之胜"四大奇景,享有佛教"律宗第一名山"之美誉。隆昌寺古建筑群被列为全国重点文物保护单位。赤山湖风景区是著名的湿地公园,被誉为南京都市圈最大的"天然氧吧",2017年获批"国家湿地公园"。

(志 办)

【历史文化遗存】 句容市是江苏省建县2000年以上的13个古县之一,历史文化遗存丰厚。市境有古遗址27处。青山鱼化石距今2.25亿年。一种为江苏裂齿鱼,在全省是第一次发现;另一种为句容鳞齿鱼,在华东地区也是第一次发现。放牛山旧石器遗址距今约30万年,是全省迄今为止发现的最早的旧石器早期遗址,填补了全省旧石器早期只有古人类化石没有古人类文化的空白。距今7000—6500年的丁沙地遗址是宁镇地区发现的最早的一处新石器文化遗存,是定居农业氏族聚落遗址。城头山新石器遗址上层为湖熟文化层,下层为良渚文化层,填补了良渚文化中晚期缺环。另有反映吴文化的土墩墓1000多处,入选"2005年度全国十大考古新发现"。

城上村遗址是新石器时代至周代的古遗址,它与梁南康简王萧绩墓石刻、隆昌寺、春城土墩墓群一起被评为全国重点文物保护单位。另有国家级文物94件。句容民俗文化丰富多彩,国家级非物质文化遗产有"秦淮灯彩""茅山道教音乐",省级非物质文化遗产有"二龙戏珠",镇江市级非物质文化遗产有"芦江张家镗",还有民间剪纸,等等。

(志 办)

以"只闻钟声不见庙、宝华庙门独向北、和尚尼姑齐受戒、厨房大师烧'荤菜'""四怪"扬名的全国重点文物保护单位隆昌寺

【历代名人】 明弘治《句容县志》序文称句容"名宦、人物、师儒、忠良、节义、孝烈、封敕、碑赞、序记比他邑多"。句容历代人才辈出,自唐至清,有进士117人、状元1人。《江苏艺文志·镇江卷》记载句容文史人物272人及其著作。三国时期,葛玄在吴国炼丹行医,被尊称为"药界鼻祖";西汉茅盈、茅固、茅衷至句曲修炼,始有"茅山"之称;东晋葛洪是道教理论家、炼丹术家、医学家,著《抱朴子》等;南北朝时期陶弘景为"山中宰相",宝志为"帝师";唐代颜真卿归葬句容,《全唐诗》中有句容籍作者殷遥、沈如筠、樊晃、祝元(天)膺、樊珣、刘三复6人存诗16首,刘三复之子刘邺官至宰相;五代时期周文矩为宫廷知名画家;北宋刘混康为茅山赢得"镇山四宝";明代状元李春芳官至宰相,"青菜县令"徐九思"画菜辅官",还有剧作家朱从龙、音乐家朱载堉等;清代笪重光书画兼长;近现代钱立三发现"湖熟文化",革命烈士郭纲琳、巫恒通以身殉国,等等。明神宗皇帝为宝华山古刹赐额。清康熙皇帝南巡句容登宝华山,为古刹题寺名;乾隆皇帝六下江南,六上宝华山,作诗联句,题书匾额。历代诗人皮日休、王维、韩愈、李商隐、顾况、范仲淹、王安石、祝允明等,在句容留下诗文200多篇……当代,有中科院院士杨槱、戴立信、婚姻法专家巫昌祯、湖北省文联主席骆文、全国劳动模范余锁根、方继生、杨修林、纪荣喜、全国十大"三农"人物、"时代楷模"赵亚夫、革命烈士周宜顺、王祖修…… (志 办)

葛洪,字稚川,自号抱朴子,晋丹阳句容(今江苏省句容市)人。葛洪撰有《玉函方》一百卷(已佚)和《肘后备急方》三卷等。葛洪在《肘后备急方》中详细描述了天花的症状、传入中国的途径以及流行情况。

东晋道教理论家、著名炼丹术家、医学家,所著《肘后备急方》记载"青蒿一握,以水二升渍,绞取汁,尽服之"。屠呦呦受其启发,发现青蒿素治疗疟疾的新疗法,于2015年10月获诺贝尔生理学或医学奖。

【历代兵事】 句容市地处南京东郊,具有重要军事战略地位,史称"石城左臂"。三国时期,曹丕率水军攻吴之战是《中国军事史》上记载句容建县后的第一仗。其后,东晋刘裕讨伐桓玄、唐代刘展兵败下蜀、南宋黄天荡截击之战及元代华山农民起义军击败数万元军进攻等均发生在句容。清代太平天国战争,清军与太平军争夺句容之战达11年,县境四乡百里范围皆战场。北伐战争期间,国民革命军于1927年8月与军阀孙传芳部,在县境北部龙潭、仓头一带激战,史称"龙潭战役"。1932年,国民政府在句容城北建造飞机场,驻守空军,保卫南京。抗战时期,茅山是全国六大山地抗日根据地之一,抗日军民在此坚持7年多,直至取胜。其间,根据地人民有5万多人参加新四军,其中7000多人为国捐躯,仅县团级别以上军政干部就有近百人。句容革命烈士590多人。1949年4月23日,渡江战役胜利后,句容解放。 (志 办)

【市徽和市花】 1995年8月11日句容市第十一届人大常委会第二十二次会议通过。市徽由马宏峰设计。圆形环绕,JR(句容市名汉语拼音声母)居中。市花为月季花。 (志 办)

市徽

市花(月季花)

国民经济和社会发展

【概况】 2023年，句容市经济社会运行稳中向好，"融入南京、接力镇江"的步伐更加坚定，高质量发展取得新成效。全年实现地区生产总值791.67亿元，按不变价格计算，比上年增长5.5%。其中，第一产业增加值58.38亿元，增长3.5%；第二产业增加值348.53亿元，增长5.3%；第三产业增加值384.75亿元，增长6.1%。三产结构比为7.4∶44.0∶48.6。全市人均地区生产总值达123236元。

（统计局）

【农业】 2023年，句容市实现农林牧渔业总产值96.42亿元，比上年增长2.6%。其中，农业产值59.37亿元，增长3.2%；林业产值5.19亿元，增长0.9%；牧业产值8.60亿元，下降5.3%；渔业产值10.30亿元，增长0.9%；农林牧渔服务业产值12.96亿元，增长7.9%。实现农林牧渔业增加值65.24亿元，增长3.8%。全市粮食种植总面积57.29万亩，单产457.58公斤，总产量26.23万吨。水果总产量20.74万吨，其中，葡萄产量8.42万吨，草莓产量1.95万吨，梨产量1.36万吨。茶叶总产量0.1万吨。全年生猪出栏6.87万头，家禽产量1042万只，禽蛋产量1.42万吨，水产品产量2.64万吨。

（统计局）

【工业】 2023年，句容市工业用电量18.4亿千瓦时，实现工业增加值292.59亿元，约占地区生产总值的36.99%。年末，规模以上工业317家。分轻重工业看，轻工业增长5.6%，重工业增长7.5%。分行业看，采矿业下降9.0%，制造业下降6.2%，电力、热力、燃气及水生产和供应业增长11.9%。分经济类型看，国有企业增长17.3%，股份制企业增长10.1%，民营企业增长11.2%。规模以上工业实现总产值564.58亿元，增长6.8%，工业产品销售率92.1%。江苏联博精密科技股份有限公司、江苏和正特种装备有限公司、江苏天工科技股份有限公司入选第五批国家专精特新"小巨人"企业，全市累计拥有5家；省级以上专精特新企业39家。句容台泥水泥5G智慧矿山项目入选国家《2023年5G工厂名录》；镇江市经纬工程机械有限公司、江苏恒嘉电力集团有限公司等5家企业通过国家两化融合管理体系评定。

（统计局）

【建筑业】 2023年，句容市实现建筑业总产值151.50亿元，其中，建筑安装工程产值150.28亿元。全市建筑业从业人员4.43万人。

（统计局）

【房地产业】 2023年，句容市完成房地产开发投资88.53亿元。商品房施工面积894.12万平方米，其中，住宅施工面积813.92万平方米。商品房竣工面积128.31万平方米，其中，住宅竣工面积120.83万平方米。商品房销售面积189.14万平方米，其中，住宅销售面积182.75万平方米。商品房销售额156.58亿元，其中，住宅销售额154.10亿元。

（统计局）

【固定资产投资】 2023年，句容市完成固定资产投资225.39亿元，其中，民间投资159.59亿元。分三次产业看，第一产业投资完成0.60亿元；第二产业投资完成85.37亿元，其中，制造业投资完成63.16亿元，高技术产业投资完成26.45亿元，基础设施投资完成53.19亿元；第三产业投资完成139.43亿元。

（统计局）

【服务业】 2023年，句容市实现社会消费品零售总额193.96亿元。全年限额以上单位商品零售额中通过网络实现的商品零售额增长15.7%，占限额以上单位商品零售额的比重达12.2%。全年实现贸易总额499.65亿元。分行业看，批发业销售额301.08亿元，零售业销售额166.15亿元，住宿业营业额2.70亿元，餐饮业营业额29.72亿元。全年新增市场主体11359户，其中，新增登记注册私营企业2230户，新增登记注册个体工商户8517户。

（统计局）

【开放型经济】 2023年，句容市实现对外贸易进出口总额39.2亿元，其中，进口总额6.5亿元，出口总额32.7亿元。全年实际利用外资3792.08万美元，协议利用外资9097.58万美元，新批千万美元以上项目6个。

（统计局）

【财政】 2023年，句容市实现一般公共预算收入50.05亿元，其中，一般公共预算税收35.63亿元。全年实现一般公共预算支出83亿元，其中，一般公共服务支出7.41亿元，教育支出12.80亿元，科技支出1.67亿元，社会保障和就业支出15.72亿元，医疗卫生支出8.39亿元。（统计局）

【金融】 2023年，句容市共有上市挂牌企业85家，上市挂牌后备企业15家。全市共有财险公司14家，寿险公司18家。全年财险总保费4.41亿元，比上年增长4.5%；寿险总保费12.09亿元，下降3.2%。全市金融机构各项本外币存款余额1220.61亿元，比年初增加135.53亿元；金融机构各项本外币贷款余额1724.37亿元，比年初增加167.75亿元。

（统计局）

【科技】 2023年，句容市研究与试验发展（R&D）经费支出18.68亿元，占地区生产总值的比重约为2.36%。全市共有高新技术企业157家，新增高新技术企业培育入库27家，省科技型中小企业317家。拥有国家级科技企业孵化器5家，国家级众创空间2家，省级科技企业加速器1家，省级众创社区1家。新增省级众创空间2家，镇江市级科技企业孵化器1家，镇江市级众创空间1家，镇江市级工程技术研究中心12家。 （统计局）

【教育】 2023年，句容市共有普通高中3所，中专校1所，初中11所，小学27所，九年一贯制学校2所，特殊教育学校1所。在校普通高中学生7548人，初中学生13017人，小学生32528人，特殊教育学生119人。特殊教育学校为江苏省特殊教育现代化示范学校。全市共有幼儿园56所，其中，公办幼儿园41所。在园幼儿15632人，其中，流动人口子女4393人。 （统计局）

【卫生】 2023年，句容市有各类卫生机构（医疗卫生机构）278个，其中，二级以上医院5个，卫生院10个，社区卫生服务中心5个，疾病预防控制中心1个，皮肤病防治所1个，急救站1个，村卫生室114个，社区卫生服务站11个。拥有卫生机构床位2465张，其中，二级及以上医院1387张，卫生院627张，社区卫生服务中心236张。拥有卫生技术人员3890人，其中，执业医师及执业助理医师1604人，注册护士1543人。全年共引进18名医学硕士。累计4家基层医疗卫生机构通过江苏省社区医院评审，8家基层医疗卫生机构达到国家服务能力推荐标准。 （统计局）

【文化】 2023年，句容市有文化馆1个（分馆12个），公共图书馆1个（分馆84个，农家书屋35个），博物（纪念）馆1个，美术馆1个。拥有省级以上重点文物保护单位8处，其中，全国重点文物保护单位4处。全年共开展全民艺术普及活动2000余场次。 （统计局）

【旅游】 2023年，句容市有A级景区8家，其中，AAAAA级景区1家，AAAA级景区2家，AAA级景区5家。拥有省级旅游度假区1家。全年共接待游客1504.90万人次，实现旅游总收入120.71亿元。年内推进文旅深度融合，编制全域旅游发展规划，开展仑山湖—高骊山省级旅游度假区、茅山湖旅游度假区创建工作，举办第十三届中国句容茅山文化旅游节。成功承办第五届国际道教论坛。茅山三宫入选首届江苏省风景名胜区最受欢迎十佳景点，宝华山景区运营权顺利交接，完成"山门下"历史遗留问题处置。入选"2023中国最美县域榜单"，连续六年入选全国县域旅游综合实力百强县。 （统计局）

【城乡建设】 2023年，句容市长江引水暨城区水厂、下蜀水厂建设工程稳步推进。华阳西路、人民路环境综合提升改造工程全面完工；完成老旧小区改造33.9万平方米；香溪湾口袋公园主体建设完工。改造加固农路危旧桥梁3座，农村公路提档升级15千米，提升农村公路安全生命防护工程300千米。深入开展占道经营、背街小巷、餐饮业油烟污染整治，新增道路临时机动车停车泊位6841个、非机动车停车泊位6500余处、电动车充电位2400余处。完成30条（个）幸福河湖建设，建成12个河长制主题公园。

（统计局）

【环境保护】 2023年，句容市持续深入打好污染防治攻坚战，协同推进降碳、减污、扩绿、增长工作，开展机动车污染防治、餐饮油烟专项行动，试点油烟绿岛环保项目，PM$_{2.5}$浓度降至32.4微克/立方米，空气质量优良天数占比达79.3%。统筹推进城镇污水处理厂提质增效和农村生活污水治理，建成30条（个）幸福河湖、36千米农村生态河道，13个国省考断面水质优Ⅲ比例达100%，北山水库成为江苏省首家获得国家级水利标准化管理工程殊荣的中型水库。编制"无废城市"建设实施方案，完成12个遗留地块污染风险管控排查。（统计局）

【人民生活】 2023年，句容市居民人均可支配收入49210元，其中，工资性收入29584元。居民人均生活消费支出31649元。城镇居民人均可支配收入62269元，城镇居民人均生活消费支出35501元。农村居民人均可支配收入32081元，农村居民人均生活消费支出26596元。
（统计局）

【社会保障】 2023年，句容市办好民生实事，持续加大民生投入，全年民生支出占一般公共预算支出的比例超80%。坚持就业优先战略，实施减负稳岗扩就业行动，多措并举稳定和支持就业创业，落实富民创业贷款1.6亿余元，城镇新增就业1.8万余人，2100余名就业困难人员实现再就业。推进养老待遇稳步提升，企业退休人员退休金实现十九连涨，城乡居保养老金实现十三连涨。
（统计局）

治理之后的肖杆河支流段

中共句容市委员会

编校人员：陈龙浩

综　述

【概况】 2023年，句容市委常委会牢牢把握高质量发展这个首要任务，完整、准确、全面贯彻新发展理念，全面落实"四个走在前""四个新"重大任务，坚持"融入南京、接力镇江"不动摇，坚持产业强市"一号战略"不动摇，奋力推进"强富美高"新句容现代化建设。推进深入学习宣传贯彻党的二十大精神、习近平总书记对江苏工作重要讲话重要指示精神和开展学习贯彻习近平新时代中国特色社会主义思想主题教育"三件大事"，引领推动中国式现代化句容新实践。年内，地区生产总值增速、一般公共预算收入等主要经济指标趋稳向好，句容市入选2023年中国工业百强县（市）、中国创新百强县（市）。　　　　（鲍伟明）

【经济发展】 2023年，句容市委常委会聚焦产业强市，编制完成全市产业发展规划，深化"1+4+1"园区整合，明确"两群三链"主导产业及"三带四组团"生产力布局。实施"项目攻坚突破年"行动，上门请商、驻点南京招商，总投资超100亿元的石砀山铜矿抽水蓄能电站等重大项目成功签约，全年上报镇江亿元以上签约项目34个。成立市重大项目建设服务中心，落实全程帮办、服务专班调度等机制，江苏省重大产业项目国网新源江苏句容抽水蓄能电站超额完成年度投资任务，49个镇江市级以上重大产业项目全部开工。

聚焦科技创新，大力推动"智改数转"网联。全年申报高新技术企业113家，江苏联博精密科技股份有限公司、江苏和正特种装备有限公司、江苏天工科技股份有限公司3家企业入选第五批专精特新"小巨人"企业，江苏智达高压电气有限公司等4家企业入选江苏省省级企业技术中心拟认定名单，句容台泥水泥5G智慧矿山项目入选国家《2023年5G工厂名录》，建华建材（中国）有限公司获"中国工业大奖表彰

国网新源江苏句容抽水蓄能电站项目

奖""江苏省省长质量奖"。深入实施"福地句才"工程,举办海外人才创业大赛、"学子归来"招引服务、农业人才交流会等系列活动60余场,引进高层次产业人才100余人,3人入选国家级人才计划。句容市入选第二批江苏省创新型示范县(市、区)建设名单。

聚焦深化改革,推进开发园区去行政化改革,落实园区联席会议制度,推动开发区与各功能园区紧密合作、协同发展。实施国企改革深化提升行动,形成2家市属国有平台(江苏句容投资集团有限公司、江苏句容新农控股集团有限公司)、1家市属国有企业(句容国有资本投资控股集团有限公司)的新格局。强化存量思维,全面盘活低端低效企业66家,存量工业地产和科技地产新入驻项目147个。

聚焦打造市场化、法治化、国际化营商环境,召开产业强市大会,深入开展"三问三送"、政企座谈会等活动。优化项目落地全流程服务机制,高效办结22个"拿地即开工"项目。细化、量化、实化"省42条""省28条""镇江市30条"等相关政策措施。

(鲍伟明)

【城乡发展】 2023年,句容市委常委会坚持"一福地四名城"城市定位,主动融入区域一体化发展格局,统筹推进新型城镇化与乡村全面振兴,融合发展取得新成效。

更大力度"融入南京、接力镇江",充分发挥重大交通基础设施牵引作用。沪宁沿江高铁开通运营,日均客流量达2200余人次;建成句容站综合交通枢纽,实现高铁、地铁、市内公交站内转乘无缝衔接;扬镇宁马城际铁路前期工作稳步推进;312国道句容段快速化改造工程有序推进。

全面践行"人民城市"理念,编制完成句容市国土空间总体规划,推进镇国土空间总体规划编制工作,有序开展全市范围内控制性详细规划动态维护。以深化"全国文明城市"建设带动城市内涵品质提升,深入开展背街小巷整治,全年完成老旧小区改造项目5个,建成香溪湾口袋公园。制定出台推动房地产市场良性循环和健康发展的政策文件。

聚焦农业科技、农业现代化走在前做示范,加快建设农业强市。严格落实耕地保护和粮食安全责任制,持续做好涉粮巡视整改,编制完成高标准农田建设实施方案,改造提升1.2万亩。实施"国企改革、产业固本、科研攻关、品牌提升、茶旅融合"五大行动,茶产业资源加快整合。获评首批"全国农业科技现代化先行县",入选国家现代农业产业园创建名单并争取7000万元中央财政奖补资金。白兔镇入选首批国家农业产业强镇,句容市丁庄万亩葡萄专业合作联社创成首批国家现代农业全产业链标准化示范基地。启动实施"美家美户"行动,扎实推进农村人居环境整治提升,累计创成9个省级特色田园乡村。

推进文旅深度融合,编制全域旅游发展规划。开展仑山湖—高骊山省级旅游度假区、茅山湖旅游度假区创建工作,举办第十三届中国句容茅山文化旅游节。成功承办第五届国际道教论坛。茅山三宫入选首届江苏省风景名胜区最受欢迎十佳景点,宝华山景区运营权顺利交接。入选"2023中国最美县域榜单",连续六年入选全国县域旅游综合实力百强县。

(鲍伟明)

【绿色发展】 2023年,句容市委常委会落实"生态要提升"要求,持续打造生态宜居的美丽句容。坚决抓好突出环境问题整改,全面完成第二轮中央生态环境保护督察交办的32件信访事项整改工作。编制完成句容市省级生态管控区调整方案,抓好长江"十年禁渔"和长江岸线生态保护,建成省级长江湿地保护区1个,自然湿地保护率提升至52.5%。

打好污染防治攻坚战。协同推进降碳、减污、扩绿、增长工作,开展机动车污染防治、餐饮油烟专项行动,试点油烟绿岛环保项目,$PM_{2.5}$浓度降至32.4微克/立方米,空气质量优良天数占比达79.3%。统筹推进城镇污水处理厂提质增效和农村生活污水治理,建成30条(个)幸福河湖、36千米农村生态河道,13个国省考断面水质优Ⅲ比例达100%,北山水库成为江苏省首家获得国家级水利标准化管理工程殊荣的中型水库。编制"无废城市"建设实施方案,完成12个遗留地块污染风险管控排查。

引建光伏、新能源等绿色项目,推动产业结构持续优化。坚决遏制"两高一低"项目盲目发展,建立"散乱污"整治长效机制,完成8家"散乱污"企业整治提升。实施重点耗能企业工业节能诊断，江苏中容电气有限公司等5家企业获评省级"绿色工厂"，句容台泥水泥有限公司获评国家级"绿色工厂"。（鲍伟明）

【民生保障】 2023年，句容市委常委会坚持以人民为中心的发展思想，办好民生实事，持续加大民生投入，民生支出占一般公共预算支出的比例超80%。坚持就业优先战略，实施减负稳岗扩就业行动，多措并举稳定和支持就业创业，落实富民创业贷款1.6亿余元，城镇新增就业1.8万余人，2100余名就业困难人员实现再就业。推进养老待遇稳步提升，企业退休人员退休金实现十九连涨，城乡居保养老金实现十三连涨。

优化公共服务。江苏省句容高级中学异地新建项目完成桩基施工，宝华中心小学新建教学楼交付使用。建成江苏省健康县（区），句容市妇幼保健院完成整体搬迁，与南京市妇幼保健院签署合作协议。深化"15分钟医保服务圈"建设，打通服务群众"最后一公里"。建成并运行市社会大救助中心，智慧养老服务中心投入使用，完成204户困难老年人家庭居家适老化改造，实现镇级未成年人保护工作站全覆盖。江苏省演艺集团句容大剧院创作实践基地揭牌成立。

深化社会治理。坚持和发展新时代"枫桥经验"，落实信访积案、领导包案化解制度。依法严厉打击电信网络诈骗违法犯罪，挽回经济损失2600余万元。做好债务化解、问题楼盘、安全生产等工作，社会大局保持和谐稳定。深化"平安句容""法治句容"建设，积极开展"八五"普法，何庄村"基层党建推动自治共治文明建设促进乡村和谐"案例入选第三批全省乡村治理典型案例，新增省级民主法治示范村（社区）5个。（鲍伟明）

【省委巡视、审计工作】 2023年，句容市委常委会把省委巡视、省委审计委员会"两个责任"审计整改作为重大任务，履行主体责任，推进整改任务落地落实。年内，省委巡视、专项检查及联动巡察反馈问题整改均按序时推进，省委审计反馈问题上报完成整改。（鲍伟明）

重要会议

【全市产业强市大会】 1月29日，句容市产业强市大会召开。大会表彰了2022年度"三十强"工业企业、"十强"房地产企业、"十强"建筑业企业、"二十强"服务业企业、"十佳"金融机构、"十佳"科技成长型企业、"十佳"农业企业、"优秀企业家"、"十佳粮农"、"十佳招商能手"和2022年度经济高质量发展税收特别贡献企业。（鲍伟明）

【全市文化旅游高质量发展大会】 6月12日，全市文化旅游高质量发展大会召开。会议要求，深入学习贯彻习近平总书记关于文化和旅游工作的重要论述精神，认真落实镇江旅游高质量发展大会精神，牢牢把握高质量发展这个首要任务，以文塑旅、以旅彰文，讲好新时代"句容故事"，加快打造文旅融合发展新高地。

（鲍伟明）

【全市"七一"表彰大会暨党建引领高质量发展推进会】 6月28日，全市"七一"表彰大会暨党建引领高质量发展推进会议召开，热烈庆祝中国共产党成立102

1月29日，句容市产业强市大会召开

周年，表彰全市各条战线涌现出的先进典型，激励全市各级党组织和广大党员干部坚定信心、敢为善为，奋力推进中国式现代化句容新实践。　　（鲍伟明）

【中共句容市委十三届四次全会】8月1日，中共句容市第十三届委员会第四次全体会议召开。全会动员全市牢记嘱托、感恩奋进，坚定信心、敢为善为，为全省"在推进中国式现代化中走在前、做示范"贡献句容力量，奋力谱写"强富美高"新句容现代化建设新篇章。全会听取了句容市委书记周必松代表市委常委会所作的工作报告，并提出了下半年全市工作的总体要求。　　（鲍伟明）

【全市组织工作会议】9月4日，句容市召开全市组织工作会议，深入学习贯彻习近平总书记关于党的建设的重要思想和组织工作的重要指示，全面贯彻落实国家、江苏省及镇江市组织工作会议精神，部署当前以及下阶段组织工作重点任务。　　（鲍伟明）

【中共句容市委十三届五次全会】12月28日，中共句容市委十三届五次全会召开。全会动员全市上下围绕全会确定的目标任务，进一步坚定信心，踔厉奋发，敢为善为，在中国式现代化句容新实践的伟大征程中阔步前行。全会听取了句容市委书记周必松受市委常委会委托所作的工作报告；审议通过《中国共产党句容市第十三届委员会第五次全体会议决议》，审议通过市委关于递补市委委员的决定，书面审议《中共句容市委常委会2023年度落实全面从严治党主体责任情况的报告》。句容市市长束克之就明年经济工作作部署。　　（鲍伟明）

重要活动

【句容（北京）高质量发展恳谈会】4月22日，句容（北京）高质量发展恳谈会在北京饭店国际会展中心举行，50多位在北京的句容籍优秀人才齐聚一堂，共叙家乡情谊，共话家乡发展，为促进句容经济社会高质量发展建言献策。　　（鲍伟明）

【第三届江苏发展大会句容行合作恳谈会】5月21日，第三届江苏发展大会句容行合作恳谈会召开，近百位嘉宾齐聚一堂，谋发展、话未来，共同推进中国式现代化句容新实践。　　（鲍伟明）

【句容（上海）高质量发展恳谈会】5月27日，句容（上海）高质量发展恳谈会在上海举行，90余位在沪句容籍优秀人才参加活动，共叙家乡情谊，共话家乡发展。　　（鲍伟明）

【第五届国际道教论坛】9月24日—25日，第五届国际道教论坛在句容茅山举办，来自美国、法国、德国、新加坡、马来西亚等39个国家和地区的500多位道教界代表、专家、学者及相关人士参加活动。论坛期间成立了世界道教联合会，并举办了主论坛、电视论坛、新媒体论坛、分论坛、道文化展等活动。　　（鲍伟明）

组织工作

【概况】2023年，句容市委组织部高标准推进学习贯彻习近平新时代中国特色社会主义思想主题教育，《人民日报》首批刊发句容市丁庄万亩葡萄专业合作联社

12月28日，中国共产党句容市第十三届委员会第五次全体会议召开

党委理论学习特色做法,以学促干服务企业做法在《新闻联播》报道,其他相关经验做法在《人民日报》、中央主题教育工作简报两度刊发。推进农村基层党建标准化建设,承担并通过国家标准委试点项目现场考核验收。深化拓展村支部书记专业化管理,稳步扩大至全体村干部,制定《村级带头人后备人才培养管理实施细则》,相关做法获第六届全国基层党建创新典型最佳案例。深化现代农业产业党建联合体建设,迎接江苏省委主要领导调研,电教片《为农民服务一辈子》获全省一等奖。实施党建赋能园区高质量发展书记项目,获评全国年度百佳园区党建品牌案例。聚焦产业发展、项目建设、国企经营等领域开展综合分析研判,对干部进行担当指数点评画像。系统推进年轻干部"533"培养工程,健全源头培养、跟踪培养、融合培养机制,分层分级建立年轻干部储备库。破题"三项机制",更大范围彰显职级晋升导向激励功能,鼓励激励干部担当实干,推进干部能上能下。推进选人用人专项巡视整改任务落地落实。深入推进"福地句才"工程,成立长三角高校人才科创服务中心,新成立句容农业研究院和江大丘陵地区农业机械化研究院,修订高层次人才项目绩效管理办法。

(王琛)

【主题教育】 2023年,句容市委全面落实"学思想、强党性、重实践、建新功"总要求,将借助主题教育激发出来的学习热情、工作干劲转化为攻坚克难、干事创业的强大动力。江苏省委副书记、省长许昆林,江苏省委常委、政法委书记刘建洋等领导先后到句容市调研指导。《人民日报》刊发丁庄村理论学习生动场景,《新闻联播》报道下蜀镇以学促干具体实践,中央主题教育工作简报推介句容市学习身边榜样经验做法。

把主题教育作为当前首要政治任务,成立由市委书记任组长、市长和有关班子成员任副组长的市委主题教育领导小组,系统谋划部署推进重点工作。分别制定农村、社区、机关事业单位、国有企业、"三新"(新经济组织、新社会组织、新就业群体)5个领域42项工作任务建议目录,按月编发县处级领导干部重点工作安排和基层党组织重点任务清单。建立健全主题教育办公室运转"三位一体"机制、宣传"三审三校"机制、督导"四不两直"机制,确保主题教育方向不偏、力度不减。

开展"三带三入"大学习。市委常委会严格落实"第一议题"制度,高质量举办读书班、"牢记嘱托、感恩奋进、走在前列"大讨论、专题党课等。基层党组织依托"三会一课"、主题党日等,采取"线上+线下""集中+自学"等方式组织党员干部学习,轮训培训党支部书记1506人、党员31237人。开展"学习身边榜样"活动,选树身边榜样20名。流动党员"双向共管"学,依托46个"句暖心"小哥驿站,设立身边的"小课堂",推动"三新"领域党员灵活就便学。开展结对帮扶学,组建送学小分队38支,确保参学党员全覆盖。

开展"三进三解"大调研。37名县处级领导干部结合分管领域,形成"宁句同城化现状及路径选择""聚焦园区改革 聚力产业优化 探索句容市产业强市的核心路径"等一批高质量选题。开展正反面典型案例解剖式调研,选取"丁庄模式——三产融合发展推进农业农村现代化走在前"为正面典型案例,探索建设新时代"鱼米之乡"的句容实践;选取"句容经济开发区项目招引并购突出问题"为反面典型案例,全面提升领导干部"按规律办事、按规矩做事"的政治自觉。县处级领导干部带头到一线,先后到12个镇、137个村(社区)、53家企事业单位,开展调查研究231次,现场办公209次,化解信访积案37个。召开调研成果交流会,形成调研报告37篇,提出对策举措198条,形成解决方案103个,深化调研成果226项。

抓好"三对照三排查",查摆问题清单43项,制定整改措施101条,形成专项整治方案2个。跟踪推进省级层面专项整治项目工作,整改"不担当不作为"等相关问题,共制定整改措施28条,上报典型案例1个。建立健全动态更新、滚动销号机制,推进整改任务落地落实。开展铃塘隧道浮雕工程等"形象工程""半拉子工程""面子工程"问题专项整治,引导全市上下进一步树立和践行正确政绩观。开展基层党组织党性分析工作,基层党组织共查找问题172个,制定整改措施368条。

(牛璐)

【干部队伍建设】 2023年，句容市推进江苏省委巡视选人用人工作整改、高素质专业化干部队伍建设、干部日常监督管理等重点工作，增强干部工作的前瞻性、规范性和实效性。

推进江苏省委巡视整改，贯彻落实中共中央办公厅《关于加强巡视整改和成果运用的意见》精神和江苏省委、镇江市委部署要求。落实"第一议题"学习制度，传达学习习近平总书记关于干部工作重要论述和中央文件精神。严把干部任用资格条件审核关、干部任用纪律关，规范做好干部人事档案等基础工作。

开展全市领导班子和领导干部走访调研工作，为优化干部配备、增强班子功能提供建议。同步开展优秀干部推荐工作，分层分类建库储备一批优秀科级干部、股级干部、年轻干部和党外干部。开展全市领导干部专业类型自评，建立专业型领导干部名册。围绕国企发展需要，组织开展机动式调研，摸排掌握企业经营类专业技能干部20余名，为优化班子整体功能打好基础。

构建一线考察识别干部机制。探索构建"一线阅"台账资料、"一线跟"会议活动、"一线测"指数评价、"一线听"评价意见四步工作法，甄别干部综合表现。全年开展干部访谈29次，发现储备专业型干部63名，精准识别优秀年轻干部110余名。

推动退出领导岗位干部发挥作用。拓宽退出领导岗位干部发挥作用的途径，进一步加强对全市退出领导岗位干部的监督管理和激励关爱。围绕重点工作、重大项目、乡村振兴、基层党建、营商环境、乡贤人才等领域，按照岗位申报、人选推荐、统筹选派等程序，择优选派11名退岗干部参与全市重点工作。

做好干部综合管理工作。完成新一轮援疆、援陕干部组织选派工作，保证干部轮换交接工作平稳有序。配合做好3名辽宁省朝阳干部、2名镇江政法系统年轻干部到句容市跟岗挂职，为全方位培养干部提供基层舞台。组织开展2022年度全市"敢为善为好班子好搭档好班长好先锋"综合评选工作，召开全市高质量发展推进会，集中对4个好班子、1对好搭档、4名好班长、20名好先锋予以表彰鼓励。

加强年轻干部培养锻炼。实施"533"培养计划，建立健全源头培养、跟踪培养、融合培养的年轻干部培养体系。组织33名"90后"年轻干部参加"句力未来"年轻干部政治训练营暨第16期中青班，先后选派23名年轻干部到沪宁沿江高铁建设、国际道教论坛筹备、污染防治攻坚指挥部等一线岗位历练。

加强专业部门干部选配。专项引进22名国内外部分高校优秀应届毕业生，充实到高质量发展任务重的一线单位。树立鲜明干部选用导向，坚持专业岗位优先使用专业干部，按照以事择人、人岗相适原则，精准选配干部，提高干部适岗能力，激发干部队伍新活力。聚焦产业强市"一号战略"需要，着力推进干部资源向经济一线部门倾斜，调整配备专业型干部充实进重点工业板块、重要经济部门及市管国企领导班子。

提升领导干部综合素养。对全市650多名市管科级领导干部分期开展专题培训，推动全市领导干部进一步统一思想、凝聚力量。聚力"项目攻坚突破年"，高质量举办全市招商引资、投融资实务、自然资源和规划等专业培训班，强化干部履职本领。推荐科级以上干部到省委、市委党校选训参训，全年共收到省市调训句容市处级干部36名、科级干部58名。

将干部监督工作贯穿干部选任全过程，严格执行"凡提四

"句力未来"年轻干部政治训练营暨第16期中青班

必"、任前公示、离任审计等制度。结合市委巡察，对11家单位同步开展选人用人专项检查，指导督促被巡察单位做好整改工作。对全市领导干部兼职情况开展"大起底、大排查"，结合干部信息管理系统，实现数字化精准监管。做实做细干部日常监督管理，24小时畅通群众举报渠道，定期梳理汇总各类举报情况，分析研判存在问题，及时跟进反映问题线索。

（陆云松）

【基层党组织和党员队伍建设】截至2023年12月，句容市有基层党组织1911个，其中，基层党（工）委104个、党总支204个、党支部1603个。全市建制村党组织152个（党委23个、党总支129个），涉农社区党组织10个（党总支10个），城市社区党组织19个（党委5个、党总支10个、党支部4个）。全市农村基层党组织1286个。全市有党员38329名，其中，正式党员37952名，预备党员377名。全市党员中，农村党员23442名，城市社区党员2263名；大专及以上文化程度党员18190名；女性党员9183名。2023年以来，句容市实施基层党建"红色'句'力"五年行动计划，提升基层党组织的政治功能和组织功能。

落实党建工作责任。坚持党委定期议党会议制度，市委常委会专题研究基层党建工作30余次，全年召开党建工作调研座谈会、现场观摩会等9次。健全完善"抓管带"工作机制，分类建立镇、街道、园区党（工）委抓基层党建"三张清单"。深化党支部工作联系点建设，调优党委（党组）书记党支部工作联系点68个。

强化党建引领作用。推进党建赋能园区高质量发展书记项目，创新实践组织联通、队伍贯通、阵地融通、实事直通、治理畅通和融合度指数评价"五通一评"工作法，工作经验获评全国"年度百佳园区党建品牌案例"。推进抓党建促乡村振兴，拓展现代农业产业党建联合体建设，打造党建引领"振兴梦工场"，成立"亚夫新农人学院"，句容市入选首批"全国农业科技现代化先行县"。强化党建引领基层治理，打造"睦邻党建""毗邻党建"等特色载体，推进党员"双报到"工作。

夯实基层组织根基。深化农村基层党建标准化建设，通过国家级试点验收。开展党群服务中心效用专项提升行动，提档升级82个村级党群服务中心，打造23个"乡村会客厅""健康小屋"等党群服务驿站。新成立3个国有企业党委和4个城市社区党支部，累计创成镇江"五星"标杆和先进党支部21个。推进两新组织"双有"目标提升计划，占比分别达91%和95%。开展"补短板、固底板"专项整顿，排查出137个问题并全部整改销号。

锻造骨干先锋队伍。深化拓展村支部书记专业化管理，"以专业化管理育强乡村振兴'领头雁'队伍"获评全国"第六届基层党建创新典型最佳案例"。注重发挥党员典型示范引领作用，句容市成为全省唯一党和国家功勋荣誉及"时代楷模"、道德模范、最美人物、好人系列全覆盖的县（市、区），全省典型宣传工作培训班在句容市举行，全年新增全国"最美人物"等先进典型20人。实施"名书记"培育工程，评选6名第二批"新时代领航发展好书记"、3名省"百名示范"村支部书记。推进村干部专业化管理，抓实学历提升、定制村干、兴村特岗"三项机制"，提升村干部队伍能力素质。强化党员教育管理，电教片《为农民服务一辈子》获全省一等奖。

（牛　璐）

在西安交通大学举行镇江籍大学生归雁邀约座谈会

【人才工作】 2023年,句容市以"人才'镇兴'"行动为引领,深入推进"福地句才"工程。

走访调研重点企业、园区,召开企业人才座谈会10余场,围绕企业提出的需求问题,有针对性地研究科技人才相关政策。健全完善"福地句才""1+4+N"人才政策体系,累计出台24条实施细则,实现从国家级人才到青年人才、从租房购房到就业见习的政策扶持全流程和全覆盖。

组织49个海外高层次人才有效申报国家级人才计划,其中,3人成功入选。组织22个高层次人才(团队)有效申报江苏省"双创计划",其中,1人成功入选。组织38个创新创业人才申报镇江市"金山英才"计划,其中,10人成功入选。吸引19个高层次人才(团队)项目申报句容市"福地英才"计划,其中,10个项目成功落户。全年引进全职博士3人。

举办第三届中国·镇江国际菁英创业大赛句容选拔赛、"福地青年英才"创业大赛、"福地句才"海外人才创业大赛、人才金融服务对接会等活动近10场。到西北农林科技大学、中南大学等30余所"双一流"高校,创新开展"八个一"招才引智活动,举办招才引智"镇江日"专场活动、校园双选会、科技镇长团后方单位走访、归雁学子座谈会等活动60余场。引进大专以上毕业生5800余人,其中本科以上2800余人。

举办镇江市现代农业产业人才交流会,编制葡萄、草莓、茶叶、稻米、草坪、苗木六大现代农业重点产业人才图谱。健全"新农人""引育管用留"全链条服务保障体系,建立乡土人才讲习所9个,评选"兴农科研英才""发展经营标兵""富民技术能手"培养对象30人。组建第十六批科技镇长团镇江市乡村振兴科技镇长团。选聘东华大学、泰州学院等高校院所艺术类教授团队驻点大华村,开展"青绘乡村"规划设计服务工作。

出台"求职有礼"礼遇政策,给予青年人才来句期间1000元消费券礼遇。试点建设高端人才公寓。建立长三角高校人才科创服务中心,提供长三角高校人才会客厅,打造仙东网谷人才友好街区。常态化开展人才慰问、谈心谈话、企业人才座谈等活动10余场。组织开展"爱国奋斗奉献"国情研修,开展教育、卫生、农业等领域专题培训、学术交流、人才沙龙等活动10余场。

(陈 飞)

【公务员工作】 2023年,句容市公务员工作重点是围绕服务发展、服务大局,科学实施公务员招录、转任、考核奖惩、工资福利等相关政策,统筹加强公务员选、育、管、用各项工作,进一步加强全市公务员队伍建设。

统筹谋划好全年公务员职务职级晋升工作,对在全市项目招引、债务化解、重点项目建设等工作中表现突出的公务员(事业单位管理人员)优先晋升职级(职员等级)。公务员晋升职级9批171人次、事业单位人员晋升职级26人。严格落实公务员职级待遇、健康休养和年休假等制度,探索完善公务员工资福利待遇向乡镇一线倾斜的相关政策。对受到省级通报表扬的2名公务员给予及时奖励,推荐姚伟超评选为镇江市首届"最美公务员"。

以建设"四硬"型高素质专业化公务员队伍为目标,打造一支高素质、专业化公务员队伍。编制公务员、事业单位工作人员招录计划,重点向发展急需、行业紧缺岗位倾斜,确保拿出不少于当年招录计划70%的岗位招录紧缺专业人才。办好公务员初任培训、公务员职业能力建设培训。

按照江苏省核定的公务员工资收入和绩效奖金收入水平,结合实际测算相关待遇标准。加强

2023年新录用公务员初任培训班江苏省镇江市句容市委党校分课堂开课

公务员工资管理，指导各单位各部门规范津补贴待遇。在全市范围内开展公务员平时考核，从评价指标、考核方式、结果运用三个方面开展探索，督促平时考核工作落地见效。（杨 声）

【综合考核工作】 2023年，句容市委组织部坚持差异化考核、全过程管控，以高质量考核推动高质量发展。对板块考核设置产业强市专项加分，进一步突显高质量发展导向。对12个板块分三组进行考核，确保各组体量相对均衡。同时，结合实际，取消茅山风景区工业类指标考核，增设服务业投资、景区综合营收等5项特色指标，增强考核的科学性、精准性。按照高质量发展绩效评价指标、减分项、党建指标三大类，及时调整以分管市领导为班长的指标专班111个。深化"月分析、季监测、半年考"推进机制，定期研判推进，压紧工作责任。创新考核"预扣分"机制，对平时考核中指标排名靠后的责任部门实行"预扣分"。将考核结果与干部选拔任用、评先评优相结合，出台项目攻坚及时奖励办法，对在项目招引、推进工作中获得突出成绩的集体和个人予以嘉奖、记功奖励。优化"重要贡献奖"评选办法，将各板块项目招引推进等工作纳入评选内容。（董 凡）

【市级机关党建工作】 2023年，句容市委组织部推进机关支部标准化、规范化建设，提升基层党组织组织力，推动机关党建全面进步、全面过硬。

坚持政治统领，深化理论武装。组织141名机关党组织书记参加学习贯彻习近平新时代中国特色社会主义思想示范培训班，发放理论读本9000余册，为离退休老党员送学253人次。在全市基层党组织中开展"学习二十大·句力建新功"主题活动。围绕学习宣传贯彻党的二十大精神，组织1216名党员开展集中轮训，举办全市党的二十大精神知识竞赛。

健全机关工委组织体系。增设市级机关团工委、妇工委和工会工委，完善党建带群建工作机制。为9名老党员颁发"光荣在党50年"纪念章，给40名困难党员送去组织关怀。注重在急难险重一线、青年业务骨干、高知识群体中发展党员，全年新发展党员23名。

落实在职党员"双报到"制度。组织动员1600余名机关在职党员深入社区开展志愿服务、社区治理、结对帮扶等活动。做好文明城市志愿服务工作，组织机关1200余名党员开展扫雪除冰行动。

推进机关党建标准化建设。机关党建标准化系统任务执行率达98%以上。抓好机关党建书记项目推进，夯实机关党组织书记抓基层党建第一责任。落实党组织书记述职评议制度，组织召开市级机关基层党建工作年度述职评议会议。

加强党建文化引领。举办第十三届市级机关读书节，开展"朗读者"比赛。发挥好社会评议作用，建立8000人评议员库。（顾连春）

宣传工作

【概况】 2023年，句容市委宣传部开展主题教育，在《人民日报》、中央电视台、新华通讯社等中央主要媒体上均有主题教育稿件刊播，获评"全省党员冬训工作示范市"；成功承办全省典型宣传工作培训班，在多个全省会议上交流工作经验，党和国家功勋荣誉及全国四类先进典型实现全覆盖。2022年度文明城市国检排名上升43位。完成第五届国际道教论坛直播、新闻报道和网络数据安全保障任务，省级以上主流媒体用稿稳居全省县（市、区）前列。相关文艺作品获评江苏省精神文明建设"五个一工程"奖。召开全市宣传思想文化工作会议，对下一阶段宣传思想文化工作高质量发展进行全面部署。江苏省委常委、宣传部部长张爱军到句容市调研时，对全市宣传思想文化工作给予肯定。（许鹏锋）

【思想理论建设】 2023年，句容市把学习贯彻习近平新时代中国特色社会主义思想作为首要政治任务，持续深化思想理论武装。严格落实党委（党组）理论学习中心组和"第一议题"制度，举办市委常委会专题读书班，开展市委理论学习中心组集中学习13次，交流研讨47人次。对基层党组织巡学旁听实现全覆盖，进一步提升学习质效。组建常设市委宣讲团，用好"句能讲"队伍，在全市范围内开展党的创新理论宣讲300余场次。制作播出"党的二十大精神"宣讲短视频18集、音频《习语常听》28期、有声书《习近平著作选读》14期。推进江苏省习近平新时代中国特色社会主义思想研究中心句容实践调研基地建设，戴庄经验、丁庄模式分别入选镇江、句容市委常委会正面典型解剖案例，深入总结凝练"句容经验"，形成高质量调研成果。建成边城科创园等12个理论宣讲示范阵地。

（许鹏锋）

【新闻宣传】 2023年，句容市委宣传部把"强信心"正面宣传引导作为重中之重，统筹网上网下、内宣外宣。围绕主题教育、高质量发展、产业强市、农村人居环境整治等主题，开设专题专栏，推出报道100余篇。举办产业强市大会，激发企业"敢干"活力。重大主题稿件和评论文章数排名镇江辖市区第一。承接中宣部"高质量发展调研行"主题采访活动、中央电视台《开学第一课》、探索中国式现代化县域调研行、"Go Jiangsu"等外宣活动，突显句容市经济社会发展成效。顺利完成茅山文化旅游节、高质量发展恳谈会等重点宣传活动，不断扩大"句容影响"。推进移动优先战略，全市官方新媒体矩阵用户总数突破百万人次，加快"看句容"APP政务服务整合。

（许鹏锋）

【文化建设】 2023年，句容市不断提升文化供给质效，更好满足群众多样化、高品质的精神文化需求。重启茅山文化旅游节，召开全市文化旅游高质量发展大会，制定《句容市文化和旅游深度融合高质量发展实施意见（2023—2025）》，推进国有景区改革，促进非遗民俗进景区，成功举办福地句容马拉松等赛事活动70余场，有效提升句容影响力、美誉度。成立江苏省演艺集团句容大剧院创作实践基地，推动高品质文化演艺资源下沉，全年演出35场。举办"口袋舞台"活动18场，"句容百姓大舞台"品牌获评江苏省第三批群众文化"百千万"工程优秀活动品牌。出版长篇小说《葡萄镇》。完成"五经普"文化产业统计，最终认定5014家，绝对值位列镇江辖市区第一；新增规模以上文化企业19家。

（许鹏锋）

【意识形态工作】 2023年，句容市全面落实意识形态工作责任制。围绕江苏省委巡视意识形态专项检查反馈的4大类15方面主要问题，成立整改工作领导小组，制订工作方案，推动整改落地落实。年内实现全年整改任务全部完成。建设舆情处置与网络安全监测一体化中心。印发《2023年全市意识形态工作"责任清单""任务清单"》，压紧压实做好意识形态工作的政治责任和领导责任。深入开展"扫黄打非"专项斗争，累计检查各类场所900余次，与南京溧水区、栖霞区建立联动执法机制。落实讲座论坛备案、背景审查和全程巡听制度，全年备案62件。探索建立网信、信访、网格、网安"四位一体"新机制，创新推出"四色"舆情预警、月度研判等机制，用好舆情线上监测、信息通报、线下核查、处置回应"四步工作法"，全年未发生重大负面舆情。

（许鹏锋）

·精神文明建设·

【概况】 2023年，句容市以社会主义核心价值观为引领，统筹推进文明创建、文明培育、文明

"学习二十大　句力建新功"全市党的二十大精神知识竞赛决赛现场

实践，不断提升社会文明程度。制定《关于进一步加强和改进先进典型礼遇工作的实施意见》，完善表彰表扬、学习宣传、礼敬礼遇等机制。开展致敬先进模范专场演出，推出"致敬句容人""致敬先进典型"专栏。承办2次江苏省"最美人物"发布仪式，年内新增全国"最美人物"1人、江苏"最美人物"5人。举办镇江市暨句容市道德模范与身边好人现场交流活动，打造20个新时代文明实践新基地。开展"'句'文明享夏夜""温暖秋冬"等系列文明实践主题活动。聚焦改进创新文明创建工作，坚持建管同步、常态长效，围绕老旧小区、集贸市场、校园周边等重点点位和公共秩序、环境卫生等重点领域，开展12项提升行动，完成两大片区老旧小区改造和110个小区、41条背街小巷"三线"整治工作。　　　　　　　（许鹏锋）

5月14日，句容市新时代文明实践志愿服务总队开展健康普及"青春毅行"活动

【文明城市创建】　2023年，句容市召开全市深化全国文明城市常态长效建设工作推进会，部署推进全国文明城市常态长效建设工作。调整完善创建工作领导小组，主要领导每月调研指导全国文明城市创建工作。成立30人的长效办督查组，建立"白单交办、黄单提醒、红单问责"制度，实行动态督查、跟踪督办、闭环管理，全年下发白色交办单1054份、黄色交办单18份，编发专题简报23期，交办问题办结率达95%。围绕农贸市场、背街小巷、社区小区、建筑工地、城乡环境等重点领域，聚焦市场、社区、车站、医院、商超、校园"六个周边"，着力实施九大重点工程项目、12项提升行动。开展"百巷千居焕新颜"综合整治提升工作，完成4个老旧小区、139个楼栋的综合整治提升工作，涉及建筑面积34.3万平方米，惠及3881户家庭。改造出新19个交通道口、44条城区重点道路。香溪湾口袋公园投入使用。开展"烟火气+文明风"专项行动，针对流动摊贩、占道经营、乱牵乱挂等管理堵点，划设便民销售疏导点32处、便民晾晒点2.3万处。组织开展2020—2022年度文明系列单位创建活动，组织120个文明系列单位参与"城乡结对、文明共建"，推进城乡文明融合发展。推进农村精神文明建设，开展4次乡风文明指数测评。开展"美丽庭院"建设专项行动。开展"听民意、察民情、解民忧"主题活动，组织志愿者开展入户大走访，累计收集、解决群众需求清单1124条。开展第七届句容市"文明家庭"评选工作，举办"家风故事我来讲"、慰问抗美援朝老兵、亲子共读等活动，弘扬家庭文明新风尚。　　　　　　　（许鹏锋）

【新时代文明实践】　2023年，句容市完成江苏省委宣传部、省文明办对句容市新时代文明实践中心建设评估验收工作。成立句容市新时代文明实践志愿服务促进中心，构建组织开展全市域志愿服务的工作平台。推进新时代文明实践站标准化建设，选树第二批新时代文明实践示范站15个，推动文明实践制度化、规范化、常态化。拓展特色阵地，统筹教育基地、文博场馆、交通枢纽等场所资源，打造20个第二批新时代文明实践基地。升级完善文明实践融媒云平台功能，发挥平台活动展示、交流互动、动态管理、服务群众等重要作用。"幸

福菜篮"志愿服务项目获评第七届江苏志愿服务展示交流会金奖，万春雁获评第九批江苏省岗位学雷锋标兵，芮东明获评2023年江苏省文化科技卫生"三下乡"活动服务标兵。举办2022年度优秀志愿服务项目路演大赛。深化"葡萄架下的文明实践"品牌建设，打造崇明街道"睦邻融合聚力服务"、郭庄镇"益企号"等189个特色项目，实现"一镇一品""一村一品"。承办镇江市新时代文明实践骨干培训班，举办句容市新时代文明实践工作培训班3批次。举办"学雷锋纪念日""国际志愿者日"主题活动暨文化科技卫生"三下乡"、志愿服务集市镇村行等活动。开展"'句'文明 享夏夜"主题活动，打造文明实践服务群众"夜场景"。围绕"温暖秋冬 文明同行"主题，开展"'句'文明 暖容城"特色品牌活动。开展"文明'邮'我携手共建"主题活动，组织全市文明实践所、站与12个驻地邮政支局结对共建，实现资源共通共享。

（许鹏锋）

【公民道德建设】 2023年，句容市4人获评"江苏好人"，1人获评"2022大爱镇江年度人物"，2人获"2022大爱镇江年度人物"提名奖，8人获评"镇江好人"，20组21人入选2023年第一季度"句容好人"名单。承办江苏省"致敬先进模范"专场演出、江苏省典型宣传工作培训班、镇江市暨句容市道德模范与身边好人现场交流活动，开展道德模范与身边好人事迹专题基层巡展4场。实施道德讲堂赋能提升工程，3个道德讲堂获评镇江市"最美道德讲堂"。开展"礼遇道德典型 共建文明句容"主题活动8场次。完成好人广场、句容好人馆、句容现代农业展示馆等阵地更新维护工作。发挥道德典型示范带动作用，成立句容市先进典型事迹宣讲团，赵亚夫、沈春雷等深入田间和车间宣讲党的二十大精神、先进典型事迹，以先进典型作榜样引领文明新风尚。

（许鹏锋）

【未成年人思想道德建设】 2023年，句容市贯彻落实"立德树人"根本任务，持续深化"扣好人生第一粒扣子"主题系列教育实践活动，常态化组织开展"新时代好少年"评选发布活动，1名学生获评"新时代江苏好少年"，4名学生入选"镇江市新时代好少年"，1名学生获"童声里的中国"江苏省一等奖，2名学生获"童真里的色彩"江苏省三等奖。承办镇江市"七彩的夏日"启动仪式，镇江市七岁"入学仪式"暨"开学第一课"示范观摩活动，组织中小学生参与《开学第一课》现场录制。组织开展"四仪"教育十岁成长仪式示范观摩活动、"阳光润心 快乐成长"心理健康教育宣传月系列活动。

（许鹏锋）

【社会文明建设】 2023年，句容市开展"文明旅游""文明上网""文明交通""文明养犬"等文明引领系列行动，举办"小手拉大手 文明交通行""啄木鸟在行动"等互动引导活动。开展"爱国卫生月"系列宣传活动，倡导文明健康绿色环保生活方式。加强社会诚信建设，持续开展失信突出问题专项整治，组织开展"诚信之星"等创建评比宣传活动。在清明节、青年节、七夕节、中秋节等重要节点开展移风易俗主题宣传活动，集中开展"移风易俗主题宣传月"活动，实施开展弘扬殡葬新风、倡导节俭"食尚"等十大重点工作项目。对"推广运用积分制助力农村精神文明建设"开展专题调研。

（许鹏锋）

9月14日，句容市承办镇江市七岁"入学仪式"暨"开学第一课"示范观摩活动

统战工作

·综述·

【概况】 2023年，句容市统战工作聚焦落实中央关于统战工作的决策部署和江苏省委、镇江市委关于统战工作的部署要求，聚力解决统战工作重点难点问题，推动全市统战工作高质量发展。指导各民主党派、党外知识分子联谊会、新的社会阶层人士联谊会召开"凝心铸魂强根基 团结奋进新征程"主题教育动员部署会，各党派结合自身特色，开展各类型主题教育50余次。强化统战宣传工作，在中央、省、市多个媒体平台刊登宣传稿件400余篇。（张 薄）

【统战人才建设工作】 2023年，句容市委统战部开展"同心·商"行动，鼓励民主党派积极建言资政。建立市委组织部、统战部党外干部工作联席会议制度，选优配齐党外干部，全年共提拔、重用或转岗锻炼党外干部14名。截至2023年年底，全市政府工作部门配备党外干部11名（其中，党外正职2名），群团组织、科研院所、国有企业配备党外干部9名，法检两院（法院、检察院）领导班子中均配有党外干部。持续优化各民主党派、统战团体领导班子结构，完善发展成员数据库、支委人选数据库、主委（副主委）人选数据库3个数据库。民盟句容支部完成换届工作。农工党句容支部升格为农工党句容基层委员会，下设医卫支部及综合支部。2023年，全市共发展民主党派成员5人、统战团体成员13人。（张 薄）

【发展促进工作】 2023年，句容市委统战部成立句容市服务高质量发展工作领导小组，进一步完善工作机制。在"看句容"APP开发"句容人"栏目，打造集句容籍优秀人才数据管理、典型事迹宣传和交流互动于一体的乡贤系统，收录各类句容籍优秀人才1171位。先后在北京、上海举办高质量发展恳谈会，共叙家乡情谊、共话家乡发展。组织开展第三届江苏发展大会句容行合作恳谈会。全年共为句容发展提供83个项目信息（其中，11个项目签约、12个项目落户），11位句容籍优秀人才在家乡成立公司。（张 薄）

【民营经济工作】 2023年，句容市委统战部聚焦促进"两个健康"（非公有制经济健康发展和非公有制经济人士健康成长），开展"同心·闯"行动，打造"句满意·微直播""三问三送""甘露行动"等服务品牌，成立句容市商会"同心红"律师服务团，整合力量为民营企业高质量发展搭建平台。围绕区域一体化新格局，参与成立栖霞句容仪征三地总商会联盟和栖霞句容仪征三地青企会联盟，开展栖霞—句容基层商会联盟合作共建。深入实施"新时代企业家精神师承计划"，推动结成3对青年企业家精神师承关系。强化交流互动，举办"与'宁'融合 '句'力发展"宁句企业家对口交流活动，广泛走访基层商会、企业，宣传"福地句容"新面貌，展示"产业强市"新成果，助力招商引资新跨越。全面推动提升商会党建工作，年内实现工商联所属20家商会党组织全覆盖。（张 薄）

【统战阵地建设工作】 2023年，句容市委统战部召开"聚融·同心红"统一战线服务乡村振兴推进会，在全市打造"同心红"助

5月21日，第三届江苏发展大会句容行合作恳谈会召开

力乡村振兴基地、"同心红"科技助农创新实践基地、"健康小屋"等多个平台。组织各民主党派、统战团体充分发挥各自优势，常态化开展"同心红"服务活动，全方位构建统一战线助力乡村振兴产业发展体系。主动对接江苏省委统战部，引进江苏省党外知识分子联谊会副秘书长单位阿里巴巴华东公司、江苏省慈善总会郑钢基金、南京沁恒微电子股份有限公司等优质资源，将统战"资源优势"和句容农业"禀赋优势"深度融合，推动经济社会发展。　　（张　薄）

【党外代表人士工作】　2023年，句容市共有副科级以上党外干部35人，政府部门、司法机关、国有企事业均配备科级党外干部。7月19日，民进句容支部在后白镇丰之源果业建立"句容同心红统战联盟民进句容支部教育实践基地"，进一步深化科技服务社会内容。12月5日，民盟句容支部和农工党句容基层委员会共同牵头，在白兔镇太平村和黄梅街道河桥村成立"健康小屋"，推动县域医疗服务下基层。　　（张　薄）

·民族工作·

【概况】　2023年，句容市委统战部围绕阵地机制化、管理法治化、治理网格化、人才专业化的要求，继续开展省级品牌创建工作和各民族群众就业创业服务工作。春节期间，走访慰问全市少数民族低收入家庭40户，发放慰问金共计4万元。积极参加江苏省民委组织的"红石榴就业行动"，建华建材（中国）有限公司向西部八省区提供460个就业岗位。　　（张　薄）

【民族工作宣传活动】　2023年5月—11月，句容市在全市范围内开展民族团结进步宣传活动，张贴宣传标语，开展走访慰问，宣传贯彻民族政策，共开展大型民族团结进步活动12次。9月，句容市依托社区和学校，在全市广泛开展"推广普及国家通用语言文字，铸牢中华民族共同体意识"主题宣传活动，通过加强国家通用语言文字宣传和民族团结进步教育，铸牢中华民族共同体意识。　　（张　薄）

·宗教工作·

【概况】　2023年，句容市委统战部全面推进宗教领域安全生产工作，部署开展宗教活动场所安全专项整治。常态化开展"两个专项"整治等工作，掌握宗教领域意识形态工作主动权，确保全市宗教领域和谐稳定。年内，各宗教团体举行换届工作。
　　（张　薄）

【传授三坛大戒法会】　经中国佛教协会批准，宝华山隆昌寺暨一叶庵传授三坛大戒法会于2023年10月15日—11月15日在宝华山隆昌寺和一叶庵举行。为加强组织领导，确保此次法会顺利开展，句容市委统战部成立传戒工作专班，明确工作职责，并严格按照"分工负责、定点落实"的要求，每周选派人员值班，确保法会圆满、平稳、有序举行。（张　薄）

【宗教领域"两个专项"整治】　2023年，句容市委统战部开展"同心·和"行动，整改江苏省委巡视涉宗教问题，完善市、镇、村三级宗教工作网络，落实镇（街道、管委会）、村（社区）二级宗教工作责任制。依法加强宗教事务管理，定期指导、检查镇（街道、管委会）、村（社区）宗教工作开展情况。持续深入开展"两个专项"整治，建立民族宗教领导小组成员单位协作联动机制。与南京市栖霞区、江宁区共同建立跨区域宗教工作

2月，边城镇俚池民族村组织各民族儿童开展爱国主义教育

合作交流协作机制。（张　薄）

【宗教领域安全生产工作】　2023年，句容市委统战部继续组织开展市、镇（街道、管委会）、村（社区）三级民族宗教干部能力提升培训。深化宗教活动场所安全专项整治工作，组织开展安全生产工作专项培训。开展宗教领域"安全生产月"系列活动，与消防部门建立联系机制，持续推进宗教活动场所安全工作标准化建设。推进全市宗教活动场所消防和燃气安全隐患专项整治，全年共发现安全隐患95处，整改闭环95处，整改完成率100%。
（张　薄）

· 侨务工作 ·

【概况】　2023年，句容市委统战部秉持为侨服务宗旨，准确理解把握新时代侨务工作的新特点、新要求，立足市情侨情，着力抓重点、创特色，各项工作取得新进展、新成效。年内配合省市完成第三届江苏发展大会和镇江行相关活动，主动做好海外句容籍优秀人才的沟通、对接、保障等工作。参加2023镇江华创会活动，组织5家有意向合作企业参加项目对接会，邀请18位侨界专家、侨商到句容市交流考察，推介句容产业政策。发挥侨联和欧美同学会的人才优势，推荐3家海归人才创业企业参加2023"福地句才"海外人才创业大赛，并做好服务保障工作。　（张　薄）

【侨务联盟建设】　2023年，句容市中凌、甲城、崇明等13个社区成立联合党支部，进一步扩大服务归侨侨眷工作的覆盖面，全面提升侨务工作的质量和水平。联合党支部成立以来，围绕"党建带侨建，五心润侨心"主题，共开展活动12次。全市共有全国侨务示范单位1家（崇明街道中凌社区），江苏省侨务示范单位1家（崇明街道甲城社区），中华文化海外交流基地1处（新四军纪念馆），侨务阵地4家（中凌社区侨之家、甲城社区侨之家、茅山东方紫句容华侨华人"同心红"创新创业实践基地、郭庄金星幼儿园华侨华人"同心红"创业基地）。　（张　薄）

【为侨服务】　春节期间，句容市开展"聚侨迎新春　真情暖侨心"活动，市领导分组走访慰问返乡过节的杰出海外句容籍优秀人才和侨胞侨眷，同时通过网络邀请海外亲友"云聚会"。开展"我们的节日"侨务主题活动，将群众性文化生活与传承中华优秀传统文化结合。完成1名"三侨考生"身份认定，为侨胞提供咨询服务9次。引导侨界政协委员参政议政，通过提案办理推动侨界民生改善，扩大社会影响。　（张　薄）

【侨务交流】　2023年，句容市承办"中医情·文化行"镇江体验活动，在苏海外代表、高校外籍中医药学研习生、留学人员亲属代表等100余人参加活动。指导句容市实验小学、句容市第二中学与新西兰奥克兰市新华教育中文学校合作交流。　（张　薄）

· 港澳台工作 ·

【概况】　2023年，句容市持续深化与港澳台地区多领域交流合作，全面服务全市经济社会高质量发展。句容台泥水泥有限公司、巨宝精密加工（江苏）有限公司、江苏久禾光电有限公司3家台资企业入选句容市2022年度工业企业三十强。　（张　薄）

8月31日，句容市侨务联盟工作人员到扬州市考察学习

【台企服务】 1月13日，句容市委统战部与句容农村商业银行举行战略合作签约暨"惠台贷"发布仪式，句容市委统战部与句容农村商业银行签订党建共建协议，台资企业代表与句容农村商业银行签订"惠台贷"授信合作协议。6月28日，句容市台办举办第二期台商大讲堂，普及应急处突知识，提高句容市台资企业应急处突能力，助力企业安全发展。 （张 薄）

【考察交流】 6月18日，江苏省台办一级巡视员吴伟荣陪同宜兰客商到句容市考察旅游产业。7月4日，全国台湾同胞投资企业联谊会顾问、天津市台湾同胞投资企业协会荣誉会长罗文德一行到句容经济开发区考察交流。8月11日—16日，第三届海峡两岸青年文化月——"寻味宝岛 香品镇江"两岸美食文化暨青年文化周在句容台湾小镇举行。8月12日，句台经贸文化合作交流恳谈会召开。10月23日，"百万青年看祖国·千名博士神州行"走进句容市，香港高校教授、科研人员和青年企业家等18位高层次人才参加活动。 （张 薄）

机构编制

【概况】 2023年，句容市共有政法机关4家、党政群行政机关64家，其中，党委系统（含人大、政协）11家，市级政府系统（含派出机构和派出机关）28家，群团系统10家，乡镇8家，街道3家。全市市镇两级党政机关共核定行政编制2339名，实有在编人员2175人。全市共有事业单位315家，共核定事业编制11985名，实有在编人员9937人。

（市委编办）

【体制机制改革】 2023年，句容市委机构编制委员会办公室推进开发园区管理体制改革，重塑园区管理架构，以句容经济开发区为主体，强化对各功能园区的管理，最终形成"一区四园一片区"（句容经济开发区、下蜀高新技术产业园、郭庄新能源科技产业园、宝华凤坛创新社区、边城新材料产业园、华阳枢纽经济区）。重塑区街职能配置，坚持去行政化，优化区街职能机构设置，开发区从事经济发展职能的机构比例提升至75%。重塑行政审批模式，聚焦市场准入和投资建设审批全链条，赋予开发区管委会经济管理审批权限。聚焦招商体制创新，整合全市招商资源，建立市招商中心与各园区的招商信息共享机制，实现招商一体化推进。

推进宝华、下蜀经济发达镇培育工作。句容市委机构编制委员会办公室作为牵头负责单位，强化目标导向，摸清下蜀、宝华两镇在31项指标中的发展优势、薄弱环节和问题困难。制订培育工作方案，重点围绕经济发展质量和社会治理效能，细化培育举措，征求各方面建议和意见，形成改革培育工作方案。进一步规范属地管理清单，对基层最迫切需要明确责任主体的事项进行再梳理，形成《句容市"属地管理"主体责任和配合责任清单（第二批）》。动态调整赋权事项，根据法律法规的修改情况，动态调整乡镇审批执法权力事项，形成最新镇（街道）赋权事项（314项）清单。

参与国有企业改革工作。句容市委机构编制委员会办公室结合句容实际，牵头拟定《句容市

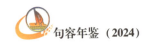

8月13日，"寻味宝岛 香品镇江"两岸美食文化暨青年文化周在句容市开幕

市属国有企业机构设置和人力资源管理办法（试行）》和3家市属国有企业职能配置、机构设置和人员额度规定，以及《句容市国有企业领导人员管理办法（试行）》《句容市市属国有企业中层管理人员选拔任用管理办法（试行）》《句容市市属国有企业劳动用工管理办法（试行）》等，为规范国企管理提供了制度基础。 （市委编办）

【机构编制管理】 2023年，句容市委机构编制委员会办公室强化重点领域机构编制保障。制定出台市发展和改革委员会、重大项目建设服务中心、国有资产运行服务中心等6家单位的"三定"方案，推动组织架构重建和流程再造。结合全市基层医疗卫生机构发展规划、布局调整、服务人口、承担公益目标任务情况等因素，对全市基层医疗卫生机构事业编制数量进行明确，更好促进基层医疗卫生机构人才队伍健康发展。加大重点领域编制人员保障力度，在民生领域，强化教育、卫生等部门编制供给，下达教师、医护事业计划216名；在经济发展领域，全年共下达公务员（参公）计划81名、普通事业计划131名（含定岗特选计划31名，重点招录专业技术类人才）。进一步优化人才队伍结构，提高在编人员素质。 （市委编办）

老干部工作

【概况】 2023年，句容市委老干部局围绕推动新时代老干部工作提质增效，各项建设取得新进展、新成效。开展党支部建设"强基、织网、扎根"三项行动，进一步向社团、社区覆盖延伸，指导市老促会、广电网络有限公司新建支部，共建立党组织68个。开展"精细管理五类党员，稳步推进支部建设"深化试点工作，指导住建局等10家离退休干部党支部分方向进行探索。截至2023年年底，全市有在册离休干部32人（含异地安置1人），其中，市管离休干部28人、垂直系统4人；14级以上离休干部和原四套班子领导29人。年内，市委老干部局获评2022年度江苏省老干部调研工作优秀调研成果一等奖。 （文 琼）

【老干部政治待遇落实】 2023年8月，句容市委老干部局邀请14级以上离休干部和原四套班子领导参加市委全会，共同审议工作报告。2023年4月和6月分别安排参观国网新源江苏句容抽水蓄能电站项目和经济开发区产业强市建设情况。9月4日，召开全市老干部情况通报会。10月，组织部分原市级老领导到徐州淮海战役纪念馆等红色教育基地重温红色革命记忆。12月，组织老同志参观茅山红色文旅项目。 （文 琼）

【老干部走访慰问】 2023年1月，句容市委领导对14级以上离休干部和原四套班子领导进行新春慰问。市委老干部局在元旦、春节前夕慰问全市市管离休干部，并在夏季高温和重阳节期间走访慰问原四套班子领导。7月，由分管领导带队到上海、南京等地对异地安置离休干部进行走访慰问。 （文 琼）

【离休干部"三有一落实"工作】 2023年，句容市委老干部局深化离休干部看病就医"三有一落实"工作，扩大看病就医"绿色通道"和"家庭医生签约服务"享受范围，在原有离休干部享受的基础上，延伸至原四套班子老领导。年内评选出1家离休干部

7月28日，镇江市离退休干部医疗服务保障工作交流会在句容召开

就医"绿色通道"金牌服务岗、3家离休干部家庭医生金牌服务团队和12家离休干部家庭医生优质服务团队。持续健全特困帮扶机制，坚持落实"二次报销"做法，全年全市市管离休干部医疗费用总计284.3万元，医保报销后自费部分为25.7万元，按80%的比例"二次报销"20.6万元。7月，承办镇江市离退休干部医疗服务保障工作交流会。　　（文　琼）

【老干部作用发挥】　2023年，句容市委老干部局开展银发赋能"六项行动"，推动老干部作用发挥呈现更多亮点。截至2023年年底，有161人入驻"银发人才库"。继续实施"银辉闪耀"银发人才服务项目，年度立项22个，直接经济效益达560万元。加强同街道联创，助力城市睦邻党建工程，在马扎里、东门等社区支持鼓励老党员开展家门口的"微服务"，有29支"银发生辉"志愿分队在不同领域发挥作用。密切同涉老团体合作，建立各类特色团、站、室26个，并为"亚夫团队"专家王友成挂牌镇江市级"银发人才工作站"。　　（文　琼）

党校工作

【概况】　2023年，句容市委党校持续做好干部教育培训、理论宣讲、课题研究等工作，加强师资队伍建设，提高办学质量、理论研究水平。打造"红色'句'力"党建品牌，通过"理论学习+专题党课+党日活动"高标准开展主题教育工作。完成"打造'精品工程'——以高质量献策助力全市高质量发展"书记项目。开展"党的二十大精神宣讲进机关、下基层""主题教育宣讲"和文明实践系列志愿服务活动。
　　（臧　珂）

【干部教育培训】　2023年，句容市委党校举办培训班50期，其中，主体班20期，累计培训学员约7000人次。干部教育培训形式创新多样，培训中综合运用案例教学、情景模拟、分组研讨、思"享"沙龙、学员论坛、读书分享、思"辩"沙龙、实地调研、撰写调研报告等方式。开设"音乐课堂"，以史串歌、以歌叙史，通过现场演绎，让学员沉浸式感受红色经典歌曲的创作背景和价值意义。依托句容现代农业展示馆、党章苑等现场教学基地，开发出"党性教育""乡村振兴""产业强市"三大主题的"三色"现场教学路线。　　（臧　珂）

【理论宣讲】　2023年，句容市委党校持续打造"理'响'句容"宣讲品牌。全年宣讲90余场次，受众达8000余人。9位教师入选句容市"学习宣讲团"，通过专题研讨、集体备课、校内试讲、团队打磨推出精品宣讲课程，让理论宣讲深入机关、企事业单位、村（社区）。录制《强信心　展图景——党的二十大精神e起学》之"云课堂"系列短视频和《青年说"理"微党课》，从小切口切入阐释党的创新理论。
　　（臧　珂）

【理论研究】　2023年，句容市委党校立项16个课题，其中，江苏省委党校课题2个、镇江市社科联课题2个、镇江市委党校课题12个，涵盖民生、经济、生态文明等多个领域。组织教师参加5场理论研讨会，形成19篇理论宣传文章，其中，7篇入选镇江党校"深入学习贯彻党的二十大精神"论文集。形成内参9篇，其中，6篇调研报告被镇江市委党校及镇江市社科联采用。　　（臧　珂）

【师资队伍建设】　2023年，句容市委党校制定《句容市委党校

句容市委党校举办年轻干部政治训练营

人才培养实施意见》，通过发挥长效管理机制作用，激励人才全身心投入党校事业。举办"全面学习宣传贯彻党的二十大精神"青年教师赛课活动。持续推进"青蓝工程"，集中开展教师备课说课。开展"线上＋线下"培训，选派教师参加江苏省委党校和镇江市委党校组织的专题研修班、研讨会等各类师资培训班。年内，1位青年教师受聘成为句容市先进典型事迹宣讲团成员，1位青年教师获"镇江市第六期'169工程'学术技术骨干""金山文化优青"称号。

（臧 珂）

赵亚夫向句容市档案馆捐赠档案

档案工作

【概况】 2023年，句容市档案馆积极探索档案局、档案馆工作联动机制，建立档案工作联席会议制度。举行第16个"6·9"国际档案日宣展和档案捐赠活动。9月6日—8日，举办为期两天半的全市档案系统业务培训，85名来自全市各单位的专兼职档案员参加。加强机构改革后的业务指导，对20家单位进行检查评审，其中，省示范档案室1家、规范档案室5家、合格档案室9家。第五届国际道教论坛举办期间，句容市档案馆主导成立16人的档案组，开展文档收集整理工作，初步统计，收集整理论坛图文材料、工作方案、照片视频、媒体宣传成果等，共计文件790件、照片约1700张。

（朱建萍）

【档案库房全面盘库】 2023年，句容市档案馆首次对馆藏档案资料进行大规模全方面清点，形成馆藏档案资料的最新数据，馆藏档案7.9305万卷、45.0963万件。坚持安全发展，把档案"四个安全"（设备设施安全、实体安全、信息安全、数据安全）贯穿始终，坚持一手抓防范、一手抓保护，总体保持安全可靠。首次开展异地数据备份，与山西省临汾市尧都区档案馆签订馆藏电子档案异地备份协议，首批档案数据实现异地备份，馆藏档案数字化率达98%。

（朱建萍）

【档案为民服务】 2023年，句容市档案馆提供档案查询利用服务，融入全国档案查询利用服务平台、全省政务服务外网民生档案服务平台及长三角民生档案跨区域查询系统。做好异地查档便民服务，全年接洽省平台13例、长三角平台13例、全国平台11例，全年接待查档利用者2348人次，利用档案3262卷次、1.3898万件次，为2297人次提供复印件证明3033卷次、1356件次，编写档案利用典型案例50例。

（朱建萍）

【档案征集编研】 2023年，句容市档案馆完成产业强市政策文件汇编，进一步发挥档案工作服务中心、资政参考的作用。会同中国老区建设促进会编研完成的《句容市红色资源集》正式出版。报送"赵亚夫的工作小结"，成功入选"书信家国 尺牍情深——弘扬伟大建党精神·长三角档案联展"，是镇江市唯一入选档案。落实"'致敬科学家——为院士建档，三年行动方案'"，杨棨、戴立信、朱敏三位院士建档工作取得新进展。完成句容早期援藏工作者口述史料采集和上报工作。有序开展档案移交与接收工作，推进到期档案依规进馆，涉及疫情防控、民政、水利、人民银行机构调整、财政、城管、电信、卫健委、纪委等多个部门。新乡贤和家谱文化征集编研工作得到进一步拓展。

（朱建萍）

史志工作

【概况】 2023年,句容市史志办做好党史工作,继续组织编纂《中国共产党句容历史》(第三卷)。开展方志工作,编纂出版《句容年鉴(2023)》《句容大事记》,推进镇(街道、园区)志编纂工作,协助开展部门志编修,较好地完成全年史志工作任务。年内摸排全市史志场馆建设情况,为12个村建设完善村史馆提供建议和指导,进一步推进句容市的乡村文化建设,深化乡村历史文化传承。12月9日,句容市史志办、江苏农林职业技术学院承办的史志"镇"有益讲坛句容专场活动在江苏农林职业技术学院举行。 (吴 冉)

【党史工作】 2023年,句容市史志办继续组织编纂《中国共产党句容历史》(第三卷)。成立编写班子、拟定编纂篇目、查阅档案资料、开展实地走访、组织交流研讨,为编写工作作了充足准备。根据最新要求,《中国共产党句容历史》(第三卷)的编修内容时间上限为1978年,下限到2012年,年内完成截至2002年的初稿编写和内部审核任务,以及2002—2012年的篇目设计工作。以地方党史为宣讲主题,推进党史宣讲"六进"工作,确保党史宣讲覆盖企事业单位、学校、社区、军营和农村,持续推进党史学习教育。 (吴 冉)

【年鉴工作】 2023年,句容市史志办推进《句容年鉴》《句容大事记》编纂工作。《句容年鉴》每年一鉴,全面、准确记载句容行政区域内自然、政治、经济、文化、社会等方面的情况,具有存史、资政、育人价值。根据句容发展现状,调整《句容年鉴(2023)》框架,全书设34个类目,200多个分目,70多万字;同时优化排版设计,提高全书可读性。出版《句容大事记》两期,以图文形式记述2023年句容境内各重要事件及经济社会发展成就,全面真实地反映全市各项工作的开展情况。 (吴 冉)

【志书工作】 2023年,句容市史志办继续推进镇(街道、园区)志编纂工作,帮助协调解决各地在编纂过程中存在的人员缺乏、业务水平不精等难题。截至2023年年底,在镇江市范围内率先实现镇志编修全覆盖。年内,《白兔镇志》正式出版发行,《后白镇志》初稿编纂工作持续推进。推动江苏名镇名村志系列《下蜀镇志》出版工作。 (吴 冉)

12月9日,史志"镇"有益讲坛走进句容

句容市人民代表大会

编校人员：徐彬彬

综 述

【概况】 2023年，句容市人大常委会组织常委会会议7次、主任会议18次，听取审议19个专项工作报告，开展7次执法检查、2次专题询问和9次满意度测评，备案审查3件规范性文件，作出10项决议决定。依法任免地方国家机关工作人员88人次，任命人民陪审员180人。年内，句容市十七届人大二次会议交付审议的1件代表议案处理完毕，100件建议、批评和意见全部办结，票决产生的10件民生实事项目按序时推进，会议明确的各项任务顺利完成。开通运营"句容人大"微信公众号，全方位、多角度宣传人大制度、工作实践和代表风采。《关于完善街道议政代表会制度的实践与思考》调研报告获2023年全省人大优秀调研成果二等奖。

（翟伏雷）

1月2日，句容市第十七届人民代表大会第二次会议开幕

【助推经济社会发展】 2023年，句容市人大常委会紧扣建设"强富美高"新句容的目标内涵，推动人大制度优势转化为治理效能。审议通过《句容市人民代表大会常务委员会关于凝聚更强发展合力，深入实施产业强市战略的决定》，联动开展"帮项目攻坚，让企业敢干"专项行动。坚持加快实施创新驱动发展战略，专题视察全市科技平台载体建设情况，听取并审议市政府关于开发园区建设及产业规划情况的报告。坚持推动经济平稳健康发展，审议通过《句容市国土空间总体规划（2021—2035年）》，听取和审议市政府关于扶持实体经济发展专项资金使用情况的报告，专题调研句容投资集团运行管理情况。坚持高水平建设农业强市，听取和审议市政府关于加快农业科技先行县建设、推进农业现代化的报告。专题调研全市促进就业创业工作情况，听取和审议市政府专项工作报告。听取和审议市政府关于发展新型农业经营主体、促进乡村振兴情况的报告，推动以特色资源为依托开发农业多种

功能，促进农民增收致富。紧盯大气、水、土壤、固体废弃物等污染防治法律法规，联动开展《江苏省河道管理条例》等执法检查；把解决突出生态环境问题作为监督重点，听取和审议市政府2022年度环境状况及突出环境问题清单完成情况的报告，专题视察农村生态河道建设情况。聚焦完善公共服务体系，听取审议市政府关于推进义务教育"双减"工作情况的报告。聚焦司法职能促进，听取和审议市政府"八五"普法规划实施情况的报告、市检察院关于认罪认罚从宽制度落实的情况报告。聚焦食品安全、红色资源保护利用、未成年和残疾人保障等，加强民意征集，向上级人大立法调研提出建议。

（翟伏雷）

【监督工作】 2023年，句容市人大常委会履行监督职能，推动经济社会发展稳中有进、进中提质。紧扣市委产业强市"一号战略"和"项目攻坚突破年"行动部署，在前一年聚焦项目审批绩效环节的基础上，以"加大项目招引，推进项目突破"为主题，对商务、科技、农业农村、文体广旅、财政、市场监管6个部门开展专项评议，进一步提升评议质效，促进被评议部门担当作为。推动人大任免和监督两项职权的融合促进，率先在镇江制度化推进"回原选区（选举单位）述职"工作，在白兔镇召开代表述职观摩会；组织镇江市人大代表向原选举单位述职。常态化开展国家机关工作人员任后监督。率先在镇江探索开展"两官"述职，年内分两次听取入额满3年的法官、检察官共计10人的履职情况报告，现场开展满意度测评并公布结果。推动镇政府向镇人大报告国有和集体资产管理情况制度的落实。指导帮助各镇（街道、园区）摸清资产情况，梳理资产盘活典型案例，确保在镇人民代表大会上顺利完成首轮报告，把党中央关于加强国有资产管理的决策部署规范地落实到"最后一公里"。

（翟伏雷）

重要会议

【市十七届人大二次会议】 句容市第十七届人民代表大会第二次会议于2023年1月1日—4日在句容举行。大会应到代表258名，实到221名。会议选举束克之为句容市人民政府市长；先后听取和审议市政府、市人大常委会和市法院、市检察院工作报告，审阅计划、财政和民生实事票决候选项目书面报告。会议批准以上报告并通过相应的决议。

（翟伏雷）

【市人大常委会会议】 2023年，句容市十七届人大常委会共举行7次常委会会议。

1月30日，句容市十七届人大常委会第九次会议传达学习习近平总书记近期重要讲话精神；审议通过了《句容市人大常委会2023年工作要点》。

3月31日，句容市十七届人大常委会第十次会议传达学习习近平总书记参加十四届全国人大一次会议江苏代表团审议时的重要讲话精神；听取和审议市十七届人大二次会议确定的议案办理意见，并作出决议；听取和审议《句容市国土空间总体规划（2021—2035年）》编制情况的报告，并作出决议；审议通过《关于法官检察官报告履职情况的暂行办法》；作出《关于凝聚更强发展合力，深入实施产业强市战略的决定》；通过有关人事任免事项。

5月26日，句容市十七届人大

5月26日，句容市十七届人大常委会第十一次会议召开

7月12日，句容市十七届人大常委会第十二次会议召开

11月28日，句容市人大常委会组织召开"项目攻坚突破年"专项评议大会

常委会第十一次会议传达学习习近平总书记近期重要讲话精神；审议《句容市人大常委会2023年专项评议工作实施方案》，并作出决定；开展述职评议；听取和审议市政府2022年度环境状况及突出环境问题清单完成情况和市政府"八五"普法规划实施情况的报告，并进行满意度测评；通过有关人事任免事项。

7月12日，句容市十七届人大常委会第十二次会议传达学习习近平总书记考察江苏重要讲话重要指示精神；听取和审议市政府2022年市财政总决算和2023年上半年财政预算执行情况的报告、2022年度市本级财政预算执行和决算草案及其他财政收支的审计报告、2023年上半年国民经济和社会发展计划执行情况的报告，并进行测评；通过《关于批准2022年市本级财政决算的决议》；听取和审议市政府关于市十七届人大二次会议代表建议办理情况的报告；通过有关人事任免事项。

9月27日，句容市十七届人大常委会第十三次会议传达学习习近平总书记关于开展主题教育的重要指示批示精神；听取市民政局局长，部分法官、检察官及部分镇江市人大代表的述职报告，并进行测评；听取和审议市政府关于市十七届人大二次会议代表议案、重点建议办理情况的报告，并开展测评；听取和审议市政府关于教育"双减"工作情况的报告；通过有关人事任免事项。

11月28日，句容市十七届人大常委会第十四次会议传达学习习近平总书记在进一步推动长江经济带高质量发展座谈会、二十届中共中央政治局第九次集体学习和中央金融工作会议上的重要讲话精神；审议通过《关于落实镇国有和集体资产报告制度的意见》；听取和审议市政府关于开发园区建设及产业规划情况的报告和市政府关于加快农业科技先行县建设、助推农业现代化的报告；作出关于召开市十七届人大三次会议的决定；通过有关人事任免事项。会议组织召开"项目攻坚突破年"专项评议大会。

12月22日，句容市十七届人大常委会第十五次会议传达学习习近平总书记在中央经济工作会议上的重要讲话精神；听取和审议句容市"十四五"规划纲要中期评估报告和《关于提请批准2023年句容市财政预算调整的议案》，并作出决议；研究通过市政府民生实事票决候选项目形成情况的报告；研究"五评"评选情况及《市人大常委会工作报告（审议稿）》；审议市十七届人大三次会议筹备相关事项；通过有关人事任免事项。（翟伏雷）

【市人大常委会主任会议】 2023年，句容市十七届人大常委会共举行18次主任会议。

1月16日，主任会议研究财政预算调整相关事项。

1月30日，主任会议传达学习习近平总书记近期重要讲话精神；研究市十七届人大二次会议代表议案、重点建议和一般建议督办分工；研究《市人大系统"四强四好"建设实施方案》。高庆华主任要求，要高站位强认识，要聚中心明重点，要求突破讲实干，要严要求优自身。

2月22日，主任会议传达学习习近平总书记近期重要讲话精神；传达学习江苏省委书记、省人大常委会主任信长星在江苏省十四届人大常委会第一次会议上的讲话精神；传达贯彻全市产业强市大会精神；学习相关法律法规；研究《关于开展市人大机关走访人大代表和企业活动的通知》。就做好年度工作，高庆华主任要求，要更高质量服务中心发展大局，要更高水平加强改进监督工作，要更高标准发挥代表作用优势。

3月22日，主任会议传达学习全国两会精神；研究市人大常委会有关领导工作分工及联系点安排调整事宜、市十七届人大二次会议2件重点建议交办意见、市人大代表联系监督2023年政府民生实事票决项目的分工、2023年度市人大代表小组开展活动的意见、常委会会议有关事项。就做好当前人大工作，高庆华主任要求，要以全国两会精神为指引，推动工作勤于思、敏于行；要以人民利益为中心，促使工作贴实际、接地气；要以工作统筹为导向，确保工作有计划、快落实。

4月27日，主任会议视察华阳街道万家河综合整治工程项目和茅山镇何庄生态清洁型小流域项目现场，听取市政府关于加强农村生态河道建设情况的报告。高庆华主任指出，近年来，句容市深入实施乡村振兴战略，坚持规划引领、生态建设、长效管护，农村生态河道建设工作取得显著成效，生态底色、农业特色、影响力逐步扩大，人民群众幸福感、获得感不断增强，在绿色生态发展赛道上彰显出句容担当。就进一步加强农村生态河道建设工作，他要求，要提高站位，充分认识生态河道建设的目的和意义；要建管并重，整体实施生态河道建设系统工程；要强化统筹，切实推动生态河道建设持续发展，坚定信心、敢为善为，把"美丽乡村"建设的靓丽风景线真正写在大地上，为全力推进中国式现代化句容新实践作出更大贡献。

5月15日，主任会议视察江苏兆鋆新材料股份有限公司和江苏三超金刚石工具有限公司等现场，听取市政府关于扶持实体经济发展专项资金使用情况的报告。高庆华主任指出，近年来，句容市持续推进产业强市"一号战略"实施，充分发挥产业主导作用，统筹政策、资金精准发力，稳步推动实体经济发展向上向好，政策逐步优化、投入不断加大、成效越发凸显。就进一步做好扶持实体经济发展专项资金使用工作，他要求，思想认识要更加到位，深刻理解资金扶持对促进实体经济加速提升、主导产业加紧培育、优势企业加快发展的重要意义；资金使用要更加优化，通过强化政策导向、强化整合意识、强化方式创新等，科学使用好专项扶持资金；监督管理要更加有力，进一步压实责任、提升绩效，充分发挥专项资金的最大效益。

6月21日，主任会议视察华阳街道山本家庭农场和茅山镇兴农家庭农场联盟等现场，听取市政府关于发展新型农业经营主体、促进乡村振兴情况的汇报。高庆华主任指出，近年来，句容市认真贯彻落实中央和江苏省委、镇江市委关于"三农"工作的决策部署，高度重视新型农业经营主体的培育工作，坚持将发展新型农业经营主体作为实施乡村振兴

6月21日，句容市人大常委会主任会议调研促进乡村振兴工作情况

战略的重大举措，不断深化改革、完善政策，落实落细资金支持、人才支持、科技支持，扎实推进新型农业经营主体健康发展，推动全市农业农村现代化建设迈出新步伐。就进一步加强发展新型农业经营主体、促进乡村振兴工作，他要求，要提高认识，让发展理念更新；要精准施策，让发展动能更强；要保障要素，让发展质效更好。

7月4日，主任会议传达学习习近平总书记近期重要讲话精神；研究《2023年度镇（街道、园区）人大工作考核办法》。

7月31日，主任会议视察富达创业园、高新技术产业园和容泰半导体（江苏）有限公司等现场，听取有关全市科技平台载体建设情况汇报。高庆华主任指出，近年来，句容市委、市政府久久为功推动产业强市战略，在加快产业集聚、深化创新引领上不断谋实策、出实招、求实效，以科技平台建设为抓手，加快构建创新矩阵、深入推进产业聚集、加速引育优秀人才，为促进科技创新成果转化、加强高新技术企业培育提供了重要引擎。就进一步加强科技平台载体建设工作，他要求，要明确方向，把握科技发展新趋势；要夯实基础，打造科技发展新高地；要聚焦重点，实现科技发展新突破。

8月18日，主任会议视察隽澜轩小区、污水厂二期第二步工程和江苏绿丰环境有限公司等现场，听取市政府关于句容投资集团运行管理情况的报告。高庆华主任指出，近年来，江苏句容投资集团有限公司、财政局等相关单位认真贯彻落实句容市委、市政府关于国有企业管理的一系列决策部署，紧盯产业强市战略不动摇，在制度规范、企业监管、发展运行等方面做了积极的探索和实践，取得了较好成效，为全市经济社会高质量发展提供了有力支撑。他要求，要把牢定位，进一步优化整体布局，推动江苏句容投资集团有限公司健康可持续发展；要拓宽渠道，进一步提升运营质效，实现资源—资产—资本—资金的良性循环；要加强保障，进一步增添发展动能，为奋力谱写"强富美高"新句容现代化建设新篇章作出积极贡献。

9月14日，主任会议视察1912文化休闲商业街区、联盟村小区改造、文昌苑口袋公园等现场，听取句容市政府关于城市更新工作情况的报告。高庆华主任指出，近年来，句容市政府紧紧围绕宁镇扬一体化发展战略，不断推进城市更新工作，通过完善工作机制、保障住区安全、提升生活品质，进一步拉高城市标杆，努力打造人文景观"有温度"、文化传承"有灵魂"、公共空间"有感触"、以人为本"有情怀"的宜居、宜业、宜游城市。就进一步推进城市更新工作，他要求，要提高站位，更深认识城市更新的目的和意义，实现城市转型升级和经济社会健康发展；要立足实际，更好破解城市更新发展难题，打造具有句容特色的城市更新业态；要聚焦重点，更实推动城市更新见行见效，为奋力谱写"强富美高"新句容现代化建设新篇章作出应有贡献。

10月26日，主任会议视察句容市交通事故一体化服务中心，现场观摩速裁案件庭审，听取句容市检察院关于认罪认罚从宽制度落实情况的工作汇报。就进一步加强落实认罪认罚从宽制度，高庆华主任要求，要进一步提高认识，明确认罪认罚从宽制度的重要意义；要进一步准确把握，加快认罪认罚从宽制度有效适用；要进一步聚焦重点，推动认罪认罚从宽制度走向深入。各部门要立足工作职能，准确把握制度定位、适用原则、发展方向，凝聚共识、形成合力，积极推进认罪认罚从宽制度依法稳健

12月8日，全市人大工作研讨会召开

运行，为建设更高水平的"平安句容""法治句容"作出新的更大贡献。

11月14日，主任会议视察后白镇西冯花草木创业孵化基地、返乡创业示范点和华阳街道为民服务中心等现场，听取句容市政府关于促进就业创业情况的汇报。就不断促进句容市就业创业工作，高庆华主任要求，要坚持以习近平新时代中国特色社会主义思想为指导，立足句容市实际，实施人才战略，在推动高质量发展中强化就业创业优先导向，牢牢把握就业创业工作主动权。要进一步提高站位，充分认识就业创业重要性；要进一步精确把握，持续巩固就业创业好态势；要进一步聚焦重点，更好促进就业创业新发展，为书写"强富美高"新句容现代化建设新篇章提供有力支持。

11月27日，主任会议研究人事任免相关事项。

11月28日，主任会议研究人事任免相关事项。

12月4日，主任会议研究关于报请句容市人大常委会会议许可的相关事项。

12月13日，主任会议传达学习习近平总书记近期重要讲话精神；听取句容市政府关于市十七届人大二次会议代表议案建议办理工作情况的报告；研究重点建议第三方评估和2023年部门专项评议评定意见。会议指出，要在巩固当前代表议案建议办理成效的基础上，继续保持良好的工作势头，持续发力、久久为功，切实让"政府干的"与"百姓盼的""代表提的"始终贯通呼应；要进一步完善"三询三评"工作机制，探索建立人大专家智库，协助代表把好议案建议的政治关、法律关、质量关，提出更高质量议案建议，推动全市经济社会高质量发展。

12月22日，主任会议研究人事任免相关事项。　　（翟伏雷）

【专项评议大会】 11月28日，句容市人大常委会组织召开"项目攻坚突破年"专项评议大会。会议听取和审议句容市商务局、科技局、农业农村局、文体广电和旅游局、财政局、市场监管局6个部门专项评议述职报告；进行代表询问和投票测评。（翟伏雷）

重要活动

【任免市政府副市长】 7月12日，句容市十七届人大常委会第十二次会议决定任命许俊超为句容市人民政府副市长，决定免去赵树锋句容市人民政府副市长职务，决定免去闵佳句容市人民政府副市长职务。9月27日，句容市十七届人大常委会第十三次会议决定任命贡月明为句容市人民政府副市长。12月22日，句容市十七届人大常委会第十五次会议决定免去郭江句容市人民政府副市长职务。　　（翟伏雷）

【五级人大代表统一接待选民日】 11月3日，句容市开展"五级人大代表统一接待选民日"活动。全市713名五级人大代表，深入132个选民接待点，围绕"牢记嘱托　感恩奋进——稳企惠民促发展"的主题，面对面听取意见建议。镇江市市长徐曙海、句容市委书记周必松等镇江市和句容市领导到各接待点，以人大代表身份接待选民，了解群众和企业的心声及诉求。活动当天共接待选民1750人次，收集意见建议和诉求1118件，现场重点解答群众民生问题747件。（翟伏雷）

人大代表工作

【概况】 2023年，句容市人大常委会把保障代表履职作为重要任务，促进为民服务落地落细。进一步完善联系机制、明确联系方式，常委会领导带头走访，示范带动常委会组成人员联系本级人大代表和代表联络工作站制度化开展。依托代表工作站，组织代表经常性进站接待选民，组织开展"五级人大代表统一接待选民日"活动。紧扣"内容高质量、办理高质量"的要求，组织代表开展会前视察调研，安排代表与相关部门提前进行沟通，引导代表将着眼点放在事关发展大局、攸关群众利益的问题上，提出高质量的议案建议。强化"三询三评"办理机制落实，以信息化手段实现全流程网上办理，持续推行第三方评估，提升议案建议办理时效和质量。加强人大代表培训，举办"人大讲座"，联合湖南大学开展综合素能提升培训。加强闭会期间履职，制定代表小组活动意见，推动提升履职能力和丰富履职实践相互促进。依托地方特色，创新建立 2 个产业（葡萄、草莓）代表工作室和 2 个行业（医药、建筑）代表工作室，让"专业代表"发挥特长优势，实现依法履职和在岗尽职相互促进。

（翟伏雷）

【乡镇人大工作】 2023 年，下蜀镇创新探索形成基层立法联系点"1234"工作法，发挥好立法民意"直通车"作用。宝华镇主动对接高校、部门，走进企业提供上门培训和服务。边城镇围绕仑山湖省级旅游度假区创建工作开展专题视察，助力农文旅融合发展向纵深推进。白兔镇依托产业特色建强人大代表工作室，把服务触角延伸到群众家门口。郭庄镇围绕产业强镇专项调研园区企业发展，为省级高新区建设提供有力支撑。后白镇探索全过程人民民主闭环体系建设。天王镇开启"流动代表联络站"模式，走村入户听取民声、宣传政策。茅山镇建立"1+3+N"代表助农生产履职平台，助力农业特色产业发展。华阳街道设立代表接待选民窗口，推进代表履职尽责办实事。崇明街道创新开展"代表监督+帮扶"工作方法，助力矫正对象更好更快回归社会。茅山风景区管委会围绕当地民宿开展调研活动，为地方经济发展提供有益参考。开发区（黄梅街道）开展群众回迁安置全过程监督，确保民生实事高质高效完成。

（翟伏雷）

【代表议案、重点建议】 句容市十七届人大二次会议期间，共收到代表 10 人以上联名提出的议案 36 件，代表提出的建议、批评和意见 64 件。经大会主席团研究，立议案 1 件、重点建议 2 件（其中，并案 11 件），其余 86 件作为一般建议办理。11 月 3 日"五级人大代表统一接待选民日"活动期间，共收集意见建议和诉求 1118 件，其中，作为社情民意收集，要求基层镇街、部门或村组向选民做好解释说明的 747 件，属于镇级层面、已经交办的 332 件，拟作为三次人民代表大会代表建议的 39 件。经大会主席团研究，将开发区代表团方道宏等 10 名代表提出的关于推行专业化招商，破解项目质效困局，以高质量招商推进产业强市"一号战略"的议案作为议案办理；将天王镇代表团华梦丽代表提出的关于加快农业现代化建设，推进中国式现代化在句容实践的建议作为重点建议办理；将茅山镇代表团景华代表提出的关于提高句容市医疗卫生机构预防和救治服务水平，全力守护人民群众生命健康的建议作为重点建议办理。7 月，对 86 件一般建议办理工作征求代表意见，89.1% 的代表满意，10.9% 的代表基本满意，无不满意件；已经解决或本年度已有明确工作方案并且组织实施的有 55 件，约占 63.95%；所提问题列入今后年度计划逐步解决的 31 件，约占 36.05%。对年初人民代表大会上涉及医疗健康类的 1 件重点建议（含并案 5 件）及 1 件一般建议开展为期一个月的第三方评估，句容市人大常委会主任会议听取并通过了第三方评估报告，评估结果为满意。

（翟伏雷）

句容市人民政府

编校人员：吴 舟

综 述

【概况】 2023年，句容市按照"融入南京、接力镇江"的步伐，产业协同持续加强，新签约亿元以上的34个项目中，18个项目与南京直接配套关联，约占52.9%；29个项目符合镇江"四群八链"，约占85.3%。全年实现地区生产总值791.67亿元，完成一般公共预算收入50.05亿元，增长25.7%；完成固定资产投资225.39亿元，其中，制造业投资63.16亿元，增长26.8%；社会消费品零售总额193.96亿元，增长8.4%；建筑业总产值151.5亿元，增长7.4%。句容成功入选2023年中国工业百强县（市）、中国创新百强县（市），居全国综合实力百强县市第49位。成功承办第五届国际道教论坛。 （张慧君）

重要会议

【政府常务会议】 1月17日，句容市政府召开第十七届人民政府第20次常务会议。会议传达学习了习近平总书记在二十届中央纪委二次全会上发表的重要讲话及对爱国卫生运动和政法工作作出的重要指示精神；传达了全国、全省安全生产电视电话会议精神，研究春节、全国两会期间安全生产工作；审议了《第三批句容市级非物质文化遗产名录》；学习了中共中央办公厅、国务院办公厅印发的《关于加强新时代水土保持工作的意见》。

2月12日，句容市政府召开第十七届人民政府第21次常务会议。会议传达学习了习近平总书记在学习贯彻党的二十大精神研讨班开班式上发表的重要讲话精神；传达了全省安全防范工作调度会议精神，并研究了当前安全生产工作。

3月7日，句容市政府召开第十七届人民政府第22次常务会议。会议传达学习了习近平总书记在中共中央政治局第三次集体学习和3月5日参加江苏代表团审议时的重要讲话精神；传达学习了江苏省对口支援协作合作工

第五届国际道教论坛开幕式

作电视电话会议精神；研究了2023年句蒲协作工作，以及第十三届中国句容茅山文化旅游节活动方案；审议了《句容市国土空间总体规划（2021—2035年）》等有关文件。

4月3日，句容市政府召开第十七届人民政府第23次常务会议。会议传达学习了习近平总书记3月6日在看望参加政协会议的民建工商联界委员、3月13日出席十四届全国人大一次会议闭幕会时的重要讲话和3月15日在中国共产党与世界政党高层对话会上的主旨讲话；听取了2023年全市主要指标年度和一季度工作目标分解情况的汇报，以及全市防汛抗旱工作准备情况汇报。

4月19日，句容市政府召开第十七届人民政府第24次常务会议。会议传达学习了《习近平著作选读》第一卷《服务实体经济，防范金融风险》，以及习近平总书记在3月30日中共中央政治局会议、中共中央政治局第四次集体学习和学习贯彻习近平新时代中国特色社会主义思想主题教育工作会议上的重要讲话精神；听取了全市一季度安全生产工作情况汇报，并研究部署二季度重点工作。

5月19日，句容市政府召开第十七届人民政府第25次常务会议。会议传达学习了习近平总书记4月21日主持召开二十届中央全面深化改革委员会第一次会议、5月5日主持召开二十届中央财经委员会第一次会议时的重要讲话精神；学习了《句容市产业类固定资产投资项目综合评估工作办法（试行）》和《句容市政府投资管理实施细则》；学习了新修订的《江苏省消防条例》，并通报上半年全市消防安全形势。

6月2日，句容市政府召开第十七届人民政府第26次常务会议。会议学习了《求是》杂志发表的习近平总书记重要文章《在二十届中央政治局第四次集体学习时的讲话》及习近平总书记主持召开二十届中央审计委员会第一次会议时的重要讲话精神；学习了国务院安全生产"十五条硬措施"，审议了《市政府领导班子成员2023年安全生产重点工作清单》《句容市2023年度地质灾害防治方案》。

6月28日，句容市政府召开第十七届人民政府第27次常务会议。会议传达学习了习近平总书记在中共中央政治局第五次集体学习、主持召开二十届中央国家安全委员会第一次会议、出席文化传承发展座谈会时的重要讲话精神及对宁夏银川市兴庆区富洋烧烤店燃气爆炸事故作出的重要指示精神；听取了全国禁毒示范城市创建工作、全国社会治安防控体系示范城市创建工作、打击治理电信网络诈骗犯罪工作等情况汇报，以及农村人居环境整治与"四沿"沿线外部环境综合整治情况汇报；审议了《句容市2023年法治政府建设工作计划（讨论稿）》《句容市省创新型示范市建设工作方案（2023年度）》。

7月22日，句容市政府召开第十七届人民政府第28次常务会议。会议传达学习了习近平总书记主持中共中央政治局第六次集体学习、中央全面深化改革委员会第二次会议、中央财经委员会第二次会议和出席全国生态环境保护大会时的重要讲话精神及习近平总书记重要指示批示中涉及镇江的主要精神；听取了全市二季度安全生产工作情况，研究部署三季度重点工作及近期生态环境保护重点工作和突出生态环境问题整改工作情况汇报；听取了全市上半年工业经济运行分析汇报；审议了《关于促进句容市房地产市场良性循环和健康发展的通知》《关于进一步推进资本市场高质量发展的若干意见》《重大产业项目综合评估工作办法》。

8月28日，第十七届人民政府第29次常务会议召开

8月28日，句容市政府召开第十七届人民政府第29次常务会议。会议传达学习了习近平总书记重要文章《加强基础研究 实现高水平科技自立自强》和在首个全国生态日之际作出的重要指示精神；集体学习了《习近平法治思想学习纲要》节选；听取了全市河湖长制上半年工作开展情况、拟调整部分市级河湖长名单和近期全市防汛抗旱工作开展情况的汇报；审议了《句容市文化和旅游深度融合高质量发展实施意见（2023—2025）》《句容市2023年推进数字经济发展工作要点》。

9月11日，句容市政府召开第十七届人民政府第30次常务会议。会议传达学习了习近平总书记9月2日向2023年中国国际服务贸易交易会全球服务贸易峰会发表的视频致辞精神；传达学习了许昆林省长在全省外贸工作会议暨跨境电商培训会上的讲话精神；审议了《句容市乡村建设行动实施方案》《句容市推进新一轮太湖综合治理实施方案》。

11月1日，句容市政府召开第十七届人民政府第31次常务会议。会议传达学习了习近平总书记10月12日主持召开进一步推动长江经济带高质量发展座谈会、10月27日主持二十届中共中央政治局第九次集体学习和10月30日—31日出席中央金融工作会议时的重要讲话精神，以及习近平总书记关于统计工作重要讲话、重要指示批示精神及统计相关文件；传达学习了国家粮食和物资储备局关于2023年全国秋粮收购工作会议精神；传达了全省安全防范工作调度会议精神，听取了全市三季度安全生产工作情况，研究部署了下阶段重点工作；审议了《句容市加快推进数字政府建设高质量发展实施方案》《句容市信息化项目管理办法》《句容市政务信息资源共享管理暂行办法》。

12月6日，句容市政府召开第十七届人民政府第32次常务会议。会议传达学习了习近平总书记11月27日主持召开中共中央政治局会议、二十届中共中央政治局第十次集体学习和11月30日召开深入推进长三角一体化发展座谈会时的重要讲话精神及对山西吕梁市永聚煤矿一办公楼火灾事故作出的重要指示精神；传达学习了江苏省根治欠薪冬季专项行动动员部署电视电话会议精神；听取了全市粮食安全生产形势和重点工作落实情况汇报。

12月21日，句容市政府召开第十七届人民政府第33次常务会议。会议传达学习了习近平总书记12月6日主持召开中共中央党外人士座谈会、12月8日主持召开中共中央政治局会议时的重要讲话精神及近期关于宪法工作、"三农"工作、低温雨雪冰冻灾害防范应对工作、甘肃地震灾害后搜救安置工作作出的重要指示精神；审议了《关于学习运用"千万工程"经验，加快推进"美家美户"行动的实施方案》《农村人居环境长效管护工作考核办法》；审议了《句容市"无废城市"建设实施方案》。 （张慧君）

【市政府全体（扩大）会议】 8月17日，句容市政府召开全体（扩大）会议，坚持以习近平新时代中国特色社会主义思想为指导，全面落实句容市委十三届四次全会关于深入学习贯彻习近平总书记对江苏工作重要讲话精神的部署要求，总结上半年工作，部署下半年任务。句容市市长束克之出席会议并讲话。 （张慧君）

8月17日，句容市政府召开全体（扩大）会议

重要决策

【出台《句容市产业项目"招引评估"办法》】 为进一步优化句容市产业体系，优先保障符合产业发展方向的优质项目落户和土

2023 年句容市政府重要文件目录一览表

表 3

文件名称	发布时间	文号	发布机构
句容市人民政府关于印发《句容市产业项目"招引评估"办法（试行）》的通知	2023-03-17	句政发〔2023〕13 号	句容市人民政府
句容市人民政府关于印发《2023年市政府重点工作》的通知	2023-03-21	句政发〔2023〕1 号	句容市人民政府
句容市人民政府关于认真做好句容市第五次全国经济普查工作的通知	2023-04-25	句政发〔2023〕32 号	句容市人民政府
印发《关于加强沪宁沿江高速铁路句容站综合管理意见》的通知	2023-09-13	句政办发〔2023〕37 号	句容市人民政府办公室
关于印发《句容市供排水一体化改革实施方案》的通知	2023-10-16	句政办发〔2023〕38 号	句容市人民政府办公室

地的集约高效使用，加强对全市招引项目信息科学研判，推动江苏省委巡视、审计整改工作常态长效，根据镇江市《关于规范招引扶持政策加强招商合同管理的指导意见（暂行）》，结合句容市实际，特制定《句容市产业项目"招引评估"办法》。该办法附件包括项目情况简介（参考样式）、项目招引评估意见、项目招引评估流程图。该办法自印发之日起施行，由句容市商务局负责解释。　　　　　（张慧君）

【印发《2023 年市政府重点工作》】　2023 年，句容市政府为推动政府各项工作精准落地见效，始终坚定"融入南京、接力镇江"，保持战略定力，坚持系统观念，奋力推进中国式现代化句容新实践，制定《2023 年市政府重点工作》（表3）。内容包括加快产业集聚、狠抓项目建设、深化创新引领、优化营商环境、提升城市配套功能、提升城市建管水平、提升生态环境、推动农业产业振兴、加快农文旅产业融合、优化农村人居环境、深化就业创业、兜牢民生底线、发展社会事业、深化安全生产专项整治、深化财政和国资国企改革、防范化解重大风险、加强创新社会治理17 个方面计 45 条。文件经句容市第十七届人民政府第 22 次常务会议讨论通过。　　（张慧君）

【句容市第五次全国经济普查工作】　2023 年，句容市贯彻落实《国务院关于开展第五次全国经济普查的通知》《省政府关于我省做好第五次全国经济普查工作的通知》《镇江市人民政府关于认真做好镇江市第五次全国经济普查工作的通知》精神，开展全市第五次全国经济普查工作。（张慧君）

【出台《关于加强沪宁沿江高速铁路句容站综合管理意见》】　沪宁沿江高铁是长三角铁路网的重要组成部分，沪宁沿江高速铁路句容站作为综合性交通枢纽，也是现阶段句容市打造的对外连接的主通道。为实现沪宁沿江高速铁路句容站管理的科学化、规范化、制度化、长效化，句容市出台《关于加强沪宁沿江高速铁路句容站综合管理意见》，包括该站的管理范围、成立沪宁沿江高铁句容站综合管理领导小组及相关工作要求等内容。　（张慧君）

【出台《句容市供排水一体化改革实施方案》】　为加快推进全市生态文明建设，切实改善城乡水体环境，同时进一步发挥国有企业职能，着力打造全市"供排水一体化"的大水务格局，句容市出台《句容市供排水一体化改革实施方案》，方案经句容市第十七届人民政府第 29 次常务会议研究通过。　　　　　（张慧君）

重要活动

【"江苏省普惠金融县区行"镇江专场活动】　3 月 16 日，"江苏省普惠金融县区行"镇江专场活动在句容市举行。句容市成功入选全省第一批金融服务乡村振兴示范区和第四轮省农村改革试验区。句容市农村信用信息平台试点投入使用，完成 153 个行政村"整村授信"工作，为 1500 余户农业经营主体发放 3.3 亿元贷款，授信、用信户数及贷款余额稳步增长。活动还进行普惠金融产品和服务政策解读；进行金融机构

普惠金融产品宣介；举行镇江普惠金融银企授信签约。（张慧君）

【市政府与江苏农林职业技术学院全面深化战略合作】 3月31日，句容市人民政府与江苏农林职业技术学院战略合作协议签约暨合作专项启动仪式成功举行。签约仪式上，正式启动乡村人才综合能力提升、茶产业资源融合、农村电商产业服务、美丽乡村规划设计、农业科技园区成果转化基地、亚夫科技服务团队提升、文旅融合发展、推进高水平农业高职院校发展8个合作专项；与会人员共同观看句容城市宣传片与江苏农林职业技术学院宣传片。

（张慧君）

【江苏句容农旅招商专场推介会】 6月16日，2023江苏句容农旅招商专场推介会在杭州举行，20个项目在会上集中签约。会上，播放了句容市农旅招商专题宣传片并推荐了句容农旅品牌；中国农业科学院茶叶研究所所长姜仁华对句容茅山长青茶叶进行点评；为绿茶制作技艺（西湖龙井）非遗传承人卢江梅和"00后"茶叶行业传承者、新茶人张艺乘颁发顾问聘书；客商代表、"新农人"代表作交流发言。 （张慧君）

【宁句企业家对口交流活动】 7月18日，句容市举办以"与'宁'融合 '句'力发展"为主题的宁句企业家对口交流活动，宣传福地句容新面貌，展示产业强市新成果，助力招商引资新跨越。会上，与会人员一同观看句容城市宣传片；企业家代表进行交流发言。会前，与会企业家一行实地参观句容启迪科技发展有限公司、句容高新技术产业园、容泰半导体（江苏）有限公司、江苏壹度科技股份有限公司、万城科技园和宝华镇科创产业党建综合体。 （张慧君）

【句容农文旅上海推介招商会】 12月9日，以"乘着高铁游句容"为主题的句容农文旅上海推介招商会在上海国际会议中心成功举办。活动播放句容农文旅招商专题宣传片；举行"乘着高铁游句容"首发启动仪式；进行句容旅游推介和项目签约；为"旅游最佳合作伙伴"颁奖。在沪乡贤代表、上海旅行社代表、句容籍网红达人分别作交流发言。

（张慧君）

政务服务

【概况】 2023年，句容市行政审批局持续深化"放管服"改革，围绕"句满意"服务品牌，优化营商环境，贯彻落实产业强市"一号战略"，提升政务服务水平。句容市行政审批局（政务服务管理办公室）窗口累计受理各类行政许可和服务事项12.19万件。新登记法人企业2171家，新增注册资本约384.53亿元；办理建筑工程施工许可项目59个；完成公共资源交易项目258个，交易额7.26亿元，节约财政性资金1亿元。 （李亚微）

【企业服务】 2023年，句容市行政审批局在句容农村商业银行全市35个营业网点均设立企业开办"一站式服务"专区，全年有112家企业在银行网点完成企业开办设立登记，办结时间均在1.5小时内。推出"全城通办"，破除经营场所限制，允许个体工商户就近选择便民服务中心、银行网点申办营业执照。推广"远程验证"，方便市场主体就地就近完成身份认证并有效防范虚假登记情形。建设企业登记电子档案查询系统，实现"在线查档"，促进企业查档"零跑腿、免排队、不见面"。 （李亚微）

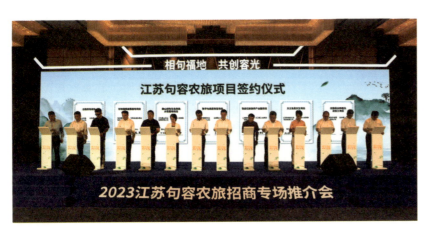

6月16日，2023江苏句容农旅招商专场推介会在杭州举行

【产业项目服务】 2023年,句容市行政审批局深化工程建设项目审批制度改革,提高工程建设项目配套供水、供电、通信网络等市政公用设施报装接入效率,实施"一表申请、一窗受理、同步踏勘和编制方案、协调施工、一并接入、一网流转"市政配套报装新模式。推进低风险工业项目的施工图免审查工作,实行自审承诺制,全年共14个工程项目实行施工图免审。围绕总投资1亿元以上用地类重大产业项目,明确重大项目从项目正式签约到项目开工100个工作日的奋斗目标,建立"项目预评会、准入评估会、项目会审会、项目会办会、督办调度会"五会工作体系,提高服务效率,压缩行政成本,形成共推重大项目长效机制。

(李亚微)

【便民服务】 2023年,句容市行政审批局出台便民服务中心星级评定工作实施方案;制订就业、结婚等"一件事一次办"方案,全年共办理"一件事一次办"服务9683件;通过"苏企通"平台发布惠企政策125条、事项解读与图解64条;建设"农商·苏服办"政银合作便民服务网点,构建"15分钟便民服务圈",全市建设镇级服务点17个、村(社区)服务点130个,提供96项政务个人业务、144项政务企业业务的查询办理;打造"全科窗口",通过"前台综合受理、后台分类审批、综合窗口出件"的全科政务模式,实现所有业务无差别办理;规范行政审批中介服务,全市共有48家中介服务机构入驻省

市民在句容农村商业银行网点办理新设企业开办业务

句容市行政审批局工作人员到项目现场指导企业完善施工项目开工条件

"中介超市"服务平台,8个重大项目涉审中介服务在"中介超市"发布需求。

(李亚微)

【公共资源交易】 2023年,句容市行政审批局推进框架协议项目,完成2023—2024年度句容市行政事业单位印刷服务、会议服务等4个框架协议项目;制定《投标保证金清退方案》,清退履约保证金52笔共计153.88万元。

服务保障老人民医院改造、东软双创园周边道路、长江引水丁坝维修加高加固、道教论坛筹备等47个全市重点项目的推进。推广数字人民币,建成评标费(工程建设、政府集中采购、政府分散采购项目)、土地出让金、党费支付等5个应用场景,累计在全市公共资源交易领域使用数字人民币1266笔,结算金额8亿元。

(李亚微)

机关事务管理

【概况】 2023年，句容市机关服务中心履行管理保障服务职责，保障党政机关有序运行。制定《句容市机关服务中心采购管理办法》，成立采购工作领导小组，规范中心各类服务项目、物品、食堂物料的采购工作。启动建设机关事务管理工作"一网通办"智慧平台，建立办公用房、公务用车、机构节能、项目建设、智慧党建五大管理模块，以及智慧大院、智慧餐厅、生活服务三大服务模块。 （机关服务中心）

【办公用房管理】 2023年，句容市机关服务中心统计句容市70家党政机关办公用房数据，用地面积约66.37万平方米，建筑面积约46.51万平方米。梳理句容市党政机关办公用房房屋所有权、土地使用权等情况。完成句容市人民医院原玉清分院装修、改造后的资产盘点，并交付使用。解决句容市拆迁安置服务中心和句容白蚁防治所2家单位在外租用办公用房的问题，为句容市供销合作总社和句容市司法局落实搬迁工作。 （机关服务中心）

【公务用车管理】 2023年，句容市机关服务中心规范公务用车更新购置，全年共上报处置、更新车辆21辆。推广新能源汽车，购置新能源汽车9辆。严格公务用车日常管理，全年共派遣2252车次，安全行驶43万余千米。加强驾驶员日常管理，每月月底召开一次安全工作例会，开展安全教育及业务培训。每天对出车驾驶员进行酒精测试，对出车车辆进行常规安全检查，杜绝故障车上路。落实各项公车管理制度，对驾驶员进行量化考核。 （机关服务中心）

【公共机构节能】 2023年，句容市机关服务中心对句容市公共机构节能情况进行检查考核，对建筑能耗超标的14家单位进行用能督查，并作出整改要求和书面承诺。组织句容市6家单位参与节能创建工作，推动全市公共机构开展充电桩建设。年内，句容市政务服务中心光伏发电项目完成并网，建设约3万平方米，发电量约3兆瓦。 （机关服务中心）

【后勤服务保障】 2023年，句容市机关服务中心完成第五届国际道教论坛、句容市两会等重要会议活动的后勤服务保障工作，全年共服务各类会议活动1595场次、6.4万余人次。完成40家25处党政机关办公用房消防安全督查工作；完成50家行政事业单位燃气安全检查工作，上传隐患问题清单至"燃气安全专项整治工作系统"平台，并开展"回头看"工作。全年完成各项维修任务共计1886次。 （机关服务中心）

政协句容市委员会

编校人员：徐彬彬

综　述

【概况】 2023年，句容市政协坚持"团结"和"民主"两大主题，提高政治协商、民主监督、参政议政水平，围绕中心更加紧密、服务大局更加有效、关注民生更加有为，为助推句容高质量发展作出积极贡献。树牢政协机关为政协履行职能服务，为委员履行职责服务，为参加人民政协的各党派、团体和各族各界人士发挥作用服务的工作准则，完善主席会议成员经常性走访看望委员和机关干部联系服务委员工作机制，确保党委、政府的决策部署在政协系统落地见效，政协机关服务保障水平提升。推动政协机关文化建设与提升履职服务能力融合发展，坚持传承中华优秀传统文化、丰富健康精神文化、践行协商民主文化、打造党建特色文化协同推进。

（刘　浩　张明中）

【政协委员管理】 2023年，句容市政协树立"委员强则政协强"的理念，针对委员调整频繁、新委员较多的情况，组织部分委员赴河南安阳、江西南昌参加专题履职培训，开展委员读书分享会、专题报告会、委员悦读会、委员宣讲等活动20余场，提升委员履职能力。加强委员履职考评，完善委员信息化履职档案，尤其是抓住常委委员、专委会主任、联络委（组）负责人、界别召集人等"关键少数"，实施提交年度履职报告工作制度，量化考核"委员作业"，激励委员担当作为。引导鼓励委员发挥各自界别特色特长，将委员履职同本职工作相结合、联系群众同基层协商相结合、阵地打造同区域特色相结合。

（刘　浩　张明中）

【专委会建设】 2023年，句容市政协优化专门委员会设置，强化专委会组织协调职能，将全体委员编入专委会，促进各专委会在发挥委员主体作用上发力、在专题调研建言立论上发力、在密切联系各方上发力，夯实政协履

1月1日，句容市政协十一届二次会议开幕

职的基础。印发《政协句容市委员会关于加强和改进界别工作的办法》，由专委会主任兼任部分界别第一召集人，促进专委会与界别的融合，促进委员横向交流，拓展委员履职参与面。发挥联系指导服务基层联络委（组）的作用，促进基层联络委（组）开展活动，提升助发展、惠民生、聚共识、促和谐的综合能力。

（刘　浩　张明中）

重要会议

【市政协十一届二次会议】　1月1日—3日，句容市政协十一届二次会议召开。会议听取并审议政协常委会工作报告和提案工作情况的报告；听取委员大会发言；列席句容市十七届人大二次会议，听取并讨论《政府工作报告》和其他报告；会议听取并通过提案审查报告；通过《政协句容市第十一届委员会第二次会议决议》。

（刘　浩　张明中）

【市政协常委会】　1月3日，句容市政协十一届常委会第六次会议召开。会议审议市政协十一届常委会第二次会议决议（草案）；审议提案审查报告（草案）。

3月10日，句容市政协十一届常委会第七次会议召开。会议的议题是"发展壮大产业经济"。会前，视察句容市江苏广兴集团有限公司和江南桃源、高光半导体两个项目。会议还审议其他事项。

8月25日，句容市政协十一届常委会第八次会议召开。会议听取市政府关于全市上半年经济社会发展情况通报和关于政协提案办理情况通报。

10月27日，句容市政协十一届常委会第九次会议召开。会议就提升基层医疗服务能力进行专题调研。会前，实地调研名冠口腔门诊部和黄梅社区卫生服务中心。

（刘　浩　张明中）

【市政协主席会】　2月21日，句容市政协十一届第十次主席会议召开。会议审议2023年市政协工作要点及相关工作意见；审议市政协十一届常委会第七次会议议程。

8月23日，句容市政协十一届第十一次主席会议召开。会议审议市政协十一届常委会第八次会议议程（草案）；审议市政协十一届委员有关人事任免事宜；通报市政协机关人事调整及任免有关事宜。

8月31日，句容市政协十一届第十二次主席会议召开。会议围绕"句容市雨污分流改造工程建设情况"议题进行专题交流。会前，视察句容市第二中学校区、西岗小区雨污分流改造工程现场。

9月22日，句容市政协十一届第十三次主席会议召开。会议专题审议《政协句容市委员会关于加强和改进界别工作的办法》。

10月26日，句容市政协十一届第十四次主席会议召开。会议围绕全市"三农"经济发展进行专题视察调研。会前，实地视察镇江市农业科学院建设情况。

12月15日，句容市政协十一届第十五次主席会议召开。会议讨论"产业企业质态质效提升""构建社会治安管理机制""优化教育资源配置，促进教育均衡发展""提高消防验收审批效率""公益林管理"民主评议报告；研究"三重一大"相关工作。

（刘　浩　张明中）

议政协商

8月31日，句容市政协十一届第十二次主席会议召开，视察雨污分流改造工程现场

【概况】　2023年，句容市政协

坚持"党委政府工作推进到哪里，政协工作就跟进到哪里"的履职理念，在服务改革发展中发出更多"政协声音"，贡献更多"政协力量"，展现更多"政协担当"。

围绕全市经济社会发展中的大事要事，确定协商议题，以民生专题协商议事月活动为抓手，形成多层次、全方位的协商格局，协商实效明显提高。聚焦"金融助力乡村振兴""构建居家社区养老服务体系，提升群众生活幸福指数"等方面进行协商议政，提出意见建议10余条。围绕"全市产业项目推进暨促进房地产经济高质量发展""促进句容'三农'经济发展""提升基层医疗机构服务能力"等主题召开专题议政性常委会、主席会议，在广泛调研的基础上，形成10份调研报告，提出意见建议30余条。聚焦营商环境改善、农业产业发展、民营经济建设、项目推进服务、文旅融合发展等工作，组织委员、专家、有关部门开展界别协商、对口协商等协商活动13次，提出各类意见建议30余条，形成议政建言专报2期。贯彻党的民族政策和宗教工作基本方针，合力办好第五届国际道教论坛，开展"全国民族团结进步示范区示范单位"的争创工作，指导建华建材（中国）有限公司争创全省首批"红石榴就业行动"示范企业。承办"寻味宝岛 香品镇江"两岸美食文化暨青年文化周活动；持续完善侨务联盟建设，承办"中医情·文化行"镇江体验活动。

（刘 浩 张明中）

【建言献策】 2023年，句容市政协坚持协商于民、协商为民，坚持"众人的事情由众人商量"，广泛参与、广开言路。通过"典型引路+全面覆盖""蹲点指导+市镇联动""纵向到底+横向拓展"等路径模式，提高基层协商的制度化、专业化水平和建言含金量。召开"有事好商量"数字化协商议事成果观摩会，以优秀成果案例进一步激发各基层联络委（组）协商议事的热情。围绕"一点一策 改造积水点""纾解停车难题 优化营商环境""完善养老服务体系建设 加快推进养老服务提质升级"等议题，开展各类协商议事活动232场，一批涉及人居环境改善、社会事业发展等的群众身边事得到有效解决。

2023年，句容市政协走访联系党外知识分子，加强与非公经济人士、新的社会阶层人士的沟通，支持鼓励他们围绕全市经济社会发展的重要问题建言立论、献计献策。2023年，各民主党派、工商联共提交大会发言2篇、提案20件、社情民意信息15条。

（刘 浩 张明中）

【提案工作】 2023年，句容市政协围绕句容市中心工作，贯彻新发展理念，服务构建新发展格局，深化提案履职，提出提案190件，经政协提案委员会审查立案172件，立案率约占90.5%。内容相似的提案作并案处理后，交办140件，其中，重点提案10件。建立完善重点提案遴选、市领导督办等工作机制，构建起提案质量、办理质量和服务质量"三位一体"的提案工作体系。围绕"创新优化招商模式和方法""加快发展智能制造，推动制造业高质量发展""推动民营经济发展助力产业强市""发展句容深层次文化旅游"等10件重点提案，组织提办双方举行提案办理专题协商5次，通过面对面沟通交流，实打实解决突出问题。做好提案办理后半篇文章，以"提案追踪"的形式，对提案办理情况进行"回头看"，打通提案落实的"最后一公里"，进一步推动提案成果转化见效。交办的140件提案，全部按期办结，委员满意、基本满意率达到100%，一些党政关注、群众关心的热点难点问题得到有效解决。

（刘 浩 张明中）

10月10日，句容市政协"有事好商量"数字化协商议事成果观摩会召开

【社情民意反映】 2023年，句容市政协把群众关切作为政协参政议政的重中之重，结合主题教育开展，在政协委员中大兴调查研究之风，引导政协委员围绕人民群众多方面、多样化的需求，关注建筑、教育、卫生、医疗、养老、交通出行、食品安全等领域实际问题。综合运用视察调研、一线走访、座谈交流等多种形式，动员广大政协委员第一时间了解和掌握群众所思、所想、所急、所盼，把握"上情"、研究"下情"，精选建言方向，广泛收集反映民情、民意、民忧、民智的意见和建议。年内，围绕"优化全市营商环境""优化句容市居家社区养老服务体系建设""发展中医药产业，造福群众健康"等事关群众切身利益的问题，撰写各类社情民意信息140篇，报送句容市委、市政府18篇，报送镇江市政协70篇，获镇江市政协采纳并报江苏省政协48篇。

(刘　浩　张明中)

【民主监督】 2023年，句容市政协发挥政协协商式监督同心同向、协以成事、和合共美的独特优势，推动党政决策部署更好贯彻落实。围绕优化教育资源配置、公益林管理、构建社会治安管控机制、提高消防验收审批效率、产业企业质效质态提升等开展专题民主评议工作，提出做强优质企业存量、实现科技强警、优化教育布局规划、加强建设工程消防施工过程监管、促进林业企业转型升级等意见建议20余条。针对"促进产业品种品质品牌的全面提升""促进禅文化的传承与推广""助力园区产业项目建设，加大要素保障力度""发展特色产业，促进乡村振兴"等重点工作，开展专题调研，通过听取汇报、实地调研等方式，开展协商督办，促进有关单位部门切实把市委、市政府的决策部署落实到位。认真履行特邀监督职能，先后选派25名委员参与社会满意度评议、监察检察等特邀监督活动，促进政风、行风转变和效能提升。

(刘　浩　张明中)

6月16日，句容市政协召开"构建居家社区养老服务体系，提升群众生活幸福指数"专题协商会议

中共句容市纪律检查委员会 句容市监察委员会

编校人员：徐彬彬

综 述

【概况】 2023年，句容市纪检监察工作在务实中创新、在担当中奋进，在镇江市纪检监察系统高质量考核中继续位居镇江市第一等次，全面从严治党群众满意度达96.64分，高于江苏省和镇江市平均水平。围绕规范监督执纪执法行为，出台问题线索处置、案件审查调查主办人考核办法等9项制度；围绕案件质量提升，实行文书模板、审理流程、质量评查、处分执行"四个标准化"。

(市纪委监委)

【队伍建设】 2023年，句容市纪委监委坚持政治建设和能力建设相结合，加强队伍建设。实施"清风匠心"工程，开展"强基提效 '句'力润廉"干部队伍建设提升行动，举办12期"清风匠心"思辨课堂，培训1200余人次，提升干部队伍能力素质。完成147名监察官等级首次确定工作。

(市纪委监委)

【内部整治】 2023年，句容市纪委监委坚持自查自纠、整改整治，梳理形成4类48项主要问题清单，开展"三必谈"谈心谈话343人次。推进不规范办案问题整治等5个专项整治，查处违纪违法纪检监察干部2人，调整出纪检监察干部队伍2人。一体推进江苏省委巡视和镇江市委联动巡察反馈问题整改，建立问题、任务、责任清单，实行对账销号，推进整改见底清零。

(市纪委监委)

监督工作

【概况】 2023年，句容市纪委监委始终把"两个维护"作为新时代强化政治监督的根本任务，忠诚履职、监督护航，全力保障高质量发展。统筹推进主题教育和教育整顿，开展政治教育、党性教育。围绕"忠诚、干净、担当"三个专题，组织开展"四重

10月27日，句容市纪委监委举办第九期清风匠心"思辨课堂"暨第一期纪检监察工作实务辨析活动

温四强化"等学习交流活动80余场，专题召开先进事迹分享会，举行"立足岗位作贡献"、党员"双报到、双服务"和建言献策等活动，引导纪检监察干部锤炼党性、涵养情怀。（市纪委监委）

【"两个责任"落实】 2023年，句容市纪委监委构建"明责、履责、督责、问责"监督闭环，协助句容市委制定年度"两个责任"清单，细化分解36项具体任务；开展"集中式+常态化"廉政谈话，定制"一封信、一倡议、一廉历"廉洁提醒套餐；对履责不力的2个党组织、15名党员领导干部实施问责，推动压力逐级传导、责任层层落实。规范审慎回复党风廉政意见134批2160人次，否决或暂缓2人次。强化派驻监督，派驻机构共办理信访举报和问题线索154件、立案51件，主动发现问题线索数、案件查办数占全委比重呈现"三连增"，派驻监督质效显著提升。
（市纪委监委）

中心工作保障

【概况】 2023年，句容市纪委监委将履行监督第一职责与服务发展第一要务紧密结合，始终与中心工作同频共振，在正风护航中汇聚发展动能，以高质量监督促进高质量发展。（市纪委监委）

【决策部署落实】 2023年，句容市纪委监委健全"清风护航"专项监督机制，围绕安全生产、防范化解重大风险等决策部署，紧盯惠民补助资金、非急救转运"潜规则"、农村乱占耕地建房等重点任务，深化运用"立项监督、组地联动、部门协同"工作机制，开展"为民解困"专项监督，查处群众身边腐败和作风问题40起52人，留置2人。（市纪委监委）

【营商环境优化】 2023年，句容市纪委监委聚焦制度执行、中介服务、招投标、涉企执法、干事担当5个方面，开展"小切口"专项监督，选设12家营商环境监测点和12名观察员，严肃查处营商环境领域问题27起30人，留置5人。（市纪委监委）

【容错纠错】 2023年，句容市纪委监委认真落实"三个区分开来"，推动容错纠错精准化、澄清正名制度化、回访教育常态化，实施容错纠错6起8人，为12名受到不实举报的同志及时澄清正名、消除影响，对90名受处分人员进行回访教育，打好激励干部担当作为"组合拳"。
（市纪委监委）

【"四风"纠治】 2023年，句容市纪委监委坚持日常监督、专项整治、节点检查协同发力，通过明察暗访、交叉互查等方式，重点开展违规吃喝、私车公养、基层一线执法人员涉企"四风"问题专项整治，查处享乐主义、奢靡之风问题33起36人，通报、曝光4批8起，释放寸步不让、紧盯不放的强烈信号。在镇江市率先出台风腐同查同治工作机制，梳理形成8种风腐一体问题清单，既"由风查腐"，又"由腐纠风"，编写由风及腐蜕变警示录"作风卷"，相关做法受到镇江市纪委主要领导批示。（市纪委监委）

专项监督治理

【概况】 2023年，句容市纪委

9月27日，句容市纪委监委成员到正元名饮开展"四风"问题专项督查

监委聚焦"国之大者",选准切入口、盯住具体事,形成9项政治监督重点任务,通过项目化管理、清单化履责、全流程跟进,压紧压实责任链条,及时纠正偏差,查处不担当不作为问题6起17人。

(市纪委监委)

【融资领域专项监督】 2023年,句容市纪委监委重点抓好"清、规、控、降、防"五项工作,打好查案、治理、追缴"组合拳",立案7件,留置4人,推动出台制度13项,相关做法在镇江市纪委作经验交流。 (市纪委监委)

【国有资产专项监督】 2023年,句容市纪委监委开展国有资产专项监督,打造"句资产"国有资产监管平台,助力资产管理精细化、处置规范化,推动盘活存量资产22.5万平方米,增收节支400余万元,追缴租金256万元;盘活闲置厂房5万平方米,助推项目落地9个;发现处置问题线索17件,党纪政务处分7人。

(市纪委监委)

【土地领域专项监督】 2023年,句容市纪委监委结合巡视巡察反馈问题整改、违法用地"清零"等具体工作,联合自规部门对句容市闲置土地进行大起底、大排查,处置土地领域问题线索40件,党纪政务处分19人。

(市纪委监委)

党风廉政建设

【概况】 2023年,句容市纪委监委始终保持严的主基调,运用"全周期管理"方式,一体推进"三不腐",努力实现从个案清除、重点惩治向系统整治、全域治理提升转变。 (市纪委监委)

【腐败惩治】 2023年,句容市纪委监委坚持"零容忍"震慑不变、高压惩治力量常在,共立案294件,处分281人,留置15人,移送检察机关10人,追赃挽损5089万元。坚持受贿行贿一起查,斩断"围猎"与甘于被"围猎"的利益链,共查处行贿人员10人,移送检察机关3人。 (市纪委监委)

【以案促改】 2023年,句容市纪委监委通过监督办案从体制机制中查根、查源,横向上督促案发单位靶向整改、源头治理,纵向上推动行业系统举一反三、系统施治。针对"靠企吃企"案件暴露出的制度缺失、管理粗放等问题,推动建立"1+X"国资国企监管制度体系;针对"靠土吃土"背后的权力任性、风腐交织等问题,推动建立监管平台,实行准入备案制。渣土领域专题剖析报告受到镇江市委主要领导批示肯定。向案发单位制发纪检监察建议16份,强化跟踪问效,监督促治、以案促改成效进一步彰显。 (市纪委监委)

【警示教育】 2023年,句容市纪委监委发挥"四种形态"分类施治、教育警醒功能,运用"四种形态"处理482人次,其中,第一、第二种形态占比90.9%。开展廉洁教育"村村到"活动,创设"纪法'廉'说"课堂,打造个性化"廉洁教育套餐",把纪律教育抓在经常、融入日常;深化案件资源向教育资源转化,摄制《莫让发展高地沦为腐败洼地》《不能逾越的规矩》等警示教育片,召开警示教育大会、组织旁听庭审、安排现身说法,分层分类开展警示教育;深挖句容历史文化资源,传承红色基因,举办"510·我要廉""齐家筑廉"等系列廉洁文化活动,发布"徐九思""红色家风"系列微视频,让廉洁文化焕发活力、滋润人心。

3月15日,句容市纪委监委派驻句容市农业农村局纪检监察组在白兔镇中心村对小麦病虫害防治开展情况进行督查

《清风句曲　廉印人心》获评新时代"廉洁文化建设在江苏"优秀成果。　　　（市纪委监委）

巡察工作

【概况】　2023年，句容市纪委监委牢牢把握政治巡察定位，坚持把发现问题作为生命线、推动解决问题作为落脚点，突出见人见事巡深巡透，注重整改落实抓实抓细。　　　　（市纪委监委）

【政治巡察】　2023年，句容市纪委监委协助句容市委修订巡察工作规划，部署开展十三届句容市委第三、第四轮巡察，对11个市级部门和华阳街道及其村（社区）开展巡察，围绕营商环境领域，采取常规巡察专项打法，共发现问题429个，移交问题线索38件。持续提升对"一把手"监督评价标准化和监督成果转化率，向句容市委报告"一把手"情况专题材料12份。　（市纪委监委）

【"纪巡"联动】　2023年，句容市纪委监委推动巡察与各类监督贯通融合，深化"纪巡"联动，推动巡中成案5件8人，留置1人；探索运用"先审后巡""巡审同步"方式对句容市公共资源交易中心、句容市市场监督管理局开展巡察，发现问题31个，有效发挥"政治体检"和"经济体检"深度融合的叠加效应。
　　　　　　　　　（市纪委监委）

【巡察整改】　2023年，句容市纪委监委建立巡视巡察整改日常监督的工作办法，综合运用约谈提醒、分析报告、调研督导等方式，压实责任、推动整改。全力督促住房、停车、出行等群众反映强烈的12件民生事项立行立改、落地落实。深化"一巡一分析"，向句容市委提交营商环境领域专题报告，推动加强专项整治、优化源头治理。　（市纪委监委）

12月14日，全市巡察工作会议召开

群众团体

编校人员：吴 舟

句容市总工会

【概况】 2023 年，句容市总工会坚持以习近平新时代中国特色社会主义思想为指导，深入学习贯彻党的二十大精神，认真落实上级工会和句容市委的决策部署，各项工作取得新成效。句容市总工会系统开展专题培训、微感言征集、原文诵读等活动；组织思政教师和劳模深入企业、车间、班组，开展各类宣讲活动 15 场，参与职工 1400 余人。组织开展庆"五一"活动，评选表彰"五一劳动奖状"获得者 10 名、"五一劳动奖章"获得者 20 名、"工人先锋号"15 个、"五一巾帼标兵岗"5 家、"五一巾帼标兵"10 名，推荐获评镇江市"五一文明班组（科室）"2 家、"文明职工"3 名。（严 露）

【职工文化建设】 2023 年，句容市总工会开展"书香工会"主题活动，推荐 3 家企业获评市书香企业，开展"书香企业行"阅读推广活动 4 场。开展第十四届职工读书节系列活动，联合主办"工会互助保障杯"第七届"百姓大舞台"文艺会演，举办句容市职工微宣讲比赛等活动，开展形体礼仪、插花艺术、西点烘焙、中式面点等 7 场职工文化普惠培训活动。（严 露）

【工会服务工作】 2023 年，句容市总工会召开产改联席推进会，举办产改工作培训班，围绕产业工人思想引领、建功立业、素质提升等重点发力，新确定镇江市产改试点单位 12 家。句容市职工技术协会牵头开展"乡土人才"初中级专场评审工作，拓宽产业工人技能提升空间。开展技术革新、技术攻关、创造发明、合理化建议等活动，申报创新实践活动 20 余项，获奖 9 项。开展绿化工（修剪）职业技能大赛、养老护理员职业技能大赛，24 名参赛园林绿化工、126 名参赛护理员获得职业技术水平的提升。开展农网配电营业工职业技能竞赛、招商专员技能竞赛和保密技能竞赛。邀请在宁高校和直属科研院所工会开展句容行活动，组织农业劳

2023 年句容市庆祝"五一"国际劳动节暨表彰大会召开

模走进南京高校现场推介句容特色，开设线上"句容劳模优质特产馆"，促进乡村旅游业复苏和优质农产品销售渠道拓宽。

（严　露）

【帮扶纾困工作】　2023年，句容市总工会坚决落实好小微企业工会经费支持政策，向1093家小微企业返还工会经费276.9万元；深化东西部协作和定点帮扶工作，帮助销售西部地区产品312万元；与市文体广电和旅游局联合推进"工会观演券"销售工作，助力地方文旅事业发展；与云南省红河哈尼族彝族自治州建水县总工会签订"句容市—建水县"劳模创新工作室战略联盟合作协议，开展共建活动。

筹集发放各类帮扶慰问补助资金163万余元；发放夏季防暑降温慰问品1100份；培树创业示范基地6家、创业先进个人4名；开展职工互助保障活动，233人获理赔金额115万余元；关爱环卫工群体，为全市862名一线环卫职工送上重大疾病及意外伤害互助保障；关心关爱女职工，开展"两癌"筛查工作，举办女职工健康知识讲座2场；关心关爱新就业业态劳动者群体，为564名快递员、外卖配送员赠送专项互助保障；关爱农民工群体，为茅山风景区墓东村的村民（农民工）赠送康乐互助保障1322份。

把职工群众、农民工、新就业业态劳动者群体列为普法重点，为企业提供法治体检4次、普法宣传活动15次。发挥职工法律服务律师团作用，采取"工会干部+律师"组队的形式，受理劳动纠纷案件114件，办结67件，有效引导职工依法理性维权。

组织劳模、优秀职工和一线职工113人次参加本级和上级疗休养活动；开展句容市教育系统教职工入职入会、授荣、荣退仪式暨全市"三个仪式"观摩推进会，全市基层工会积极响应；"求学圆梦"行动帮助66名职工取得学历晋升学费补助；举办公益性职工子女暑假爱心托班。

（严　露）

【基层工会建设】　2023年，句容市总工会开展工会工作"1234"规范化建设专项行动，镇级工会品牌示范点培育工作初显成效。新建独立工会组织57家、新就业形态快递行业工会联合会1家，发展会员2316人。开展非公企业食堂星级评定，12家非公企业食堂获评星级。

举办基层工会干部业务提升、互助保障、劳动保护等各类培训班12场次，培训工会干部350余人次，工会干部能力素质不断提升；优化工会社会化工作者职业薪酬体系及管理考核办法。

新建康乃馨服务站5家；3家工会组织获评"江苏省模范职工之家"、1家工会组织获评"江苏省模范职工小家"；国家税务总局句容市税务局工会获"全国工会职工书屋示范点"荣誉；国家电网句容城区供电营业厅"光明使者爱心驿站"获评全国"最美工会户外劳动者服务站点"，3家工会组织获江苏省级"最美工会户外劳动者服务站点"称号。

（严　露）

共青团句容市委员会

【概况】　2023年，句容团市委按照"凝聚青年、服务大局、当好桥梁、从严治团"工作思路，聚焦主责主业，主动融入大局，有力有序开展各项工作。深化共青团改革创新，推动县域基层共青团改革纳入市委深改委2023年度工作要点，聚合组织部、教育局等部门力量，探索拓宽团干部来源渠道、深化组织体系建设、强化团教协作，增强团的工作力量。在改革中期评估中，句容市改革工作获评"省市双A"等次。全年建立快递、外卖等行业团工委2个，新增社会领域团组织80个。截至2023年年底，全市共有团组织1140个，其中，团委44个、团工委6个、团支部1066个。有团员12410人。2023年，句容团市委荣获"全省共青团工作先进单位"，华梦丽获评"全国乡村振兴青年先锋标兵"，5个团组织获评"江苏省'两红两优'五四红旗团委（团支部）"，1人获评"江苏省优秀共青团员"，1人获评"新时代江苏好少年"，7人分别获评省市级"青年岗位能手"。

（团市委）

【青少年思想引领工作】　2023年，句容团市委坚持政治立团，强化青年思想引领，引导全市青年坚定不移听党话、跟党走。围绕"青说二十大"主题，持续开展"马克思主义·青年说""容城·青论坛"等品牌活动，引导团

7月10日，句容市"暖新暑托 句力未来"爱心暑托班开班仪式

员青年奋进新征程、建功新时代。开展"红领巾巡讲团""红领巾爱学习"巡讲活动，在青少年中形成学习宣传贯彻党的二十大精神的浓厚氛围。推进"青年大学习"网上主题团课学习，累计参学30万余人次。牢牢把握"学思想、强党性、重实践、建新功"总要求，通过"实实在在学、躬行实践研、求真务实干、实事求是改"，在推动主题教育走深走实的同时，组织实施团员和青年主题教育，覆盖全市团组织1140个。履行全团带队光荣职责。结合"五四"、"七一"、国庆等节庆节点，组织开展系列主题团队日、宣讲、团队仪式教育等活动。开展各类评选表彰活动，营造争先创优的良好氛围。（团市委）

【青少年服务工作】 2023年，句容团市委心系青年、心向青年，推进"我为青年做件事"实践活动，提升青年满意度和获得感。"梦想小屋""爱心暑托班"项目纳入2023年度政府民生实事，全市183间"梦想小屋"全部建成交付，"爱心暑托班"覆盖22班次418名困境留守儿童，开展"圆梦行动""暖冬行动"等困境青少年关爱公益项目，受到社会广泛好评。做好预防青少年违法犯罪工作，开设"句青·父母大学"法治教育课堂，推进"共青团与人大代表、政协委员面对面"活动，完善青少年诉求表达与处理机制。（团市委）

【青年发展工作】 2023年，句容团市委团结带领全市青年在推动高质量发展中发挥生力军和突击队作用。聚焦产业强市"一号战略"，集聚青年企业家新生力量，推动句容市青年企业家协会成功换届，开展"青商沙龙""银企对接""青年企业家苏州行"等活动16场次，全方位服务青年企业家发展。深化"六推六联"校地共建模式，以江苏农林职业技术学院为平台抓手，助推新农人培育、助力乡村振兴。实施"一线有我 号队出列"青春建功行动，在全市重大项目中组建31支青年突击队。3家省市级"青年文明号"与全市重大项目进行结对，为项目推进提供服务13项。推进青年发展型城市建设工作，完善青年工作联席会议制度。联合句容市人才办联合开展"福地句才 求职有礼"工程，给予来句求职青年"悦住、悦食、悦娱、悦游、悦行、悦业"的"六悦"礼遇，营造爱青、聚青、留青的浓厚氛围。（团市委）

【青年志愿者工作】 2023年，句容团市委深化"句小志 成大事"志愿服务品牌建设，通过组织化、网络化、社会化形式，动员青年志愿者广泛参与第五届国际道教论坛、茅山文化旅游节、铁人三项和马拉松体育赛事等志愿服务项目，特别是组织578名志愿者参与第五届国际道教论坛工作，既保障论坛活动顺利举办，又锻造过硬团干队伍，更扩大"句小志 成大事"志愿服务品牌的影响力。（团市委）

句容市妇女联合会

【概况】 截至2023年年底，全市共有市、镇、村三级妇联干部207人，乡镇（街道、管委会）、村（社区）妇联177个，市党政部门、事业单位妇联48个，团体会员5个。2023年，句容市妇联推动在市人大办、退役军人事务局等单位建立妇联组织，制定《句容市"三新"领域妇联组织建设操作手册》，成立"三新"领域妇联组织42个。（赵翔华）

【困境妇女儿童帮扶】 2023年，句容市妇联深化"萱草花"志愿服务，组织开展"情暖童心 你我同行"句容市"萱草花"志愿服务5周年主题活动，表彰10个"萱草花"优秀志愿服务团队、20名"萱草花"优秀志愿者，新招募60余名"萱草花"志愿者，投入慈善帮扶金12万元，"萱草花"志愿服务中心获评"全国文明实践巾帼志愿阳光站"。开展各类困境儿童帮扶活动，如句容农村商业银行"一封家书"留守儿童关爱活动、"把爱带回家"困境儿童新春帮扶活动、"六一"圆梦童心愿活动，帮扶困境儿童400余人次，帮扶金额26.2万元。联动句容农村商业银行、税务局、爱心企业、女性社会组织等，形成"妇联组织+社会力量+关爱服务小组"模式，针对14户困境妇女儿童家庭开展"一户一策"精准微关爱工作，提供心理疏导、家庭保洁、生活照料、家教指导、学业辅导等方面300余次精准服务，精准帮扶费用累计达10万元。借力腾讯公益平台，组织实施"织爱行动 同她一起"公益项目，为176户困境妇女家庭送去35.2万元帮扶金。联合句容市慈善总会，为150名单亲困境母亲发放15万元慈善帮扶金。

（赵翔华）

9月16日，"情暖童心 你我同行"句容市"萱草花"志愿服务5周年主题活动举行

句容市2023年家风家教宣传月暨5·15国际家庭日活动

【妇女儿童权益维护】 2023年，句容市妇联围绕《中华人民共和国妇女权益保障法》《中华人民共和国反家庭暴力法》等持续开展"维权助她 共筑芳华"主题普法活动，针对结婚生育、财产分配、家庭暴力等问题，线下开展"我助妇儿康·妇儿权益维护与安全守护课堂"66场次，参与活动3000余人，线上开展"3.8女性维权月"有奖竞答，参与活动3850人。深化"木兰家事"公益律师团品牌建设，14名公益女律师推动普法宣传进社区、进村庄、进校园、进电台，婚姻家庭调解委员会全年参与调解案件649件，调撤率达77.2%，公益律师全年办理法律援助案件刑事15件、民事117件。推行"网格+妇儿维权"工作模式，将妇联组织嵌入基层治理体系、将妇联力量加入基层治理队伍、将妇联工作纳入基层治理格局，获评第二届江苏省"十佳妇女议事能手"1名，展播镇江市妇女议事优秀案例3例，妇女议事会成为基层妇女群众参与全过程人民民主的重要途径。开展"平安家庭"创建工作，评选"平安家庭"创建工作先进单位10个、示范户60户，举办"法治进家庭"主题演讲比赛、"巾帼'句'力 法进万家"维权案例情景模拟大赛，引导广大家庭成员学法、懂法、尊法、守法。

（赵翔华）

【家庭家教家风建设】 2023年，句容市妇联开展"最美家庭"寻访活动，培树江苏省"最美家庭"1户、镇江"最美家庭"17户、句容"最美家庭"70户，举办家风家教巡讲、家风故事分享等活动,把"最美"力量传递进更多家庭。探索建立亲子研学工作体系,第一批挂牌15个亲子研学基地,开发16条研学路线,带动下级妇联及基地自主开展亲子研学活动20余场。牵头召开全市家庭教育推进会,促进"一法一条例"宣传贯彻,形成部门合力共同履行家庭教育工作的法定职责。构建"市—镇—村"三级家庭教育指导服务网络,举办家庭教育公益行、社区亲子活动100余场,开展"一对一、面对面"家庭教育公益咨询活动,开展《中华人民共和国家庭教育促进法》线上有奖知识竞答,吸引1万多人参加。持续推进"三全"社区家庭教育支持行动,打造19个示范社区,建立14个家庭教育指导工作站、36个家庭教育指导服务点,城乡覆盖率均达100%。按照"一社区一品牌一特色"的目标,初步培育华阳街道城上社区"村史教育+亲子集市"等多个特色家庭教育品牌。

(赵翔华)

【妇女就业创业】 2023年,句容市妇联与句容农村商业银行签订战略合作协议,推出"乡村振兴巾帼贷"专属金融产品,共发放131笔6136.64万元,为95名妇女在就业、创业期间提供个性化、高质量的金融服务。培育农业科技创新人才范亚君为"全国巾帼建功标兵",获评省级"巾帼示范基地"2个、(镇江)市级"巾帼示范基地"5个,镇江市女大学生创业就业实践基地1个,镇江市"镇有一手""田妈妈"田间课堂3个,获奖补资金11.1万元,开展田间课堂培训20余场、"田导师"技术服务11次、"田甜圈"亲子研学活动12场,带动310名妇女就业,惠及2000余名妇女。联合句容市文明办开展"美丽庭院"创建活动,评选示范村11个、示范户35户,获评美丽家园省级示范点2个、(镇江)市级示范点6个。选树(句容)市级"巾帼文明岗"18个,组织各级"巾帼文明岗"志愿者进社区、进学校、进企业、进乡村开展形式多样的为民服务,惠及群众2500余人次。联合句容市商务局举办女性专场直播带货培训班,孵化50余名"直播带货"女能人,3个案例入选江苏省巾帼直播电商典型案例。联合句容市人社局等部门开展"春风行动"线上线下专场招聘会26场,其中,女性专场招聘会1场。

(赵翔华)

句容市科学技术协会

【概况】 2023年,句容市科协履行"四服务一加强"工作职责,句容市成功创成"江苏省科普示范市(2022—2025年度)"。年内,联合企业商会等社会组织,建立企业科技工作者俱乐部。组织开展"全国科技工作者日"系列活动,走访慰问优秀科技工作者代表。实施服务人才强市战略,培养举荐高层次人才,推进青年人才托举工程,选塑青年科技人才、科普志愿服务典型。年内,1人获评"江苏最美科技工作者",1人获评"科创江苏"企业创新达人。

(科 协)

【科技服务】 2023年,句容市科协落实产业强市"一号战略"要求,加快现代农业创新发展,承办数字农业暨茶产业高质量发展对接活动。促进南京农业大学智慧农业研究院与江苏茶博园签约合作,中国农村专业技术协会授予江苏省茶叶学会江苏茶科园"科创示范基地"揭牌。推进"海智计划",协办"海智镇江行——日本草莓育苗技术交流"活动,邀请日本农业专家开展草莓育苗技术专题讲座和田间交流指导。推动"科技小院"建设,向江苏省科协推荐"科技小院"3家,入选省科协计划2家。开展葡萄、渔业、电子商务等农村实用技术培训。实施"慧安"科普行动,推动安全生产科普活动进社区、进企业、进学校、进农村。组织镇江市科普教育基地——句容市蓝天消防职业技能培训学校开展10多场次消防安全专项培训。

(科 协)

【科普阵地建设】 2023年,句容市科协以赵亚夫事迹馆为基础,晋级申报江苏省科学家精神教育基地并获江苏省科协命名。加强本地科普示范载体建设,创建江苏省科普教育基地1家;镇江市科普教育基地4家,镇江市科普惠农服务站5家;镇江市青少年研学基地1家。

(科 协)

【科普宣传教育】 2023年,句容市科协组织"科普宣传周""全国科普日"系列重点活动。对接江苏省科普服务中心,6次开展

"关注生态环境 科普大篷车走进湿地"活动。结合生态文明、环境、前沿科技组织句容市全民科学素质工作领导小组开展200余场科普活动。组织的"中日草莓育苗技术交流活动"获评江苏省第35届科普宣传周优秀活动,"蝴蝶兰控温与催花技术培训"获评2023年全国科普日优秀活动。组织青少年科技赛事,举办句容市首届科技节,3人获国家级奖项、140人获省级奖项。句容市科协获评"江苏省青少年科技教育先进单位""江苏省创新大赛优秀组织奖"。 （科 协）

句容市文学艺术界联合会

【概况】 2023年,句容市文联团结引领全市文艺工作者积极开展文艺创作,努力弘扬传统文化,扎实开展文艺惠民服务,为丰富群众文化生活、提升城市文化品位,奋力谱写"强富美高"新句容现代化建设新篇章贡献文艺力量。
（黄 晨）

【文艺主题活动】 2023年,句容市文联组织考察团到安徽石台、黄山调研;在茅山风景区李塔村建立文艺创作基地,随后在茅山镇丁庄村、边城镇仑山湖、下蜀镇范巷村相继设立"摄影创作基地",打造一批最佳摄影村（点）。开展文艺"五进",丰富群众文化。每周二、周六在句容市新时代文明实践中心举办京剧票友会,丰富群众业余文化生活;国庆期间在李塔村委会开展"文艺下乡赋能 助力乡村振兴"文艺惠民演出。围绕"乡村振兴"主题先后到宝华镇千华古村、后白镇西冯村、黄梅街道九华村、茅山镇豆腐村开展四季采风,创作一批反映句容风土人情的美术作品。全年组织多场义务写春联进农村、进军营、进企业、进医院,书法篆刻知识进校园、进社区活动。举办第二十一届"新苗杯"少儿器乐大赛;举办"美丽乡村容城行"——句容市首届"乡村振兴杯"书画篆刻摄影大赛作品展;举办"童心向党 花儿向阳"句容市第二届少儿舞蹈大赛;举办"礼赞新时代 奋进新征程"句容市第九届金秋诗歌朗诵晚会。句容市作家协会组织会员到皖南开展"追寻革命足迹 领略皖南风情"创作研学活动;句容市诗歌协会组织会员到安徽省全椒、凤阳、怀远、固镇4县开展"金秋皖北行"采风活动。邀请书法家曹元伟为句容书法爱好者开展"国展背景下行草书创作"培训;邀请摄影师苏俊赫为句容摄影爱好者授课。 （黄 晨）

【文艺创作】 2023年,句容市文联对2021—2022年度句容市优秀文艺作品进行评审,评出优秀文艺作品40件并分别给予奖励。周宜飞长篇小说《葡萄镇》由南京出版社出版,唐军散文集《书是人间有情物》由江苏大学出版社出版。陈云作品入选全国第九届楹联书法作品展览,张汉卫作品入选全国第三届老年书法作品展览,周龙俊等人作品入选第二届江苏省"瘗鹤铭·书法篆刻展",张朝荣作品入选江苏省首届新文艺群体书法篆刻作品展,王习堂作品入选首届长三角书法篆刻大展。王斌、张衡等多人多幅作品入选江苏省美术作品展,何春蓬、徐静作品入选江苏省第九届新人美术作品展览。《遥望慕鼓植花的少年》《童年叮叮当》《小梦娃》等节目在江苏省中小学生

"世界湿地日"主题科普研学活动

电视才艺大赛、第六届"小茉莉花奖"全国少儿舞蹈大赛、第七届金龟子国际儿童艺术节、全国小小舞蹈家独舞展演中多次获金奖。陶顺然等5人在江苏省"紫金京昆艺术群英会"首届面向全国的京剧票友大赛中进入决赛，陶冲被评为"十佳票友"，刘双红、姜建华被评为"优秀票友"。

(黄　晨)

句容市残疾人联合会

【概况】　2023年，句容市残联全面落实残联政策，在加大社会保障力度上办实事，在促进共同富裕上求实效，在打造关爱服务体系上创实绩，推动全市残疾人事业创新突破、高质量发展。利用春节、"全国助残日"、"国际残疾人日"等重要时间节点，依托"残疾人之家"等阵地，开展盲人按摩进商场、残疾人手工艺品义卖等志愿活动20余场。举办"世界孤独症日""全国爱耳日""残疾预防日"等主题宣传活动，提高康复知识普及，宣传残疾预防理念，提升全民残疾预防意识。依托主流媒体宣传社会各界扶残助残活动。

(吴　静)

【康复服务】　2023年，句容市实现残疾儿童康复定点机构全覆盖，为124名残疾儿童提供康复救助服务，救助金额近200万元。对精神病服药系统内的1200名患者给予每人每年600元的基本服药救助，服药救助4440人次，救助资金35.7万元。建立一人一册健康档案，开展边服药边体检活动。对全市1196名65周岁以上重度肢体残疾老年人开展个性化精准康复服务。

(吴　静)

【残疾人教育就业】　2023年，句容市残联及时发放教育专项补贴，确定高中阶段残疾学生补贴对象17人，高等教育阶段残疾学生补贴对象9人，贫困残疾人家庭子女高等教育专项补贴对象49人，发放资金12.15万元。帮助7户就业困难残疾人家庭实现稳定就业，扶持4名残疾大学生就业。创新打造淘菜菜助残"爱心就业驿站"项目，帮助9户残疾人家庭实现居家就业。全年完成新增就业405人，净增就业111人。全年完成实名制培训200人。

(吴　静)

句容市红十字会

【概况】　2023年，句容市红十字会聚焦主责主业，创新实干，较好地完成全年目标任务。年内，全市新增2个博爱家园——后白镇槐道村·博爱家园、边城镇桥东村·博爱家园，累计建设博爱家园7个。开展红十字示范校创建工作，江苏省句容中等专业学校获"江苏省红十字示范校"荣誉，句容市第二中学获"镇江市红十字示范校"荣誉。　(周玉芹)

【救护培训】　2023年，句容市红十字会共计开展培训89场次，其中，普及性培训54场次，培训13034人；初级救护员培训32场次，培训1949人。开展应急救护培训，通过"救在身边"急救普及项目，推动红十字急救知识进学校、进机关、进社区、进村居、进企业等，在全社会深入宣传普及红十字急救知识，提升公众健康意识和自救互救能力。选派2名志愿者讲师参加江苏省红十字会师资提升培训、2名志愿者教师参加江苏省红十字会师资培训，由师资团队组成的红十字会应急救护救援队积极参与应急救护技能普及活动，全年开展活动86场次，普及人数达1.5万人次。全年共开展校园应急救护培训56场次，培训人数达1.13万人次。

(周玉芹)

句容市第三十三次"全国助残日"活动周启动仪式

【"三献"工作】 2023年,中华骨髓库登记的句容籍志愿者有98人,累计登记入库1898人。新增登记遗体捐献志愿者13人,累计登记162人,完成捐献1人,累计捐献16人。全年无偿献血4070人次,献血车上门服务87次,献血量132万毫升,造血干细胞再动员16人,累计捐献成功10例。邀请专家担任主讲师,搭载"五进"活动进行巡回宣讲,全年开展"生命接力"宣讲20场次,宣讲普及1952人。清明节期间,组织10户"三献"[无偿献血、献造血干细胞、献器官(包括遗体和角膜)]志愿者家庭参加悼念追思祭扫活动。"5·8活动周"期间,组织志愿者走访慰问"三献"志愿者及其家庭40余人,发放慰问金4.04万元。 (周玉芹)

【人道救助】 春节期间,句容市红十字会采取集中发放和走访慰问的形式,走访慰问经济困难家庭、大病救助对象、困难学生家庭、司法涉案困境儿童、困难志愿者家庭、博爱学校等,分发慰问物资,组织志愿者60余人走访慰问部分困难家庭,发放12.54万余元款物,总受益780余户,惠及约2820人。2023年,"博爱送健康"志愿服务活动共计开展33次,服务群众2075人,服务时长达154小时。积极对接有捐赠意愿的企业、群众,规范捐赠工作流程。句容市红十字会捐赠蒲城县红十字会10万元,用于关爱贫困老人、助学助弱、提升村级组织基础设施建设等。江苏海瑞斯生物科技有限公司向句容市华阳社区卫生服务中心、句容市黄梅社区卫生服务中心、句容市茅山风景区社区卫生服务中心、句容市下蜀中心卫生院4家社区卫生机构定向捐赠210万元医疗检测仪器。全年共为大病困难家庭送去9.1万元救助金,缓解因病导致家庭困难的情况。共帮助2名白血病患儿申请"小天使基金",帮助4名先天性心脏病患儿申请"天使阳光基金"。 (周玉芹)

5月12日,防震减灾日宣教活动

民主党派·工商联

编校人员：张婉悦

中国民主同盟江苏农林学院支部

【概况】 2023年，民盟江苏农林学院支部在思想政治建设、参政议政、组织队伍建设和岗位建功等方面发挥积极作用，为江苏农林职业技术学院的发展和句容市经济发展和社会进步作出积极贡献。截至2023年年底，支部有盟员11名，在职盟员9名，其中，具有正高职称者5人，具有副高职称者6人，在职学院领导1人、学院中层干部3人，支部规模适度，队伍结构呈现高知化、年轻化。

（民盟江苏农林学院支部）

【支部活动】 2023年2月，民盟江苏农林学院支部到淮安市淮阴区辣椒产业示范基地开展调研工作，助推当地种植业高质量发展。5月—6月，民盟江苏农林学院支部分别组织盟员到句容市西冯村、句容市草坪基地和常州市村级两委与草坪种植大户开展现场技术培训和科技助农草坪新技术培训，为当地草坪产业技术水平的提高和乡村振兴贡献力量。6月下旬，选派盟员到扬州大学作江苏省草坪产业示范基地建设情况报告，解答扬州大学师生提出的关于草坪工业化生产的问题。7月—8月，组织盟员参与第三次全国土壤普查技术培训和指导工作。9月，赴如东县洋口港滩涂盐地耐盐草坪生产基地调研。10月，到句容市边城镇东阳村开展科技帮扶，指导农户进行草坪工厂化生产，建立长期电话沟通服务渠道。10月下旬，选派盟员到遵义医药高等专科学校开展信息化教学培训，交流微课制作、信息化教学经验。11月，盟员教师刘南清博士受第二届草坪业健康发展论坛邀请作草坪工厂化生产技术研发与推广实践报告。

（民盟江苏农林学院支部）

中国民主同盟句容支部

【概况】 2023年，民盟句容支部新增盟员2人，总计盟员40人，开展"活力支部、温馨之家"建设，精心打造"盟友开讲"社会服务品牌，履行参政议政和民主监督职能，为推动地方经济社会发展、打造"一福地四名城"作贡献。

（民盟句容支部）

【支部活动】 2023年6月7日，民盟句容支部开展换届选举工作，凌麓当选为新一届主委，卞英明、王群当选为新一届副主委，张震、韩利、万笑、王春阳当选为新一届支部委员。6月12日，传达民盟镇江市委"凝心铸魂强根基团结奋进新征程"主题教育动员部署会的精神，讨论"关于推进句容市项目引进招引的建议"。

（民盟句容支部）

【社会服务】 2023年，民盟句容支部在句容市委统战部的统一领导下，成立民盟句容支部"同心红"志愿服务团。6月15日，携手容城悦读会，在句容市弘毅书城举办读书分享活动。6月22日，携手句容市图书馆，组织"盟友开讲，诗韵端午"活动。7月

12月5日，民盟句容支部、农工民主党句容支部在白兔镇太平村为"句容同心红统战联盟健康小屋"授牌

日，1携手句容市金秋艺术团到马扎里社区新时代文明实践站，开展"庆七一 颂党恩"文艺会演活动。7月18日，前往句容市后白镇林梅村，对支部2021年向该村捐赠建立的共享工具屋进行维护保养。7月26日，在句容市图书馆开展"华夏汉服礼仪"国学课堂，弘扬中华优秀传统文化，讲解汉服礼仪的相关知识。9月20日，前往苏州观看"江南如画"主题油画展。10月20日，携手句容市人民医院行政党总支，走进句容市郭庄镇芦亭村开展健康义诊活动，开展"认识、预防糖尿病"健康知识普及讲座。11月11日，携手句容市人民医院内分泌科医疗团队，走进句容市边城镇青山村开展健康义诊活动。11月28日，"盟友开讲"走进国网新源句容抽水蓄能电站，为职工作"传承廉洁家风，弘扬传统美德"专题讲座。12月14日，走进后白镇古村村委会开展"盟友开讲"送法进乡村活动，帮助农村老年人提高防范养老诈骗意识。

（民盟句容支部）

【参政议政】 2023年，民盟句容支部组织盟员中的人大代表、政协委员主动履行参政议政职能，围绕句容市委、市政府的中心工作深入开展专题、专项调查研究，提出务实性、操作性的人大建议和政协提案共计18件。

（民盟句容支部）

中国民主促进会句容支部

【概况】 2023年，民进句容支部被民进江苏省委员会评为"民进江苏省委宣传思想工作先进集体"。截至2023年年底，支部有会员29人，其中，2023年新发展会员3人。 （民进句容支部）

【参政议政】 2023年，民进句容支部有镇江市人大代表1人，镇江市政协委员2人，句容市人大代表2人，句容市政协委员6人。9月16日，在弘毅书城举办"如何写好提案建议"专题讲座。11月30日，就"《关于落实中小学午休制度的建议》提案"开展专题调研研讨活动。在两会期间及会后，提出约30件提案与建议（社情民意）。其中，"关于在茅山、赤山湖景区分别设置'谜道''谜圈'以提升景区文化内涵激发游客参与意识的建议"被句容市政协作为重点提案进行调研，并被茅山风景区管委会采纳。

（民进句容支部）

【支部活动】 2023年，民进句容支部以民进中央"作风建设"主题年的活动精神为指导，开展会员专题学习活动6次。1月19日，联合句容市实验小学学生在城市书房举办写福字、剪窗花等文化服务社会活动。元宵节期间，联合崇明街道、弘毅书城、句容市图书馆、句容市职工灯谜协会举办多场灯谜服务社会活动。3月11日，助力2023"乡游后白，探春之旅"，承担"花谜竞猜"和"花艺欣赏"2项内容。5月30日，在弘毅书城为国家统计局句容调查队的工作人员和民进句容支部会员作"一夜连枷响到明——农耕文化之麦子篇"讲座。同日，到句容市崇明小学开展"送灯谜进校园"活动。7月1日，联合句容市妇联、弘毅书城，在弘毅书城三楼，成功举办第六季第三场"民师大讲堂——初高衔接，民师指路"公益讲座。7月19日，协助句容市委统战部与后白镇丰之源果业举行"句容同心红统战联盟民进容支部教育实践基地"揭牌仪式；国家高级茶艺师杨莹应邀来到崇明街道中凌社区讲解点茶技艺，助推非遗文化进社区。9月16日，承办"《团结报》读书会走进镇江句容"活动，主题为"阅读《左传》经典　义方教育子女"。10月31日，在句容市丁庄万亩葡萄专业合作联社作"稻花香里说丰年——农耕文化之稻子篇"讲座；发起"容城悦读会"，联合各民主党派、知联会、弘毅书城，举办12期悦读分享活动。

（民进句容支部）

7月19日，民进句容支部与后白镇丰之源果业举行"句容同心红统战联盟民进句容支部教育实践基地"揭牌仪式

中国农工民主党句容支部

7月20日，农工党句容基层委员会成立大会召开

【概况】　2023年，农工民主党句容支部共有党员18名、后备党员5名。正式党员中，有研究生4名，具有高级职称者10名，分布在医疗卫生、教育、环境保护、人力资源、经济等领域。7月20日，成立农工党句容基层委员会，分设医卫支部及综合支部两个支部。

（农工民主党句容支部）

【支部活动】　2023年5月8日，支部骨干参加句容市政协委员履职能力素质提升培训班。6月28日，农工党句容基层委员会开展"凝心铸魂强根基　团结奋进新征程"主题教育。

（农工民主党句容支部）

【社会服务】　2023年，农工民主党句容支部配合句容市医保局两次走进社区进行健康义诊及医保政策宣传；走进句容市委老干部局为老干部们上门解读健康体检报告。重阳节前后，为200名左右老人进行健康体检。12月5日，筹备并运行白兔镇太平村"健康小屋"，7名中高级职称医生每月20日免费到太平村义诊。

（农工民主党句容支部）

【参政议政】　2023年，农工民主党句容支部有句容市政协委员8名，年内积极参加各项培训、调研及参政议政活动。1月，支部6名句容市政协委员参加市政协十一届第二次会议，在城区八组交流发言；刘丽华参加镇江市政协九届第二次会议，在教卫体委组交流发言，共提交提案6件，已结案。7月，杨慧参加江苏省妇女第十四次代表大会，在镇江组交流发言，与农工界别委员一起走访句容市卫健委、句容市医保局相关职能部门，了解近四年医保费用使用情况数据及句容市各级公立医疗机构床位数、医护人数，并调研句容基层卫生健康能力，撰写专题报告《重视卫生人才储备，夯实基层卫生服务能力》，参加政协的专题研讨会。解决长期卧床患者就医困难的情况，推进"延伸护理"服务，撰写社情民意；推进慢性病规范化管理下基层，参与撰写"关于进一步丰富家庭医生签约服务中血糖管理建议"的社情民意。协调并参加农工民主党江苏省委对句容市基层医疗能力调研项目，参与农工民主党江苏省委相关课题研究。

(农工民主党句容支部)

九三学社句容支社

【概况】 2023年，九三学社句容支社共有社员23名。推荐5名专家教授级社员加入中华职业教育社。姜宽舒获五一创新能手表彰，蒋其友获2022年江苏省高等学校劳动教育优秀实践项目特等奖。 (九三学社句容支社)

【支社活动】 2023年，在江苏省民营企业进高校"'三个一'+X"行动首场活动中，支社委员姜宽舒作为智能制造领域代表就其创新成果"无人驾驶虾蟹养殖饲料自主投料船"作现场汇报，支社社员蒋其友作为农业物联网领域代表就农业物联网系列创新成果作现场展示和报告。组织社员调研丹阳界牌新农村建设情况并参观新孟河水利枢纽工程。

(九三学社句容支社)

【参政议政】 2023年，九三学社句容支社共有句容市政协委员7名。6月，组织社员参加镇江市委和扬州市委联合举办的参政议政培训班，提升支社参政议政骨干履职能力。2023年，围绕句容市委、市政府的中心工作，紧扣社会关注的热点和难点问题，共提交提案9篇。

(九三学社句容支社)

句容市工商业联合会

【概况】 2023年，句容市工商联推荐15位优秀企业家，在"奋进新征程 '句'力向未来"产业强市大会上予以表彰。实施"新时代企业家精神师承计划"，6位企业家进行师徒结对，发挥优秀企业家的引领作用。会同仪征等11个市(县、区)工商联，共建"跨江融合发展产业协作联盟"，参与成立栖霞句容仪征三地总商会党建联盟和栖霞句容仪征三地青企会联盟。第六次获评全国"五好"县级工商联，被全国工商联认定为2023年度江苏省"构筑民营经济舆论阵地"先进单位，被江苏省工商联授予"2023年度全省民营企业调查点工作先进单位"称号。

(工商联)

【商会建设】 2023年，句容市工商联推进商会注册登记，实现所属20家商会全注册。指导3家商会申报社会组织等级评估，组织8家商会参加镇江市、句容市社会组织等级评估专题培训。将"壹号兵站""铁军营""秘密交通站"纳入句容市红色旅游推荐路线并上线云平台，指导句容市一马先包装有限公司和句容市兴文包装有限公司开展企业文化建设，创成(镇江)市级民营企业文化建设示范单位。 (工商联)

【法律服务】 2023年，句容市工商联联合句容市司法局成立句容市商会"同心红"律师服务团，为12家商会配备"同心红"律师，挂牌成立"句容市商会法律服务和诉调中心"，为中小微企业免费提供商事法律咨询和商事调解等公益性法律服务。举办"检察院进企业 企业家进检察院""双走进"活动，组织6家商会10多名企业家参加案件公开听证和座谈会。联合3家单位，在下蜀镇商会设立江苏省首家调解仲裁审判三者衔接工作站，推动建设一站式矛盾纠纷多元化解工作体系。联合句容市信用办，落实企业信用事前、事中、事后三阶段告知，免费为商会所有会员企业"信用体检"，为30余家企业进行信用修复辅导。宝华镇、下蜀镇、边城镇、白兔镇商会共同举办法治大讲堂。

(工商联)

【企业服务】 2023年，句容市工商联打造"句满意·微直播"服务品牌，上线"纳税人学堂""苏小税智能咨询"云服务，联合句容市发改委、工信局、税务局等部门直播12期，解读涉企惠企最新政策。举办"与'宁'融合 '句'力发展"宁句企业家对口交流活动，70多位企业家参加活动。组织下蜀镇商会与栖霞街道商会企业家开展联盟共建活动，

句容市知联会举行七夕节主题活动

签订"商会友好合作协议"与"商会党组织合作协议"。基层商会参与招商活动50余次，收集项目信息39条，洽谈推进18个项目，总投资超38亿元。深化"银企"合作，出台《优化金融服务助力经济运行率先整体好转二十条》。推动金融单位在句容市花木商会试点苗木产业"整链授信"，对边城镇光明新材料科创园"整园授信"等。21家商（协）会与银行签约，惠及会员企业2000余家，签订协议金额143亿元，预授信58.07亿元，在用会员企业383家，发放贷款50.62亿元。

（工商联）

【社会服务】 2023年，句容市工商联引导民营企业参与"万企兴万村"行动，推动"万企兴万村"落地见效，46家企业入库，项目投资总额21.4亿元，到位资金17.3亿元。引导商会参与"苏陕东西部扶贫协作"，援建蒲城项目2个。白兔镇、下蜀镇等商会开展扶贫帮困、捐资助学等活动，各会员企业还积极参与慈善捐款。

（工商联）

句容市党外知识分子联谊会

【概况】 2023年，句容市知联会加强自身建设，着力把市知联会建设成为学习知识的园地、服务社会的窗口、发挥作用的平台。截至2023年年底，共有会员133人，年内新发展会员10人。

（唐家亮）

【知联会活动】 2023年，句容市知联会开展多次专题读书分享活动；召开三届五次理事（扩大）会议暨"凝心聚魂强根基 团结奋进新征程"主题教育动员部署会；召开会长（扩大）会议暨"无党派人士刘学武工作室"揭牌仪式。

（唐家亮）

【参政建言】 2023年，句容市知联会会员在句容市政协十一届常委会第二次会议上，提交提案近50件。撰写提案《加强宣传〈中华人民共和国家庭教育促进法〉》，被句容市政协十一届常委会第二次会议表彰为优秀提案。会员黄慧、巫东分别撰写的《关于强化国土空间规划，引领新时代城市建设的建议》《关于加快句容市大数据发展与应用的建议》提案，被句容市政协十一届常委会第二次会议列为重点提案。

（唐家亮）

【社会服务】 2023年，句容市知联会开展"同心"服务系列活动，打造党外知识分子服务社会品牌。慰问茅山镇袁相村5名贫困学生，向后白镇林梅村爱心慈善超市捐赠5000余元物资。协助江苏省知联会在茅山卫生院举办"智服工程·送医下乡"社会服务活动。到外地调研玉石文化建设与促进旅游发展课题。参加腾讯公益活动，共捐赠4000余元。

（唐家亮）

法治

编校人员：陈龙浩

综　述

【概况】 2023年，句容市政法系统深入贯彻《中国共产党政法工作条例》，优化政治督察和纪律作风督查巡查、执法监督和重大敏感案件协调等机制，有力压实党对政法工作绝对领导的政治责任。坚持稳中求进工作总基调，统筹发展和安全两件大事，各项工作取得较好成绩。全市政法队伍满意度达93.98%，共获省级以上集体荣誉21项，12人受到表彰。其中，句容市公安局交警大队车辆管理所获评"全国公安机关成绩突出集体"；句容市法院少年及家事审判庭获评"全国法院先进集体"；句容市检察院被评为"全国检察宣传先进单位"；句容市法律援助中心获评"全国法律援助工作先进集体"。先后涌现出"全国模范人民调解员"朱世平、"江苏省优秀公安派出所所长"王世界、"江苏省优秀法官"杨惠玲、"江苏省检察宣传优秀特约记者"刘明、"镇江市最美网格员"沈刚等一批先进典型。（徐佳楠）

【平安建设】 2023年，句容市贯彻总体国家安全观，始终把维护政治安全放在首要位置，牢固树立重大决策社会稳定风险评估制度，把平安法治贯穿到工作各方面、全过程，全市群众安全感指数达99.17%。推动维护国家安全工作，牵头建立定期研判会商机制，打好情报预警"主动仗"。牵头开展政治重点人管控、转化"两项攻坚"行动，严防严打邪教活动和境外宗教渗透，打击网络政治谣言和有害信息，抵御敌对势力渗透破坏。以学习宣传贯彻《中华人民共和国反有组织犯罪法》为牵引，常态化开展扫黑除恶斗争，推进教育、金融、市场流通等新三大行业领域整治工作。持续发挥法治固根本、稳预期、利长远作用，着力抓实立体化社会治安防控体系建设，加大对群体性纠纷风险评估、分析研判和协调化解，开展矛盾纠纷"大排查、大调解、促和谐"专项活动，调处矛盾纠纷12109件，调处成功率达99.80%。依法严厉打击电信网络诈骗违法犯罪，挽回经济损失超2800万元，群众财产安全更有保障。成立大安保工作领导小组，句容市委、市政府主要领导坚持践行"四下基层"，接访下访率和实体化解率较高。推行风险评估、联合研判、交办反馈、定期报告、督查督办等维护稳定"五项机制"，建立重要时段每日联合研判会商机制，推动维稳工作责任落实和质效提升。

（徐佳楠）

【法治建设】 2023年，句容市委政法委把牢政治方向、协调各方职能、督促依法履职、创造公正司法环境，保证党的路线方针政策和党中央重大决策部署贯彻落实。句容市公安局探索创建宁镇同城化公安政务服务"两市一窗"，在江苏省内首次打通市域壁垒，创新做法获江苏省公安厅点赞认可。句容市法院助推乡村振兴战略实施，服务美丽句容建设，与南京市玄武区法院等签订《生态环境保护（修复）合作框架协议》，接受委托执行2件26人，涉案金额1.5亿余元。句容市检察院持续深化未成年人综合司法保护，推进一体化办案中心实质化运作，在镇江市率先探索"检察+纪检"联合监督模式，加强民事执行活动检察监督机制建设。句容市司法局开展社区矫正和安置帮教突出问题排查整治工作，挂牌设立镇江市首个海外法律服务中心，提升服务保障民生能力。

紧扣推动高质量发展主题，主动融入产业强市"一号战略"，深入推进"三官一律"进网格、"我为群众办实事"等实践活动。句容市公安局出台实施《句容市公安局服务经济发展15条措施》，打造"处理便捷、服务便民"的新交通事故一体化服务中心。句容市法院依法平等保护各类市场主体，持续开展"法润民企""法润民心"等活动，收集回应企业需求37项，审结商事案件2188件，涉案金额达7.1亿元。句容市检察院充分发挥检察职能，持续深入打好污染防治攻坚战。句容市司法局主动融入产业强市"一号战略"，持续推进重大产业项目招商引资全过程法律服务，审查合同共计87件，打造最佳法治营商环境，为全力推动经济运行整体好转提供法治保障。

（徐佳楠）

【社会综合治理】 2023年，句容市坚持党建引领基层社会治理，坚持和发展新时代"枫桥经验"，创新提炼新时代"枫桥经验"工作法。围绕"网格化管理、精细化服务、信息化支撑"这一要求，精准落实强化基层治理和民生保障行动，不断提升基层治理社会化、法治化、智能化、专业化水平。推进"大数据+网格化+铁脚板"治理模式，推进市域社会治理现代化建设工作，组建市域社会治理现代化指挥中心，推进市镇村三级矛盾纠纷多元化解"一站式"平台建设。年内，9个乡镇（街道、管委会）矛调中心和57个村（社区）矛调服务站全部建成，在交通事故一体化服务中心挂牌成立镇江市首家行业性、专业性矛调服务中心。对"12345"热线"热接不热办"现象全面会办。

（徐佳楠）

公 安

【概况】 2023年，句容市公安局坚持围绕中心、服务大局，履行防风险、保安全、护稳定、促发展各项职责使命，圆满完成打击犯罪、治安管控、社会治理、保障民生、护航发展各项工作任务。年内，句容市公安局交警大队车辆管理所获评"全国优秀车管所""全国公安机关成绩突出集体"，句容市看守所获评"全国一级看守所"，句容市公安局治安大队、下蜀派出所获评"江苏省公安厅专项工作成绩突出集体"。

（郑 方）

【案件侦破】 2023年，句容市公安局共立刑事案3205起，破案1514起，破案率为47.2%；侵财案件立案2647起，破案1026起，破案率为38.8%；立八类案件51起，破案49起，破案率为96.1%。抓获逃犯133人；抓获刑事作案成员1145人，移送起诉998人，公诉752人。聚焦未成年人犯罪，开展专项攻坚，抓获未成年违法犯罪人员189人，打掉幕后团伙7个，侦破案件326起。整治传销难题，围绕宝华、黄梅高频次开展联合清查行动，共查获并遣返传销人员86名，解救被困群众23名。深挖"OTO"组织卖淫新型犯罪，捣毁娼赌窝点73处，查处娼赌案件86起，抓获娼赌违法犯罪人员312名。年内，先后侦办特大跨境网络赌博案、江苏省首例大气污染案、跨省生产销售"毒咖啡"案、特大骗取出口退税案、组织他人偷越国边境案、1999年跨世纪命案等部省市挂牌案件10起。

（郑 方）

【电诈案件整治】 2023年，句容市公安局建成反诈合成作战中心，整合专业侦查手段，配强业务骨干力量，破获本地电诈案件500余起，返还被骗资金2200余万元。3月11日，组织200余名警察到四川成都，首次全链条打击利用GOIP设备（虚拟拨号设备）实施诈骗新型案件，共抓捕犯罪嫌疑人48名，查扣涉案资金3000余万元，成功捣毁一个全国性诈骗集团。树立电诈"可防可控"理念，全面铺开反诈社会面宣传、重点人群精准宣传，基层派出所全部建成"反诈唤醒室"，累计预警劝阻3200余人次、止付挽损2800余万元。（郑 方）

【治安防控】 2023年，句容市公安局坚持和发展新时代"枫桥经验"，紧扣本地治安实际，完善治理体系，构建打造社会治安管控新机制，推动平安建设提档升级。统筹安保与维稳，做深做精做细各项管控措施，完成各级两会、第五届国际道教论坛、2023福地句容马拉松、2023句容茅山湖铁人三项赛等重大赛事活动安保任务20场次。以"全国社会治安防控体系建设示范城市"创建为契机，升级维护高清智能监控8000余路，优化布建人脸识别620套、高空瞭望18台、机动无人机5架，城区监控覆盖率达92.5%。打造实有人口多维感知分析模型，建成北部新城等13个智慧安防小区，高空抛物倒查、可疑人员预警、水电异常分析等安全服务全部上线。依托网格化社会治理机制，常态化开展群租房、租住人员及安全隐患排查摸底，及时采集登记信息，实时掌握动态情况，跟进做好督促整改。推进公安消防安全隐患整治攻坚行动，突出"九小场所"、监管单位消防隐患重点，逐项进行整治，严格督导整改落实。（郑　方）

【执法服务】　2023年，句容市公安局建成交通事故一体化服务中心，推动11个部门合署办公，落地"一站式"服务，交通事故处理周期缩短40%，行政成本、司法成本进一步下降。为方便宁句两地群众办理公安业务，建成宁镇"两市一窗"，优选企业群众迫切需要的4大类17项高频业务进驻办理，实现宁句两地公安业务无差异办理。网办中心、政务服务中心、地铁服务驿站、派出所"综窗"办理事项进一步拓展。打造优质化、法治化营商环境，主动开展调研座谈26场次，出台《句容市公安局服务经济发展15条措施》，企业提出的357个服务事项全部办结。严打涉企违法犯罪，破获涉企案件19起，挽回经济损失1700余万元。发起涉税领域犯罪全国集群战役，追回税款4000余万元；非法集资存案全部化解，清退投资金额1000余万元；抓获境外逃犯4名，"猎狐行动"取得历史最佳战绩。通过警情网情、政府热线、市长信箱等渠道，全面了解群众诉求；邀请人大、政协领导班子实地调研座谈，开展"向人民报告"线上活动，主动接受代表委员监督。
（郑　方）

【交通管理】　2023年，句容市共发生一般程序道路交通事故274起，死亡97人；共查处交通违法行为67.1万余起，现场处罚19.5万余起，其中，查处酒驾醉驾1136起、非机动车违章行为12万余起。年内，句容市公安局营造安全和谐、文明有序的道路交通环境。突出对农村地区、事故易发路段、老年人群体的关照，开展交通安全宣传200余场次，发放宣传页2.8万份，受众达5.6万人，启动两轮交通安全隐患起底排查，整治临水临崖、遮挡盲区等交通事故易发点344处，开展事故易发点勤务模式改革试点。开展"畅行"工程，梳理市域范围内道路拥堵率较高的路段、路口76处，制订配套治理方案，打通城市道路堵点，全面提升全市交通承载能力、通行效率。在全市101所中小学、幼儿园设置护学岗，疏导上学、放学高峰时间过往车辆，保护师生、家长通行安全。结合"全国文明城市"创建，加大群众出行高峰时段的路面执法警力投放，加强对行人闯红灯、电动车逆行、不戴头盔等交通违法行为的制止劝阻。
（郑　方）

句容市公安局开展第五届国际道教论坛安保工作

检察

【概况】 2023年，句容市检察院履行法律监督职责，全方位服务保障中国式现代化句容新实践，各项工作取得新进步、新成效。年内，蝉联"全国检察宣传先进单位""镇江市检察机关先进检察院"称号，先后有5个案例被江苏省检察院评为典型（优秀）案例。（钟 海）

【刑事犯罪打击】 2023年，句容市检察院依法惩治各类刑事犯罪，批捕200人，起诉752人。起诉故意杀人等严重暴力犯罪2件2人。起诉"盗抢骗"等侵犯群众人身财产权利、"黄赌毒"等妨害社会管理秩序的多发性犯罪306人。推进常态化扫黑除恶斗争，办理由全国扫黑除恶专项斗争领导小组办公室、最高人民检察院挂牌督办的金明宝黑社会性质组织犯罪案，该案入围江苏省扫黑除恶优秀案例。统筹落实好宽严相济刑事司法政策，依法不捕37人，不诉162人，对37名在押犯罪嫌疑人开展羁押必要性审查。发挥检察主导作用，协同公安、法院对95.52%的案件适用认罪认罚从宽制度。对违反社区矫正规定和暂时监外执行期满的，依法监督收监6人。与公安、法院会签《句容市刑事案件速裁办案协作工作意见（暂行）》，认罪认罚案件简易速裁适用率达82.91%。强化刑事执行监督，根据镇江市检察院指派，组成巡回检察组对京口区司法局、镇江经济技术开发区司法局社区矫正机构、扬中市看守所开展巡回检察，发现并移送一批违规违法问题线索，办理司法工作人员职务犯罪1件。（钟 海）

【民事检察】 2023年，句容市检察院以"案结事了人和"为目标，不断优化民事诉讼全过程监督。加强民事生效裁判监督和民事审判活动中违法情形监督，提请抗诉1件，制发检察建议3件，均获采纳。加大虚假诉讼案件办理力度，发出再审检察建议4件，帮助当事人挽回损失200余万元。探索民事执行活动监督新模式，联合句容市纪委监委派驻纪检组部署开展民事执行专项监督，针对发现问题制发类案检察建议4件，推动执行环节相关问题有效解决。加大对未成年人、老年人、残疾人、妇女、农民工等特殊群体的保护力度，支持起诉26件，维护其合法权益。（钟 海）

【行政检察】 2023年，句容市检察院深化拓展行刑衔接，开展行政诉讼监督工作，强化对行政审判活动和行政非诉执行活动中违法情形的监督，提出检察建议8件，采纳率达100%。主动融入纠纷多元预防调处化解综合机制，实质性化解行政争议29件。开展行政强制隔离戒毒检察监督试点工作，结合多年派驻监督实践经验，梳理形成《司法行政强制隔离戒毒检察监督工作指引（试行）》《关于建立司法行政强制隔离戒毒检察融合机制的意见》，推动促进检察监督与司法行政强制隔离戒毒执法有效衔接，填补了该领域的制度空白。（钟 海）

【公益诉讼检察】 2023年，句容市检察院维护国家和社会公共利益，办理公益诉讼案件69件。用好磋商、诉前检察建议等监督手段，促成在诉前解决问题。开展危废固废领域、农业废弃物回收和农产品质量领域、预付消费领域、耕地占用税追缴领域、国有土地出让领域公益诉讼专项监督，办理相关领域案件18件。督

句容市检察院在长江码头举行公开听证会

促规范普通槽罐车清洗行业监管秩序行政公益诉讼案，获评江苏省检察机关"人大主任出题"检察公益诉讼典型案例。（钟海）

【营商环境服务】 2023年，句容市检察院打击侵害市场主体利益违法犯罪，起诉破坏市场经济秩序犯罪14件26人。对企业人员涉经营类犯罪依法不捕、不诉12人，护航企业健康发展。综合运用第三方监督评估机制、检察建议、检察意见推进企业合规，促进涉案企业"司法康复"，对自愿改进经营管理、经评估消除再犯风险的，依法适用宽缓政策。办理企业合规案件2件，对符合规定情形的单位、人员依法作出宽缓处理。落实长三角四地出台的社区服刑人员外出管理办法，依法保障37人次企业社区服刑人员外出从事生产经营活动。"优化法治营商环境 助推民营经济高质量发展"项目被江苏省5部门联合表彰为民营企业产权司法保护协同创新实践典型。（钟海）

【社会综合治理】 2023年，句容市检察院在办理个案的基础上，综合运用检察建议、调研报告等方式，为党委、政府决策和行业治理提供精准参考，推动解决案件背后社会治理的深层次、苗头性问题。围绕寄递安全、长江大保护等方面问题，制发社会治理检察建议13件，撰写调研报告4份，其中，就长江流域非法捕捞问题制发的检察建议被江苏省检察院评为优秀社会治理检察建议。落实"谁执法谁普法"责任，努力将每一次办案活动转化为普法实践。（钟海）

【未成年人保护】 2023年，句容市检察院深化未成年人综合司法保护，对强奸、猥亵等严重侵害未成年人的犯罪决不宽容，批捕15人，起诉18人。依法惩治未成年人犯罪，对主观恶性深、后果严重的，起诉8人；对失足和轻微犯罪的，附条件不起诉14人，相对不起诉6人。构建"社会化"帮教体系，加强跟踪帮教和行为矫治，帮助3名涉罪未成年人学习技能、提升本领、顺利回归社会。对10名涉案"问题父母"发出量身定制的督促监护令，引导其"依法带娃"。推动法治副校长精选优聘，常态化进校普法，引导未成年人学法懂法，选送的句容市天王中心小学学生手绘作品，获第二届"未成年人法治手绘画廊"一等奖。（钟海）

【检察为民服务】 2023年，句容市检察院持续做好民生实事，群众信访"件件有回复"落实率达100%。建立"领导包案+公开听证+司法救助+社会救助"四位一体化解工作机制，信访突出问题集中整治成效明显。组织检察官进网格，直接下沉社区村镇参与化解矛盾、提供法治服务31场。联合民政局、妇联、共青团等部门建立多元救助格局，对79名因案致贫致困当事人发放国家司法救助金60.7万元。通过公开听证、联合走访等方式，增强矛盾化解工作的社会公信力和支持度，对98件案件开展公开听证，促成14件轻微刑事案件达成和解。（钟海）

法 院

【概况】 2023年，句容市人民法院围绕"努力让人民群众在每一个司法案件中感受到公平正义"目标，服务保障全市经济社会发展大局。全年受理案件20768件，首次突破2万件，其中，新收18979件、审执结18802件。年内，句容市法院入选"2023—2024年度全国维护青少年权益岗创建单位"，获评"'七创'省级双拥模范城先进单位"，少年及家事审判庭获评"全国法院先进集体"，立案庭获评"江苏省法院金融审判工作先进集体"，1人获评"江苏省优秀法官"。（何静芸）

【刑事审判】 2023年，句容市人民法院审结刑事案件522件，判处罪犯819人。打击危害社会治安的八类犯罪，判处43件45人。常态化推进扫黑除恶，依法审结全国扫黑除恶专项斗争领导小组办公室、最高人民检察院挂牌督办的金明宝等24人涉黑案件，创建的扫黑除恶品牌"宜'句'安民"获江苏省法院优秀奖。打击电信网络诈骗等犯罪，审结电信诈骗、"帮信罪"及掩饰隐瞒犯罪所得罪等相关案件58件154人。惩治腐败犯罪，审结贪污贿赂、渎职等职务犯罪案件8件8人。坚持行贿受贿一起打，审结行贿案件2件3人。审结涉未成年人犯罪案件17件20人。

（何静芸）

【民商事审判】 2023年,句容市人民法院审结商事案件2188件,涉案金额7.1亿元。新收破产案件51件,审结42件,化解不良债权7.5亿元,盘活土地6.17万平方米、房产4.9万平方米。审结金融借款、保险、票据等案件1503件,涉案金额9.37亿元。开展"法润民企""法润民心"等活动,走访企业50余家,收集回应企业需求37项。健全涉"问题楼盘"等重点领域案件风险评估、联动处置工作机制,配合做好"保交楼、保民生、保稳定"工作。审结民事案件10789件,审结劳动争议案件199件,审结各类消费纠纷案件104件,为24名困难当事人发放司法救助金69.05万元。 （何静芸）

【案件执行】 2023年,句容市人民法院执结案件6087件,执行到位金额7.24亿元。开展凌晨、假日、"小标的 大民生"、"百日执行攻坚"等集中执行行动36次,拘传拘留390余人次,罚款70余万元,组织强制搬迁7次,直播"跟着法官'抓老赖'"行动18场,吸引1400多万人次观看。健全资产处置联动机制,与句容农村商业银行等多家银行联合开展法拍贷业务,成功拍卖资产195件,成交总额3.01亿元,"法税协作 优化司法拍卖涉税应对"工作入选"2021—2023年度江苏省法治建设创新项目"。
 （何静芸）

【乡村振兴助力】 2023年,句容市人民法院3个法庭挂牌江苏省高级人民法院"服务乡村振兴实践基地",化解涉农地"三权"分置案件185件。依托后白法庭法治教育馆、下蜀法庭沐正苑、白兔法庭法文化广场,打造青少年法治实践、党风廉政警示教育、司法助力乡村振兴和普法宣传等示范基地,全年接待参观学习教育1200余人次。深化"一法庭一品牌"建设,后白、下蜀、白兔3个法庭立足自身特色分别打造"守土·护林""和谐人居""合和莓美"品牌。与南京市玄武区法院等签订《生态环境保护（修复）合作框架协议》,接受委托执行2件26人,涉案金额1.5亿余元。发挥茅山和宝华山旅游巡回审判点作用,走进旅游景区开展"法律问诊",向游客发放宣传手册3000余份。 （何静芸）

【审判监督】 2023年,句容市人民法院接受各界监督,3个法庭均设立"人大代表联络工作室",组织代表委员旁听庭审、视察法院、见证执行等活动17场141人次,6名员额法官接受人大常委长履职评议并均获满意,邀请检察长列席审判委员会4次。举办新闻发布会6次,组织召开专业法官会议、审判委员会研讨重大疑难复杂案件69次300余件。
 （何静芸）

【诉讼服务体系建设】 2023年,句容市人民法院发挥远程庭审、"江苏微法院""江苏微解纷"等线上平台作用,落实电子证据、线上开庭规则,网上立案4510件、在线庭审710场、网上调解2060件,连续三年网上立案审核零超期。依托集中送达中心,优先开展电子送达工作,推进律师、基层法律服务工作者等电子送达地址库建设,全年累计开展电子送达68948次。实质运行院庭长监督管理系统,智能管控案件流程节点,实现全程留痕、实时查询。 （何静芸）

【多元解纷】 2023年,句容市人民法院坚持和发展新时代"枫桥经验",3个法庭均与辖区司法所、村社区、商会等基层组织签订共建协议,深化"法官进网

句容市崇明小学学生走进后白法庭开展学法活动

格",开展"法律明白人"培训等24场次,通过指导调解、开展培训、释法说理等,推动矛盾风险化解在源头、解决在萌芽。完善诉调对接,联合镇江仲裁委建立仲裁服务联络点,联合司法局、律师协会成立驻法庭律师调解工作室,联合住建、公安、妇联等建立纠纷集约化处理机制,全年诉前调解案件11563件,调解成功7951件。畅通"诉前调解+司法确认"机制,实现矛盾纠纷受理、调解、司法确认"一站式",司法确认案件934件。加大司法大数据运用,就加强物业管理、校园法治教育等发送司法建议9份。 (何静芸)

司 法

【概况】 2023年,句容市司法局强化政治引领,聚焦主责主业,扎实履行职能。年内,持续推进"法治句容"建设,推进依法行政,推进普法依法治理,开展公共法律服务,强化矛盾纠纷调处,各项业务工作取得一定成绩。句容市委依法治市办被评为"2022年度'依法治省'工作成绩突出单位";句容市司法局被评为2023年全国"组织宣传人民调解工作先进集体";句容市法律援助中心被评为"全国法律援助先进集体";朱世平获评"全国模范人民调解员"。 (戴路远)

【法治句容建设】 2023年,句容市开展"双提双评"专项行动、道路交通安全和运输执法领域突出问题专项整治和"十四五""法治句容"建设"一规划两方案"实施情况中期评估。实施法治镇(街道)建设三年行动方案,推动镇(街道)成立依法治镇(街道)委员会,实现司法所长列席党政联席会议全覆盖。全年征集法治惠民实事项目57件,对全市75家法治重点部门开展实地督察。 (戴路远)

【依法行政】 2023年,句容市司法局制定年度市政府重大行政决策事项目录,提升依法决策水平。参加句容市政府、句容经济开发区巡视问题专题整改会议5次,对市政府常务会议议题审查全覆盖,审查各类政府文件和部门征求意见稿70件,出具书面审查意见42件。市政府法律顾问共参与审核重大决策事项15件,参与处置重大疑难涉法事务26起。推动10个市级部门和12个镇(街道、园区)对27类服务证明事项实行告知承诺制,全年共办理证明事项告知承诺制事项16521件。开展基层法制审核实务与江苏省执法监督平台操作培训,培训人员150人次。印发《关于推进规范执法柔性执法优化法治化营商环境的实施意见》,实施包容审慎监管,推行柔性执法。加大复议监督纠错力度,推进行政争议实质性化解。全年受理行政复议案件100件,结转上年14件,办结94件,办结率约达82.46%。办理各类行政诉讼案件30件,行政机关负责人出庭应诉率达100%。 (戴路远)

【法治宣传】 2023年,句容市司法局完成"八五"普法中期考核评估;常态化开展"法律明白人"和农村学法用法示范户队伍培训;指导各乡镇开展第十七批省级"民主法治示范村(社区)"创建申报。开展宣传活动100余场次、"法治文艺演出进企业"2场次。建立健全领导干部应知应会法律法规清单制度,落实"谁执法谁普法"普法责任制,压实各单位普法责任。 (戴路远)

【法律服务】 2023年,句容市新增寨里社区、杨塘岗社区、周家岗村、下甸村、东门社区、马扎里社区6个法律援助联系点,实现全市177个村(社区)法律援助联络点全覆盖。受理法律援助案件1269件,其中,1件获评"2023年度江苏省法律援助十大好案件"。对接全省优化营商环境行动计划,推动公共法律进园区、进企业,在下蜀镇江苏联博精密科技股份有限公司挂牌设立镇江市首个海外法律服务中心(镇江驻塞尔维亚法律服务中心)。 (戴路远)

【公证工作】 2023年,句容市司法局办理各类公证7502件。通过工作日延时下班、节假日预约办证、上门办证等惠民便民措施,进一步提升服务质量。在宝华镇、郭庄镇、天王镇、茅山镇4个较远乡镇设置远程公证便民服务点。 (戴路远)

【律师工作】 2023年,句容市司法局结合"百所千人助万企"和"法企同行"等活动,组织律师、法律工作者对全市38家中小企业进行"法治体检",增强中小企业法治意识、加强企业合规管理。推进公共法律服务进园区、进企业,推动企业法律顾问服务精细化。　　　　　　（戴路远）

【社会矛盾化解】　2023年,句容市司法局坚持和发展新时代"枫桥经验",下蜀镇"化解涉企矛盾纠纷'四员三方双色'工作法"由江苏省委政法委推荐至中央政法委,下蜀镇调委会"织密惠商'解纷网'　增强企业'归蜀感'"编入《江苏司法行政系统践行新时代"枫桥经验"工作法选编》。新建商会调解组织1家、企业调解组织12家,挂牌成立镇江市首家驻法庭律师调解工作室。全市各级各类调解组织全年调处矛盾纠纷15766件,调处成功率达99.8%。　（戴路远）

【社区矫正帮扶】　2023年,句容市司法局开展社区矫正和安置帮教突出问题排查整治工作,推行安置帮教对象社会适应指数评估,在华阳司法所启动戒治项目推广"正念"团体辅导,推动后续照管与社区戒毒、社区康复融合发展,在禁戒毒宣传、教育培训、戒毒技术推广等方面加强所地共建,完成社区矫正机构赋码工作。截至2023年年底,全市在矫对象409人,在册安置帮教对象1299人。　　　　　（戴路远）

信　访

【概况】　2023年,句容市信访系统围绕"事要解决、人要稳住"工作目标,统筹推进常态化化解信访积案、重点领域专项攻坚、重大活动信访保障等各项工作,共受理各类信访事项2339件,信访秩序稳定向好。各地各部门严格落实主体责任,细化工作举措,形成了上下联动、全市"一盘棋"的工作格局。　　　（戴路远）

【信访问题化解】　2023年,句容市信访局贯彻落实"信访突出问题攻坚化解巩固提升年"部署要求,统筹推进常态化化解信访积案工作。严格落实领导干部包案制度,压实信访工作责任。全年开展各类督查18次,并对信访矛盾突出的重点镇（街道、管委会）实地督查。省指定县处级党政主要领导包案18件,化解18件,化解率达100%；50件基层突出矛盾纠纷化解稳定率达100%,涉法涉诉、涉金融重点领域信访矛盾大幅下降。　（戴路远）

【信访问题源头治理】　2023年,句容市信访局开展信访问题源头治理三年攻坚行动,提升基层化解矛盾能力和水平。全面排查矛盾隐患,每日分析研判信访情况,每旬分析信访形势、动态预警信访风险和化解防控工作。压实首接首办责任,对信访初件进行认真梳理分析,重点事项及时会商会办,并跟踪回访办理情况。落实台账管理,制作"三单一表"（初件基本信息清单、跟踪回访清单、重点事项调度清单和跟踪回访确认表）。提升初信初访一次性化解率,全市初信初访同比下降30%以上。　　　（戴路远）

【信访工作基层建设】　2023年,句容市信访局完善"一站式接待、一条龙办理、依法分流引入"工作模式,华阳街道等4个人民来访接待中心获评省级"人民满意窗口"。深化网上信访"人民满意窗口"创建,组建代理员队伍,提供高效便捷的网上信访服务。加大信访业务标准化建设,提高业务规范化水平,及时受理率、按期办结率均达100%。
（戴路远）

句容市公证处

军事

编校人员：朱 峰

句容市人民武装部

【概况】 2023年，句容市人武部以全面建设一流国防动员单位为目标，坚持"稳中求进、敢为善为、全面提高"，全面建设水平稳步提高。根据《句容市基层武装工作量化考评实施办法》《2023年度镇（街道、园区）综合考评实施办法》规定，对全市12个乡镇（街道、园区）开展武装工作量化考评暨党管武装考核工作。全年，句容市人武部投入援建资金10余万元，帮扶茅山风景区管委会天乐村基础建设；联合镇江军分区、镇江市军队离退休干部第二休养所到天乐村开展"双创双扶"义诊活动，免费为群众提供医疗保健咨询。

（徐 涵 叶欣欣）

【国防教育】 2023年，句容市人武部联合句容市教育局组织战斗英雄、现役军人、退役大学生士兵等，定期到句容市崇明幼儿园、句容市华阳中学、江苏省句容高级中学宣讲国防教育，增强学生的国防观念和爱国意识。组织江苏省句容高级中学150余名师生及部分学生家长代表走进东部战区某部队，开展"进军营爱国防"教育活动。 （叶欣欣）

【新兵应急救护培训】 2023年3月17日，句容市2023年春季预定新兵役前教育训练应急救护培训在镇江国防园举行。此次应急救护普及培训，开展伤口包扎、骨折固定等常见的现场应对和救护；现场讲解心肺复苏术、气道异物梗阻等相关急救技能。

（徐 涵）

国防动员

【概况】 2023年，句容市国防动员办公室把握国防动员改革战略机遇，聚焦新的职能使命，开展国防动员各项建设。联合句容市

夏秋季征兵新兵欢送大会

军　事

句容市人武部接受江苏省军区民兵整组检查考评

句容市开展机动指挥系统训练

人武部军事科拟订《句容市国防动员委员会工作规定》《句容市国防动员委员会联合办公室工作运行规定（试行）》《句容市国防动员委员会成员单位工作分工》《句容市国防动员建设实施计划（2023—2025年）》（"三规一计划"）征求意见稿。在保证战备功能的前提下，充分发挥人防工程社会效益，将1处人防工程配套地下停车场移交句容市机关服务中心统一管理，为市民提供车辆停放服务。　　　　（庄振顺）

【国防动员体制改革】　2023年，句容市国防动员办公室按照江苏省、镇江市深化国防动员体制改革部署要求，围绕职能、角色、机制3个转变，先后完成市国动办机构职能划转、市国动委联合办设立和市国动委组成人员调整、拟制相关文件规定等相关工作，基本实现由原来单一的人防行业主管部门向国防动员综合协调部门的转型。　　　　（庄振顺）

【国防动员演练】　2023年，句容市国防动员办公室组织学校和重点经济防护目标开展演练；组织相关企事业单位国防动员专业队整组；开展国防动员专业队骨干培训和年度军事技能训练。定期组织基本指挥所、机动指挥所和无人机设备参加江苏省、镇江市国防动员系统实战化演练。

（杨益群）

退役军人管理

【概况】　2023年，句容市退役军人事务局将学习贯彻党的二十大精神作为首要政治任务，开展主题教育学习。全年累计建成1个双拥主题公园、6个双拥示范基地（点）。继续开展退役军人信息采集、办理建档立卡、办理发放优待证等工作；全年发放各类优抚资金4373万元。健全退役军人信访工作制度，通过政策宣讲等规范程序，化解信访矛盾。2023年，句容市退役军人事务局被江苏省退役军人事务厅表彰为"江苏省退役军人就业创业先进集体"。（退役军人事务局）

【权益保障】　2023年，句容市退役军人事务局持续开展"戎耀之家"创建活动,全市2家单位创成省级"戎耀之家"。全年累计走访慰问483人次,其中,临时救助46人次;申报江苏省扬子退役军人关爱基金3人次,共计4万元;申报镇江市"尊戎惠光"关爱基金4人次,共计3.5万元。

(退役军人事务局)

【移交安置】 2023年,句容市退役军人事务局落实"积分选岗,阳光安置"政策,完成全市营以下转业军官和退役士兵安置选岗工作,安置率达100%。联合教育局、财政局、人社局等部门成立退役军人就业创业和教育培训领导小组。全年,举办退役军人专场招聘会2场,达成初步就业意向65名;与南京市公安部门合作开展专项(辅警)招聘会,帮助40余名退役军人就业。

(退役军人事务局)

【优抚优待】 2023年,句容市退役军人事务局开展走访慰问生活困难优抚对象256户,累计发放慰问金26万元;发放老复员军人遗属补贴297万元,督促乡镇核对优抚对象月抚恤补助发放工作。对全市2800余名优抚对象开展体检服务。组织镇江三五九医院对62名重点优抚对象开展上门巡诊活动;组织2批130人分别到南京空军特勤疗养院和镇江瑞和疗养中心短期疗养。落实现役、退役军人免费乘坐公共交通工具、免费游览景区等优待政策;落实军人子女教育优待办法,协调17名军人子女上学。

(退役军人事务局)

【双拥共建】 2023年,句容市退役军人事务局落实军地联席会议、军地领导互访、军地联络员情况通报等制度。全市镇、村两级退役军人服务站按照星级服务站标准建设到位,服务保障体系全面提升;建立定期走访慰问驻当地部队,推动双拥工作制度化、规范化、常态化。2023年,全市军地单位结对共建16个,完成部队装备货场道路修缮、门前道路亮化工程、公交线路调整等工作。

(退役军人事务局)

句容市"拥军联盟"签约授牌仪式

自然资源和生态环境

编校人员：陈龙浩

自然资源

【概况】 2023年，句容市自然资源和规划局贯彻新发展理念，抓好资源安全、要素配置、民生需求、营商环境四个关键，构建完善国土空间规划体系，统筹划定严守耕地和永久基本农田、生态保护、城镇开发边界三条控制线，推进各类自然资源科学合理开发和节约集约利用，为全市现代化建设提供更加有力的自然资源规划支撑保障。

（曹大顺）

【农村不动产确权登记】 2023年，句容市自然资源和规划局推进全市农村不动产权籍调查和确权登记工作，全市农房经江苏省自然资源厅进一步核减后为73315万宗。年内基本完成总登记工作，并转入日常登记工作。（曹大顺）

【农村集体土地所有权确权登记】 2023年11月，句容市自然资源和规划局就句容市农村集体土地所有权确权登记成果更新汇交工作，向江苏省自然资源厅提交了符合最新数据库标准的全域权籍数据库和登记数据库。句容市农村集体土地所有权确权登记成果更新共完成13个乡镇（街道、管委会）177个村14605宗（集体11795宗）图斑的权属核实、数据建库、不动产登记，并全部纳入句容市不动产登记信息管理平台，对符合发证条件的10639宗农村集体土地所有权宗地完成登记流程，并在日常应用中对登记成果按不动产登记要求进行更新维护，确保数据的现势性和准确性。

（曹大顺）

【国土空间监测】 2023年，句容市自然资源和规划局以2022年国土变更调查成果为底图，依据2023年高分辨率遥感影像和最新的相关专题资料，开展地类变化监测，掌握各地类面积、范围、分布和变化等情况，同时在地类变化监测的基础上，细化和补充国土空间信息相关内容。在2022年城市国土空间监测的基础上，进一步扩大监测范围，细化相关地类，补充相关监测要素。

（曹大顺）

【耕地保护】 2023年，句容市自然资源和规划局深入开展全市

12月27日，全市林长制工作暨森林防灭火工作会议召开

耕地和永久基本农田划定成果核实处置工作，共完成3.25万亩的核实处置任务。工作期间，主动对接各乡镇，明确要求和责任，多次召开会议商讨高质量完成此项工作并踏勘现场查看整改现状，全过程参与此项工作的各个阶段，形成工作任务完成的日报制，及时了解完成情况。 （曹大顺）

【林业管理】 2023年，句容市自然资源和规划局切实做好森林、湿地资源管护。完成丰华机械、宝华山北门停车场等项目省级公益林调整工作和林地报批工作并获得许可；完成边城镇青山村修建森林防灭火蓄水池项目、国网新源句容抽水蓄能电站项目临时使用林地延期项目、312国道句容段改扩建工程临时使用林地延期项目、后白镇工业园路网工程项目、茅山镇原方前村及茅延路南侧局部地块开发项目、边城仑山水库东南侧局部地块开发项目等林地报批工作并获得许可。根据国家、江苏省、镇江市统一部署，结合句容市森林资源"一张图"及"三调"林地情况，根据全市森林资源年变化情况，完成2023年森林督查和月督查工作，完成森林督查267个图斑和月督查281个图斑自查上报工作。完成"三调"林地内和林地外的森林资源调查工作，并通过上级部门的验收。完成全市2023年林草生态综合监测工作。建成墓东水库、虬山水库两个省级湿地保护小区，面积达3897.9亩，湿地保护率为12.4%。 （曹大顺）

【林长制工作】 2023年，句容市自然资源和规划局完善"12336"林长制工作机制，推进林长制改革。创新建立市级"林长指挥室"，推广使用"林长通""护林通"APP，推动智慧监管再升级。在磨盘山建成首个集林长制宣传、森林体验及徒步登山知识于一体的林长制主题公园。村级林长单位句容市磨盘山林场被中国林场协会评为2023年度"十佳林场"，为江苏省唯一获此荣誉的国有林场。（表4） （曹大顺）

【国土绿化行动】 2023年，句容市自然资源和规划局贯彻落实"非农化""非粮化"政策，全年全市完成成片造林总面积164.25亩，积极推进高铁沿线造林工作。建成省级"绿美示范村"1个，改造提升省级"绿美村庄"6个，通过江苏省林业局、镇江市自然资源和规划局验收。完成低效林改造和退化林修复4143亩。开展句容市古树名木保护工作，对7株衰弱和濒危古树进行修复调查，并出具修复意见。完成对宝华山森林公园抢救复壮宝华玉兰古树名木群1个。2023年，全市林木覆盖率为30.07%。 （曹大顺）

【野生动物监测】 2023年，句容市自然资源和规划局加强野生动物疫源、疫病、疫情监测。安排专职监测人员2人，野外巡护9200人次、5500千米，观测到鸟类18目52科202种。对美国白蛾、杨树食叶害虫、黑翅土白蚁等13种主要林业有害生物进行有序测报。2023年，句容市公益林管理中心作为国家级测报点获评江苏省林业局"优秀测报点"。 （曹大顺）

【森林防灭火工作】 2023年，句容市自然资源和规划局开展森林防灭火基础建设、火源管控、林火监测、火灾扑救、林火阻隔、通信指挥六大体系建设，提升森林防灭火能力。全市新建防火道路2.8千米，提档升级改造防火通

句容市农林场圃一览表

表4

名称	所在地	法人代表	联系电话	经营项目
下蜀茶场	下蜀镇	陈志农	0511-87761297	茶叶
九华茶场	黄梅街道	谭圣伟	0511-87388127	茶叶
赵庄林苗场	边城镇	夏爱军	0511-87631103	茶叶
张庙茶场	后白镇	张德敏	0511-87501212	茶叶
茅山茶场	茅山风景区	戴军舰	0511-87831080	茶叶
浮山果园	天王镇	程学文	0511-87458018	茶叶
方山茶场	茅山风景区	黄成兵	0511-87427087	茶叶
句容市林场	下蜀镇	翁行良	0511-87768175	林木、茶叶
磨盘山林场	茅山风景区	范文杰	0511-87481300	林木、茶叶
东进林场	茅山风景区	张明	0511-87828209	林木、茶叶

（句容市自然资源和规划局）

自然资源和生态环境

森林火灾消防演练

道5千米。建成"以水灭火、引水上山"工程蓄水池183个，其中，100吨蓄水池3个。全市共有森林防火语音播报器121个，其中，新建和改造38个。新建8个智能监测预警摄像头，智能监测覆盖重点森林分布区达80%。根据江苏省林业局"建蓄能驿站、解护林之忧"为群众办实事试点要求，采购1座移动式框架结构森林防火护林房。共清理完成林下可燃物1500亩。完成森林防灭火通信系统定位和定期维护。

（曹大顺）

【矿产资源管理】 2023年，句容市共有露天采石矿山3个（台泥、康泰膨润土、长山环境）；井下矿山3个（宝源、仙人桥、金拓）。按照自然资源部、江苏省自然资源厅、镇江市自然资源和规划局"矿业权人勘查开采信息公示"要求，全市境内符合要求的5个采矿权、2个探矿权全部完成信息公示工作。完成2023年矿产资源储量统计工作。开展矿山企业履行矿山地质环境保护与土地复垦义务"双随机、一公开"检查工作。完成历史遗留矿山图斑自然恢复型销号工作。

（曹大顺）

【地质灾害防治工作】 2023年，句容市自然资源和规划局编制《句容市2023年地质灾害防治方案》，对全市45个地质灾害隐患点进行深入排查，进一步细化责任，落实到人，健全群测群防网络。对16个地质灾害隐患点完成自动化监测预警。开展地质灾害防治培训及联合句容市应急管理局开展突发地质灾害应急演练工作。

（曹大顺）

【自然资源行政执法】 2023年，句容市自然资源和规划局落实中央关于坚决制止耕地"非农化"、防止耕地"非粮化"要求，全面加强违法用地管控、整改，坚决遏制新发生违法用地行为。继续推进违法用地"清零"行动，整改率达87.48%。推进2023年耕地保护督察问题整改工作，全年完成整改11处217.69亩，整改率达77.71%。全年开展矿山巡查140余次，无盗采行政案件，联合公安部门侦办涉刑事盗采案件2起。立案查处涉林行政案件21起。

（曹大顺）

【土地市场】 2023年，句容市出让土地100宗，面积4084.91亩，合同收取土地出让价款1047275万元。其中，出让经营性用地87宗，面积3622.22亩，合同收取土地出让价款1036560万元；出让工业用地13宗，面积462.69亩，合同收取土地出让价款10715万元。办理划拨54宗，面积4145.15亩。办理集体建设用地使用3宗，面积24.98亩。

（曹大顺）

城乡规划

【概况】 句容市贯彻落实中共中央、国务院《关于建立国土空间规划体系并监督实施的若干意见》，2020年年初启动《句容市国土空间总体规划（2021—2035年）》编制工作，整体谋划全市国土空间开发保护格局，提升国土空间治理能力，实现"多规合一"。2023年3月31日，该规划通过句容市第十七届人民代表大会常务委员会第十次会议审议；6月30日，该规划通过江苏省自然资源厅委托镇江市自然资源和规划

《句容市国土空间总体规划（2021—2035年）》专家论证会

局组织的专家论证会论证；11月6日，该规划获得江苏省人民政府批复。

（曹大顺）

【城市总体规划】 句容市规划形成"一圈三廊、一主三副、两屏两区"的全域空间开发与保护格局。

"一圈"为新兴功能拓展圈，是句容打造"宁句扬一体化"的核心载体，是科创先导、智造主导、文旅引导的核心功能承载区。"三廊"为：综合发展走廊，依托宁句城际轨道，加强句容中心城区与南京中心城区、茅山风景区的联系；G312产业创新走廊，依托312国道快速化改造打造交通、产业融合的发展廊道，借力南京仙林大学城创新资源，在312国道布局创新空间，配套科技孵化载体，延伸产业链条，大力发展相关产业；宁杭生态走廊，通过生态体系构建，形成生态保护、景观游憩复合功能。"三廊"是承接句容城市重大战略功能的主要载体，是未来句容人口增长、空间拓展、功能集聚的核心区域。

"一主"为句容中心城区。在句容经济开发区和华阳街道融合发展的基础上，协同南京麒麟科技创业园、汤山新城建设，成为句容市发展的主中心。"三副"为宝华镇、茅山风景区和郭庄镇。其中，将宝华镇打造为科创副中心，依托临近南京仙林的区位优势，对接宁镇创新资源，推动产学研项目落地，建设高水平凤坛创新社区和高品质宜居环境；将茅山风景区打造为文旅副中心，在注重风景区生态系统和生物多样性保育的基础上，依托风景区的区域知名度，完善文化旅游设施，大力发展生态价值凸显的魅力新经济；将郭庄镇打造为生活副中心，发挥赤山湖生态资源优势和临近禄口空港经济区的优势，建设集创新研发、创新转化、新型电力（新能源）装备、现代物流于一体的城市副中心。

"两屏"为北部乡村田园区和南部生态旅游区。北部乡村田园区农业资源丰富、特色农产品多样，适合发展服务于区域的特色农业；南部生态旅游区依托自然山水和特色农业资源，鼓励生态农业与乡村旅游融合，发展生态旅游。

（曹大顺）

【城市详细规划】 2023年，为贯彻落实中共中央、国务院《关于建立国土空间规划体系并监督实施的若干意见》，句容市制定《句容市国土空间规划委员会工作规程》，进一步维护国土空间规划的严肃性和权威性，完善规划决策与监督实施工作。制定《关于优化居住类地块规划管理要求的实施方案（试行）》，丰富住宅多样性，满足人民日益增长的美好生活需要。组织开展并完成句容市详细规划编制单元划定工作，为提高详细规划编制和管理水平提供重要支撑。继续推进全市控制性详细规划动态维护工作，全年共完成中心城区26个片区、乡镇17个片区的控制性详细规划调整报批。完成约121.15万平方米用地规模的规划方案审查，总建筑面积约118.6万平方米。其中，产业类项目总用地面积约46.72万平方米，总建筑面积约41.2万平方米；经营性项目总用地面积约25.19万平方米，总建筑面积约58.5万平方米；公益项目总用地面积约49.24万平方米，总建筑面积约18.9万平方米。

（曹大顺）

【村镇规划】 2023年，句容市以优化全市镇村布局规划为主抓手，引导城乡空间优化整合，改善农村基本公共服务，增强乡村特色风貌建设，提高乡村产业发展与生态宜居水平。规划通过构建"1中心城区—9田园城镇—5田园社区—N田园乡村"的现代田园城乡体系、划定类型化空间单元、制定分单元的村庄布局，将全市1377个自然村调整形成251个集聚提升类村庄、66个特色保护类村庄、14个城郊融合类村庄、122个搬迁撤并类村庄、924个其他一般村庄。规划建设集聚提升类村庄33个、特色保护类村庄11个、城郊融合类村庄1个、搬迁撤并类村庄6个。

2023年，句容市上报进行8个行政村的村庄规划编制计划，实际编制23个行政村的村庄规划，分别为黄梅街道石狮村、后莘村、茅山镇前陵村、天王镇斗门村、西溧村、下蜀镇祝里村、边城镇友谊村、衣庄村、光明村、后白镇东风村、夏王村、华阳街道云塘村、吴岗村、南亭村、吉里村、郭庄镇东方红村、东湖村、郭庄村、端王村、甲山村、芦亭村、金星村、五渚坊村。年内23个行政村的村庄规划全部完成专家论证。 （曹大顺）

环　境

·环境质量·

【空气环境质量】　2023年，句容市环境空气质量优良天数占比达78.1%，在江苏省54个省控站点中排名第39位；PM$_{2.5}$平均浓度33.9微克/立方米，在江苏省54个省控站点中排名第38位；臭氧浓度171微克/立方米，在江苏省54个省控站点中排名第41位。
（潘倩倩）

【水环境质量】　2023年，句容市13个国省考断面达标率达100%，优Ⅲ比例达100%，优Ⅱ比例达15.4%，北山水库、句容水库、二圣水库3个集中式饮用水水源地水质均达地表水Ⅲ类标准。年内开展新一轮太湖流域综合治理工作，完成年水污染物化学需氧量、氨氮、总氮、总磷减排任务。 （潘倩倩）

【土壤环境质量】　2023年，句容市农用地和建设用地土壤环境安全平稳可控，土壤和地下水环境质量总体保持稳定，受污染耕地安全利用率稳定达到93%以上，重点建设用地安全利用得到有效保障。年内，全市243家产废企业全部完成危险废物名录变更，共安全处置危险废物约14184.11吨、医疗废物356.3吨。

（潘倩倩）

【声环境质量】　2023年，句容市区声环境功能区共设8个噪声监测点，其中，1类区域2个、2类区域2个、3类区域3个、4类区域1个，评价执行《声环境质量标准》（GB 3096-2008）中相应类别标准。全年监测结果表明，各功能区中1类区域、2类区域、3类区域、4类区域昼间及夜间平均等效声级均能满足相应标准要求。
（潘倩倩）

·环境管理·

【环境执法】　2023年，镇江市句容生态环境局以贯彻落实新修订法律法规为契机，解决一批群众关注的突出生态环境问题，累计出动执法人员3410人次，检查企业1705家，查处环境违法案件51起，累计罚款约125.4587万元。使用"四个配套"办法查办案件3起，其中，查封扣押2起、移送公安1起。 （潘倩倩）

【环境信访工作】　2023年，镇江市句容生态环境局受理各类环境信访756件，其中，涉大气污染类403件、水污染类86件、声污染类233件、其他类44件。所有信访投诉件均得到及时调查处

镇江市句容生态环境局工作人员指导企业工作人员申报排污许可证

理，调处率达100%，结案率达100%。 （潘倩倩）

【排污许可证管理】 2023年，镇江市句容生态环境局核发排污许可证90张，其中，重点管理16张、简化管理74张。完成136家持证排污单位年执行报告提交审核；完成七大典型行业企业年排污许可证执行报告内容规范性整改工作；帮助32家已发证企业中大气污染物综合排放标准未更新、近期没有换证计划的简化管理类企业，发起审批部门变更，更新最新排放标准。通过开展现场服务手把手指导，对审核中发现较多问题的企业进行定点帮扶，提高审批效率、压缩审批时间，推动排污许可提质增效。 （潘倩倩）

【安全生产】 2023年，镇江市句容生态环境局指导78家风险企业开展风险评估、应急预案备案管理，按要求录入江苏省应急管理数据库170家。完成突发环境事件应急预案修编发布工作，并开展突发环境事件隐患排查，抽查企业29家，发现问题41个，收集闭环材料41份，向应急管理部门移送安全隐患线索20条。年内，全市未发生等级以上突发环境事件。 （潘倩倩）

【核与辐射安全管理】 2023年，句容市有核技术应用单位61家，其中，放射源单位1家、Ⅱ类射线单位9家、Ⅲ类射线单位51家。年内，镇江市句容生态环境局重点围绕放射源使用单位的辐射安全与防护设施运行和管理、辐射事故应急响应和处理能力、辐射安全管理规章制度制定和执行、人员资质培训和个人剂量管理等情况开展"双随机"检查，重点单位检查率达到100%，一般单位检查率达到20%以上。 （潘倩倩）

【工业园区限值限量管理监测监控能力建设】 2023年，镇江市句容生态环境局完善句容经济开发区监测监控能力建设，对新建成的1个空气自动站、1个水质标准站、1个微型水质监测站、2个挥发性有机物（VOCs）监测系统和35个空气自动监测微站进行验收。开展监测监控设备运维和质控，制定相关制度，完成25次周质控测试、7次线性测试及水样比对测试、3次集成干预测试。 （潘倩倩）

【生态红线及生态管控区管理】 2023年，句容市生态管控区域335.08平方千米。其中，国家级生态红线8个，面积61.21平方千米；省级生态管控区17个，面积273.87平方千米。2023年，镇江市句容生态环境局针对句容市生态红线和生态空间管控区域面积较大、监管较难的问题，开展管控区人类活动遥感动态监测，构建管控区疑似问题线索"遥感发现—地面核查"的主动发现监管体系。对发现问题的点位排查梳理出相关问题清单，按照各部门职责分工交办，由属地政府负责整改。 （潘倩倩）

· 环境卫生整治 ·

【机动车尾气管控】 2023年，镇江市句容生态环境局推进国三及以下排放标准柴油货车淘汰工作，完成464辆的年目标任务。开展柴油车排放专项监督抽测，组织非道路移动机械专项执法行动，对尾气超标车辆依法处罚，开展对运输企业超标车辆的源头管控工作。全年路检抽测柴油车545辆，入户检测柴油车100辆。 （潘倩倩）

【应急减排清单管理】 2023年，镇江市句容生态环境局制定重污染天气应急减排清单初稿，细化工业源、扬尘源、移动源的具体领域，开展重点行业绩效分级评价，全面实施"一厂一策"清单化管理。同时，密切关注全市空气质量变化情况，及时启动全市重污染天气应急管控，督促各镇（街道、管委会）、各部门开展全覆盖、全时段的应急管控措施落实情况督查，并安排专人汇总上报检查情况。 （潘倩倩）

【施工和道路扬尘监管】 2023年，句容市各类施工工地严格落实"六个百分百"制度，重点对省控站点周边5千米范围内建筑工地开展常态化巡查及夜查，推动部分重点工地安装高杆喷淋，确保工地扬尘问题得到进一步抑制。城市建成区主次干道严格执行"冲洗打边—清扫吸尘—清洗吸污"的作业流程；对省控站点周边1千米核心区开展洒水、雾炮24小时循环作业；2千米、3千米管控区洒水4次以上，冲洗2次以上，雾炮降尘不少于5次，湿度大于60%时停止作业。以五里墩路口为中心，243省道、122省道各外延3千米范围内按"不

干路"标准洒水和湿法吸尘清扫，确保到边到沿，洒水作业时保持前后洒水。　　　　（潘倩倩）

【餐饮油烟整治】　2023年，镇江市句容生态环境局按照"集约建设，共享治污"的理念，实现江苏农林职业技术学院站点附近店铺的餐饮油烟集中处理、规范排放，成立"聚和园餐饮油烟处置绿岛项目（试点）工作专班"，推动完成聚和园小区周边餐饮油烟在线监管安装工作。联合多部门开展餐饮油烟巡查督查工作，对餐饮企业是否存在占道经营、是否安装油烟净化设备、净化设备是否打开使用及净化设备是否干净整洁等进行监督检查。全年组织餐饮企业油烟检查290余次，检查餐饮企业4080余家，督促300余家餐饮企业对净化设备及时进行清洗。　　　　（潘倩倩）

【断面达标整治】　2023年，镇江市句容生态环境局加密开展跟踪监测，动态掌握流域水环境质量，做好降雨过程防范应对。全年布设流域手工监测点位近百个，监测数据1400余组，尤其是针对句容河排口溢流问题，坚持做到逢雨必测，摸清断面干支流水质状况，并及时分析研判，及时解决污染问题。　　　　（潘倩倩）

【重要水体水质保障】　2023年，镇江市句容生态环境局开展北山水库、句容水库和二圣水库3个饮用水源地安全隐患排查及环境状况年调查评估工作，提升饮用水水源安全保障水平。针对宁句跨界水体七乡河、便民河—大道河、句容河等，进一步强化联防共治，落实《南京市与镇江市跨界水体水质提升合作协议》，加强常态化巡河机制和加大管控力度，强化沟通协调，形成污染防治合力，杜绝污水入河。　　（潘倩倩）

【水污染防治重点工程】　2023年，句容市水污染防治重点工程有10项，句容开发区工业污水厂及配套管网一期工程、老句容河（向阳桥西侧）污水管网修复工程、玉清河上游及葛洪路排口片区雨污分流改造工程、华阳街道兆文山片区和上路片区城镇污水处理提质增效工程、市区及宝华镇污水处理厂提标扩建工程、农村生活污水治理工程、二圣水库补水泵站恢复工程、老句容河水生态修复工程完成年目标。

（潘倩倩）

【太湖综合治理攻坚战】　2023年，句容市印发《句容市推进新一轮太湖综合治理实施方案》，落实太湖治理各项目标任务。根据太湖流域新一轮涉磷企业专项整治工作方案要求，排查出句容市流域内涉磷企业50家，并全部通过"一企一策"整治方案审核，其中，48家涉磷企业完成规范化整治，20家通过整治验收。启动"三个一批"规范管理，关停、搬迁淘汰涉磷企业4家，规范提升17家。　　　　（潘倩倩）

【危险废物污染防治】　2023年，镇江市句容生态环境局推进危险废物全过程全周期监控智能化、实时化、集成化建设，加强危险废物全生命周期系统管理。指导做好全市产废单位危险废物管理计划审核备案工作及月度申报审核。年内全市243家产废企业全部完成危险废物名录变更，纳入危险废物全生命周期系统管理。

（潘倩倩）

【危险废物排查整治】　2023年，镇江市句容生态环境局制定《句容市危险废物产生单位安全生产风险专项整治巩固提升行动方

镇江市句容生态环境局对辖区重点涉水、涉气、涉危企业进行日常执法检查

案》，开展生态环境部门安全生产危险废物专项风险隐患排查治理行动，建立生态环境与应急管理等部门联动机制。累计出动36人次，排查涉废企业12家，督促产废企业对危险废物采取稳定预处理措施，及时开展危险废物网上申报，纳入危险废物规范化管理。对排查的52个一般环境隐患督促立查立改、即知即改，整改率达100%。重点整治化工企业存在的违规堆存、随意倾倒、私自填埋危险废物等问题，确保危险废物贮存、运输、处置安全。利用无人机开展固体危险废物倾倒情况巡查工作，未发现固体危险废物倾倒事件，对长江沿线4个码头周边及4个矿山的现场进行航拍，通过影像未发现有环境违法行为。联合句容市商务局开展进口高风险非冷链集装箱货物和冷链非食品货物现场督导；与交通运输部门配合开展机动车维修行业危险废物专项整治；与公安部门开展打击固体危险废物非法倾倒专项行动。

（潘倩倩）

【"无废城市"建设工作】 2023年，句容市成立"无废城市"建设指挥部及专项工作组，统筹协调推进"无废城市"建设工作，加强固体废物规范化管理，提升固体废物治理体系和治理能力。聘请第三方编制《句容市"无废城市"建设实施方案（2023—2025年）》，经市政府批准后印发；开展"无废细胞"（在固体废物源头减量、资源化利用和无害化处置等方面表现突出的社会生产生活各类组成单元）创建工作。

（潘倩倩）

· 环境监测 ·

【水、气、声环境质量例行监测】 2023年，镇江市句容生态环境局制订"2023年句容市例行环境监测工作计划"，对监测项目、频次和内容进行严格的组织和实施，完成境内降水、地表水、饮用水、噪声等例行监测任务。对句容市范围内2个饮用水源地和9个市控地表水考核断面进行采样监测；同时，完成区域内1个点位的降水、1个"千吨万人"饮用水源地、2个县域地表水断面、1个农业面源控制断面、5个农田灌溉水质断面、12个城市建成区水体消劣提质监测断面、2条农村黑臭水体6个断面、13个太湖流域和14个长江流域入河（湖）排污口点位、121个区域噪声点位、20个交通噪声点位、8个功能区噪声点位的监测工作，并按时上报相关数据。

（潘倩倩）

【农村环境质量监测】 2023年，镇江市句容生态环境局对天王镇戴庄村、后白镇槐道村和华阳街道南亭村3个村庄开展环境质量专项监测工作。同时，收集上报辖区内142个20吨以上的农村污水处理设施的自行监测数据；抽查辖区内20%的农村污水处理设施（共计29个），每半年对其出水进行监督执法监测。现场监测到点到位，利用照片和视频等方式记录现场状况，监测数据及时上报江苏省数据管理平台。

（潘倩倩）

【环境质量自动监测】 2023年，句容市建有7个水质自动监测站，包括3个省建巡测站（念儿桥、小庄和兔东桥）、1个（镇江）市建站（华仑桥）及3个自建饮用水源地水质自动监测站（北山水库、句容水库和二圣水库）；3个省建巡测站和句容水库饮用水源地水质自动监测站及二圣水库备用水源地水质自动监测站由江苏省生态环境厅上收，北山水库饮用水源地水质自动监测站上收为国家站，（镇江）市建站华仑桥由镇江市负责运维。

（潘倩倩）

【监督执行监测】 2023年，镇江市句容生态环境局对抽测的33家重点排污单位、20家非重点排污单位开展监督监测2次，及时向全国污染源监测数据管理与共享系统平台填报污染源监督监测数据，并通过网站向社会公示监测结果；同时，对33家重点排污单位的自动监测设施开展比对监测。做好各类污染源监督监测工作，对句容钼铜矿、句容市艾飞商贸有限公司、句容市龙飞矿业有限公司和句容市畅安矿业有限公司4个尾矿库的废水、地表水、地下水、土壤和底泥进行采样监测。

（潘倩倩）

【实验室监测质量控制】 2023年，镇江市句容生态环境局进一步加强现场采样质量检查、全程序空白样考核，以及密码样、室内平行样和加标回收样等质控措施。抓好实验室质量控制，以及对日常监测工作的质量控制，每月除例行检查之外，还新增随机抽查，增加现场采样和室内分析全过程监督检查频次，确保监测数据准确、可靠。

（潘倩倩）

综合经济管理

编校人员：吴冉

发展规划管理

【概况】 2023年，句容市坚持稳中求进工作总基调，围绕"项目攻坚突破年"主题，着力扩大内需、优化结构、提振信心，有力推动全年经济走出上扬线，全面贯彻落实党的二十大精神，全力以赴实现良好开局。全年实现地区生产总值791.67亿元，比上年增长5.5%；完成一般公共预算收入50.05亿元，其中，一般公共预算税收收入35.63亿元；完成固定资产投资225.39亿元，其中，制造业投资比上年增长26.8%。净增"四上"单位（规模以上工业企业、有资质的建筑业及房地产开发经营企业、限额以上贸易业企业、规模以上服务业）176家，比上年增加60家，超额完成年度目标。 （吕长元）

【产业布局优化】 2023年，句容市出台《句容市产业发展规划（2024—2030年）》，明确全市"两群三链"主导产业及"三带四组团"生产力布局。"两群"指新材料、高端装备制造两大产业集群，"三链"指高性能新材料、新型电力（新能源）装备、新一代信息技术三条地标性产业链；"三带"指G312创新带、沪宁产业带、空港产业带，"四组团"指"句容经济开发区—华阳街道—边城镇—白兔镇"产城融合组团、"下蜀镇—宝华镇"创新组团、"郭庄镇—后白镇"临空组团、"天王镇—茅山镇—茅山风景区"绿色组团四大产业联动组团。

（吕长元）

【重大项目建设】 2023年2月，句容市组建句容市重大项目建设服务中心，通过全程帮办、周调度、服务专班调度、通报晾晒四大工作机制，统筹协调全市重大项目全生命周期服务各项工作。2023年，句容市重大项目建设服务中心开展句容市"项目攻坚突破年"行动，出台《项目攻坚突破"贡献度"考核办法》，协调推进全市重大项目。全市121个重大项目完成投资134.1亿元，完成年度计划的105.3%；已开复工项目116个，61个新建项目开工56个，60个续建项目全部复

后白镇工业园区

工。其中，1个江苏省重大项目——国网新源句容抽水蓄能电站项目全年完成投资12亿元。

(重大项目建设服务中心)

【数字经济建设】 2023年，句容市落实江苏省、镇江市数字经济发展工作要求，开展数字经济核心产业情况调研分析，培育壮大数字经济核心产业规模，加快数字经济核心产业企业招引培育，做好扶持培育和优化调整，打造数字经济企业梯队。重点关注巨宝精密加工（江苏）有限公司、句容协鑫光伏科技有限公司、江苏骏成电子科技股份有限公司、江苏恒嘉电力集团有限公司等数字经济重点企业的发展；加大句容市扶持实体经济发展政策对数字经济的扶持力度，32家数字经济企业获得2022年度句容市加快实体经济发展项目资金共2733.96万元，占总扶持资金的35.78%。

(钱慧子)

【优质企业培育】 2023年，句容市成立贯彻落实实体经济发展系列政策工作专班，核定2022年度加快实体经济发展项目343个，兑付奖补资金7134.16万元。落实国家、江苏省和镇江市助企纾困"稳增长"政策资金18.86亿元，全年共发行专项债券4.75亿元，申请中央预算内投资2508万元，梳理申报国债资金需求2.59亿元。全年全市净增规模以上工业企业53家，盘活低端低效企业66家，工业科技地产新入驻项目147个。3家企业成功申报江苏省工程研究中心；句容现代农业产业园入选2023年国家现代农业产业园创建名单；创成国家级专精特新"小巨人"企业3家；建华建材（中国）有限公司获"中国工业大奖表彰奖""江苏省省长质量奖"。

(钱慧子)

· 深化改革 ·

【开发园区体制改革】 2023年，句容市在镇江范围内率先进行试点体制机制改革，印发《句容市开发园区管理体制改革方案》，出台《句容市产业发展规划（2024—2030年）》和《关于推进"飞地经济"发展实施办法（试行）》，编制招商地图，制定盘活存量激励办法，统筹全市项目资源，全年6个板块参与"飞地项目"4个，总投资7亿元。8月11日，句容市组建成立"一区四园一片区"大党工委并挂牌管理办公室。12月，句容市党建赋能园区高质量发展工作入选全国"年度百佳园区党建品牌案例"。

(吕长元)

【"句满意"服务品牌升级】 2023年，句容市全面升级"句满意"服务品牌，出台《2023年"句满意"优化营商环境提升方案》，围绕政策、市场、政务、法治、人文5个环境，明确21条提升举措；常态化开展拿地即开工，累计高效办结22个"拿地即开工"产业项目；常态化开展"三问三送"企业走访活动，梳理并办结各类企业需求共77条；评选推荐15位优秀企业家，在2023年"奋进新征程 '句'力向未来"产业强市大会上予以表彰。句容市"信用助推全域农产品质量安全追溯"案例获评第四届"新华信用杯"全国优秀信用案例；句容市获批江苏省首批金融支持乡村振兴示范区；句容市入选"2022年度江苏省知识产权建设示范（县域）"名单。"句容市三奇进出口贸易有限公司破产清算"被江苏省高级人民法院评为执转破优秀案例；句容市"优化法治营商环境 助推民营经济高质量发展"项目入选江苏省民营企业产权司法保护协同创新实践典型；句容市税务局申报的"法税协作 优化司法拍卖涉税应对"项目入选"2021—2023年度

8月11日，句容市开发园区管理体制改革暨园区党建工作推进会召开

江苏省法治建设创新项目"名单；句容市农业农村局入选"全国农业综合行政执法示范单位"名单（第五批）。句容市公安局打造高质量宁镇"两市一窗"公安政务服务窗口入选江苏省公安政务服务现代化试点培育项目；句容市行政审批局打造银行网点"企业开办一站式服务"新模式，深化政银战略合作，瞄准银行"点多面广"的优势，在句容农村商业银行营业网点设置企业开办"一站式"服务专区。句容市劳动人事争议调处服务中心获评江苏省2023年"金牌劳动人事争议调解组织"；句容市工商联在下蜀镇挂牌成立全省首家民营企业矛盾纠纷诉调服务站；句容市第一家科技银行——句容农村商业银行"科技银行"成立，打造"金融+科技"全新模式。　　（刘　芸）

【政务诚信建设】　2023年以来，句容市持续推进政务诚信建设，落实行政执法全过程记录制度，在行政处罚案卷中增加首次告知及二次告知文书，年内送达告知书563份，修复企业镇江属地内处罚案件154件，开办2023年失信企业信用修复培训班，助力企业重塑信用。推进江苏省县级地区创新信用管理与服务试点工作，在22个领域形成信用评价或分级分类结果，构建起以信用为基础的新型监管机制。在全市12个乡镇（街道、管委会）的政务、财政、就业、物业等16个领域全面建立起公开承诺制度，覆盖率达100%；引导辖区内的178家村（居）民委员会就遵守法律法规、落实奖励扶助政策等作出承诺并诚信履约，承诺公平、公正、公开地落实惠民政策和奖励政策。进一步加大信用信息归集力度，全年向省、市平台报送"双公示"信息6831条，入库率达100%，并按要求做好行政管理信息报送的监督落实工作。　　（陈炳蓉）

【碳达峰碳中和落实】　2023年，句容市积极落实"双碳"战略，绿色低碳发展走深走实。合理控制煤炭消费总量，全年未通报过存煤15天以下电厂，未出现电厂无特殊原因出现存煤7天以下情况，无江苏省政府挂牌督办重点生态环境项目整改工作，无新增耗煤项目；严格把关项目节能审查，对新建和拟建项目能耗情况实施动态清单化管理，自2022年3月以来完成节能审查管理工作133个，出具节能审查意见3份；大力推动新能源发展，牵头推进句容市新能源（渔光）规划编制，编撰《句容光伏发电设施（渔光）建设土地资源潜力研究报告》，积极推动国网新源句容抽水蓄能电站项目建设，截至2023年年底，项目累计投资66.3亿元，占计划总投资额的70.29%；全市光伏发电并网项目4691个，总装机容量161兆瓦。　　（王　寅）

【循环经济和资源循环利用】　2023年，句容市制定《句容市2023年塑料污染治理工作要点》，自6月起，各镇、街道、管委会正式使用"再生资源回收网点监管"小程序。截至2023年年底，"再生资源回收网点监管"小程序录入可再生资源2573.50吨，其中，纸张类288.76吨、金属类1539.40吨、玻璃类35.78吨、塑料类599.73吨、织物类1.23吨、木材类0.62吨、电子类103.78吨、其他类4.20吨。
　　（郑　昱）

· 民生保障 ·

【民生实事项目建设】　2023年，句容市按时按质完成2023年度十

句容市光伏发电项目

件民生实事,实际投资约4亿元,全力把民生工程作成"民心工程"。将基本公共卫生服务人均补助标准提高至98元,为全市居民免费提供14类55项公共卫生服务,包括为全市1万余名妇女提供宫颈癌、乳腺癌免费筛查服务,为全市7万余名65岁及以上老年人免费提供健康状况评估、体格检查、辅助检查和健康指导服务。建设宝华镇、茅山风景区急救站点;修缮改建茅山风景区社区卫生服务中心门诊楼,将老供电站改建为发热门诊,并购置16排螺旋CT设备1台;将原句容市人民医院改造为句容市中医院,完成内部装修进度10%的年度计划;建设完成句容市人民医院、句容市中医院、句容市妇幼保健院重症监护单元,共增加ICU床位41张。按三星级体校标准建设句容市体育运动学校;在句容市宝华中心小学新建教学楼,建筑面积约4900平方米;翻建句容市边城中学宿舍楼;对句容市23所义务教育学校共598间教室的7428盏灯进行更换;更换市属义务教育学校284间教室的交互一体机。帮助120名残疾人开展辅助性就业;建设华阳街道、白兔镇、茅山风景区未成年人保护工作站;为200户困难老年人家庭进行居家适老化改造。完成崇明街道新村、建新2个片区的老旧小区改造;完成千禧小区、西岗北片区、西岗南片区给水管网改造;完成新坊村美丽移民乡村建设;完成句容市污水处理厂和宝华污水处理厂扩建;组织实施句容开发区工业污水处理厂及配套管网一期工程;完成北山水库东干渠整治、五墖水库除险加固、南河郭庄镇下葛村段西侧堤防除险加固、徐纪水库除险加固和清淤扩容、禄食泵站及渠道维护更新、中心水库防渗处理。新建乡镇天然气管网90千米。

(蔺锡栋)

【稳价保供】 2023年,句容市持续做好稳价保供工作。定期开展节假日重要民生商品市场价格巡查,定期公布市场供应及价格监测数据,开展春茶市场快速调查,夏粮、秋粮生产和市场情况专项调查;强化价格调控实体网点建设,切实为老百姓压实"米袋子"、拎稳"菜篮子"。2023年,句容市华润燃气供气范围内合同供气量非居民用管道天然气价格从4.22元/立方米调整为3.90元/立方米,句容市宝华燃气供气范围内合同供气量非居民用气价格从3.542元/立方米调整为3.304元/立方米。2023年,句容市价格认证中心共完成各类涉案价格认定243件,总金额约600万元(含单价认定);完成涉税价格认定464件,总金额约12亿元。

(夏 捷)

【粮食储备】 2023年,句容市落实地方粮油储备,储备数量真实、质量完好、储存安全。制订《2023年句容市级储备粮轮换计划》,对申请轮出小麦及稻谷进行现场查看,严把数量和质量检验关,年内批准储备粮公司轮出小麦12488.86吨、轮出稻谷16361.73吨,完善粮油应急保障供应链,实现粮食保管信息化。 (杜 舒)

国有资产管理

【概况】 2023年,句容市市属国有资产管理中心始终坚持"'稳'字当头""稳中求进"的工作总基调,突出规范高效,持续坚持"招商六原则",开辟新招商道路。利用总面积约2000平方米的闲置场地,投入资金建设东门停车场,于2023年7月动工,9月建设完工,经验收合格后投入使用。该停车场拥有29个机动车停车位、30个非机动车停车位、4个电动汽车充电桩、全自动收费

北山水库

系统，安装有监控设备及安全门和防火通道等消防设施，有效缓解多年来老街道路拥堵问题及解决周边市民停车难问题。

（国资管理中心）

【资产招租】 2023年，句容市市属国有资产管理中心坚持国有资产"保值增值"底线，认真抓好提质增效工作，着力在资产运营、成本管控、优化环境、加强招商等方面下功夫，发挥国资政治效能，推动国企管理创新和招商模式创新，引领周边资产增值。2023年，首次开展系统资产质态升级工作，排出需要升级资产39处，完成12处，解决近十年未化解的资产纠纷3处。全年接待客商40多场次，开展专题招商近10次，考察南京老门东、江宁景枫等商业运营模式，全方位推介国有资产，完成亚细亚商城、东门建材大院2处较大资产招商工作；盘活6处闲置资产，增加年收入14万元。全年租金收入较上年增长80万元。 （国资管理中心）

【国有资产监管】 2023年，句容市市属国有资产管理中心以管资产为主，推进国资监管方式、工作职能的转变。制定国有资产运营清单和责任清单，以及招商管理办法和运营负面清单，规范国有企业管理。加强监管制度建设，规范国有资产租赁评估管理，减少招租成本，从制度完善和规范角度加强国有资产监管工作。通过设置监控、无人机巡查等方式，创新巡查方式，打通资产监管"最后一公里"，实现资产巡查全覆盖。

2023年，新增整理国有资产系统内38家改制企业的档案资料，形成电子数据；及时更新在租合同、租金收取等报表及电子档案，规范重点资产管理。完成宝华山铜矿生产区环境整治任务，以及"两断三清""一部、四沿、五旁"环境整治工作，并举一反三，做好"回头看"工作，拆除危房等建筑面积约5200平方米，维修升级2380平方米，安全生产及生态环保方面总投资200余万元。全年受理"12345"政府热线交办件48件；处理"镇江阳光信访"交办件26件。妥善处理各项风险化解工作，做好详细答复原企业改制时所产生的问题。

（国资管理中心）

·江苏句容投资集团有限公司·

【概况】 江苏句容投资集团有限公司是由句容市政府重点打造的市属最大的国有资本投资运营公司，秉承"以产兴城，以城兴产，产城互动"的发展理念，围绕"城市建设综合运营商"的发展定位，坚持功能性任务与市场化经营并重的发展模式，在城市有机更新、城乡基础设施建设、环境保护、民生实业等领域重点布局，形成以地产开发、项目管理、建筑施工、资产运营、农文旅、新型产业、生活服务、殡葬服务为主业的八大业务板块。截至2023年年底，江苏句容投资集团有限公司架构调整为7个业务部门，旗下有9家一级子公司。

（江苏句容投资集团有限公司）

【代建业务】 2023年，江苏句容投资集团有限公司根据句容市委、市政府的决策部署，聚焦主责主业，承接的句容站综合交通枢纽市政配套设施项目、句容市污水处理厂二期第二步工程项目、句投文化广场等项目均按期顺利完工；江苏省句容高级中学异地新建工程项目桩基施工基本完成，长宁化工土壤污染管控项目前期勘察及工程方案基本完成；下蜀交警队还建工程项目已完成土地确权、稳评报告；句容市应急避难场所建设项目和胄王山地区4个关闭宕口生态修复工程项目正在进行施工招标。

（江苏句容投资集团有限公司）

【自营业务】 2023年，江苏句容投资集团有限公司实体化转型初见成效，打造的"国企央墅"精品地产项目隽澜轩顺利实现销售目标，存量安置房完成去化任务；1912文化休闲商业街项目顺利开业，完成招商任务。2023年下半年，开启新能源、光伏发电、智慧停车新业态的探索研究，与多家公司达成市场化合作协议。积极推动业态转型、资产盘活各项工作，句容市容华建设有限公司深度参与市场招投标，成功中标多个市内外工程；句容市尚元资产经营管理有限公司精准研判商用办公、人才公寓等租赁市场，集团可租赁资产面积整体出租率稳步提高。

（江苏句容投资集团有限公司）

【民生服务】 2023年，江苏句容投资集团有限公司完成郭庄镇、宝华镇、黄梅街道安置房选销任务。完成玉清河河道整治日常维护

1912文化休闲商业街

与新一轮清淤工程，全年未出现返黑返臭现象。城北垃圾渗滤液处理站正常运转，未发生环保与安全风险，稳定处置全市范围内的垃圾渗滤液，处理全市范围内的建筑垃圾与装修垃圾。菜场菜价稳定、菜品优良；殡葬服务业务文明有序开展，保障民生民俗各项工作。现代农业展示馆、葛仙观等文化资源持续开展对外接待、服务工作。

（江苏句容投资集团有限公司）

·江苏句容新农控股集团有限公司·

【概况】 2023年，江苏句容新农控股集团有限公司紧紧围绕"项目攻坚突破年"主题开展工作，完成各项目标任务。落实国有企业融资成本管控、切实优化债务结构，着力防范债务风险。全年超额完成年初市政府下达的融资任务。按照市场化转型认定标准，江苏句容新农控股集团有限公司有2家平台公司（江苏容宁科技发展有限公司、江苏崇明科技实业有限公司）通过申报审批程序，完成2023年转型压降任务。成功发行镇江市首单县城新型城镇化建设专项企业债券。

（江苏句容新农控股集团有限公司）

【资产工作】 2023年，江苏句容新农控股集团有限公司通过工作门市及园区厂房租赁，营收950万元，总计盘活闲置资产43609.76平方米。开展安置房物业管理和维修工作，完成各个安置小区及园区各项物业管理工作并支付物业服务费1555.30万元，物业管理费收入1932.82万元（结余377.52万元）。配合市财政局建立健全国有资产管理系统"云平台"，对集团的土地、房屋资产进行完整且准确的录入并做到实时更新。

（江苏句容新农控股集团有限公司）

【重点工程项目】 2023年，江苏句容新农控股集团有限公司重点项目有序推进。下荫佳园、城西枫景苑安置小区交付使用。科技新城创业创新产业园项目基本完成，待竣工交付。凤竹小区建设项目所有单体工程主体封顶。幸福花园1号综合楼（矛调中心）改造工程竣工验收并交付使用。原句容市人民医院地块改造项目中的医疗流程布局方案评估和病理体检中心设计方案通过评审，施工图纸基本完成。

（江苏句容新农控股集团有限公司）

【国有企业实体化转型】 2023年，江苏句容新农控股集团有限公司成立4家实体化运营子公司（江苏携航高新产业投资有限公司、江苏容坤资产经营有限公司、江苏知己文化有限公司、句容市盛腾实业有限公司），整合江苏句容新农控股集团有限公司、句容经济开发区以及全市园区资产资源，以实体化公司的市场化运作提高市场竞争力，打造以产业投资、园区建设运营和贸易、文化、民生、商业发展为主线的产业发展链条，为国有资产保值增值、园区产业发展和建设提供支撑。

（江苏句容新农控股集团有限公司）

·句容国有资本投资控股集团有限公司·

【概况】 2023年7月25日，句容国有资本投资控股集团有限公司注册成立，注册资本10亿元。按照"产业相近、业务相关、管理协同"的原则，根据集团发展定位和需求，配置符合集团功能定位的资产规模，整合注入相关资产（股权），组建若干实体公司，实行集团化发展模式。年内形成环境水务、大数据、农文旅和人力资源等业务板块。

（谭苏南）

财　政

【概况】　2023年，句容市实际完成同口径一般公共预算收入50.05亿元，其中，税收收入35.63亿元（表5）。实际执行一般公共预算支出83亿元，其中，民生支出67.93亿元，约占一般公共预算支出的81.84%（表6）。

（张欣妍）

【财政平稳运行】　2023年，句容市财政局努力克服经济下行压力，坚持开源、节流相向而行，加强财政资源统筹。充分发挥综合治税平台作用，定期分析收入变化趋势原因，完成新一轮镇级财政管理体制调整，进一步盘活存量资产，充分调动各板块增收积极性，培植稳定财源。加大库款统筹保障力度，硬化预算刚性约束，严禁无预算、超预算支出，压缩预算执行中非急需、非刚性支出，对"三公"经费和一般性支出继续实行限额管理，切实用政府的"紧日子"换取人民群众的"好日子"。始终坚持"三保"（保基本民生、保工资、保运转支出）在财政支出中的第一优先顺序，兜牢兜实"三保"底线，集中财力保障省、市各项重大决策部署落地见效。

（张欣妍）

【产业强市支持】　2023年，句容市财政局坚持财税政策靠前发力，充分发挥财政资金引导作用，支持市场主体减负增效、提振信心。执行组合式税费政策，办理留抵退税3.4亿元，小规模纳税人免征增值税4.8亿元，减征失业保险缴费，减免灵活就业人员医保缴费，支持企业降低成本、稳健运行。支持实体经济发展，组织企业申报加快实体经济发展项目建设资金。推进普惠金融风险补偿基金工作，"小微贷""苏科贷"等5个资金池累计为小微企业提供贷款328笔11.21亿元。做好产业引导基金前期准备工作。支持创新驱动发展，拨付科技专

句容市2023年一般公共预算收入完成情况表

表5

项目	1月—12月情况			
	上年累计/万元	本年累计/万元	增长/万元	增幅/%
一般公共预算收入合计	576404.00	500495.00	-75909.00	-13.17
税收收入小计	483767.00	356292.00	-127475.00	-26.35
非税收入小计	92637.00	144203.00	51566.00	55.66

（财政局）

句容市2023年一般公共预算支出执行情况表

表6

项目	1月—12月情况			
	上年累计/万元	本年累计/万元	增长/万元	增幅/%
一般公共预算支出合计	799999	829995	29996	3.75
民生支出小计	641836	679295	37459	5.84
民生支出占比/%	80.23	81.84	1.61	—

（财政局）

句容市财政局开展反诈宣传进企业活动

项资金，落实科技成果转化及配套资金、重点研发计划及配套资金，拨付本级人才专项资金，科技企业孵化器运行工作获江苏省政府办公厅督查激励通报表扬。支持现代交通体系构建，保障312国道快速化改造、沪宁沿江高铁、综合交通枢纽市政配套等建设，通过"打基础、利长远、补短板"持续增强发展动能。（张欣妍）

【民生保障】 2023年，句容市财政局办好民生实事，全年民生支出67.93亿元，约占一般公共预算支出的81.84%。推进乡村振兴，支持高标准农田改造提升1.2万亩；发放耕地地力保护、稻谷补贴、种粮一次性补贴等各项惠民补贴资金；做好村级公益事业"一事一议"财政奖补项目48个，推进隐患桥梁维修191座。落实落细就业优先政策，拨付就业补助资金，支持国家和省各项就业创业扶持政策落到实处；累计发放富民创业贷款1.61亿元，以及财政贴息及奖补资金。推动医疗教育事业发展，推进学前教育普惠性资源扩容增效、义务教育优质均衡发展、普通高中特色多样发展，进一步规范和加强学生资助管理工作。支持基本公共卫生服务投入由人均93元提高至98元，推进公立医院和基层医疗卫生综合改革，支持句容市妇幼保健院完成整体搬迁并投入使用、句容市中医院异地搬迁项目稳步推进，深化"院府合作"和医联体建设。加快健全社会保障体系，全年拨付各类困难群众基本生活保障资金，企业退休人员基本养老金实现十九连增、城乡居民养老金待遇实现十三连涨，支持句容市级养老护理院和智慧养老服务中心、社会大救助服务中心建设，为204户困难老年人家庭实施居家适老化改造。
（张欣妍）

【财政改革和管理】 2023年，句容市财政局不断提升财政资金使用效益、财政管理工作效能和财政改革发展成效。全年实施绩效评价项目25个；推进"数字财政"工程建设，深化预算管理一体化建设、财政电子票据改革、资产云系统应用，推进句容市政府集中采购业务入"云"；完成评审项目69个，工程类项目投资概算、预算和竣工结算净核减率分别为10.07%、9.24%、15.15%。完成2023年隐性债务化解任务，严禁新增隐债、虚假化债等违规行为，全市银行类融资无综合成本6%（含）以上情况，且全市新增融资无综合成本6.8%（含）以上情况，完成15家融资平台公司压降转型工作。指导成立句容国有资本投资控股集团有限公司并实体化运作，优化市属三大重点企业布局调整，明确市属重点企业主责主业，提请出台加强全市国有企业监管的实施意见，厘清监管责任；全面推进全民所有制企业公司制改革和行政事业单位所属企业改制脱钩工作收官；深化资产资源整合，开展供排水一体化建设试点，推进农业集团、粮食集团、交投集团深化改革；积极盘活资产，通过安置、出售、出租、调剂办公用房等方式，盘活房屋资产；全面启动建立镇级国有资产和集体资产管理报告制度工作。开展全市财会监督专项行动，完成全市55个部门和12个乡镇（街道、管委会）自查自纠工作；江苏省委巡视整改任务整改完成11条；审计整改任务全部销号。
（张欣妍）

税　务

【概况】 2023年，句容市税务局主要负责句容全市范围内税费征收管理和税费服务工作。年内，坚持依法治税、全力推进税收改革，严格落实各项税费政策，大力提升税费服务水平，各项工作取得显著成效。姜海兵获江苏省"最美税务人"称号。（税务局）

【税收征管】 2023年，句容市税务局坚持聚焦主职主业，切实抓好组织收入工作，充分发挥税收职能作用，服务地方经济社会发展大局。持续抓好财税统筹、税源预测、风险监管，完成组织收入任务。全年累计组织税收收入55.48亿元，同比增收14.52亿元，增长35.45%；组织一般公共预算收入35.63亿元，同比增收8.24亿元，增长29.94%（一般公共预算收入增幅位居镇江县区级税务局第一）。全年组织非税收入131.63亿元，同比增收70.71亿元，增长116.07%。其中，国有土地出让收入101.20亿元，同比增收67.80亿元，增长202.99%；社会保险费收入27.20亿元，同比增收2.49亿元，增长10.00%。制定下发《国家税务总局句容市税务局关于成立税费优惠政策落实工作领导小组的通知》，确保税费优惠政策工作落到实处；通过精准推送和宣传辅导，让纳税人应知尽知、应享尽享。全年累计办理各类退税8.77亿元，全市小微企业累计享受减免企业所得税2.04亿元。加强"首违不罚"制度落实的日常跟踪指导和执法过程管理，通过疑点数据提取、核实，对发现的问题及时进行整改并举一反三，确保"首违不罚"制度各项要求落实到位，执行标准明确统一。梳理工作中存在的问题，进一步落实制度建设，保障纳税人、缴费人的知情权和监督权，有效保障重大执法决定的合法、准确与高效，促进纳税遵从，推动征纳和谐。（税务局）

【税收改革】 2023年，句容市税务局紧紧围绕上级部署要求，结合句容实际，深化巩固税收征管改革成果。围绕上级税收监管的形势要求、工作任务，针对当前税收监管的瓶颈掣肘、突出问题，结合自身税收监管的实际情况、迫切需求，坚持一体化统筹、实体化运作、整体化推进，制订《国家税务总局句容市税务局税收监管数据支持中心实施运行方案（试行）》。积极整合全局监管资源，构建税收监管工作组织架构，完成数据监管支持中心场所改建工程，建立健全"上下协同、左右联动、内外协作"税收监管工作机制。整合全市税费服务资源，同步建立市局税费服务运营中心和属地分局税费网格化服务点，制订《国家税务总局句容市税务局关于建设税费服务运营中心的实施方案》，分别细化编制各自职责。推动建设"标准规范、集中审批、跨域通办"的集约处理新模式，全年累计集约化办理税费审核事项16类6万余件。在数电发票正式上线的过程中，积极建立健全数电发票风险防控制度机制，开展数电发票专项核查任务，发现和查处有问题户45户，有效管控数电发票风险。以"五统一"（统一时间、统一场所、统一人员、统一标准和统一推送）工作法，在数据监管中心开展集中深度分析，强化风险应对，全年通过风险应对实现总成效2.4亿元，其中，入库税款1.97亿元。针对司法拍卖环节税收监管存在的信息滞后、管理缺位极易造成税收流失的突出问题，主动与句容市法院取得联系，全面加强对接，密切进行合作，构建法税协调联动、涉税案件办理、法治思维培育、执法制约监督四个机制，解决司法拍卖涉税案件税款征收难题。全年共完成涉税案件应对30起，入库税款0.96亿元，调减留抵0.08亿元。成立统一社会保险征收模式工作领导小组，主动与人社局、医保局等部门做好对接，协调数据迁移、清洗、问题处置，以及系统测试等事项的配合，外派税务窗口人员到人社大厅、医保大厅进行跟班学习，有序推进"统模式"改革。与句容农村商业银行联合，创新推出社会保障"惠民驿站·税银e+"，打造"10分钟便民服务圈"。（税务局）

【税费服务】 2023年，句容市税务局始终坚持为民宗旨，强化责任担当，持续加力推进税费服务运营中心建设、便民办税"春风行动"等一系列纳税服务工作，提升纳税人和缴费人的获得感与满意度。启动"我为纳税人缴费人办实事暨便民办税春风行动"，全力推动5批109项任务精准落地。开展营商环境提升专项行动，明确30条营商环境提升举措，推出15条优化税收营商环境新举措。成立线上税费事项审核团队，上线"远程帮办"模块，搭建线上办税窗口，设立属地税源管理分局线上体验区，就近辅导镇村纳税人线上办税，非接触式办税比例达99%以上。开展数电发票、个人所得税、企业所得税、社保费申报缴费等线上线下培训29场，惠及纳税人、缴费人近3万户次。运用大数据手段，有效整合各类信用信息，建立起"月度预评、动态提醒、修复引导、精准推送"四位一体的纳税信用预警机制，按月精准提醒，及早发现防范失信风险，减少纳税人的信用损失。服务地方产业项目招引，编制《招商引资税收指南》，成立重点项目服务团队，对省、市、县三级重大产业项目明确联络员，为全市重大产业项目提供全周期税费服务，同时了解响应企业涉税费诉求，协调处理企业的重大复杂涉税费事项，全年累计服务重大产业项目和专精特新企业85户次。建立健全"县局主建、所厅（分局）主创"的工作机制，以"小事不出分局、矛盾不上交、服务不缺位、争议就地化解"为目标推动"枫桥式"税务所建设，并加强其与句容市税务局税费服务运营中心、数据监管支持中心的合作，深化拓展"税小希"工作室内涵等工作有机结合。华阳税务分局成为江苏省税

税务局"税小希"工作室成员到企业解答热点问题

务系统首批新时代"枫桥式"税务分局。（税务局）

审 计

【概况】 2023年，句容市审计局共完成审计项目25个，承担句容市委、市政府交办并完成任务17项。参与防疫隔离酒店资金结算审计、地方国有企业基本情况调查、公交运营情况审计、句容市"保交楼"专项借款使用管理情况审计等市政府交办任务和国有企业稳增长及防风险专项审计、财政投资资金专项审计等镇江市审计局交办的任务。审计查出各类问题191条，违纪违规资金3484万元，管理不规范资金4040万元，核减防疫资金312.51万元；促进财政资金缴库6.03亿元，拨付债券1.3亿元，被审计单位出台制度19项，移送案件线索12起。提出审计建议69条，向句容市政府提交审计专报18篇，全年累计发布审计结果公告5篇。落实纪审联动、巡审协作等机制，参与纪委案件查办、市委巡察工作，向句容市委巡察办提交审计报告5份、审计要情2份，及时推动巡察解决审计发现的共性问题。 （审计局）

【政策跟踪审计】 2023年，句容市审计局以推动党中央、国务院及省市委、省市两级政府重大决策部署贯彻落实，促进高质量发展为目标，积极开展政策跟踪审计。组织开展句容市地方政府专项债券发行使用情况审计，促进财政及时拨付债券资金1.1亿元，项目单位拨付债券资金4.08亿元。10个在建或完工项目进行绩效自评。有效促进政策配套措施的完善，保障政令畅通和经济社会平稳健康运行。 （审计局）

【财政预算审计】 2023年，句容市审计局以增强预算执行与财政收支的真实性、合法性和效益性为目标，开展2022年市本级预算执行和决算草案及其他财政收支情况审计。做实研究型同级审工作，沿着"政治—政策—项目—资金"这条线，对数据进行集中分析，探索研究创新审计方式方法，将研究型审计贯穿项目审计全过程。制订"同级审"工作方案。查处各类问题10个，其中，预算编制方面问题1个、预算执行方面问题5个、专项资金管理使用方面问题4个，完成非税收入缴库60251.51万元，促进财政收回两年以上未结转的项目资金6247.22万元，促进财政及时下达上级专项资金15071.18万元。深化部门预算执行审计，实施句容市住建局等4个部门预算审计，重点反映部门预算编制不完整、支出不规范等问题。着力推动各部门进一步规范财政支出，完善内部管理制度。 （审计局）

【政府投资审计】 2023年，句容市审计局不断优化项目立项，推进投资审计向重大民生、重大基础设施领域全覆盖，同时对政府投资工程结算进行复审，为工程建设资金把好"最后一道关"。对重大基础设施项目句容市长江引水暨城区水厂、下蜀水厂建设工程和312国道句容段改扩建工程开展跟踪审计，对句容河上段（北山水库—肖杆桥段）整治工程开展竣工决算审计，协同南京市审计局开展南京至句容城际轨道交通工程竣工决算审计，根据句容市委、市政府交办开展江苏省句容高级中学异地新建工程跟踪审计和句容市"保交楼"专项借款使用管理情况专项审计，为政府投资项目规范运行、建设资金规范使用保驾护航。年内，完成对财政投资评审中心复审项目3个，在财政投资评审中心审核的基础上再核减32.19万元；在手复审项目5个，送审价6.58亿元。出台《句容市审计局关于对政府投资项目评审工作审计监督管理办法（暂行）》。（审计局）

【民生审计】 2023年，句容市审计局聚焦兜牢民生底线，加大对句容市宝华卫生院2022年财务收支审计，句容市2020—2022年新冠疫情防控资金专项审计调查，句容市长江引水暨城区水厂、下蜀水厂建设工程跟踪审计，312国道句容段改扩建工程跟踪审计，句容河上段（北山水库—肖杆桥段）整治工程竣工决算审计等民生资金和公共项目的审计力度，推动惠民富民政策落实。

（审计局）

【经济责任审计】 2023年，句容市审计局完成领导干部经济责任审计项目10个、领导干部自然资源资产离任审计项目1个。将重大经济方针政策和决策部署贯彻落实融合到经济责任审计中，加大对重大政策落实、重大决策部署的审计监督力度，聚焦权力运行和责任落实，紧盯财政金融、国资国企、民生保障、能源资源等重点领域，发挥经济责任审计在保障政令畅通、经济安全、干部管理监督等方面的重要作用。加强与组织部、纪委等经济责任审计工作联席会议成员单位的协作配合，持续推动审计监督与各类监督贯通协同，发挥经济责任审计监督在干部考察、案件侦办、整改督察中的重要作用。

（审计局）

【内部审计】 2023年，句容市内审机构共完成审计项目562个，其中，财政财务收支审计项目16个、经济责任审计项目6个、内部控制和风险管理审计项目27个、固定资产投资审计项目29个、其他交办审计项目484个。审计发现问题金额1.997亿元，其中，调整会计账面金额1.495亿元。提出审计建议被采纳328条。通过开展"以审代训"工作，提高内部审计人员的综合素质，强化对内部审计工作的指导和监督，利用内部审计成果和内部审计力量，形成政府审计和内部审计的监督合力。 （审计局）

统 计

【概况】 2023年，句容市统计局围绕句容市委、市政府的中心工作，立足主责主业，深入推进统计改革，推进第五次全国经济普查工作，做好经济预警预测，加强基层基础建设，不断提高数据质量，为全市社会经济高质量发展提供坚实的统计保障。

（张元军）

【第五次全国经济普查】 2023年，句容市统计局组织召开第五次全国经济普查动员部署会，制订工作方案，组建工作队伍，落实人员、经费、场所，保障"五经普"各项工作有序推进。年内，单位清查工作基本完成，行业编码工作基本完成。全市选聘"两员"（普查指导员、普查员）740多名，共采集单位22492家，其中，正常运营单位20609家，正常运营法人单位19120家。采集个体户76261家，采集无证个体户21832家。同时，开展质量督查和验收工作，确认单位和个体户数量。 （张元军）

【统计能力提升】 2023年，句容市统计局加强统计源头治理，提升统计基层基础能力。举办统计学堂，开展统计业务培训，提高基层和部门统计业务水平。加强基层统计人员配置，通过下发板块提醒函、跟踪督导等方式，使全市11个板块全部达到镇江市均不低于5人的标准。通过调研督查，把牢准入门槛，进一步减轻基层统计工作负担。做好统计库单位维护工作，加强"四上单位"申报入库指导，年内申报新增法人单位180家，申报净增法人单位167家。加强固定资产投资项目的入库管理，年内新入库列统106个投资项目，其中，房地产项目4个。 （张元军）

【依法治统】 2023年，句容市统计局印发《句容市统计局干部职工学法用法制度》，开展《中华人民共和国统计法》进党校活动。综合运用法律知识解读、统计违法违纪案件警示教育、宣传册子发放、普法小视频拍摄等方式广泛开展普法宣传。推进"法治小院"法治文化阵地建设，在茅山风景区管委会统计办建立法治文化阵地。全年，对434家单位、20个投资项目进行数据质量核查，对50家单位开展统计"双随机"执法检查，联合句容市商务局开展部门联合检查，对检查核查中发现的问题及时进行处理和更正。

（张元军）

【统计服务】 2023年，句容市统计局坚持月底有预报、月初有快报、情况有专报、课题有研报、成果有公报，加强经济运行动态的监测分析。全年印发《统计月报》、《句容统计年鉴》、《统计调查》（8期），为句容市委、市政府决策提供价值参考。（张元军）

市场监督管理

【概况】 2023年，句容市市场监督管理局持续优化营商环境、创新监管方式、严守"四大安全"（食品安全、药品安全、特种设备安全、产品质量安全）底线、加强干部队伍建设，推进高效能监管，服务高质量发展。深化基层治理创新，进一步加强分局基础设施建设，句容市市场监督管理局茅山分局被江苏省市场监督管理局评定为四星市场监督管理分局。 （周恒悦）

【市场主体管理】 2023年，句容市市场监督管理局全面推进"双随机、一公开"监管。30个部门向平台归集各类信息71226条，部门覆盖率达100%，行政处罚信息公示率达100%。强化执法办案成效，先后开展民生领域"铁拳""养老诈骗"等专项整治行动，办理各类案件315件，其中，食品类210件、知识产权类28件。加强行刑衔接，加大对知识产权违法的处罚力度，移送给公安机关的1起假表案件的案值达1.5亿元。健全公平竞争审查制度，引入公平竞争审查智慧化监测平台，开展公平竞争审查大数据监测评估。开展涉企收费专项检查，进一步规范涉企收费行为，降低企业经营成本。推进柔性执法提质扩面，免予处罚案件12件，减轻行政处罚案例126件。

（周恒悦）

【营商环境管理】 2023年，句容市市场监督管理局深化"证照分离"系列改革，持续优化审批流程，提高外资企业审批效率。全年，全市新设立外资企业10户，新增注册资金1.2亿美元。创新服务监管方式，与常州市金坛区建立茅山风景区跨区域、跨部门联合监管机制，实现监管标准互通互认。优化经营主体退出机制，联合句容市法院对60多户"僵尸"企业进行公益清算，推出信用修复线上申请服务，帮助信用修复121户次，其中，线上申请31户。探索推进企业信用风险监测预警，以句容市市场监督管理局郭庄分局辖区内南京中小企业创业园为试点对象开展非现场、触发式监管。 （周恒悦）

【发展环境管理】 2023年，句容市市场监督管理局着力推进国家知识产权强县建设试点县和江苏省知识产权建设示范（县域）建设。截至2023年年底，句容市专利授权1140件，发明授权154件，有效发明专利2031件。帮助企业进行知识产权质押融资4.27亿元，资助奖补约157.7万元。"句容草莓"申报国家地理标志证明商标进入初审公告阶段。"茅山长青"获批镇江市地理标志商标注册项目。推进"质量强市"建设，推进"江苏省省长质量奖""镇江市市长质量奖"申报工作，建华建材（中国）有限公司获得2023年"江苏省省长质量奖"，实现句容市"江苏省省长质量奖"

句容市市场监督管理局强化学校饮食安全和食堂管理工作

"零"的突破。走访"苏质贷"企业44户，协助贷款2.1亿元。深入实施"标准化+"行动计划，组织申报30个地方标准，协助建华建材（中国）有限公司成功获批筹建"江苏省预制桩技术标准创新基地"，推进后白镇"国家草坪产业标准化示范区"建设。

（周恒悦）

【消费环境管理】 2023年，句容市市场监督管理局围绕"3·15""提振消费信心"主题开展消费维权宣传活动。全年，共受理投诉举报8620件，其中，"12345"政府服务热线转办4844件，办结率为100%，满意率为99.6%；全国"12315"投诉举报3609件，办结率为99.8%，满意率为98%，为消费者挽回经济损失约384万元。深入社区、企业开展"放心消费示范单位"创建提升行动。持续做好"计量惠民"检定工作，免费检定计量器具1600余台件。

（周恒悦）

【食品安全监管】 2023年，句容市市场监督管理局推进食品安全"两个责任"专项行动。建立包保台账和责任清单，明确市、镇、村三级包保干部418名，督导完成率和整改率均为100%。深入开展制止餐饮浪费专项行动，集中开展食品安全"你点我检、服务惠民生"活动，完成食品安全监督抽检3229批次。推进明厨亮灶管理，覆盖率达95%，其中，中小学及幼儿园实施"明厨亮灶+互联网"97家，覆盖率达100%。

（周恒悦）

【药品安全监管】 2023年，句容市市场监督管理局督促全市258家药械经营企业实行质量管理责任制，联合句容市卫健委和句容市医保局对16家医疗机构开展跨部门联合检查。推进药品监管能力标准化建设，压实属地监管责任，以药品安全"两员"队伍建设为抓手，全方位筑牢社区、农村药品安全监管防线，着力构建群防共治格局，打通药品安全监管"最后一公里"。

（周恒悦）

【产品质量安全监管】 2023年，句容市市场监督管理局加大流通领域质量抽检力度，依法查处制售假冒伪劣产品、无证生产等违法行为。开展非标电动车、非标三轮车、非标四轮车、燃气灶具及配件、机动车检验检测机构等专项整治工作。

（周恒悦）

【特种设备安全监管】 2023年，句容市市场监督管理局深入开展特种设备安全"百日攻坚"等专项整治行动，发现并消除安全隐患140处。开展老旧住宅电梯安全评估及整治工作，联合多部门开展住宅电梯"困人"、压力管道泄漏事故应急演练活动。

（周恒悦）

【价格管理】 2023年，句容市市场监督管理局开展教育、殡葬、行业商会收费及节日期间价格检查等专项检查。开展涉企收费专项执法，通过组织开展全市涉企收费调研走访等形式，对全市33家企业（包括工业企业、农业企业、商业企业、建筑企业等）进行问卷调查，了解企业是否切实享受到国家、江苏省减税降费等优惠政策，以及是否切实减轻企业负担。开展收费培训类涉企违规收费专项整治行动，责令乡镇政府退还企业安全生产培训费150余万元。针对水电气领域，对句容市宝华自来水有限公司、江苏宝华天然气有限公司进行执法检查。其中，对句容市宝华自来水有限公司违规收取水表费进行立案调查，下发处罚决定书，罚没88万元。同时，根据省局转办案件，对句容市水务集团有限公司、句容市给水安装有限责任公司、江苏农林职业技术学院违规收费情况进行立案处罚，没收违法所得886万元。及时处置违规信息，全年监测文件4200份，审查文件2016份，其中，风险文件4份；增量上传72份，对审查发现的8份疑似违规文件及时以书面形式通报起草单位并完成整改。

（周恒悦）

农业·农村

编校人员：赵 霞

综述

【概况】 2023年，句容市粮食亩产457.58公斤，总产26.23万吨；全市粮食种植面积38193公顷（约57.29万亩），比上年增加约173公顷（约0.26万亩）；蔬菜播种面积约7680公顷（约11.52万亩）。全市生猪饲养量15.44万头（其中，出栏8.19万头），母猪存栏1.25万头；羊饲养量2.9万只（其中，出栏1.05万只）；大家畜存栏924头（均为肉牛）；家禽饲养量1981.9万羽（其中，出栏1482.3万羽）。全市水产养殖总面积3462公顷（约5.19万亩），其中，特种水产养殖面积2792公顷（约4.19万亩），占水产养殖总面积的比例逾80%；全年实现水产品产量2.65万吨。全市获得绿色食品认证主体91家、产品191个，认证面积13433.4公顷（约20.15万亩）；获得有机农产品认证主体13家、产品36个，认证面积7220公顷（约10.83万亩），其中，种植业6253.4公顷（约9.38万亩）、水产养殖业966.6公顷（约1.45万亩）；获得绿色优质农产品基地认定23173.4公顷（约34.76万亩），全市绿色优质农产品比重达79.76%。新型农业经营主体蓬勃发展，截至2023年年底，全市共有农民合作社735家、家庭农场1468家。获得中央财政家庭农场能力提升奖补项目的家庭农场25家。全年培育工商注册农民合作社18家、家庭农场58家。

(唐 明 杨 杨 巫爱军 刘 勇 王丽娟)

农村工作

·乡村建设·

【农村人居环境整治村庄垃圾清理专项行动】 2023年，句容市全

戴庄村水稻收割

面开展农村人居环境整治村庄垃圾清理专项行动。采取全面排查、集中行动、突击整治的方式,全面推进村庄垃圾清理整治,实现"10月底全面见效"的目标,农村人居环境显著改善。推行"积分制""红黄榜"等群众自治模式,初步实现广大村民从"要我做"到"我要做"的思想转变。制定出台《关于学习运用"千万工程"经验加快推进"美家美户"行动的实施方案》,以开展"家园美、家业美、家乡美、大家美"的"美家美户"行动为抓手,确保农村人居环境整治工作走深向实。 （沈顺忠）

【农村户厕改造】 2023年,江苏省、镇江市下达句容市农村户厕改造任务数为1276户,其中,新建改造户厕860户、整改达标户厕416户,涉及11个镇（街道、管委会）、45个行政村。8月上旬全面完成1276户户厕改造任务,并通过验收。 （沈顺忠）

【宜居宜业和美乡村示范创建工作】 2023年,句容市创建宜居宜业和美乡村示范镇1个（华阳街道）、示范村11个（马埂村、唐陵村、甲山村、王庄村、蔡门村、行香村、俥池村、亭子村、铜山村、姚徐村、新坊村）。截至2023年年底,全部通过省、市验收。 （沈顺忠）

· 扶贫工作 ·

【富民强村帮促行动】 2023年,句容市建立"六个一"挂钩帮促机制,出台《句容市富民强村帮促行动"六个一"挂钩帮促方案》,即"一名市领导挂、一名机关干部领、一个机关部门帮、一个服务团队助、一家优质企业带、一组金融资源推",逐步完善经济相对薄弱村发展长效机制。截至2023年年底,句容市13个经济相对薄弱村村集体稳定性收入全部超过120万元。 （王 晋）

【乡村公益医疗互助试点】 2023年,句容市新增华阳街道乡村公益医疗互助试点,实际参加10924人,参与率达48.63%,筹资总额87.392万元。后白镇、天王镇作为2022年的试点镇,继续推广实施,后白镇参与12692人,参与率达44.67%,筹资总额101.536万元;天王镇参与7646人,参与率达30.51%,筹资总额61.168万元。截至2023年年底,累计补助4289笔,补助金额达310.8759万元,其中,单笔最高补助金额23940元,单笔最低补助金额300元。突出"大病重点补、小病也有补"的特征,有效减轻农村居民较大额度医疗负担。 （王 晋）

【高效产业项目帮扶】 2023年,句容市农业农村局利用省级财政衔接推进乡村振兴补助资金300万元,建设茅山镇蔡门村鲜食玉米深加工项目,通过一、二、三产业融合发展,形成产业聚集优势,提高经济效益。为确保全市经济相对薄弱村村集体有持续稳定的项目收益,结合产业发展实际需求,将镇江市、句容市两级富民强村帮促行动专项资金576万元统筹用于投资入股江苏句容投资集团有限公司建设年产5吉瓦高效光伏组件项目,每年能为经济相对薄弱村增加稳定性收益3万—5万元。 （王 晋）

【防返贫保险】 2023年,句容市农业农村局为11799名九类困难群体购买防返贫保险,围绕医疗（含意外伤害）救助、教育基金救助、危房改造救助3个方面

后白镇二圣村文体广场

对困难群体进行保障，最大限度地减轻他们在"三保障"方面的支出负担。 （王　晋）

·农业综合行政执法·

【农业综合行政执法规范建设】 2023年，句容市农业农村局以"全国农业综合行政执法示范创建工作"为抓手，加强规范建设。对照示范单位创建要求，进一步规范执法，年内成功创成第五批"全国农业综合行政执法示范单位"。12月底完成农业农村部开展的"农业综合行政执法示范创建跟踪监测实地核查工作"的迎检工作。 （赵江楠）

【涉农执法办案】 2023年，句容市共办理涉农案件93件，其中，一般程序案件34件，较上年增加9件；农产品质量安全案件12件。1起农机类案卷获评"镇江市优秀农业案卷"，1起行政处罚类案卷和2名办案人员获镇江市行政处罚类案卷评查通报表扬。 （赵江楠）

【涉农执法行动】 2023年，句容市农业农村局围绕粮食安全、农产品质量安全、农机安全等开展"稳粮保供""种子安全年""豇豆治理""铁牛卫士""长江护渔"等执法专项行动。开展农资经营门店执法检查120余人次，检查门店140余家；开展农机执法检查310余人次，检查农机300余台；开展动物卫生执法检查160余人次，检查1家生猪屠宰企业、13家动物诊疗场所及宠物用品店、70多家畜禽养殖场；开展长江流域重点水域禁渔执法检查380余人次，出动渔政执法人员180余人次、护渔员2200人次、执法艇153艘次，水上巡查1700余海里（3148余千米），陆上巡查12000余千米，公安、渔政、市场监管等部门开展联合执法行动24次；开展农药和肥料抽检26次；开展畜禽产品样品监管抽检18批次，完成执法抽检饲料样品21批次，完成执法抽检兽药样品3批次。完成部、省、（镇江）市级水产品质量安全监测样品抽检79批次，句容市级监测样品抽检40批次，品种包括小龙虾、青虾、河蟹及常规鱼等。结合"两鱼两药"专项整治行动，完成省级监督抽查样品22批次，开展"两鱼"（鲫鱼、鳊鱼）产品快速检测35批次。 （赵江楠　巫爱军）

【农业普法宣传】 2023年，句容市农业农村局结合"放心农资下乡进村"活动、执法专项行动、学法用法示范户结对子、广场宣传、护渔进校园等，广泛开展农业普法宣传。组织执法队员深入乡村开展2023年"放心农资进乡村"宣传主题活动，出动检查人员50余人次，在白兔镇、郭庄镇、天王镇开展3场"放心农资进乡村"宣传活动，现场参与农民400余人，发放涉农法律法规印制册1000余份；结合农机送检下乡志愿服务活动、"6.16"安全宣传咨询日广场咨询活动，通过设置宣传展板、发放宣传资料、印制发放《致全市广大农机手的一封信》、现场答疑解惑等多种形式，宣传农机安全操作常识和法律法规，进一步提高广大农机手的安全用机意识。全年累计发放农机宣传资料12000余份，悬挂张贴安全标语40条，播放安全宣传视频12次；举办1期水产品质量安全监管培训班，共计培训70人次。在下蜀镇空青村开展"送法下乡"暨"法治句容"建设宣传月活动，通过举办法治讲座、发放宣传资料、设立法律咨询台等多种形式，向农民普及法律知识，提高农民的法治意识。

（赵江楠　巫爱军）

农业经济

【新型农业经营主体建设】 2023年，句容市培育工商注册农民合作社18家、家庭农场58家。全年分别新增镇江市级、句容市级农民合作社示范社5家、7家；分别新增省级、镇江市级、句容市级示范家庭农场8家、24家和47家。年内，句容市山本家庭农场、句容市白兔镇张峰良品家庭农场和句容市茅山风景区句曲山隐家庭农场入选江苏"百佳家庭农场"；句容市兴农家庭农场发展联盟连续两年入选江苏"十佳家庭农场服务联盟"；句容市茅山风景区如花家庭农场入选江苏省家庭农场典型，句容市丁庄万亩葡萄专业合作联社入选江苏省农民合作社典型。（表8、表9）

（王丽娟）

2023年句容市省级及以上重点家庭农场一览表

表8

序号	名称	示范级	序号	名称	示范级
1	句容市后白镇喜美家庭农场	省级	33	句容市茅山风景区卧龙山庄家庭农场	省级
2	句容市道银家庭农场	省级	34	句容市后白镇永彬家庭农场	省级
3	句容市天王镇袁琳家庭农场	省级	35	句容市厚俊家庭农场	省级
4	句容市后白镇道兵家庭农场	省级	36	句容市郭庄镇刘基龙家庭农场	省级
5	句容市白兔镇小燕子家庭农场	省级	37	句容市赤山湖凤凰家庭农场	省级
6	句容市茅山镇满园香家庭农场	省级	38	句容市易乐家庭农场	省级
7	句容市朝花夕拾家庭农场	省级	39	句容市华阳崇祥家庭农场	省级
8	句容市莹惠园家庭农场	省级	40	句容市福星家庭农场	省级
9	句容市宁道龙琴家庭农场	省级	41	句容经济开发区星巍家庭农场	省级
10	句容市春天家庭农场	省级	42	句容市下蜀镇东来家庭农场	省级
11	句容市下蜀镇横山家庭农场	省级	43	句容市边城镇东篱家庭农场	省级
12	句容市茅山风景区如花家庭农场	省级	44	句容市茅山风景区怡康园家庭农场	省级
13	句容市茅山镇黎常富家庭农场	省级	45	句容市白兔镇豆豆家庭农场	省级
14	句容市后白镇果韵家庭农场	省级	46	句容市宝华镇依云家庭农场	省级
15	句容市后白镇绿梅湾家庭农场	省级	47	句容市后白镇文波家庭农场	省级
16	句容市三叶家庭农场	省级	48	句容市郭庄镇舒心家庭农场	省级
17	句容市天王镇康健家庭农场	省级	49	句容经济开发区晟洁家庭农场	省级
18	句容市紫薇小院家庭农场	省级	50	句容市凤华家庭农场	省级
19	句容市白兔镇双丰家庭农场	省级	51	句容市后白镇小罗家庭农场	省级
20	句容市山本家庭农场	省级	52	句容市茅山风景区志满家庭农场	省级
21	句容市茅山风景区句曲山隐家庭农场	省级	53	句容市潘琦家庭农场	省级
22	句容市白兔镇笪小华家庭农场	省级	54	句容市白兔镇木兰家庭农场	省级
23	句容市白兔镇张峰良品家庭农场	省级	55	句容市白兔镇红剑家庭农场	省级
24	句容市白兔镇纪荣喜家庭农场	省级	56	句容市茅山镇风燕家庭农场	省级
25	句容市世杰家庭农场	省级	57	句容市郭庄镇君顺家庭农场	省级
26	句容市天辉家庭农场	省级	58	句容市茅山风景区兆丰家庭农场	省级
27	句容市天王镇立盛家庭农场	省级	59	句容市春巧家庭农场	省级
28	句容市茅山镇恒泰家庭农场	省级	60	句容市白兔镇春夏秋冬家庭农场	省级
29	句容春宝家庭农场	省级	61	句容市天王镇山乡缘家庭农场	省级
30	句容市春城曹庄家庭农场	省级	62	句容市天王镇福友家庭农场	省级
31	句容市茅山镇满日家庭农场	省级	63	句容市后白镇万宏家庭农场	省级
32	句容市茅山风景区德兵家庭农场	省级	64	句容市茅山镇王大丫家庭农场	省级

(农业农村局)

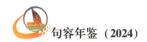

2023年句容市省级及以上重点农民合作社一览表

表9

序号	名称	示范级	序号	名称	示范级
1	句容市天王镇戴庄有机农业专业合作社	国家级	22	句容市粮满仓稻谷专业合作社	省级
2	句容市天王华安彩叶苗木专业合作社	国家级	23	句容市苏合农产品销售专业合作联社	省级
3	句容市后白镇西冯花草木专业合作社	国家级	24	句容市华阳街道下甸果蔬专业合作社	省级
4	句容市捧花蜂业专业合作社	国家级	25	句容市青江农机植保专业合作社	省级
5	句容市虎耳山无花果专业合作社	国家级	26	句容市后白三水果品专业合作社	省级
6	句容市丁庄老方葡萄专业合作社	国家级	27	句容市白兔镇新三农粮食种植专业合作社	省级
7	句容市茅山绿盾机械植保服务专业合作社	国家级	28	句容市后白镇兴农农机专业合作社	省级
8	句容市茅山镇丁家边紫玉桑椹专业合作社	国家级	29	句容市茅山镇介文葡萄专业合作社	省级
9	句容市纪兵农业机械服务专业合作社	国家级	30	句容市下蜀健蜂园蜂业专业合作社	省级
10	句容市二丫葡萄专业合作社	国家级	31	句容市茅山风景区青峰茶叶专业合作社	省级
11	句容市边城科丰粮食种植专业合作社	国家级	32	句容市茅山风景区陈庄自然农法农副产品合作社	省级
12	句容市宝华镇仓头村强民稻米专业合作社	国家级	33	句容市后白草坪专业合作联社	省级
13	句容市丁庄万亩葡萄专业合作联社	国家级	34	句容市肖庐山茶叶专业合作社	省级
14	句容市后白镇道兵农机专业合作社	国家级	35	句容市茅山镇东霞土地股份合作社	省级
15	句容市润民食用菌专业合作社	国家级	36	句容市万山红遍应时鲜果专业合作联社	省级
16	句容市白兔镇致富果业专业合作社	国家级	37	句容市白兔镇永丰果业专业合作社	省级
17	句容市边城绿农粮食种植土地股份专业合作社	国家级	38	句容市银山农机服务专业合作社	省级
18	句容市白兔镇庆生果品专业合作社	国家级	39	句容市同心生态农业专业合作社	省级
19	句容市蓝天茶叶专业合作社	省级	40	句容市岗南瑞品果品专业合作社	省级
20	句容市苏苑稻米专业合作社	省级	41	句容市后白味稻稻米专业合作联社	省级
21	句容市广发农机植保专业合作社	省级			

（农业农村局）

【村级"一事一议"财政奖补项目监管】 2023年，句容市村级公益事业建设"一事一议"财政奖补项目分三批下达，共48个，涉及11个镇（街道、管委会）、46个行政村、75个自然村，省级财政奖补资金共计1008万元。第一、第二批"一事一议"财政奖补项目共23个，其中，村内道路硬化项目15个、道路亮化项目3个、广场项目1个、河塘清淤项目4个；计划总投资597.18万元，其中，财政奖补资金570万元，奖补村"一事一议"筹资（不筹劳）总额27.18万元；截至2023年年底，有21个项目完成并通过验收。第三批"一事一议"财政奖补项目共25个，其中，村内道路硬化项目10个、道路亮化项目8个、河塘清淤项目5个、修建沟渠项目2个；计划总投资470.67万元，其中，财政奖补资金438万元，奖补村"一事一议"筹资（不筹劳）总额32.67万元；截至2023年年底，4个项目竣工等待验收。

（王丽娟）

【政策性农业保险工作】 2023年，句容市政策性农业保险共计完成保费收入4235.69万元，其中，主要种植业保费1414.16万元；小麦承保11310.30公顷（约16.97万亩），保费598.32万元；油菜承保3264.72公顷（约4.90万亩），保费53.87万元；水稻承保12657.20公顷（约18.99万亩），保费658.04万元；玉米承保2056.63公顷（约3.08万亩），保费103.93万元。高效设施农业保险共开办18个险种，保费2821.52万元。受春季冻害、夏秋季暴风暴雨及病虫害等的影响，小麦、水稻和高效设施农业受灾，全年共计赔款2869.57万元，农业保险简单赔付率达67.75%，理赔受益农户3405户。其中，小麦受灾面积约1710.80公顷（约2.57万亩），赔款507.90万元；水稻受灾面积约1304.57公顷（约1.96万亩），赔款594.65万元；高效设施农业赔款1732.80万元。 （王丽娟）

【农村宅基地工作】 2023年，句容市11个涉农镇（街道、管委会）对外受理宅基地审批"一个窗口"正常运行。各乡镇宅基地审批管理系统正常使用，全市全年共受理宅基地申请232宗，申请面积3.42公顷（51.3亩），审批213宗，审批面积3.14公顷（47.1亩）。审批的宅基地申请年内全部上传至宅基地审批管理系统。闲置宅基地盘活利用14宗，面积0.243公顷（约3.65亩），交易金额4.28万元。 （王丽娟）

【第四轮省农村改革试验任务】 2023年，句容市推进"探索全域开展农产品质量安全追溯机制"和"探索农村普惠金融服务发展机制"2个试验任务。在探索全域开展农产品质量安全追溯机制方面，2023年全市确定监管对象3001户，其中，小农户1672户。持续推进以机代人监管模式，全面推动建立承诺达标合格证制度，逐步建立完善以承诺达标合格证为载体的食用农产品产地准出、市场准入衔接机制。开发"农安贷"信贷产品，落实农安信用等级A、B档农户163户，发放信用贷款1974万元。探索农村普惠金融服务发展机制，推进整村授信活动。句容农村商业银行通过整村授信活动，在全市建档162142户，覆盖率达100%；预授信150841户，占农村居民总户数的93.03%；预授信金额273.64亿元，其中，用信16151户，用信余额38.44亿元。"无还本续贷"政策惠及新型农业经营主体，全年发放贷款71笔，余额47633万元。 （王丽娟）

【乡村治理】 2023年，句容市建立乡村治理联席会议制度。后白镇林梅村在乡村治理中积极推广运用"积分制""清单制"，做活乡村治理大循环，入选2023年"全国乡村治理示范村"。茅山镇何庄村依托村民代表大会，在党建引领下实施村民自治，促进村庄整治、村民安居、民风文明，开创乡村治理新局面，"基层党建推动自治共治 文明建设促进乡村和谐"成功入选第三批江苏省乡村治理典型案例。 （王丽娟）

【农村产权交易监督管理】 2023年，句容市农村产权交易市场累计成交标段2088个，成交总金额1.46亿元。年内，句容市农业农村局配合句容市公共资源交易中心推进农村产权"三期"线上交易，通过线上交易，实现农村产权"不见面交易"，为交易双方节约交易成本及交易时间，打破竞价场地、空间的限制，提高交易效率，避免暗箱操作，有效防止集体资产流失和农村产权交易过

全国乡村治理示范村——后白镇林梅村

程中不良行为的发生。截至2023年年底，平台线上累计成交项目97个，金额4128.84万元。

（马　骏）

种植业

【概况】　2023年，句容市粮食种植面积38193公顷（约57.29万亩），比上年增加约173公顷（约0.26万亩）；蔬菜播种面积约7680公顷（11.52万亩）。其中，水稻栽种面积约22166公顷（约33.25万亩），水稻亩产566.1公斤，总产18.8万吨；小麦播种面积约10073公顷（约15.11万亩），小麦亩产330.3公斤，总产4.99万吨；油菜种植面积约7440公顷（11.16万亩）；玉米种植面积约2613公顷（约3.92万亩）；大豆种植面积约1613公顷（约2.42万亩）；甘薯种植面积833公顷（约1.25万亩）。（唐　明）

【绿色高质高效创建】　2023年，句容市共实施水稻绿色高质高效示范片7个、油菜绿色高质高效示范片1个，集成应用绿色高质高效生产、稻田综合种养、有机肥替代化肥、病虫草害绿色防控等技术。示范片内建设有机肥替代化肥示范点9个、稻田综合种养示范点2个、稻绿轮作示范基地1个、品种示范展示基地1个，集中展示优质食味新品种10个。示范片内应用了稻鸭共作、稻虾共作等模式，示范展示了绿色防控技术，如秧田无纺布覆盖，螟虫性诱技术，人工种植香根草、大豆、芝麻，以及科学用药等技术措施。通过新品种、新技术、新模式的示范推广，有效提升稻米品质，降低化学农药、化学肥料的使用强度，实现"药肥"双减。通过项目实施与聚集支持，打造了一批产业化程度高、规模集中连片的优质稻米生产基地。在产业开发与品牌培育上，形成了"企业（合作社）+基地+品牌"的产业化链式开发新模式，同时加强了稻米深加工的开发，带动了周边农户参与优质稻米生产，实现增值收益共享。截至2023年年底，全市共有稻米品牌20多个，其中，有知名度的稻米品牌8个，获"鲜食玉米特色产业小镇"称号1项，获"江苏好大米"银奖1项、"镇江好大米"金奖1项。（陈　娟）

【新技术示范推广】　2023年，句容市在水稻、小麦、大豆、玉米、葡萄、草莓等作物上开展新品种、新技术、新产品及新模式的示范展示，全市共建立县级"三新"技术示范展示基地3个，展示新品种20个、新技术5项、新产品3种、新模式4项。（陈　娟）

【新品种、新技术推广应用】　2023年，句容市推广应用一系列新品种，在水稻上推广应用早熟晚粳武育粳39号、武运粳31号等品种；优质食味米品种上推广应用早熟晚粳南粳3908、南粳晶谷等品种；在小麦上推广应用镇麦12号、镇麦15等品种；在油菜上推广应用沣油737、德核杂油8号等品种。同时，也推广应用一系列新技术，在水稻上重点推广应用了机插秧精确定量栽培、稻田综合种养、侧深施肥、病虫害绿色防控等技术；在小麦上重点推广应用了稻茬小麦优质高产栽培、麦油机械免少耕、板茬移栽轻简栽培等技术。生产技术上以控肥、减药为抓手，注重推广应用绿色高效生产。（陈　娟）

【耕地质量提升】　2023年，句容市农业农村局对89个耕地质量等级调查评价点开展取土化验分析，对全部土样的pH值、有机质、全氮、有效磷、速效钾、缓效

白兔镇徐村草莓种植示范基地

种植户使用无人机为麦苗施肥

钾六项指标进行测定,另对部分样点的微量元素、重金属元素进行化验。按照统一指标体系和质量要求开展耕地质量等级评价,调查评价的耕地质量平均等级为4.17,较上年提升0.02个等级。通过宣传推广有机肥替代化肥、种植绿肥、应用新型肥料和农机具等措施,引导农民科学施肥,2023年全市化肥使用总量(折纯)为18273吨,较2022年减少593吨。以化肥减量增效为目标,通过采取提升耕地质量、改善施肥方式等措施,指导农户科学合理施肥,优化用肥结构,鼓励使用农家肥、商品有机肥,推动化肥使用的减量工作。年内,句容市农业技术推广中心被评为2023年度"江苏省耕地质量与农业环境保护工作先进单位"。

(陈海波)

【绿色防控示范区建设】 2023年,句容市建设省级水稻病虫害绿色防控基地和草莓病虫害绿色防控基地各1个。水稻病虫害绿色防控基地面积66.67公顷(约1000亩),核心展示区2公顷(30亩)。草莓病虫害绿色防控基地面积13.33公顷(约200亩),核心展示区2公顷(30亩)。建设省级稻麦田杂草周年综合治理示范区1个、示范点2个。年内,句容市白兔镇柏生草莓专业合作社成功获评第二批"全国农作物病虫害绿色防控技术示范推广基地",水稻和草莓病虫害绿色防控基地均被评为2023年度"省级农作物病虫害绿色防控达标基地",句容市农业技术推广中心被评为"2023年江苏省植保植检工作先进单位"。

(罗月越)

养殖业

【概况】 2023年,句容市生猪饲养量15.44万头(其中,出栏8.19万头),母猪存栏1.25万头;羊饲养量2.9万只(其中,出栏1.05万只);大家畜存栏924头(均为肉牛);家禽饲养量1981.9万羽(其中,出栏1482.3万羽),存栏鸡476.42万羽、鸭12.49万羽、鹅10.69万羽;鸽子饲养量2.87万羽(其中,出栏1.39万羽);鹌鹑饲养量10万羽;兔子饲养量2.95万只(均出栏);蜜蜂实有2896箱。(表7)

(杨杨 赵宇瑞)

【重大动物疫病防控】 2023年,句容市开展春、夏、秋3次全市突击防疫行动。全市共免疫猪口蹄疫7.26万头、猪瘟4.24万头、蓝耳病4.24万头,免疫率均达100%;免疫牛口蹄疫980头,免疫率达100%;免疫羊口蹄疫1.48万只、小反刍兽疫1.48万只,免疫率均达100%;免疫禽流感(H5+H7三价苗)514.43万羽,其中,鸡473.24万羽、鸭25.224万羽、鹅15.973万羽,免疫率均达100%。抗体滴度经日常监测和

2023年句容市良种场情况一览表

表7

名称	所在地	法人代表	联系电话	经营项目
句容市种猪场	后白镇	鲁荣	0511-87856999	种猪繁育
后白良种场	后白镇	鲁荣	0511-87401288	农作物良种繁育
东山良种场	华阳街道	鲁荣	0511-87205528	农作物良种繁育

(农业农村局)

飞行检测，总体水平达80%以上。

（朱庆峰 吕英然）

【畜牧生态健康养殖技术推广】2023年，句容市农业农村局推进畜牧生态健康养殖技术推广。截至2023年年底，全市共有省级畜牧生态健康养殖示范场15家、市级示范场188家，畜牧生态健康养殖技术推广率达100%。

（杨　杨 赵宇瑞）

【畜禽粪污资源化利用】2023年，句容市农业农村局持续开展畜禽粪污资源化利用巩固提升行动。全市有规模畜禽养殖场188家，畜禽粪污处理设施装备配套率达100%；有小规模畜禽养殖场143家，畜禽粪污处理设施装备配套率达100%。全市畜禽粪污综合利用率达97.79%。

（杨　杨 赵宇瑞）

【屠宰环节监管】2023年，句容市农业农村局强化官方兽医岗位职责，采取官方兽医轮岗制度，督促屠宰企业按照"批批检、头头检、全覆盖"的原则开展非洲猪瘟及"瘦肉精"检测工作，落实猪肉品质检验、病害猪无害化处理、车辆清洗消毒等制度，加强检测人员技术培训，发挥远程视频监控作用，做好巡查记录，严格落实屠宰检疫工作。

（杨　杨 邓家嘉）

【无害化处理监管】2023年，句容市养殖环节病死猪共11256头，全部交由第三方企业收集，进行无害化处理。

（杨　杨 张　群）

【饲料兽药监督】2023年，句容市共发放兽药安全使用告知书、饲料安全使用告知书、禁用兽药名录各300余份，签订兽药安全使用承诺书、饲料安全承诺书各300余份，监管巡查140余次。配合各级监管部门采集猪肝样3份、鸡肉样46份、禽蛋样30份、生鲜乳样4份。（杨　杨 王　兵）

【渔业产业概况】2023年，句容市水产养殖总面积3462公顷（5.193万亩），其中，特种水产养殖面积2792公顷（4.188万亩），占水产养殖总面积的比例逾80%。全年水产品产量2.645万吨。

（巫爱军）

【池塘标准化改造】2023年，句容市按照农业资金项目实施程序进行池塘标准化改造项目的申报、立项、核查、验收等工作，实施完成8个异位净化模式的池塘标准化改造项目，完成改造任务69.07公顷（约1036亩）。同时，完成原位净化模式的改造任务80.20公顷（1203亩），共计149.27公顷（约2239亩），全面完成池塘标准化改造目标任务。

（巫爱军）

【太湖综合治理】2023年，句容市完成涉太湖流域5亩以上池塘养殖和规模以上池塘养殖面积、种类、产量、排水信息等底数的排查登记工作。全市涉太湖流域5亩以上池塘养殖主体25户共74公顷（1110亩），规模以上池塘养殖主体6户共29.53公顷（约443亩）。制定规模以上池塘养殖尾水排放、清塘污泥登记备案制度，并完成规模以上池塘养殖主体备案6户，完成养殖池塘标准化改造2户共7.87公顷（约118亩）。

（巫爱军）

【渔业科技创新】2023年，句容市继续引进"长江2号"河蟹400千克，通过江苏省青虾产业技术体系项目引进"太湖2号"青虾400千克。继续推广草鱼出血病免疫防治技术，注射草鱼出血病疫苗64万尾。推广陆基圆桶循环水养殖模式5家。推广设施渔业基地建设，建成设施渔业养殖主体6家。继续推进渔业科技入户，选聘10名水产科技人员作为技术指导员，负责对全市100户渔业科技示范户进行技术指导与服务，示范面积逾400公顷（6000亩）。

（巫爱军）

【青虾产业技术体系推广示范项目】2023年，句容市通过实施江苏省青虾产业技术体系项目，引进青虾新品种"太湖2号"种虾400千克，培育"太湖2号"青虾苗10000千克，示范推广面积约13.33公顷（约200亩），初步解决青虾优质苗种不能满足当地需求、土著品种产量不高、发病风险较高、经济效益下降等问题。年内，形成"句容市青虾养殖花名册"1份，总结撰写本地区青虾养殖模式报告1份，培育"新农人"3名（2人获得第四届、第五届全国虾蟹产业高峰论坛"致富带头人"称号，1人获得第五届全国虾蟹产业发展大会"绿色养殖能手"称号）。

（巫爱军）

【外来入侵水生动物普查】 2023年，句容市完成首次外来入侵水生动物普查工作，通过省级农业公共服务专项资金进行申报、立项、招标等程序，确定由江苏农林职业技术学院承担全市外来入侵水生动物普查工作。通过制订实施方案，完成踏查、样地调查、标本制作、普查数据质控、数据系统上报及汇交等各项工作，形成工作总结、技术总结及质控工作总结等成果，完成普查工作任务。　　　　　（巫爱军）

【水产品质量安全专项整治】 2023年，句容市按照江苏省、镇江市统一部署，开展"两鱼两药"专项整治行动。句容市农业农村局成立领导小组及工作专班，下发《句容市水产品质量安全专项整治行动方案》，并召开专题会议进行部署。专项整治行动开展以来，建立鲫鱼、鳊鱼养殖主体名录65户、295.4公顷（4431亩）。
（巫爱军）

农业产业化

【概况】 2023年，句容市共有各级农业产业化龙头企业97家，其中，国家级1家、省级10家、（镇江）市级20家、（句容）市级66家。年内，静庆生态养殖（江苏）有限公司、句容市赤山湖面粉有限公司、句容市如果生态农业有限公司、江苏鸿义生态农业有限公司、句容市禾源种业有限公司5家企业创成（句容）市级农业产业化龙头企业。句容市现代农业产业园成功入选2023年国家现代农业产业园创建名单，获得中央奖补资金7000万元。
（刘书仁）

【乡村产业项目】 2023年，句容市乡村产业招引有效项目信息共计40个，总投资24.61亿元，其中，总投资0.5亿元以上的有效项目共计16个。年内，19个项目落地开工。　　（刘书仁）

【休闲观光农业】 2023年，"句容市'茅山长青'茶旅二日游"休闲农业精品景点线路成功入选2023全国茶乡旅游精品线路，"句容市：春花烂漫赏樱之旅"休闲农业精品景点线路成功入选2023"苏韵乡情"江苏休闲农业春季精品线路。句容市丁庄葡萄系列、句容市白兔草莓系列、句容市戴庄有机大米、句容市宝华"五谷青大米"入选"苏韵乡情　百优乡产"。　（刘书仁）

【农业品牌化建设】 2023年，句容市通过大力实施"一镇一业、一村一品"，在天王镇、后白镇、茅山镇、白兔镇等农业大镇，重点培育出一批"土字号""乡字号"的特色乡土品牌。年内，"丁庄葡萄""茅宝""茅山人家""福地好味稻""东方紫"获评"镇江市十大农产品品牌"。（表10）　　　　　（刘书仁）

【农产品展示展销】 2023年，句容市举办第七届句容优质农产品（南京）展销会暨2023江苏句容农业招商专场推介会，组织企业到青岛参加第二十届中国国际农产品交易会。2023年镇江·句容农民丰收节在郭庄镇举办。
（刘书仁）

【数字化智慧农业建设】 2023年，句容市入选第二批江苏省数字乡村试点地区名单。（刘书仁）

【茶产业资源整合】 2023年，句容市印发实施《关于全面推动茶

句容市现代农业产业园

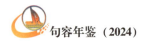

2023年句容市省级及以上重点农业龙头企业一览表

表10

序号	名称	级别	序号	名称	级别
1	句容市唐陵花木交易市场有限公司	国家级	7	江苏岩藤农业发展有限公司	省级
2	江苏南门市场发展有限公司	省级	8	句容市东方紫酒业有限公司	省级
3	江苏汤氏园林有限公司	省级	9	江苏茅宝葛业有限公司	省级
4	江苏华桑食品科技有限公司	省级	10	句容市天贵农副产品有限公司	省级
5	味特佳食品江苏有限公司	省级	11	江苏茅山人家生态农业有限公司	省级
6	江苏天王园林之窗农业发展有限公司	省级	—	—	—

（农业农村局）

产业资源整合的总体方案》，明确提出2023—2028年全面形成"一带一心一区"的空间布局。稳妥推进国有茶企体制机制改革，组建江苏句容茅山长青茶业有限公司，实行现代化企业管理模式，打造引领全市茶产业高质量发展的国企样板。实施"茅山长青"良种工程，新建和改造高标准茶园13.33公顷（约200亩）。"句容市'茅山长青'茶旅二日游"休闲农业精品景点线路入选2023全国茶乡旅游精品线路；"茅山绿茶制作技艺"入选第五批省级非物质文化遗产代表性项目名录扩展项目名录。2023年，"茅山长青"区域公用品牌价值为16.71亿元。

（钱荣志）

【农村电子商务】 2023年，句容市加快推进电子商务进农村，推进农业供给侧结构性改革，实现富民增收。全年，全市新型经营主体在淘宝、天猫、苏宁易购等平台开设店铺1600余家，农村电子商务综合销售收入18.68亿元。

（刘书仁）

农业综合开发

【概况】 2023年，句容市实施高标准农田建设改造提升项目1个，建设面积约800公顷（1.2万亩）。项目位于郭庄镇，总投资2400万元，其中，中央财政资金960万元、县级财政资金1440万元。

（颜鹏程）

【高标准农田建设项目】 2023年，句容市完成2022年度高标准农田建设项目2个，财政投资3900万元，建设面积866.67公顷（约1.3万亩）。项目分别位于郭庄镇666.67公顷（约1万亩），白兔镇200公顷（0.3万亩）。

（颜鹏程）

农产品质量监管

【绿色优质农产品供给】 2023年，句容市共有获得绿色食品认证主体91家、产品191个，认证面积13433.4公顷（约20.15万亩）；获得有机农产品认证主体13家、产品36个，认证面积7220公顷（10.83万亩），其中，种植业6253.4公顷（约9.38万亩）、水产养殖业966.6公顷（约1.45万亩）。全市获得绿色优质农产品基地认定23173.4公顷（约34.76万亩），绿色优质农产品比重达79.76%。

（刘勇）

【生产经营主体入网监管】 2023年，句容市监管对象入网主体3001家，累计巡查17104次，巡查覆盖率达100%。开展产品抽检5.44万次，抽检覆盖率达100%。打印合格证559.4万张，出证覆盖率达100%。评定追溯示范基地（户）56家。

（刘勇）

【食品安全高质量发展】 2023年，句容市完成各类农产品定量检测1590次，千人抽检率2.48批次。开展监督抽查166批次，不合格产品处置率达100%，查处农产品质量安全案件12起。年内开展豇豆农药残留问题专项治理。

（刘勇）

农业·农村

下蜀镇农户收割大豆

茅山镇丁庄村葡萄种植户采用智能水肥一体机技术

【全域农安追溯】 2023年，句容市全面应用以"蓝天卫士"为基础的农安卫士监管，在全市11个镇启用"蓝天卫士"监控150个，监管对象覆盖率达50%以上。建立以巡查、出证、抽检任务完成为基础的监管预警，以及主体追溯与合格证规范使用预警。
（刘　勇）

农业科技推广

【概况】 2023年，句容市建设5家省级现代农业产业技术体系推广示范基地、3家（镇江）市级"1+1+N"新型农业技术推广基地、7家县级农业示范基地；选聘技术指导员15名，遴选培育科技示范户150户。组织130名农技人员参加省、市、县级培训。深化与江苏农林职业技术学院的合作，遴选一批生产基地，搭建一批农技推广服务载体。在后白镇、白兔镇、天王镇、边城镇等镇，围绕粮食、果品、蔬菜、茶叶、水产等产业，建设16个合作示范基地，进一步促进农业科技成果的落地转化。2023年，句容市被列为24个首批"全国农业科技现代化先行县"之一。　（刘　勇）

【农业绿色发展】 2023年，句容市打造省级生态循环农业试点示范村戴庄村，（镇江）市级生态循环农业试点示范村丁家边村、墓东村、古隍村和五星村。全市受污染耕地秋熟安全利用率达99.33%，化肥、农药使用总量与2020年相比分别下降3.10%和2.14%，秸秆综合利用率达97.25%，畜禽粪污综合利用率达97.79%，万头以上猪场视频监控安装率达100%，废旧农膜回收率达91.70%，农药包装废弃物无害化处理率达100%。（刘　勇）

农业机械

【概况】 2023年，句容市农作物耕种收综合机械化水平为88.60%，粮食生产全程机械化水平达95.08%。全年新增特色农业机械801台，特色农业机械化水平达75.66%，其中，设施农业为71.27%、畜牧养殖为86.95%、水产养殖为72.97%、果茶桑生产为74.84%、农产品初加工为72.26%。全市万亩粮食播种面积智能农机装备保有量为4.8台套，全市首家粮食生产"无人化农场"获镇江市农业农村局认定。全市新增生物质热源烘干机126台，清洁热源烘干占比由上年的42%提升到76.95%。全市新建成（镇江）市级以上农业生产全程机械化示范基地13家（其中，省级2家）。截至2023年年底，全市共建成（镇江）市级以上农业生产全程机械化示范基地24家（其中，省级4家）。年内，在郭庄镇新建成省级"全程机械化+综合农事"服务中心1家，全市共建成省级"全程机械化+综合农事"服务中心3家。 （吴亚云）

【农机购置补贴】 2023年，句容市新增补贴机具696台，其中，插秧机164台，保有量达2921台；联合收割机19台，保有量达979台；大中型拖拉机61台，保有量达1906台。受益农户447户。全市农机总动力达48.62万千瓦。全年使用省级以上补贴资金847.52万元，通过政策实施带动社会投入农机化资金3670万元。

（吴亚云）

【秸秆机械化还田】 2023年，句容市农业农村局组织17510个实际种植户参与实施，完成省级秸秆还田面积21720公顷（32.58万亩），使用省级补贴资金325.8万元。 （吴亚云）

【农机源头管理】 2023年，句容市农业农村局开展农机送检下乡服务、手扶拖拉机运输机组专项整治等工作，强化责任落实，提高安全用机意识，提升服务质量，做到检验维修、农机投保、安全教育、答疑解惑等一站式服务，提升农机"三率"水平，全市拖拉机检验率为92.24%，联合收割机检验率为96.73%。办理拖拉机及联合收割机业务登记77台，新申领拖拉机及联合收割机驾驶人员96人。农机安全生产及"农机助学 送考进校"工作受到江苏省农业机械安全监理所表彰。

（赵江楠）

【农机新机具、新技术示范推广及培训】 2023年，句容市农业农村局举办高素质农民培育（农机）培训班1期，培训50人次；举办农机职业技能培训班1期，培训150人次；举办农机行业基层人员培训1期，培训60人次。同时，做好农机志愿者服务下乡活动，"三夏""秋收秋种"期间组织农机维修服务队，深入田间地头、场院，开展农机服务活动，确保"三夏""秋收秋种"期间农机安全生产。 （吴亚云）

农田水利

【概况】 2023年，句容市水利局编制完成《句容市2023年度农田灌溉水有效利用系数测算分析成果报告》，根据测算分析，2023年句容市农田灌溉水有效利用系数达0.65，农田灌溉保证率进一步提高。年内，句容市水利局投入管护维修资金1386万元，对全市范围内泵站、河道、河塘、渠道、小型水工建筑物等进行长效管护和维修养护。其中，小型农田水利工程管护成效在省级评定中获得优秀。 （陶凯）

【生态河道建设及农村河道疏浚】 2023年，句容市水利局共疏浚乡级河道、河塘50万立方米；经江苏省水利厅认定，共建成农村生态河道295.01千米。全市农村生态河道覆盖率为59.14%，较好地实现了"河深、水清、流畅、岸绿"

句容市农业农村局农机部门工作人员现场演示机械化作业

省级生态清洁型小流域郭庄镇赤山湖小流域

的治理目标。　　　　　（陶　凯）

【农村河道管理范围划界】　2023年，句容市完成部分农村河道管理范围划界工作，共完成105条农村河道划界，划界长度达358.17千米，为后期农村河道管理提供有力支撑。　　（陶　凯）

镇江市农科院

【概况】　2023年，镇江市农科院共争取各类项目41个，项目合同经费1057万元；发表论文31篇，其中，SCI 4篇；出版专著3部。镇麦17、镇麦22通过国家品种审定，镇稻37号、镇稻38号、镇籼优39087、镇麦21、镇麦25通过省级品种审定。申请品种权19个，获授权4个；申请专利20件，获授权14件。制定并颁布市地方标准2项，省级学（协）会标准5项。获神农中华农业科技奖一等奖、二等奖各1项。新引进青年科技人才3名，其中，博士生1人、硕士生2人。1人获2023年江苏省"最美科技工作者"称号，1人获第九批"江苏省岗位学雷锋标兵"。

（孙晓童）

【农业科技研究】　2023年，镇江市农科院持续开展中抗稻瘟病、优良食味、洁田稻等新品种选育，育成一批中抗稻瘟病、优质食味及抗除稻新品系。加强红皮强筋品种选育，注重赤霉病资源材料的创制，育成一批稳定的抗赤霉病小麦种质资源，强筋新品系镇19068种抗赤霉病且免疫白粉病。开展新品种引选和杂交育种，选育出4个葡萄和4个草莓新品系，育成的猕猴桃新品种"中黄""中黄2号"申请品种权，推广的"镇选3号"梨、"紫金黄脆"桃等新品种在周边地区积极推广。围绕葡萄品质提升、桃栽培模式、梨高接换种、猕猴桃授粉、大樱桃促花稳产、柑橘树形优化培养等开展试验研究。构建青花菜和甘蓝的遗传指纹图谱，开展辣椒、西甜瓜、睡莲的基因编辑、分子标记和种间关系等方面的试验研究，为新品种选育和纯度鉴定提供支持。在镇江及周边地区建立多个青花菜和西甜瓜等品种示范基地，推广的甜瓜种植技术，使销售期覆盖4月—10月。开展稻麦种子处理技术及剂型研发，在小麦病害、水稻种传病害和"两迁"害虫、蔬菜绿色防控、除草剂及相关作物抗性研究和监测方面深入开展试验示范，为粮食安全提供植保技术支撑。研发出对丘陵桃树害虫、葡萄炭疽病有较好防效的专利技术和药剂。创新葡萄根域环境调控关键技术、草莓土壤改良技术；在设施葡萄药肥水协同调控、桃树涝害响应生理机制及调控、无花果人为控旺技术等方面开展研究。开发高香红茶新产品1个，利用光周期处理茶树控花果试验取得一定进展。羊抗人载脂蛋白制备关键技术成功转化，奶山羊高效养殖技术进一步完善。

（孙晓童）

【农科院科技服务】　2023年，镇江市农科院成果转化收益保持平稳，全年4个稻麦新品种独占许可转让，1项技术成果许可转让；签订技术服务协议76项。镇麦12号、镇麦13、镇麦15、镇麦18继续入选江苏省主推品种，镇麦16入选江苏省可扩大示范推广品种。"镇麦"系列品种在省内种植面积继续扩增，2023年秋播时，种植面积达40多万公顷（600多万亩），其中，镇麦12号、镇麦

15、镇麦18的种植面积分别达21.73万公顷（约326万亩）、8.33万公顷（约125万亩）、6.93万公顷（约104万亩）。在江苏常州、苏州、镇江及陕西安康等新挂牌成立6个"亚夫科技服务工作站"，组织科技人员驻站服务，全面对接服务各级各类主体。举办一系列科技成果对接活动，围绕地方特色产业发展，联合举办形式多样的农游活动和节庆评比赛事，支持"华阳蟠桃"成功入选2023年第三批全国"名特优新农产品"名录，它是镇江唯一获此殊荣的农产品品牌；成功举办第六届镇江市农业科技嘉年华草莓、小麦、猕猴桃3个专场活动，指导的示范户选送的各类优质农产品在省级以上行业评比中获得奖项50余个。与省院专业所及农区所的相关研究团队在科研示范、项目申报、基地建设等方面开展全面合作，牵头联合申报的"丘陵岗坡地与故道滩地果树高效种植模式研究"获江苏省农业科技自主创新全产业链关键技术协同创新项目支持，与江苏省农业科学院新农学院共建分院。与郑州果树研究所、山东省农业科学院、南京农业大学、中垦种业股份有限公司等省内外的高校院所、种业企业在品种选育、食物多样性研究、成果开发等领域紧密合作。首次选派科技人员到"一带一路"共建国家印度尼西亚开展水稻、果蔬病虫害防控技术指导；继续选派科技人员带领句容茅山、华阳等地的葡萄、桃种植户到日本交流学习。牵头组建"稻麦优质高效生产技术协同推广联盟""优质红皮强筋小麦产业化协同推广联盟"，参与组建江苏省现代草莓产业工程研究中心，推动产学研深层次协同。

（孙晓童）

工　业

编校人员：陈龙浩

综　述

【概况】 2023年，句容市实现工业增加值292.59亿元，比上年增长5.5%，占地区生产总值的37.0%。截至2023年年底，有规模以上工业企业317家，实现总产值564.58亿元。全年全市工业用电量18.4亿千瓦时，比上年增长3.4%。完成制造业投资63.16亿元，比上年增长26.8%；完成高技术产业投资26.45亿元，比上年下降6.5%。年内，江苏联博精密科技股份有限公司、江苏和正特种装备有限公司、江苏天工科技股份有限公司入选国家专精特新"小巨人"企业，全市累计拥有5家"小巨人"企业，省级以上专精特新企业39家。句容台泥水泥5G智慧矿山项目入选国家《2023年5G工厂名录》；镇江市经纬工程机械有限公司、江苏恒嘉电力集团有限公司等5家企业通过国家两化融合管理体系评定。

2023年，句容市工业30强企业共实现销售收入342.2亿元，占全市销售总收入的56.7%；税收11.9亿元，占全市工业税收的53%；主要分布在开发区、下蜀镇、郭庄镇和边城镇等板块，其中，开发区14家、下蜀镇9家、郭庄镇3家、宝华镇2家、后白镇1家、边城镇1家；所在行业主要涉及电力能源及装备制造、高性能材料、新一代信息技术、食品及生物医药、服装针织、建材六大行业。（表11） （薛志轩）

【产业结构】 2023年，句容市先进制造业快速崛起，制造业与信息技术、服务经济加快融合，产业层次明显提升。一批优质项目，如晶度科技、容泰半导体、高光半导体等先后落地，部分已投产见效，提振全市发展先进制造业的信心。建材行业不断加大技术研发投入，建华建材（中国）有限公司成功创出国家级企业技术中心。句容台泥水泥有限公司开展生产线技术改造，同时实现产能的提升和能耗的下降。位于开

工人在江苏桃李面包有限公司生产线上忙碌

2023年句容市工业30强企业情况一览表

表11

序号	企业名称（集团企业）	板块	序号	企业名称（集团企业）	板块
1	江苏华电句容发电有限公司	下蜀镇	16	镇江北新建材有限公司	下蜀镇
2	建华建材（中国）有限公司	下蜀镇	17	江苏和正特种装备有限公司	郭庄镇
3	句容宁武新材料股份有限公司	边城镇	18	江苏久正光电有限公司	开发区
4	巨宝精密加工（江苏）有限公司	开发区	19	江苏中晟电磁科技有限公司	下蜀镇
5	句容台泥水泥有限公司	下蜀镇	20	江苏兆鋆新材料股份有限公司	开发区
6	句容天工（关系企业）	下蜀镇	21	江苏汤辰机械装备制造股份有限公司	下蜀镇
7	江苏联博精密科技股份有限公司	下蜀镇	22	句容市宝源矿业有限公司	宝华镇
8	江苏骏成电子科技股份有限公司	开发区	23	江苏盛邦家俱制造有限公司	开发区
9	江苏圣通电力新能源科技有限公司	开发区	24	镇江金港磁性元件有限公司	下蜀镇
10	天宁香料（江苏）有限公司	开发区	25	江苏天晟药业股份有限公司	宝华镇
11	句容协鑫光伏科技有限公司	郭庄镇	26	江苏华桑食品科技有限公司	开发区
12	江苏桃李面包有限公司	开发区	27	江苏海田技术有限公司	开发区
13	江苏华阳管业股份有限公司	开发区	28	江苏中容电气有限公司	开发区
14	江苏三超金刚石工具有限公司	开发区	29	江苏电科电气设备有限公司	郭庄镇
15	江苏智达高压电气有限公司	开发区	30	江苏圣海服饰科技有限公司	后白镇

（工信局）

发区的江苏智达高压电气有限公司、镇江天力变压器有限公司等输变电企业加大创新研发投入及国外市场开拓力度，产业链拉长、新产品贡献增大，市场应对能力不断增强。在全市园区整合方案指导下，产业集聚程度明显提升，优质项目、资源要素逐渐向"一区四园一片区"汇集，产业空间布局不断优化。新建一批智能制造载体，为产业集聚发展提供有力支撑，如郭庄镇星郭产业园，开发区中新、中德、颐高、中南高科技产业园，下蜀镇飞煌、佳和产业园等。

（薛志轩）

【企业结构】 2023年，句容市共有规模以上工业企业317家，其中，应税销售亿元以上企业94家，实现销售441.9亿元，占全市工业应税销售的73.2%；应税销售1亿—5亿元企业78家，实现销售165.2亿元，占全市工业应税销售的27.4%；应税销售5亿—10亿元企业4家，实现销售26.7亿元，占全市工业应税销售的4.4%；应税销售10亿元以上企业12家，实现销售250亿元，

下蜀镇临港工业园区

占全市工业应税销售的41.4%。

（薛志轩）

【项目引进】 2023年，句容市对标南京"五标八链"（新能源汽车、集成电路、人工智能、软件和信息服务、新医药与生命健康五大地标产业，软件和信息服务、新能源汽车、新医药与生命健康、集成电路、人工智能、智能电网、轨道交通、智能制造装备八条产业链）和镇江"四群八链"[高端装备制造、生命健康、数字经济、新材料四大主导产业集群，新型电力（新能源）装备、汽车及零部件（新能源汽车）、高性能材料、医疗器械和生物医药、新一代信息技术、航空航天、海工装备、智能农机设备八条重点产业链]方向，谋划招引提升，实施产业链招商攻坚，会同下蜀镇、郭庄镇等板块到杭州、宁德、南京等地洽谈重大项目，引进项目分布于高端装备制造、数字经济、生命健康、新材料等多个领域。

（薛志轩）

【项目推进】 2023年，中南高科·句容高新智造园、佳和（句容）现代科技产业园、第一工园·句容星郭产业园等一批产业园项目开工建设，吸引装备制造、新能源、电子信息、光学等优质项目签约落户。容泰半导体集成电路芯片级（CSP）封装、澳博阳5G基站天线技术研发与产业化、肯立通信低空探测雷达配套设备及集成化微波模块生产等一批高技术、高成长性、高爆发力的科技型项目成功签约落户。江苏天工科技股份有限公司高端钛生产线、江苏中晟电磁科技有限公司2#硅钢连续脱碳退火线技改、江苏联博精密科技股份有限公司新能源汽车智能驱动电机定转子铁芯、句容台泥水泥有限公司节能环保技改、镇江北新建材有限公司生产线智能化建设节能技术改造等一批高端化、绿色化技术改造项目成功落户投产。

（薛志轩）

特色产业

【信息技术产业】 句容市信息技术产业主要分布在开发区，主要从事笔记本电脑及手机配件、液晶显示器、通信设备、监控设备、半导体等生产，为国内外大型电子产品企业供应原材料，以硬件制造为主，有一定的聚集效应。代表企业有巨宝精密加工（江苏）有限公司、江苏骏成电子科技股份有限公司、江苏久正光电有限公司、江苏晶度半导体科技有限公司、江苏高光半导体材料有限公司等。

（薛志轩）

【绿色建材产业】 句容市绿色建材产业主要分布在下蜀镇和边城镇，主要从事高性能混凝土、钢筋混凝土复合材料、高性能隔热保温材料、多功能环保装饰材料等生产，初步建成较为完整的产业链。代表企业有建华建材（中国）有限公司、句容台泥水泥有限公司、汤嘉五金制品（江苏）有限公司、镇江北新建材有限公司、圣象地板（句容）有限公司、江苏苏博特新材料股份有限公司等。

（薛志轩）

【新型电力（新能源）装备产业】 句容市新型电力（新能源）装备产业主要分布在郭庄镇和开发区，主要从事光伏产业和电气设备制造，包括晶硅切片、太阳能组件等光伏产品，高低压成套设备、输配电设备等传统配电产品。代

江苏兆鋆新材料股份有限公司车间

表企业有句容协鑫光伏科技有限公司、江苏恒嘉电力集团有限公司、江苏电科电气设备有限公司、江苏中容电气有限公司、江苏智达高压电气有限公司等。

（薛志轩）

【高性能材料产业】　句容市高性能材料产业主要分布在边城镇、下蜀镇和开发区，主要从事聚醚、UV（紫外光）固化材料、碳纤维材料等各种高性能材料生产，拥有各类专利逾千项。代表企业有句容宁武新材料股份有限公司、句容市天工新材料科技有限公司、江苏兆鋆新材料股份有限公司等。

（薛志轩）

【汽车及零部件产业】　句容市汽车及零部件产业主要分布在下蜀镇、开发区和宝华镇，主要从事汽车电机、空调等零部件生产。代表企业有江苏联博精密科技股份有限公司、江苏依众汽车有限公司、江苏昊科汽车空调有限公司等。

（薛志轩）

重点企业选介

【建华建材（中国）有限公司】该企业位于下蜀镇，成立于2002年，是混凝土制品与技术综合服务商，主要产品包括预应力混凝土管桩、预制砼结构构件、预应力混凝土用钢棒、水泥电杆等，可年产管桩2200万米、预应力混凝土（PC）用钢棒23.5万吨，年销售近30亿元。企业拥有国家企业技术中心、交通运输行业研发中心、高性能土木工程材料国家重点实验室——预制桩研究中心、工程技术中心、先进土木工程材料协同创新中心、江苏省博士后创新实践基地、省级"院士工作站"等多个科研创新平台。

（薛志轩）

【句容台泥水泥有限公司】　该企业位于下蜀镇，1997年年底建成投产，拥有1×6800 t/d及1×5000 t/d水泥熟料生产线并配套建设水泥粉磨、余热发电及码头物流等系统，年产水泥（型号包括PII52.5R、PO42.5R）400万吨，年销售近15亿元。企业是长三角地区重要的水泥生产基地，依托水泥窑协同处置生活垃圾焚烧飞灰、污染土、污染泥项目基本建成，实现飞灰处置减量化、无害化、资源化。

（薛志轩）

【巨宝精密加工（江苏）有限公司】　该企业位于开发区，为大型外商投资企业，隶属巨腾国际控股有限公司，主要为国际知名资讯企业［DELL（戴尔）、APPLE（苹果）、SONY（索尼）、华硕等］提供计算机配件组装、精密塑料射出成型、产品设计制造、内构件材料及镁合金相关制品的生产服务，主要产品为笔记本电脑外壳组配件，销往苏州物流园区。企业主营产品PCS（个人计算机系统）笔记本电脑外壳，年销售近13亿元。　（薛志轩）

【江苏骏成电子科技股份有限公司】　该企业位于开发区，成立于2009年，系集研究、开发、生产、销售于一体的液晶显示器及模组专业生产厂家。企业拥有先进的制造设备、检测仪器和专业的技术研发团队，是行业领先的黑白屏供应商。企业2022年登陆深圳证券交易所创业板，实现句容市本土企业上市"零"突破。

【汤嘉五金制品（江苏）有限公司】　该企业成立于2005年，位于下蜀镇，专业生产管道连接法

句容台泥水泥有限公司

兰及管桩用端板，年产量达20万吨，年销售达13亿元，主导产品包括预应力混凝土管桩端板、预应力混凝土薄壁（PTC）管桩端板、预应力高强度混凝土（PHC）管桩端板三大系列，有40多种规格。（薛志轩）

【句容宁武新材料股份有限公司】该企业位于边城镇，创建于2001年，是与美国亨斯迈公司合资的中外合资企业。企业共有七大类、200余种牌号的聚醚多元醇产品系列。研发的新产品有13个获"江苏省高新技术产品""江苏省自主创新产品"称号，拥有相关技术、产品国家授权专利11件，其中，发明专利8件。聚醚产品出口海关统计排名连续多年位居前三，新开发的低VOC（挥发性有机化合物）聚醚品质领先，企业产品年销售超20亿元。（薛志轩）

汤嘉五金制品（江苏）有限公司

经贸合作

编校人员：陈龙浩

对外及对港澳台贸易

【概况】 2023年，句容市完成外贸进出口39.2亿元，同比下降18.9%。其中，出口32.7亿元，同比下降10.4%；进口6.5亿元，同比下降45.0%。出口产品主要为材料工艺、光电子、半导体、自行车、五金制品、纺织服装六大类；出口地主要为美国、澳大利亚、加拿大、俄罗斯、印度、土耳其、南非、日本、韩国和欧盟成员国、东盟成员国等国家和地区及港澳台地区，其中，美国市场约占1/3。进口产品主要为煤炭、机器人设备、半导体类设备、羊毛、光电行业辅料配件和服装行业配辅料件等。

（端木雅利）

【进出口产品结构】 2023年，句容市出口以服装工艺（26.36%）、光电半导体（17.62%）、宁武新材料（13.60%）、五金制品（11.28%）、运动器材（自行车）（8.34%）等产品为主（表12）；主要进口电煤（42.68%）、光电半导体元器件及装备（35.92%）、服装原辅材料（7.83%）等产品（表13）。外贸数据主要集中在四大板块，分别是开发区（41.92%）、边城镇（16.78%）、后白镇（9.86%）、下蜀镇（9.47%）。 （端木雅利）

【企业帮扶】 2023年，句容市商务局组织10余家企业参加境外展会，组织40余家企业参加第133届、第134届中国进出口商品交易会。建立稳外贸常态化走访定点挂钩联系制度，累计走访企业26次共65家。通过服务企业挂钩联系制度，做到全员下沉，调研走访常态化，为外贸企业帮办解难。

年内，组织100余家次企业参加外贸新业态、境外参展等业务培训7场。常态化开展外贸政策宣讲活动，通过企业走访、集中培训、媒体宣传等形式，宣传中小企业开拓市场、出口信用保险、RCEP（Regional Comprehensive

句容市出口前十企业——江苏泰茂车业有限公司

Economic Partnership,《区域全面经济伙伴关系协定》)等外贸惠企政策。抓好国家、省、市外贸政策落地落实,争取国家级进口贴息、省级展会、出口信保和商务切块等专项资金,帮助企业开拓国际市场,组织企业参加中国进出口商品交易会、"江苏优品·畅行全球"、江苏品牌产品线上丝路行(镇江专场)、"苏新服务·智惠全球"等境内外线上展会;向企业宣传国家、省、市稳外贸系列措施;制订并完善稳外贸资金年度申报指南,组织企业申报。

(端木雅利)

【品牌建设】 2023年,句容市重视外贸品牌培育工作,组织企业申报"江苏省重点培育和发展的国际知名品牌"和"镇江市重点培育和发展的国际知名品牌"。年内,江苏华神特种橡胶制品股份有限公司成功入选2023—2025年度"江苏省重点培育和发展的国际知名品牌",享受品牌扶持资金20万元,助力企业拓展国际市场。

(端木雅利)

利用外资及港澳台资

【概况】 2023年,句容市注册利用外资及港澳台资9097.58万美元,同比下降35.04%。增资项目2个。实际利用外资及港澳台资3792.08万美元,同比下降58.07%。其中,高技术产业外资2434.28万美元,占比达64.19%。新设外商投资企业及港澳台资企业18家,平均注册资本505.42万美元。新设企业按注册资本划分,1000万美元以下项目12个,1000万—2999万美元项目3个,3000万—5000万美元项目2个,5000万美元以上项目1个。第二产业实际利用外资及港澳台资2138.26万美元,占56.39%,下降54.49%;第三产业实际利用外资及港澳台资1653.81万美元,占43.61%,下降61.94%。

(端木雅利)

【港台资情况】 2023年,句容市新设18家外商投资企业及港澳台资企业中,港资企业5家,累计注册资金2630.68万美元,占新批注册资金的28.92%;台资企业7家,累计注册资金4878.73万美元,占53.63%。2023年到账的3792.08万美元中,港资3556.75万美元,占全部到账的93.79%;台资到账49.88万美元,占1.32%。

(端木雅利)

句容市专业生产袜子等针织品的外贸企业——句容市宏安针织有限公司

2023 年句容市出口排名前十企业

表 12

序号	企业名称	出口额/万美元	份额/%	序号	企业名称	出口额/万美元	份额/%
1	句容宁武新材料股份有限公司	7000.8	15.75	6	江苏骏成电子科技股份有限公司	2030.9	4.57
2	江苏久正光电有限公司	3220.4	7.25	7	镇江圣海兰进出口有限公司	1935.0	4.35
3	江苏泰茂车业有限公司	2336.8	5.26	8	句容华叶新技有限公司	1914.3	4.31
4	美亚建筑用品（江苏）有限公司	2156.0	4.85	9	句容辛西娅制衣有限公司	1183.1	2.66
5	镇江一马先制衣有限公司	2145.1	4.83	10	江苏华神特种橡胶制品股份有限公司	850.2	1.91

（商务局）

2023 年句容市进口排名前十企业

表 13

序号	企业名称	进口额/万美元	份额/%	序号	企业名称	进口额/万美元	份额/%
1	华电环球（北京）贸易发展有限公司江苏分公司	3887.8	42.68	6	句容华叶新技有限公司	453.1	4.97
2	江苏高光半导体材料有限公司	1283.4	14.09	7	容泰半导体（江苏）有限公司	300.0	3.29
3	江苏久正光电有限公司	858.6	9.43	8	江苏骏成电子科技股份有限公司	280.5	3.08
4	江苏龙锦国际贸易有限公司	749.1	8.22	9	句容宁武新材料股份有限公司	223.1	2.45
5	大塚江苏汽车部件有限公司	463.4	5.09	10	句容嘉叶服饰有限公司	148.2	1.63

（商务局）

商贸流通

编校人员：朱峰

综述

【概况】 2023年，句容市完成社会消费品零售总额193.96亿元，同比增长8.4%。限额以上批发业销售总额143.6亿元，同比增长14.1%；限额以上零售业销售总额37.82亿元，同比增长24.8%；限额以上住宿业营业额1.37亿元，同比增长33.1%；限额以上餐饮业营业额6.92亿元，同比增长23%。全市网络零售额25.74亿元，同比增长17.54%。全年共有59家加油站（点）通过年检。

2023年，全市快递服务已基本覆盖各角落，打造1个市级物流配送中心，并在71个行政村设立站点，开展便民服务，40余个站点具有快递收发功能。全年共上行快递件约5000万件，共下行快递件约6000万件。全市网络零售额在100万元至2000万元之间的经营主体超30家，销售产品主要涵盖医疗用品、纸巾、小家电、食品和花卉绿植等。（端木雅利）

【电子商务】 2023年，句容市新零售成为推动传统消费提档升级、新兴消费快速兴起的助推器。传统商贸零售企业以第三方平台为依托，向新零售转型。全市主要大型连锁商超，如大润发、苏果等在主流第三方平台饿了么、美团等注册，开展线上消费业务；句容市供销合作总社和便民超市共同打造的电商生活服务微信小程序"便民优选"，以线下实体超市为承载，通过会员管理等方式促进线上线下一体化全渠道运行，并结合直播，拉近消费者与商品的距离。（端木雅利）

供销合作

【概况】 2023年，句容市供销合作总社紧紧围绕服务"三农"工作大局，积极推进乡村振兴战略，持续深化供销合作社综合改革。全市共有9家基层供销合作社，206家农资经营点共销售化肥5万吨、农药约320吨。同时，全年总计回收废旧农膜70.58吨；农药废弃包装物回收219.41万件，处理52.14吨。自2012年以来，句容市供销合作总社连续十二年跻身江苏省供销合作社系统综合考评"二十强县级社"。

（张舒嫄）

【农产品流通】 2023年，句容市供销合作总社以跨年、农业社会化服务现场推进会、瓜果成熟季为契机，通过"直播带货+现场展销"形式，共组织开展4场农产品展示展销活动，助力销售白兔草莓、丁庄葡萄及其他句容本地特色农产品，共计助销金额约120万元。同时，积极组织系统内专业合作社、农产品公司等参加长三角农展会、宁镇扬泰通农展会、金秋农产品广场集市等共计5场，宣传、推广、销售句容优质农产品，累计销售金额超200万元。（张舒嫄）

【信用金融合作】 2023年，句容市供销合作总社加强与金融机构合作，针对系统内的涉农企业、

7月25日，农业社会化服务现场推进会暨供销助农·句容名特优农产品现场推介会召开

11月1日，2023年句容市农产品经纪人培训开班

农民专业合作社等农业经营主体，加大农村金融知识及各类特色金融服务和产品的普及力度。联合金融机构举办7场金融培训班，培训605人；同时，合作开发资产信息化管理平台，通过线上平台实现供销社资产租金收取、定点巡检、资产隐患上报整改等，提升资产管理水平。

（张舒媛）

粮　食

【概况】 2023年，句容市粮储中心不断深化改革创新，着力构建高质高效的粮食供应和应急储备体系。深入推进粮食购销领域腐败问题专项整治，配合做好省、市两级粮食问题专项巡视巡察工作，着力补齐制度建设短板。对国有粮食收购库点、社会大型烘干房开展收购专项检查13次。年内，句容市制定《句容市市级成品粮油储备管理规定（暂行）》，加强市级成品粮油储备管理，确保市级成品粮油储备数量真实、质量良好、储存安全。（胡晓兵）

【机构整合】 2023年，句容市为进一步深化粮食购销和储备体制机制改革，加强全市重大项目建设服务工作，句容市粮储中心与句容市重大项目建设服务中心整合，组建句容市重大项目建设服务中心，挂"句容市经济信息中心、句容市价格认证中心"牌子，为句容市发改委下属事业单位，机构规格为正科级。

（叶如婧）

【粮食购销】 2023年，句容市高质量完成粮食收购工作，全市国有粮食购销企业共入库小麦16258.86吨；全市2家国有粮食购销企业参与秋粮收购工作，共完成稻谷收购20817.73吨。句容市粮储中心提供烘干、清杂等服务，科学调度仓容1.8万吨，校准计量器具29台，维修保养设备50台。（张兰月）

【粮食安全】 2023年，句容市制订《句容市2023年粮食质量安全风险监测方案》，加强粮食入库、粮食库存和出库、新收获粮食、应急供应粮食四项质量监测，共检测入库批次样品86份、入库通仓样品27份、出库粮油39份。对全市9家应急供应网点的食品质

量进行监督检查，共抽检3大类12批次的粮油食品，代表数量14.25吨，合格率达100%。（郭锋）

【粮油储备】 2023年，句容市制订《2023年句容市市级储备粮轮换计划》，批准储备粮公司轮出小麦12488.86吨、轮出稻谷16361.73吨，完善粮油应急保障供应链，实现粮食保管信息化。
（杜舒）

【粮食安全宣传】 2023年10月16日是第43个世界粮食日，句容市积极开展世界粮食日"四进"宣传活动。句容市粮储中心向全市12家粮食流通企业宣传解读《粮食流通管理条例》《粮食质量安全监管办法》等法规政策。全年开展军民共建12次，提升保障服务能力。
（郑明桦）

烟 草

【概况】 2023年，句容市卷烟销量达2.79万箱，比上年增长0.51%；销售额14.95亿元，比上年增长5.93%；单箱销售额5.36万元，比上年增长5.40%。2023年，句容市烟草专卖局获得国家版权局授予的新型实用专利3项。QC（Quality Control, 质量管理）课题获江苏省局三等奖，新申报QC课题获镇江市局三等奖。
（烟草专卖局）

【涉烟案件】 2023年，句容市烟草专卖局联合其他部门，成功侦办"12·6"生产、销售伪劣卷烟案件，共抓获犯罪嫌疑人10人，其中，逮捕3人、拘留7人，查获假冒伪劣卷烟4625条，案值322.5万元。
（烟草专卖局）

食 盐

【概况】 2023年，句容市盐业有限公司作为政府食盐储备体系中的承储单位，承担着全市700吨食盐的储备任务，对食盐储备实行挂牌管理，专库定点储存、专人管理、专账记载。该公司主要经营"淮牌"系列食盐的批发、零售业务，年均销售食盐3400吨。8月24日，受日本福岛核污水排海事件影响，句容部分地区突发食盐抢购现象，4天内向全市投放食盐570吨，有效地保障全市食盐供应，起到稳定市场的作用。
（任瑞翔）

石 油

【概况】 2023年，中国石化销售股份有限公司江苏镇江句容石油分公司下辖32座加油（加气）站，分布在华阳、宝华、茅山、后白、郭庄、黄梅等乡镇（街道）的国道、省道线上，担负全市近68%的工农业用油（表14）。全年，成品油销售总量12.8万吨，其中，加油站零售9.89万吨，非油品销售额4381万元。共有职工140人。2023年，组建"新业务铁军先锋队"，积极开发站内外充电桩业务，共打造站内充电站3座（城东、城北、致远），站外纯充电站1座（石化宾馆），在建站外充电站2座（大润发、三里井）。
（张娟）

邮 政

【概况】 2023年，中国邮政集团有限公司江苏省句容市分公司业务收入达16105万元，资产管理规模达95.31亿元。邮务专业深入推进特色邮品项目，与白兔镇人民政府等单位共同举办"2023江苏句容第六届白兔草莓文化节系列活动暨《癸卯年》特种邮票首发仪式"；围绕句容高铁开通，打造特色邮品、纪念封、主题打卡陈设等；组织开展江苏农林职业技术学院百年校庆邮品展示活动；加大本地文旅项目开发，组织大一新生免费游茅山兑换明信片，牵头研发茅山咖啡邮局特色文创。加快农村电商"网点+站点"模式创新，建成活跃站点123个、优质站点221个。

2023年，中国邮政集团有限公司江苏省句容市分公司收寄国内平常信件4.35万件、国内挂号信件2.87万件；销售通信邮票24.89万枚；收寄国内包裹1516.29万件，其中，快递包裹1343.2万件、特快包裹172.5万件、普通包裹0.59万件；收寄机要邮件1211件；投递各类报刊1002.9万份、杂志23.32万份。截至2023年年底，邮政普服投递道段总长度2549千米，道段全年运行里程930385千米。（陈颖）

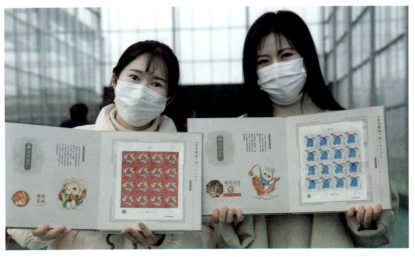

《癸卯年》特种邮票

镇江京迅递供应链管理有限公司快递分拣中心

务，推进国际业务和物流业务；提升发展质量，加强服务质量管控；在基础管理上，加强财务、车辆管理，员工技能和企业品质提升。全年寄递业务累计实现收入3750.28万元，其中，特快业务1042.34万元、快包业务2417.92万元、国际业务20.15万元、物流业务269.87万元。

（陈 颖）

【《癸卯年》特种邮票首发仪式】2023年1月5日，白兔镇举办"2023江苏句容第六届白兔草莓文化节系列活动暨《癸卯年》特种邮票首发仪式"，现场推介白兔草莓，发布"兔游句容"旅游线路，宣读《癸卯年》特种邮票发行公告并对《癸卯年》特种邮票图案进行揭幕。 （陈 颖）

物流业

【概况】 2023年，句容市经济快速发展，社会化分工加快，物流业成为全市服务业中新兴复合型支柱产业，逐步由传统物流业向现代物流业转型。截至2023年年底，全市注册备案的物流企业557家。2023年，全市物流行业实现营收20.64亿元，入库税收3335万元，同比增长16.6%。2023年，全市"十佳"服务业企业中有4家物流企业。年内，句容市制订《句容市2023年物流园区安全生产专项整治工作方案》，全年共进行物流园区安全生产检查6次（其中，联合检查3次），检查企业15家次，发现安全隐患61处，年内全部整改到位。（赵丽娟）

【邮政惠农】 2023年，中国邮政集团有限公司江苏省句容市分公司加快建设三级物流体系，一季度完成县级共配中心设备升级，四季度完成县级共配中心标识统一，升级2个标准型、3个先导型镇级共配中心，完成东片仓配运营中心迁址建设及宝华镇寄递物流共配中心改造；完成152个村站建设，覆盖率达100%。联合句容市交通运输局为新增的74个村级站点配置货架和名牌，对原站点进行部分汰换。全年将包括邮政公司在内的各快件公司中约37万件邮件送入各村级站点。加快推进农村汽车投递化，以集镇共配中心为依托，对51条农村投递段道进行梳理维护。推进惠农合作项目，全年"融资e"贷款净增金额3463.4万元，农产品交易额1329.05万元。开展"一产业一示范"和"一产业一方案"，打造中邮惠农示范社1家、示范企业2家。 （陈 颖）

【邮政快递】 2023年，中国邮政集团有限公司江苏省句容市分公司重点聚焦特快业务、快包业

2023年句容市石油系统在营加油站一览表

表14

序号	名称	地址	占地面积/米^2
1	中石化江苏镇江句容城区加油站	华阳东路	956
2	中石化江苏镇江句容城东加油站	华阳街道五里墩转盘	2664
3	中石化江苏镇江句容城南加油站	104国道华阳街道南岗村	2326
4	中石化江苏镇江句容城西加油站	华阳街道人民路西段	2200
5	中石化江苏镇江句容城北加油站	101省道开发区三里井村	4872
6	中石化江苏镇江句容三岔加油站	104国道1175千米处	7928
7	中石化江苏镇江句容后白加油站	104国道1188千米处	6365
8	中石化江苏镇江句容茅山加油站	常溧公路144千米+200米	3554
9	中石化江苏镇江句容石狮加油站	104国道1162千米+900米	3223
10	中石化江苏镇江句容三里井加油站	101省道30千米+800米	2001
11	中石化江苏镇江句容黄二加油站	101省道24千米+700米	4787
12	中石化江苏镇江句容宝华加油站	312国道286千米+700米	3399
13	中石化江苏镇江句容下蜀加油站	312国道271千米处	1400
14	中石化江苏镇江句容河山加油站	312国道227千米+500米	4078
15	中石化江苏镇江句容郭庄加油站	郭庄集镇	3000
16	中石化江苏镇江句容句茅路加油站	句茅路与弘景路交叉路口	2850
17	中石化江苏镇江句容白兔加油站	白兔镇兔西村	4600
18	中石化江苏镇江句容西环加气站	华阳街道洪武路东侧下路村	5000
19	中石化江苏镇江句容文昌路加油站	文昌东路北侧肖杆路西侧	4800
20	中石化江苏镇江句容袁巷加油站	袁巷乡牧羊场	1915
21	中石化江苏镇江句容福地加油站	福地路与致远路交叉处	3000
22	中石化江苏镇江句容致远加油站	致远路与通宁路交叉口	2250
23	中石化江苏镇江句容后白二站	后白镇南300米104国道西侧	3102
24	中石化江苏镇江句容天王二站	天王集镇菜场北侧	1900
25	中石化江苏镇江句容桥头加油站	下蜀沿江快速通道南侧	3000

(张　娟)

旅游业

编校人员：朱峰

综　述

【概况】 2023年，句容市有A级景区8家，其中，AAAAA级景区1家、AAAA级景区2家、AAA级景区5家。全年共接待游客1504.90万人次，同比增长94.50%；旅游总收入120.71亿元，同比增长70.79%（表15）。句容市连续六年入选"全国县域旅游综合实力百强县"。全年完成文旅项目评估5个，总投资约16.64亿元；文化旅游节签约文旅项目10个，总投资近13.75亿元。（表16、表17）　　（文体广电和旅游局）

旅游规划建设

【概况】 2023年，句容市以创建国家文化产业和旅游产业融合发展示范区为抓手，促进乡村旅游与农业旅游、红色旅游、体育旅游、康养旅游、景区旅游、工业旅游等业态相结合，以乡村旅游为核心，带动餐饮、住宿、娱乐、观光、购物、种养、手工等相关产业发展，推动农文体旅各领域、多方位、全链条深度融合。年内，启动第十三届中国句容茅山文化旅游节暨2023镇江乡村文化旅游年，分四大板块36项子活动，涵盖全市所有乡镇（街道、管委会）；年内与金坛达成战略合作协议，建立大茅山旅游联盟，实现"一票通"；收回宝华山千华古村运营权，试点推进景区与街区联动发展、"旅游+交通"融合发展。　　（文体广电和旅游局）

【文旅融合】 2023年，句容市文体广电和旅游局推动文化产业和旅游产业高水平融合，成立文旅高质量发展领导小组，印发《句容市文化和旅游深度融合高质量发展实施意见（2023—2025）》及2023年重点任务清单。坚持融合创新，突出"以文塑旅、以旅彰文"，将"+文旅"作为产业链延链补链强链的新路径、新优势，

茅山景区

2023年句容市接待游客人数及旅游总收入统计一览表

表15

指标	合计	第一季度	第二季度	第三季度	第四季度
接待游客/万人次	1504.90	341.89	428.65	403.49	330.87
旅游总收入/亿元	120.71	27.30	34.23	32.50	26.68

（文体广电和旅游局）

2023年句容市主要旅游景点游客接待情况一览表

表16

单位	接待游客/万人次	单位	接待游客/万人次
茅山景区	401.66	伏热花海	15.00
宝华山国家森林公园	164.76	茅山半岛	13.40
江苏茶博园	50.47	禾木农博园	0.67
怡景湾度假村	1.05	—	—

（文体广电和旅游局）

2023年句容市星级旅行社情况一览表

表17

序号	名称	地址	电话	总经理	星级
1	句容市假日旅行社	句容市宁杭南路1号时代城商业综合体209号	0511-87264880	吉爱萍	三星
2	句容市阳光旅行社	句容市华阳东路都市晴园门面房108号	0511-80781003	陈梅	三星
3	句容市茅山旅行社	句容市崇明路香江丽景2幢128号门市	0511-87231099	徐迎春	三星
4	句容市旅行社	句容市香溪湾S2幢108号	0511-87287111	吴荣富	三星
5	句容市金色假期旅行社	句容市文昌东路17-46/47号	0511-87289866	孙宏旭	二星
6	句容市环宇旅行社	句容市崇明路南侧宁杭路西侧崇华苑2幢1-2层	0511-87300661	朱莉	二星
7	句容市蓝天旅行社	句容市华阳南路芳邻雅居门市房22号	0511-87309588	蒋美忠	一星

（文体广电和旅游局）

大力实施"文旅融合"战略，依托丰富而独特的资源优势、政策叠加优势及区位发展优势，形成文旅融合新业态。加强文旅企业培育，带动剪纸、家具木雕、秦淮花灯等传统工艺创新发展，同时推进文化演艺项目和文化旅游节事活动，积极探索文化研学游，加快文化旅游公共服务体系建设。 （文体广电和旅游局）

【旅游产业建设】 2023年，句容市围绕全市乡村旅游资源分布特征，重点开发布局乡村旅游产业。全市乡村旅游重点村突破5家，"三十六季"客栈入选全国甲级旅游民宿，依山傍水民宿创成省级丙级旅游民宿；白兔镇龙山湖村、下蜀镇空青村创成镇江市乡村旅游特色村。茅山风景区李塔村创成乡村旅游主题村；茅山风景区茅山村创成乡村民宿集聚区；宝华山国家森林公园入选2023年度江苏省放心消费创建示范区域；茅山景区入选中国优秀旅游景区、迈点研究院"2023年度国家AAAAA级旅游景区影响力100强"；镇江鸿义酵素园入选"2023年江苏省工业旅游区"名单。

（文体广电和旅游局）

乡村旅游主题村——李塔村

12月9日，句容农文旅上海推介招商会在上海国际会议中心举行

【旅游项目推进】 2023年，句容市文体广电和旅游局积极推进文旅项目评估工作，完成文旅项目如途居茅山房车露营地项目、茅山风景区管委会老粮站改造项目、茅山望悠谷项目、西溧白鹿新农旅产业园一期项目和仑山湖旅游综合开发项目评估，总投资约16.64亿元。

（文体广电和旅游局）

旅游行业管理

【概况】 2023年，句容市文体广电和旅游局研究制定《句容市促进旅游业发展奖励政策》。积极组织申报各级项目，扶持金额超330万元。康缘中医药文化产业园、茅山"烽火李塔"红色文化乡村生态旅游及"壹号兵站"红色研学示范基地、伏热花海自然研学基地建设三个项目获得省级文旅项目扶持资金270万元。申报镇江市乡村旅游民宿、主题村、特色村、"百村百景"等各类项目43个。组织全市导游员、讲解员参加2023年镇江市导游员、讲解员技能大赛，2名选手获二等奖，2名选手获三等奖，句容市文体广电和旅游局获"最佳组织奖"。

（文体广电和旅游局）

【民宿管理】 2023年，句容市文体广电和旅游局成立全市旅游民宿工作领导小组，率先建立起全市旅游民宿登记管理系统，完善旅游民宿工作机制；重点推进茅山民宿露营集聚区（梵净花开、品山客栈、陌上微度、知青山庄、依山傍水、美人鱼等）、宝华山民宿集聚区（"三十六季"客栈、幽兰客栈、半山小筑等）、边城民宿露营集聚区（鹿悦客栈、花开云尚、半山度、花筑奢骊湖院、沙龙民宿等）集中备案工作，完成备案44家。

（文体广电和旅游局）

旅游宣传推介

【概况】 2023年，句容市文体广电和旅游局积极报送文化旅游招商项目，参加文旅项目招商推介会。分别到杭州、上海等地举办文旅招商会，实现签约项目22个，总金额达29.7亿元。加强与住建局、农委、招商银行等部门合作，将房产推介、农产品展销、招商引资等活动与文旅推介相结合，共享资源，实现共赢。组织全市各景点、旅游商品参加大运河文化旅游博览会、中国国际旅游交易会等国内重要文旅展会。承办首届"宜游镇江 康养有道"嘉年华暨"暖心养生"2023宜游镇江文旅消费第四季活动，重点推出茅山康养项目。

（文体广电和旅游局）

【文旅招商推介会】 2023年6月16日，2023江苏句容农旅招商专场推介会在杭州市举行，突出句容市农业旅游资源，助力"农旅融合"发展。12月9日，句容农文旅上海推介招商会在上海国际会议中心举行，作为2023镇江文化旅游（上海）招商合作推广周的子活动。会上举行"乘着高铁游句容"启动仪式，同时进行句容旅游推介和项目签约。

（文体广电和旅游局）

【外地推介活动】 2023年3月18日—20日，句容市文体广电和旅游局到上海参加第二届长三角文旅惠民市集；4月8日—10日，到乌鲁木齐参加新疆文化旅游产业交易博览会；9月21日—24日，到苏州参加第五届大运河文化旅游博览会；11月17日—19日，到昆明参加2023中国国际旅游交易会。在开展旅游宣传的同时，利用展会平台，推动句容市旅游企业与外地旅游企业对话交流。 （文体广电和旅游局）

宝华山第十五届泡山节

旅游节庆活动

【第十三届中国句容茅山文化旅游节】 2023年3月26日，第十三届中国句容茅山文化旅游节暨2023镇江乡村文化旅游年启动仪式在茅山风景区康缘养生谷举行。本届中国句容茅山文化旅游节以"水韵江苏 福地句容"为主题，从3月持续到5月，依托茅山"第一福地"特色品牌，串联全市文化、旅游、体育、农业等优势资源，促进文化旅游消费；分"问道寻福""悠游田园""文韵句曲""跃动容城"四大板块，共36项主题活动。

（文体广电和旅游局）

【第六届白兔草莓文化旅游节】 2023年3月31日，江苏句容第六届白兔草莓文化旅游节在白兔镇伏热花海景区开幕，作为第十四届江苏省乡村旅游节分会场之一。本届白兔草莓文化旅游节从1月持续到5月，期间结合草莓采摘及茅山康养，重点发布2条冬季游线路；策划抖音短视频大赛、颜真卿书法大赛、伏热樱花观赏季、花田露营帐篷节等一系列活动。 （文体广电和旅游局）

【第十届句容桑果紫酒节】 2023年5月20日，第十届句容桑果紫酒节在茅山镇丁家边村开幕。茅山镇结合农业特色和区位优势，正式发布"茅山镇精品旅游线路"，推出一系列丰富多彩的主题旅游活动，并为句容市第一批非遗工坊、第三批非遗项目授牌。

（文体广电和旅游局）

【第十四届丁庄葡萄节】 2023年8月19日，2023中国·句容第十四届丁庄葡萄节开幕式在茅山镇丁庄万亩葡萄专业合作联社草坪广场举行。活动以"一粒葡萄 一个世界"为主题，活动现场举行"句容丁庄葡萄产业研究院"揭牌仪式、丁庄葡萄与深圳百果园合作签约仪式、第七届"丁庄杯"早中熟精品葡萄评比大赛颁奖仪式。

（文体广电和旅游局）

【宝华山第十五届泡山节】 2023年7月15日，宝华山第十五届泡山节在宝华山国家森林公园开幕。本届泡山节从9月23日举办到10月22日，以民俗风情元素开展花车巡游、花山美食节、游花山送玉兰花环等系列活动。

（文体广电和旅游局）

综述

【概况】 2023年,句容市有财险公司14家、寿险公司18家,财险公司累计实现保费收入44111万元,寿险公司累计实现保费收入120884万元。营业证券公司3家:申万宏源证券有限公司、南京证券股份有限公司、华泰证券股份有限公司。累计实现交易额619.16亿元;总开户49710户,较年初增加2185户。有融资性担保机构3家:句容市中小企业融资担保有限公司、句容华夏万泉融资担保有限公司、江苏省农业融资担保有限责任公司句容分公司。总注册资本4亿元;截至2023年年底,在保余额15.47亿元,比年初减少0.07亿元。有4家在营业的农村小额贷款公司和1家科技小额贷款公司,总注册资本4.55亿元,贷款余额4.64亿元,较年初减少0.22亿元,纳税728.78万元。有6家典当行,总注册资本2.05亿元,总交易余额2.22亿元,其中,动产交易余额7815.68万元、房地产交易余额10716.79万元、财产权利交易余额3622.54万元。

(熊逸冰)

金融管理

【概况】 2023年,句容市地方金融监督管理局对接多家镇江市级金融机构,争取信贷规模倾斜支持。成立句容市数字人民币试点工作领导小组,在镇江市率先召开数字人民币试点工作推进会。会同句容市发改委等单位,两次发布2023年重大产业项目清单,动员各银行围绕重点产业提前储备项目。争取再贷款再贴现、中长期制造业贷款、设备更新贴息贷款等政策工具,推动信贷投放,助力经济运行率先整体好转。修订银行业金融机构服务高质量发展考核办法,引导金融机构向重点行业领域、重大产业项目投放信贷资源。2023年,句容市银行

3月16日,2022—2023"江苏省普惠金融县区行"镇江专场活动举行

业金融机构各项贷款余额 1724.37 亿元，较年初增加 167.75 亿元，增长 10.78%。（熊逸冰）

【金融普惠】 2023 年，句容市地方金融监管局承办 2022—2023 "江苏省普惠金融县区行"镇江专场活动，现场 10 家银行向企业授信共计 9800 万元。依托江苏省综合金融服务平台，缓解融资信息不对称问题。截至 2023 年年底，该平台累计注册各类市场主体 5733 家，撮合融资授信 6228 笔，授信金额 318.17 亿元。打造句容普惠金融服务"助农驿站"品牌，建成助农驿站 165 个。推动句容农村商业银行在各镇党群服务中心建设轻量型普惠金融服务点，拓展加载金融、民生、政务等多样化的服务功能。上线句容市数字乡村平台，整合村级党建、村干管理、村务管理、村级治理、村级产业、村级金融六大板块，以"党建资源+新金融资源"赋能乡村振兴。引导江苏省农业融资担保有限责任公司句容分公司聚焦家庭农场、农民合作社等新型农业经营主体，推动其贯彻落实公司总部关于担保费的优惠政策，年化担保费率由 1%降至 0.8%。
（熊逸冰）

【企业上市服务】 2023 年，句容市出台《关于进一步推进资本市场高质量发展若干意见》，鼓励企业利用资本市场做大做强，推动实体经济高质量发展。成立企业上市工作专班，走访江苏和正特种装备有限公司、江苏金合能源科技有限公司、句容市百事特复合材料有限公司等上市后备企业，点对点提供专业化辅导和服务。帮助江苏天工科技股份有限公司、江苏联博精密科技股份有限公司快捷、高效地出具上市合规证明，解决历史遗留问题。抢抓全面注册制改革机遇，举办企业上市沙龙活动，邀请交易所和券商等开展政策宣讲、互动交流等活动，坚定企业上市信心。截至 2023 年年底，句容市共有上市挂牌企业 85 家、上市后备企业 15 家。
（熊逸冰）

【金融风险化解】 2023 年，句容市地方金融监督管理局开展融资担保、典当、融资租赁公司等地方金融从业机构调研审计，开展"双随机、一公开"监督专项督查。批筹润合农贷开业，申报争创"平安地方金融组织"。强化地方金融从业机构分类监管，开展企业年审、线下检查及评级。2023 年，3 家小额贷款公司、1 家典当行有序退出市场，2 家地方金融组织合规迁出。完善常态化监测，关停 1 家涉嫌非法集资的管理咨询公司。联合公安局、市场监管局等部门，积极处置江苏"小黄人"APP 涉嫌传销行为、上门清理非法典当店等。推动问题楼盘处置，开展金尊府"保交楼"资金筹集、支付使用工作，推进楼盘复工复产、工程按期交付。
（熊逸冰）

【金融服务】 2023 年，句容市推行驻镇（区）、驻企金融专员工作，让企业和群众拥有身边的"金融顾问"。依托"三问三送"活动开展企业走访，解决企业融资需求。联合句容市人才办举办人才金融服务对接会，为人才、企业和金融机构搭建交流平台。配合句容市政协召开"金融助力乡村振兴"专题协商会议，联合开发区、边城镇等开展银企对接活动。
（熊逸冰）

银 行

【概况】 2023 年，中国人民银

2023 年，中国人民银行句容市支行参加市委主要领导"四下基层"活动

行句容市支行将推进机构改革任务和主题教育作为工作的两条主线，按照"人心稳定、思想不乱、工作不断、队伍不散、干劲不减"的要求，落实上级机构改革部署，开展总结表彰活动，强化改革纪律，注重保持履职和队伍稳定。截至2023年年底，各项业务移交、档案整理归档处置、财产资产清查清点、身份转换人员转隶准备工作均已完毕。

（李苏涵）

【货币信贷政策】 2023年，中国人民银行句容市支行大力传导货币信贷政策，接受江苏省分行纪委金融服务乡村振兴调研督导，指导句容农村商业银行打造"科技支行""绿色支行""红色支行"等专营机构，引导金融机构围绕"五篇大文章"，加大对实体普惠支持力度。加大政策、信贷结构调整，持续推进金融服务乡村振兴示范区建设。 （李苏涵）

【地方金融稳定】 2023年，中国人民银行句容市支行参与句容市政府防范化解房地产项目风险专班，配合地方政府常态化做好"保交楼"专班工作和信访维稳工作，参加并协调相关金融机构参加业主见面会10余次，向业主宣传强制停贷、不予征信等的法律后果，稳定业主情绪。梳理和统计相关项目按揭贷款发放、形成逾期和产生不良情况，分析研判并预警，落实专人加入问题楼盘实体化运作集中办公，负责处置与协调涉及金融机构的各项事务。

（李苏涵）

【数字人民币试点】 2023年，句容市在镇江辖内率先召开数字人民币试点工作启动会议，对7家参与数字人民币试点的金融机构进行调研，走访数字人民币应用商户，协调财政等部门增加数字人民币工资发放。

（李苏涵）

【征信服务】 2023年，句容市完成农信系统转移，完成农业银行、建设银行、句容农村商业银行、南京银行自助查询机布点。截至2023年年底，句容市共有4台个人查询机、2台企业查询机，做到征信查询不间断。 （李苏涵）

【外汇服务】 2023年，句容市推动优质企业贸易外汇收支便利化试点，统筹结算便利和风险评估，构建银行分级、企业分类的精准化信用管理机制，5家银行和22家企业参加货物贸易收支便利化试点工作，3家企业参加服务贸易收支便利化试点工作。 （李苏涵）

【中国工商银行句容支行】 2023年，中国工商银行句容支行有营业部1个，辖营业网点11个、自助银行15个，有员工154人。获得"全国文明单位"、总行"中国工商银行文明单位"和"安全管理先进集体"、江苏省分行"先进基层党组织"和"文明服务先进集体"等荣誉称号。截至2023年年底，资产总额达181.71亿元，各项存款余额116.13亿元，各项贷款余额180.81亿元，普惠贷款余额5.35亿元，服务个人客户391486户、对公客户9324户。

2023年，中国工商银行句容支行积极响应"乡村振兴战略"及总行"城乡联动发展战略"部署号召，围绕句容市重大项目、基础设施和重点企业，做好融资和结算服务，加大投放力度，融入农村市场，以"工银兴农贷"和"工银聚富通"当好本地实体经济坚强后盾。

（中国工商银行句容支行）

【中国农业银行句容市支行】 2023年，中国农业银行句容市支

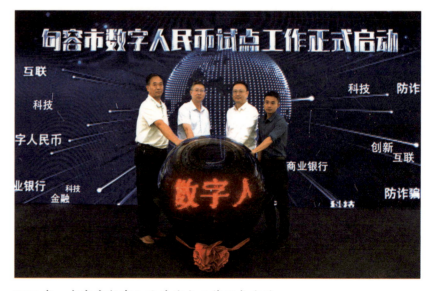

2023年，句容市数字人民币试点工作正式启动

行有营业部1个，辖营业网点15个、自助银行20个，有员工230人。截至2023年年底，本外币存款余额204.89亿元，本外币贷款余额248.02亿元，人民币贷款余额246.58亿元，对公人民币贷款余额123.92亿元，普惠贷款余额34.78亿元。

2023年，中国农业银行句容市支行建设智慧政务场景，实现"不见面联网抵押"，获批华电分布式光伏等16个项目。规模以上企业信贷合作率达39.87%，较上年提高5.86个百分点。国家级和省级专精特新企业信贷合作率分别达到100%和57%。对接全市20家科创企业，确保全年战略性新兴产业及科创贷款持续增长。做好整村推进和专业市场走访营销工作，加大对辖内家庭农场、专业大户等拓展营销，加大"烟商贷"的营销，开展商户建档工作。

（中国农业银行句容市支行）

【中国银行句容支行】 2023年，中国银行句容支行下设4个部门及4个经营性支行，有员工104人。获得2023年句容市"'助企赋能'优秀金融机构"和2023年度句容市'十佳'金融机构"荣誉称号。截至2023年年底，营业净收入3.77亿元，实现中间业务收入8617万元；本外币存款余额74.82亿元，新增10.59亿元；本外币贷款余额164.84亿元，新增18.79亿元。

2023年，中国银行句容支行与4家单位签订党建共建暨廉洁伙伴协议，累计与25家政府、企事业党组织建立了党建共建关系。国库集中支付中标、土地竞拍保证金账户顺利使用，成为五项重点资格资质账户全覆盖的支行。行政事业存款日均达6.6亿元。成立普惠中心，盘活营销端、完善发起端、建立审批端，达成普惠信贷计划和户数的上限分目标。新增公司贷款投放23.75亿元，项目储备13个，计31.18亿元。

（中国银行句容支行）

【中国建设银行句容市支行】
2023年，中国建设银行句容市支行有营业室1个，辖营业网点6个、自助银行18个，有员工119人。截至2023年年底，对公存款余额73.13亿元，个人存款余额42.30亿元，个人存款日均新增5.92亿元；对公贷款余额68.92亿元，新增24.5亿元，个人贷款余额110.8亿元。

2023年，中国建设银行句容市支行对接落地句容市的大型企业及政府重点建设项目，结合当地发展需求与信贷政策，满足客户融资需求。新增项目储备金额合计28.4亿元，累计实现投放24.5亿元，制造业（银保监口径）贷款余额9.61亿元，新增5.68亿元，绿色信贷余额15.91亿元，新增12.85亿元；无不良及逾期客户，业务发展合规健康。截至2023年年底，乡村振兴贷款余额4.88亿元，中间业务净收入0.97亿元。

（中国建设银行句容市支行）

【交通银行镇江句容支行】 2023年，交通银行镇江句容支行有营业部1个，辖营业网点1个、自助银行1个，有员工24人。截至2023年年底，各项存款日均余额10.30亿元，其中，对公存款日均余额5.56亿元、储蓄存款日均余额4.74亿元。各项贷款余额39.72亿元，其中，对公实质性贷款余额18.52亿元、小企业实质性贷款（含个人经营性贷款）余额1.95亿元、个人消费贷款余额18.87亿元。普惠两增贷款余额16607万元，较上年年末增长3517万元。

2023年，交通银行镇江句容支行围绕当地葡萄特色产业，根据农户资金需求、种植面积等为农户量身定制贷款产品。茅山丁庄合作社项目获批，单个"葡萄贷"已放款。服务地方重点企业，支持科技型企业发展，全年共向15家科技型企业投放普惠贷款，累计金额5194.5万元。紧抓风险控制，加强内控体系建设，提高员工合规意识，坚持合规经营，把风险责任落实到每一名基层员工，将防范意识贯穿每一个业务环节。2023年，无新增不良资产，连续四年保持资产质量良好。

（交通银行镇江句容支行）

【中国邮政储蓄银行句容市支行】
2023年，中国邮政储蓄银行句容市支行下辖29个营业网点，其中，二级支行7个、代理网点22个，有员工262人（含邮政金融从业人员155人）。截至2023年年底，储蓄存款余额96.13亿元，其中，活期存款余额13.02亿元，占比达13.54%；各项贷款余额95.58亿元，其中，零售贷款余额77.43亿元、小企业贷款余额5.96亿元、公司信贷余额12.19亿元。

2023年，中国邮政储蓄银行

句容市支行以"支部+村支两委+村集体经济组织"结对模式，对接银行网点周边村镇，为农户精准画像、主动授信，提供综合金融服务，累计建成信用村100余个，评定信用户超6000户。推出"邮农E贷""产业贷"等线上产品，完善线上中长期贷款功能、无还本续贷功能等，着力提高融资效率、降低客户融资成本，为涉农客户解决资金需求，助力乡村振兴。通过线上贷款产品，缩减小微企业贷款办理时间；推出工程企信贷等特色产品，为建筑行业企业解决融资难困境。以全链通业务发展为契机，为新设小微企业提供一站式服务，降低企业成本，优化企业服务；为小微企业提供公司业务费用优惠政策，支持地方小微企业发展。2023年，未发生重大安全事故，无风险事件。

（中国邮政储蓄银行句容市支行）

【中国农业发展银行句容市支行】 2023年，中国农业发展银行句容市支行是句容市唯一的农业政策性银行，辖营业网点1个，有员工16名。以服务乡村振兴为总抓手，紧扣句容市委、市政府重点规划，全年累计发放各类支农贷款23.71亿元，同比增加7.90亿元；各项贷款余额67.23亿元，比年初增加14.71亿元；企事业单位存款余额15.99亿元，存款日均余额13.19亿元，充分发挥了政策性银行在服务国家宏观调控、促进"三农"发展中"当先导、补短板、逆周期"的作用。

2023年，中国农业发展银行句容市支行立足区域特色，优化信贷投向，不断扩大支农成效，努力培育"服务乡村振兴的银行"品牌。全力服务粮食安全，坚持把保证粮油收购资金供应作为政治责任，累计发放粮棉油贷款1.18亿元，保证各级储备粮计划落实和市场化供应，维护区域粮食市场安全稳定；全力服务农村基础设施建设，发放中长期贷款12.94亿元，进一步加大对农村环境综合整治、农村居民住房条件改善等项目建设的金融支持力度，助力生态文明建设；全力服务农业产业现代化，发放农业产业贷款5.20亿元，有效推动句容特色农业发展和农民增收，推动乡村产业全链条升级。

（中国农业发展银行句容市支行）

【江苏句容农村商业银行】 2023年，江苏句容农村商业银行有营业部1个，辖营业网点35个、自助银行84个，有员工493人。截至2023年年底，各项存款余额335.24亿元，新增30.79亿元；各项贷款余额275.32亿元，新增29.81亿元；服务信贷客户达42604户；代销各类理财产品达12607.98万元，新增5507万元。

2023年，江苏句容农村商业银行推出"福地快贷""营商贷""环保贷"等特色产品，为小微企业、"双创"群体、个体工商户提供金融支持，丰富小微企业融资渠道。截至2023年年底，涉农及小微企业贷款余额254.75亿元。推动"整村—整链—整园"授信模式，累计授信284.22亿元，整村授信实现农户100%全覆盖；与全市21家商会签订"整会授信"合作协议，覆盖面达90%以上。首创"金融+行政审批+税务+社保+医保"一厅联办模式，打造"惠民驿站"综合业务服务平台。2023年，为全市927家企业提供"企业开办一站式服务"，占2023年句容新发照企业的近40%。为市民办理社保及医保代扣代缴32.81万笔，金额3.09亿元；打造"金融+政务"综合金融服务超市，积极推动"苏服办"业务，可受理政务服务事项已超240项，为市民办理政务业务2.15万次；与41家部委办局、企事业单位结对共建，为小微企业和个体工商户创新30多项专属信贷产品。与句容市教育局、句容市医保局、天王镇政府、下蜀镇政府等多家部委办局、企事业单位签订了数字人民币业务合作协议，开展示范建设，实现数字人民币在医疗消费、民生政务、贷款投放、教育缴费、商圈消费等多个领域的场景搭建，开立个人钱包40353户、对公钱包4431户，发放数字人民币贷款7011.3万元。

（江苏句容农村商业银行）

【江苏银行句容支行】 2023年，江苏银行句容支行有营业部1个，辖营业网点1个、自助银行2个，有员工34人。截至2023年年底，存款余额70.61亿元，新增11.11亿元；贷款余额90.61亿元，新增14.32万元；理财产品余额171955万元，新增9451万元。

2023年，江苏银行句容支行开展普惠金融主题宣传，通过LED电子屏、厅堂主题丽屏、线上媒介、报刊媒体宣传普惠金融相关知识、产品和服务，展示普惠金融成果。利用政府相关部门发布的"助企名单"，开展政银企对接活动，参加镇江市"苏服贷"政银企对接活动，畅通服务业企业融资渠道，加大"苏服贷"支持产业发展力度，缓解中小微服务业企业融资难、融资贵问题。抢抓"苏质贷"贴息贷款窗口期，为10家专精特新、高新技术及科技中小企业累计新增发放8750万元普惠贷款。

（江苏银行句容支行）

【江苏紫金农村商业银行句容支行】 2023年，江苏紫金农村商业银行句容支行有营业网点1个、行式自助银行1个，有员工14人，获"2020—2022年度句容市文明单位"称号。截至2023年年底，各项存款余额153251.9万元，新增15128.96万元；各项贷款余额74546.98万元，新增5124.78万元。

2023年，江苏紫金农村商业银行句容支行聚焦服务南京都市圈建设目标，把准"服务三农、服务中小、服务城乡"的市场定位，与郭庄镇、天王镇和镇江市草莓协会等23家驻句单位建立共建协作关系，推进"会长+行长"工作模式，选派年轻干部到相关单位挂职锻炼，调研掌握实情，定期召开金融恳谈会，提供金融服务，发挥靶向作用。将乡村振兴摆在突出位置，落实"支农支小"要求，做到考核政策倾斜、产品创新倾斜、流程优化倾斜，推出"循环贷""微e贷""见贷e贷"等多种信用融资产品，推广"富民创业贷"等特色产品，解决信用担保不够等问题。网格下沉，精准走访，融入乡村一线，开展金融知识宣传、爱老助老、关爱留守儿童等社会公益活动，提升企业爱民为民的社会效应。

（江苏紫金农村商业银行句容支行）

【兴业银行句容支行】 2023年，兴业银行句容支行有营业部1个、自助银行1个，有员工22人。截至2023年年底，各类存款余额18.84亿元；贷款余额41.22亿元；理财产品余额4.57亿元。普惠贷款余额21241万元，新增2763万元，其中，小微企业贷款余额14041万元、个人经营贷余额7200万元。

2023年，兴业银行句容支行有"e票贷""快押贷""快易贷""科创快易贷""光伏贷""兴农贷"等特色产品，为句容市南部片区现代农业项目投放60000万元，余额24000万元；为江苏省句容市现代农业产业园项目投放9750万元，余额8921万元；为秦淮河上游特色产业提升及环境治理项目投放3500万元。累计向22户农户提供1283万元信贷资金支持，涉及苗木种植、草坪种植、农产品加工等句容特色涉农产业。用"兴e贴"为句容市国有企业及本土民营企业办理贴现业务25312万元。依托"兴公益"惠民驿站，提供便民、惠民社会公益服务，传递普惠金融温度。

（兴业银行句容支行）

【中国光大银行句容支行】 2023年，中国光大银行句容支行有营业部1个、自助银行1个，有员工17人。截至2023年年底，对公开户414户，公司业务存款余额16.81亿元；公司业务贷款余额66.29亿元，其中，制造业1.46亿元、民营企业1.36亿元、绿色贷款5.45亿元、普惠贷款1.49亿元。零售资产总额5.58亿元，日均存款余额3.28亿元，信用卡共有627张，个人贷款共计6369万元。

2023年，中国光大银行句容支行走进华阳街道新生村，开展"汇聚金融力量，共创美好生活"主题宣传活动，提醒留守的中老年客户警惕非法集资、珍爱信用记录，讲解非法集资的危害和诚信、征信的重要性，现场解答咨询20多人次，发放宣传折页100余份。走进崇明公园发放各类宣传材料60余份，一对一向周边市民讲解人民币、存款保险制度知识，警惕防范电信诈骗、养老骗局、非法集资等非法金融活动，提高老年人防骗意识和自我保护能力。2023年，利用"专精特新企业贷"无需抵质押物、全自动模型审批、线上提款、随借随还等特点，5天内完成对江苏金合能源科技有限公司的授信批复和1000万元的贷款发放。

（中国光大银行句容支行）

【句容苏南村镇银行】 2023年，句容苏南村镇银行有营业网点1个、自助银行1个，有员工39人。截至2023年年底，存款余额45583万元，新增629万元；贷款余额90606万元，新增1187万元。

2023年，句容苏南村镇银行开展营销塑形活动，党员干部带头开展"扫楼扫街"行动，拓展客户贷款超过2亿元，拓展客户超过900户，其中，普惠小微贷款户270户。加大信贷资产排查力度和风险贷款处置力度，评估风险底数，推动资产质量提升。针对不良贷款客户和出现风险预警信号贷款客户情况，按照一户一策的原则制订清降方案，安排专人负责风险处置工作。结合非法中介专项整治活动，开展信贷管理专项排查、员工行为专项排查、消费者权益保护专项排查等系列排查活动。按照"摸底摸排、分类分策、特事特办、急事急办"的帮扶意见，逐一了解句容市内代表性街道的商户、消费者用款需求，挖掘辖区内商圈、专业市场、药店等生活场景，走访建档1100份，汇集消费者金融需求123份。（句容苏南村镇银行）

【江苏常熟农村商业银行句容支行】 2023年，江苏常熟农村商业银行句容支行有营业网点1个、自助银行1个，有员工28人。截至2023年年底，存款余额41428万元，贷款余额92021万元。

2023年，江苏常熟农村商业银行句容支行着重支持实体企业发展，推进"信保贷"、动产质押贷款，优化抵押贷款流程，缩短贷款审批流程。深入开展"金融惠企大走访"，每季度走访全辖民营和小微企业，加大对制造业企业的扶持力度。推进乡村振兴建设，加大对"省农贷"项目的推进力度，对接天王镇党委、政府，完成天王镇唐陵村整村授信工程。通过"支行行长进乡镇""客户经理驻乡镇""金融服务到乡镇"，将各乡镇分包到人，及时掌握企业的融资需求。建立乡镇联系人机制。

（江苏常熟农村商业银行句容支行）

【江苏苏州农村商业银行句容支行】 2023年，江苏苏州农村商业银行句容支行有营业部1个，辖营业网点1个、自助银行1个，有员工13人。截至2023年年底，各类存款余额10.44亿元，贷款余额11.45亿元，理财产品余额0.37亿元。

2023年，江苏苏州农村商业银行句容支行重点宣传"普聚金融服务，惠及千企万户"，推广"苏易融"和"速金融"金融微超市APP等普惠金融服务平台。提高个体工商户走访实效，获客10余户，放款3户。

（江苏苏州农村商业银行句容支行）

【中国民生银行句容支行】 2023年，中国民生银行句容支行针对不同客户群体推出多样化存款产品，向制造业、农业等领域的中小企业发放贷款5.2亿元。信用卡发卡量稳步增长，理财业务规模不断扩大，与第三方机构合作，推出新型中间业务产品。

2023年，中国民生银行句容支行建立完善信用风险评估体系，加强对贷款客户的信用审查和风险评估，严格控制不良贷款率，加强对利率、汇率等市场风险因素的监测和分析，制定相应的风险管理策略，完善内部管理制度和操作流程，加强对员工的培训和监督，提高员工的风险意识和操作规范。推进数字化转型，推出手机银行、网上银行等电子渠道，为客户提供更加便捷的金融服务。（中国民生银行句容支行）

【南京银行句容支行】 2023年，南京银行句容支行资产总额64.49亿元，对公存款余额29.2亿元，个人贷款余额1.92亿元，经营性贷款余额3050.67万元，消费贷款余额4395.13万元，按揭贷款余额11890.37万元。

2023年，南京银行句容支行在城市更新、工业更新、农业项目等方面，新增项目贷款投放16.95亿元。借助产品"鑫汇存"实现外币存款合计1500万美元。参加句容市财政局的首次公开招投标工作，中标财政存款2.1亿元。普惠贷款投放净增16649万元，走访客户206户，达成合作客户26户。走访农科院、草坪发源地西冯村，申报后白镇草坪批量项目，拜访草坪种植户50余次，实现批量项目项下5户农户贷款发放，累计金额190万元。

（南京银行句容支行）

【上海浦东发展银行句容支行】 2023年，上海浦东发展银行句容支行各项存款余额6.3亿元，贷款余额40.84亿元，其中，公司贷款29.08亿元，个人贷款11.76亿元，普惠小微贷款余额5100万元。全年结算活跃户年度增长170户；公司条线新批授信客户6户，实现贷款净增投放2.94亿元；"浦闪贷"新增提款1100余万元，新增信用卡603张。

2023年，上海浦东发展银行句容支行围绕制造业、绿色信贷和科技金融发展中长期贷款，投放高层级平台及普惠型小微企业，积极对接政府、各头部大企业；公司板块实时更新《科创金融产品随身工具书》，加强科创企业营销拓展；强化公私联动，实现零售中高端客户增长。

（上海浦东发展银行句容支行）

【华夏银行句容支行】 2023年，华夏银行句容支行对公日均存款余额14.72亿元，对公基础型存款季日均14.33亿元，公司条线制造业贷款余额净增0.07亿元；贸易金融非息收入79万元，净增对公融资客户15户，公司业务非息收入完成93万元，金融市场非息收入222万元，个人日均存款余额25180万元，代发604户，信用卡211张，个人贷款12130万元，普惠条线贷款新增14066万元，房抵贷新增15293万元，制造业贷款6323万元。开立句容市房产业发展中心物业维修基金账户，新增物业维修资金入账超1亿元。 （华夏银行句容支行）

【中信银行句容支行】 2023年，中信银行句容支行实体贷款余额较年初新增1.86亿元；新获批大公司客户7户，金额1.03亿元；普惠贷款余额4.48亿元；年内已批平台项目7个，金额9.2亿元。

2023年，中信银行句容支行零售管资时点余额16.84亿元，一般性存款时点余额10.23亿元，日均存款余额9.69亿元。零售营收2318万元，其中，零售利息净收入688万元、个人贷款利息净收入1447万元、中间业务收入183万元。个人贷款余额23.52亿元，房抵经营余额6亿元，信用贷余额0.63亿元。 （中信银行句容支行）

小额贷款公司

【概况】 2023年，句容市有4家在营业的农村小额贷款公司和1家科技小额贷款公司，总注册资本4.55亿元，贷款余额4.64亿元，实现净利润473.86万元，纳税728.78万元。

（熊逸冰）

【小贷行业发展】 2023年，句容市地方金融监督管理局实施"扶优限劣"政策，开展地方金融从业机构整治整改工作。加强日常监测管理，开展分类监管、现场检查和监管评级，限时办结相关行政权力事项转报工作，对区域内的小额贷款公司进行现场检查和联合"双随机"检查，确保各公司符合监管要求，保持正常经营。 （熊逸冰）

交通

编校人员：陈龙浩

综　述

【概况】 2023年，句容市交通运输局深化交通综合执法改革、城乡公交一体化改革和"事改企"公司化改造。9月28日，沪宁沿江高铁顺利开通，句容站同步建成并投入使用，成为江苏省首个实现城市地铁与高铁"无缝换乘"的县级交通枢纽，实现枢纽南北广场联通、高铁地铁互通、交通"四网"融通。紧盯两项重点交通规划工程布局，实现扬镇宁马城际铁路与沪宁沿江高铁合场并站，促成江苏省交通工程建设局以会议纪要明确仪禄高速公路镇江段设置4处互通式立交和1处服务区，实现在句容境内设置匝道互联互通。联合句容市城管局、句容市住建局、华阳街道、茅山镇、茅山风景区管委会等部门全面开展茅山周边路域环境整治行动，实行"一日一查"，加强句茅路、340省道等重要线路环境整治，改善茅山风景区周边60千米道路路域环境，联合属地政府规范设置句茅路摊点73处，为第五届国际道教论坛顺利举办提供交通保障。深化"事改企"公司化改造，成立工作专班，将下属3家企业统一纳入句容市交通投资发展有限责任公司管理，整合人员、设备及资产，降本增效，建立完善现代企业规章制度，实行项目化管理，以全新面貌参与市场竞争。

（朱　莉）

【交通综合执法改革】 2023年，句容市交通运输局深化交通综合执法改革，组建运输管理科，整合力量成立路政专班，探索"条线+板块""专业+综合"一体化运行的执法新模式。加强城乡公交一体化改革探索，摸清句容公交公司底数，提出改革方向和实施路径。

（朱　莉）

交通建设

【概况】 2023年，句容市交通运输局推进沪宁沿江高铁及综合枢纽工程、312国道句容段快速化改造工程。紧盯扬镇宁马城际铁

9月28日，沪宁沿江高铁句容站投入使用

路项目、仪禄高速公路项目。协调推动属地乡镇与扬镇宁马城际铁路工程方签订立交协议，推进用地预审、土地综合开发框架协议签订工作。促成江苏省交通工程建设局以会议纪要明确仪禄高速公路镇江段设置4处互通式立交和1处服务区，实现句容境内匝道互联互通。2023年，句容站累计安全发送旅客20万人次；宁句城际轨道累计客运量约1744万人次，同比增长41%。南京至句容城际轨道交通工程（马群至东郊小镇段、汤泉西路至句容段）被中国建筑业协会评为"2022~2023年度第二批中国建设工程鲁班奖（国家优质工程）"。句容市白兔镇马邹线建设工程通过镇江市"公路水运平安百年品质工程"验收。　　（朱　莉）

【沪宁沿江高铁句容站投入使用】2023年，沪宁沿江高铁句容站完成站前工程、站后"四电"工程和站房等建设任务。6月，进入开通前的联调联试。9月28日，顺利实现开通运营。（朱　莉）

【句容综合交通枢纽建设】2023年，句容综合交通枢纽工程完成站区周边宁杭南路、浮山路、磨盘山路、勤学路4条道路和1座高架匝道桥建设，共3.5千米。协调江苏句容投资集团有限公司，推动完成站前南北广场、公交综合换乘中心、南北城市通廊、照明工程及市政绿化等附属配套设施工程建设，建设总面积16.5万平方米，外运土方约167万立方米。争取沪宁沿江高铁线下空间，建设出租车停车场、公共配

312国道句容段供电迁改工程

套设施、景观绿化等5.5万平方米。完成宁句城际轨道句容站3号地铁口装修任务，建成集高铁、地铁、公共汽车、社会车辆于一体的客运综合交通枢纽。
　　　　　　　　　　（朱　莉）

【312国道句容段快速化改造工程】2023年，句容市成立312国道句容段快速化改造工程现场党员综合协调组，实施驻点办公，实行清单式攻坚，完成沿线295户拆迁和1474亩征地任务。5月，宝华镇110千伏高压杆线迁改工程正式启动，312国道句容段供电迁改线路共计102道，其中，宝华镇110千伏高压杆线是施工难度最大、影响范围最广的两道重要供电迁改线路。（朱　莉）

交通运输

【概况】　2023年，句容市交通运输局对辖区"两客一危"（从事旅游的包车、三类以上班线客车和运输危险化学品、烟花爆竹、民用爆炸物品的道路专用车辆）企业开展安全检查20次，抽查运输车辆59辆，查出安全隐患10处，年内全部督促整改到位。强化轨道交通应急处置。加强江苏省243省道燃气管道工程等地铁保护区内施工项目动态监管，联合南京市地铁交通设施保护办公室开展桌面应急推演2次，完善轨道交通运营突发事件跨市域联动处置流程。推动行政审批"互联网+"建设，全年窗口办理行政审批事项2391件，办理网上货车年审820件，"不见面"审批率为55%；推广网上办理货车换证27件；深入推进"一件事一次办"改革，为普货企业办理经营许可证97件、涉路施工许可证8件。在维修驾培方面，完成3家驾培企业许可转备案审核，以及20家机动车维修企业经营备案。
　　　　　　　　　　（朱　莉）

4月27日，句容市市交通运输局召开句容市交通运输执法领域突出问题专项整治动员部署会

【货运管理】 2023年，句容市交通运输局上传道路货物运输行政许可66条，注销"空壳"和到期未年审"两证"货运业户154户。组织货车司机群体慰问、普法等活动4次。加强隐患源头治理，将全市18家重点货运企业纳入"镇江市源头治超监测预警平台"监管。联合南京市江宁区实行跨地区联合治超，推行不停车检测系统科技治超，全年共查处违法超限车辆796辆，其中，"百吨王"13辆，卸驳载货物9800吨，国省干线、县乡道超限率分别控制在0.3%、1.5%以内。

（朱 莉）

【客运管理】 2023年，句容市交通运输局完成354辆客运车辆及6家客运企业"两证"年审工作。优化公交线路13条，实现高铁客运站公交首末班次"兜底"。开通4路、5路2条"敬老爱老"文明公交班线，打造8路"畅行先锋"号公交专线。

（朱 莉）

【出租车行业管理】 2023年，句容市交通运输局完成全市289辆出租车的审验和驾驶员信息的归档。对全市出租车GPS进行检查，维护和修理250辆次。推进"天网""苏水安澜""蓝盾"系列行动，探索"一体化+智慧执法+信用监管"执法新模式。联合句容市文体广电和旅游局等多部门开展旅游包车市场专项整治行动。全年共查处案件509件，约谈从业单位18家，实施行政处罚509起，罚款82万元。 （朱 莉）

【路政巡查】 2023年，句容市交通运输局成立路政专班，重点排查266省道、东部干线沿线非法搭接道口、埋设管道、移动非标等涉路违法行为，共排查涉路许可事项167件。全年路域环境整治查处污染防治案件88件，排查涉路事项173件，保障第五届国际道教论坛所处地周边公路通行环境。推进农村人居环境整治，以管养联动执法形式，组建5个督查小组进行分片区包干督查，充分压实执法责任和日常养护责任。通过巡查督查累计排查出高速公路沿线环境问题9处，整改完成销号9处；累计排查出普通国、省道及农村公路沿线问题456处，全部整改完成销号。开展以"深入企业、源头治理"为主题的宣传活动，设置宣传展板8块，悬挂宣传条幅16条，现场发放宣传资料200余份，同时利用122省道电子显示屏和出租车显示屏进行滚动宣传。 （朱 莉）

【科技治超】 2023年，句容市交通运输局在104国道句容与溧阳交界处新建一处不停车检测系统，动态称重设备达到5级称重标准，外场设备和站端系统具备车牌识别、图片取证、视频监控、信息传输和统计处理等功能，数据上传到省级治超联网系统，实现全天候监控，满足治超监测和"线上线下"一体化执法的要求。

（朱 莉）

交通管理

【公路管理】 2023年，句容市交通运输局完成普通国、省道165千米日常养护和小修保养任务，并在104国道推行整线化养护，在243省道开展"集中养护"，推广应用"免振免养水稳""高强抗车辙技术"等"四新"技术。全年完成104国道、243省道、002省道3条道路约46千米养护大中修工程施工，通过2023年度国家公路网技术状况监测检查。国省干线公路技术状况评定指数

（MQI）达 94.51，路面破损率指数（PCI）优良路率达 97.51%，路面平整度优良路率达 98.41%，路域环境明显改善。在全市国省干线新建 12 套路网视频监控，在 340 省道新建 1 处交调站设备，视频监控密度达 2.1 千米/处，交调站密度达 11.86 千米/处。加强路产、路权保护，处理交通事故造成的公路附属设施损坏事件 56 起，完成国道、省道、县道行政许可 14 件。加强路网巡查及应急处置，路网值班人员 24 小时值班值守，全年处置各类突发事件 36 起，上报路网信息 40 条，完成路网分析报告 12 期。与茅山风景区管委会协调，结合李塔村"壹号兵站"建设，打造 X211 有机农业圈线农村公路驿站。以"八无一化"〔"八无"即公路沿线无违法搭建、乱堆乱放、垃圾渣土、白色污染物；公路沿线无集镇段店面外溢、占道经营；公路沿线无抛洒滴漏污染路面；公路沿线无违法建（构）筑物及附属物、破旧广告牌匾；公路交通安全设施设置规范，无缺损；公路沿线无乱设非标等违法行为；公路两侧无非法种植；公路两侧无破旧建筑及残墙断壁。"一化"即公路沿线宜绿区域绿化率达到100%〕为整治标准，对全市路域 549 处环境问题、6 处桥下空间问题进行集中整治，使全市路域环境明显改善。做好交通系统污染防治。处理公路路面污染事件 116 件，办结污染监管平台线索 16 件。　　（朱　莉）

【航道管理】　2023 年，句容市交通运输局巡航全市 57 个中小型水库 69.86 千米。对句容河、大道河、便民河、秦淮南河、秦淮中河、赤山湖航道进行养护巡查，全年养护巡航里程 1180 千米，投入 36 人次。完成大道河航道护坡绿化约 700 米。开展辖区内航道定级论证工作，大道河被定为规划二级航道，纳入江苏省通港达园支线航道网。　　（朱　莉）

【农路管养】　2023 年，句容市交通运输局完成 15 千米农村公路提档升级，完成老句宝路高庙小桥、南城线南城桥、西南线四桥 3 座危桥改造加固和 300 千米农村公路安全生命防护工程，进一步提升全市农村公路安全运行能力。加强农路管养创新，推动属地乡镇采用自动化检测方式对农村公路的技术状况进行检测评定。截至 2023 年年底，全市农村公路总里程为 2160 千米，自动化检测率为 81%，县道优良路率为 93.38%，乡村道优良路率为 92.91%。　　（朱　莉）

【宁句城际轨道管理】　2023 年，宁句城际轨道累计客运量约 1744 万人次，日均客运量 4.78 万人次。年内，句容市交通运输局联合开发区城管、属地村委等部门开展辖区地铁沿线安全与环境集中整治，重点整治桥下空间违规开垦、私搭乱建、堆放杂物等情况。落实交通运输企业重大事故隐患自查自纠、消防安全工作，联合句容市消防救援大队、运营单位对消防安全重点部位进行检查。与南京地铁交通设施保护办公室沟通协调应急预案演练相关事宜，联合开展桌面推演，进一步磨合轨道交通运营突发事件跨市域联动处置流程。　　（朱　莉）

【无人机路网巡查】　2023 年，为进一步及时、准确、高效、安全地开展路网巡查，提高公路路域管理科技化水平，句容市交通运输部门在例行巡查中首次启用无人机，对养护施工路段及沿线桥梁、涵洞和公路两侧杂物监管盲点进行航拍巡查。无人机巡查不仅能够缩短巡查时间，还具有移动性强、视野开阔等特点，可以有效弥补传统巡查的不足，真正实现巡查全覆盖、无死角。

　　（朱　莉）

宁句城际轨道

信息化建设

编校人员：张婉悦

综 述

【概况】 2023年，句容市信息基础设施建设水平不断提高，制造业、工业互联网应用取得显著成效，企业智能化、数字化、网络化步伐进一步加快。年内，句容市成功入选第二批江苏省数字乡村试点地区（第一批次）。

（薛志轩）

【信息基础设施建设】 2023年，句容市贯彻落实江苏省、镇江市关于信息化建设的部署要求，完善通信基础设施建设，提升建设水平。全市固定电话用户76128户，移动电话用户682019户，其中，5G用户349419户；固定宽带用户291477户，其中，速率在1000兆以上的宽带用户112591户；有线数字电视用户149810户，互联网电视用户210926户。

（薛志轩）

【智改数转网联工作】 2023年，句容市提供企业免费诊断服务，组织4家诊断服务商为150家企业诊断，提出"一企一策"个性化系统解决方案，助力企业转型升级；围绕企业"智改数转网联"转型升级需求和发展实际，推动企业开展上云轻量化改造，助力制造业数字化转型，新增18家省星级上云企业；鼓励企业开展贯标活动，加快制造业生产方式和形态变革，提升制造新型能力。年内，11家企业通过国家两化融合管理体系评定；雅瑟斯精密机械（江苏）有限公司、江苏恒嘉电力集团有限公司2家企业获评"江苏省两化融合管理体系贯标试点企业"；句容协鑫光伏科技有限公司高效单晶硅片智能生产车间被评为"2023年江苏省智能制造示范车间"；新增1家江苏省工业互联网标杆工厂，句容台泥水泥5G智慧矿山项目入选国家《2023年5G工厂名录》。

（薛志轩）

【无线电管理工作】 2023年，句容市工信局协调好"小高考"、高考等考试期间的无线电监测保

句容市成功入选第二批江苏省数字乡村试点地区（第一批次）

障工作，维护考点周边无线电波秩序。配合句容市文体广电和旅游局开展乡村无线调频小广播调查、清理工作。　　　（薛志轩）

通　信

· 中国电信股份有限公司句容分公司 ·

【概况】　2023年，中国电信股份有限公司句容分公司助力网络强国建设、乡村振兴发展，开展"我为群众办实事"主题实践活动，进行适老化服务、打造"爱心翼站"，面向老年人、残疾人等优抚对象，以及环卫工人、外卖和快递小哥等户外工作者提供进厅休息、饮水供给、急救医药箱、手机使用辅导等便民服务，时刻将为人民服务的理念落在实处。开展防诈专项整治工作，有效遏制网络诈骗活动，守护群众通信安全。推出"5G+全连接工厂""5G+AI""5G+能耗管理""5G+智慧仓储"等一系列技术，为企业创新提供竞争力，为企业发展注入活力。

（中国电信句容分公司）

【信息化建设】　2023年，中国电信股份有限公司句容分公司致力服务地方发展，完成中高考期间客户保障工作，以老旧小区改造项目为契机进行通信线路整治，改善居民居住环境。在茅山风景区新建多个4G、5G通信基站，针对性网络覆盖补盲和容量扩容进一步优化网络质量，助力第五届国际道教论坛通信保障。护航沪宁沿江高铁，实现高铁句容沿线段4G、5G信号全覆盖。以天翼云眼、天翼视联等视频监控方式满足企业对监控画面在PC端呈现、调取、回看的需求。

（中国电信句容分公司）

【网络安全】　2023年，中国电信股份有限公司句容分公司以"云网融合、安全可信、专享定制"天翼云向用户提供专业服务，包括云主机、云存储、弹性文件服务、CDN（Content Delivery Network，内容分发网络）、数据库、云安全（二级等保要求）等，多重防护、靶向防御，构建全面立体的云上安全防护体系，全面筑牢网络安全"护城河"。

（中国电信句容分公司）

· 中国移动通信集团江苏有限公司句容分公司 ·

【概况】　2023年，中国移动通信集团江苏有限公司句容分公司全面推进新型信息基础设施建设，投资超3000万元，实现句容市区、乡镇、景区的5G网络高质量覆盖和农村区域的700兆网络打底覆盖，扩大千兆光网覆盖范围，达成"双千兆"网络建设目标。

（中国移动句容分公司）

【国家级5G工厂建设】　2023年11月，中国移动通信集团江苏有限公司句容分公司和句容台泥水泥有限公司联合申报的5G工厂项目成功入选国家《2023年5G工厂名录》，成为首批300家国家级5G工厂之一。携手句容台泥共同打造镇江首个基于5G专网的智能露天矿山，把5G的技术优势融入矿山的生产作业之中，通过搭建5G专网，实现台泥矿山的无人驾驶、全景VR（Virtual Reality，虚拟现实）、数据监测等行业应用，尤其利用5G专网低延时、大带宽特点，实现矿卡车辆的无人驾驶；通过LiDAR+毫米波+摄像头和北斗导航等信息化手段，实现矿卡车辆自适应巡航。

（中国移动句容分公司）

· 中国联合网络通信集团有限公司句容市分公司 ·

【概况】　2023年，中国联合网络通信集团有限公司句容市分公司推进"网络强国""数字中国""智慧社会"，做强做优做大地方数字经济，"强基固本、守正创新、融合开放"，发力数字经济主航道，聚焦"大联接、大计算、大数据、大应用、大安全"五大主责主业，实现发展动力、路径和方式的全方位转型升级。

（中国联通句容分公司）

【数字化建设】　2023年，中国联合网络通信集团有限公司句容市分公司重点在5G、大数据、物联网、云数据、人工智能、区块链、网络安全等领域进行战略布局，以高品质服务行动计划为统领，构建服务一体化运营体系。全面数字化转型，加强差异化和互联网化运营，基础业务提质增效，创新业务转型持续突破。调整移动业务发展策略，严控用户发展成本，通过内容、权益和金融工具提升产品价值，提高泛融合渗透率，打造精品"联通小燕"服务品牌，传递"快速响应、在线受理、上门服务"的服务理念，O2O一体化转型，开展服务"补短板、树亮点"活动，提升客户满意度。（中国联通句容分公司）

广电网络

【概况】 2023年，句容市广电网络有限公司内设6个职能部门，下设11个镇广电网络服务站。2023年，公司继续保持稳健良好的发展势头，净利润连续十年超预算完成，连续五年保持超千万元规模，连续三年在江苏有线综合考核中跻身"第一等次"。高质量完成"智慧广电乡村工程"全覆盖建设任务，通过省级验收，"平安城市，文明句容"智慧安防云平台项目、句容市"有事好商量"数字化协商议事平台项目获评"全国广电政企业务优秀案例"。广电5G用户继续高位发展，发展广电5G号卡14354张，活跃率达30%，ARPU值（每用户平均收入）达10.59元。配合市公安局开展电信诈骗现场宣传15场。

（广电网络公司）

【基础网络建设】 2023年，句容市广电网络有限公司遵循"降本增效"理念，加强基础网络设施建设，推进光网改造，投入近1300万元用于新建小区基础配套、老旧小区管网改造及全区域光纤入户工作。推进乡镇网改176个自然村、3个老小区，城区网改19个小区，新增FTTH（光纤入户）11840户，覆盖35000户，光纤入户率达67%，保持全省领先地位。完成34台光纤入户OLT（光线路终端）全网改造后台设备更换（升级）工作，为广电新宽带提供网络承载保障，保障"5G+高速宽带+IP业务"方向发展的网络支撑；完成赋能平台搭建工作，配合公安部门完成全市境内606个人脸识别摄像头配置调整；公安监控在线率达98%以上，应急广播在线率达96%以上。保障省市会议75场次、直播会议15场次。加大重点政企业务平台业务支撑。完成公安项目ONU（光网络单元）分离前的改造立项，完成综合执法平台、综治平台、赋能平台服务器搭建，完成智慧镇村平台、智慧安防平台、智慧党建平台优化升级。

（广电网络公司）

【数字电视】 2023年，句容市广电网络有限公司新发展数字电视用户4342户，新增互动终端5103台，新增宽带用户11452户。截至2023年年底，句容市高清电视终端达78260台，广电宽带用户达43011户。为解决用户看电视难、操作难问题，落实国家广播电视总局整治"套娃"的要求，配合调整UI界面（用户界面），开机即进入直播画面，直播画面不低于整个画面的二分之一，付费和免费板块区分清晰，受到广大用户好评。落实"低保看电视"民生实事工程，完成2133户低保户看电视工作。落实江苏省政府惠民工程，完成最后5个镇（街道）的"智慧广电乡村工程"达标验收，继续实施光纤入户、宽带提质工程，光改入户11840户，发展光纤宽带5558户。持续开展用户贴心关爱行动，开展活动165场，走访用户32000户。

（广电网络公司）

网络管理

【概况】 2023年，句容市委网信办深入学习贯彻落实习近平总

10月29日，2023句容市第六届网络嘉年华举行

书记关于网络强国的重要思想和党的二十大精神，致力探索创新，抓实关键环节，加快网信事业高质量发展。年内，句容市入选第二批江苏省数字乡村试点地区。开展国家网络安全宣传周系列活动，句容市委网信办获得镇江市网络安全知识竞赛三等奖和优秀组织奖。
（网信办）

【网络宣传】 2023年，句容市委网信办开展党的二十大精神、强信心、"网络中国节"系列重大主题宣传，"学习强国"学习平台、新华社客户端、人民网等重点网络媒体发稿位于镇江辖市区前列。中宣部"高质量发展调研行"、"水韵江苏"文旅自媒体联盟专场活动、江苏省委网信办"网络人士红色基地行"、"Go Jiangsu——走进镇江 感受山水之城魅力"活动走进句容。打造"网尚讲'理'"、"句能讲""句能评"特色理论网宣品牌，让党的声音成为网络空间最强音。完成重大主题稿件全网推送1篇、省内推送16.5篇，评论文章上稿8篇，均位列镇江辖市区第一。在2023江苏省数字乡村发展大会上参展，申报2023数字江苏建设优秀实践成果1项，申报江苏省网络文明素养基地2家。
（网信办）

【网络治理】 2023年，句容市探索建立"网信、信访、网格、网安""四位一体"新机制，打通基层网络综合治理"最后一米"。坚持"预防在先、发现在早、处置在小、服务在常"导向，创新推出"四色"舆情预警、月度研判等机制，用好"四步工作法"，舆情全链条监测处置。举办网络舆情专题培训暨宝华"4·23"舆情复盘会议。全年，监测交办各类舆情354条，通过舆论引导1.2万余人次，处置反馈率超99%，妥善处置敏感舆情14条，全年未发生重大负面舆情。编印《网情日报》131期，获镇江市网络舆情推演比赛第一名。深化"清朗""净网"等行动，上报处置各类违规账号12个、有害信息480条。
（网信办）

【网络安全】 2023年，句容市开展"网安2023"句容专项行动和应急演练，发现各类安全漏洞32个，完成上级通报的38项问题整改，整改率达100%。完成全国两会、杭州亚运会、第五届国际道教论坛等重保任务。梳理重点互联网资产1001项，构建互联网资产管理"一张网"，建立全市网络安全管理员队伍"一张表"。深化网络"蓉军"队伍建设，"苏韵平台"任务完成率达98%以上。
（网信办）

城乡建设和管理

编校人员：陈龙浩

城区建设

【概况】 2023年，句容市住建局持续优化营商环境，大力开展城乡建设，全面推进城市功能与品质提升，强化建筑市场和房地产市场监管，完善住房保障体系，全市住房和城乡建设事业保持向上向好的发展态势。（戴一平）

【城区拆迁安置工作】 截至2023年年底，上路片区完成安置房办证1310套，杨塘岗片区完成安置房办证1515套，赤岗片区完成安置房办证404套。（戴一平）

【招投标工作】 2023年，句容市招投标总额11.51亿元，招标项目47个，其中，公开招标项目33个，招标总额5.69亿元；直接发包14个，总额5.82亿元。（戴一平）

【房屋白蚁防治】 2023年，句容市住建局共签订新建房屋白蚁预防公共服务单42份，面积约120万平方米；施工工程67项，施工面积约265万平方米，施药面积约4.6万平方米；竣工21项，竣工面积约121万平方米；签订后天灭治合同22份，面积约2512平方米。（戴一平）

【抗震节能】 2023年，句容市住建局审查项目399个，面积162.21万平方米（其中，公共建筑48.38万平方米、工业建筑55.35万平方米、住宅建筑58.48万平方米）。绿建方案审查13项，勘察报告审查25项，市政配套（雨污、道路、海绵）项目审查39项。（戴一平）

【消防审查】 2023年，句容市住建局办理特殊建设工程消防设计审查、特殊建设工程消防验收、建设工程消防竣工验收备案抽中及复查项目92件，现场验收评定90次，验收里程4275千米。其中，特殊建设工程消防设计审查办件12个，审查建筑16幢，建筑面积18.16万平方米；特殊建设工程消防验收办件37个，验收建筑88幢，建筑面积124.6万平方米；建设工程消防竣工验收备案抽中办件24个。（戴一平）

村镇建设

【美丽乡村建设】 2023年，句容市住建局完成天王镇戴庄村顶冲和后白镇林梅村林梅2个镇江市级特色田园乡村创建工作，完成天王镇戴庄村顶冲1个省级特色田园乡村创建工作。天王镇戴庄村白沙成功申报省级传统村落。（表18）（戴一平）

【农村危旧房改造】 2023年，句容市住建局在全市低收入群体中排查出23户危房，经鉴定新建/翻建12户、维修/加固11户。截至2023年年底，23户危房均开工建设并完成改造任务。（戴一平）

市政建设·公用事业

【概况】 2023年，句容市住建局

江苏省特色田园乡村——天王镇戴庄村顶冲自然村

完成海绵城市旧城试点区建设项目，对葛仙小区、凤凰花园、芳邻雅居、千秋府邸等10个小区进行雨污水管道改造及海绵设施建设，项目的建成可以消减面源污染、降低内涝概率和改善环境。同时，实施东软双创园片区道路工程、杨塘岗路道路工程。

（戴一平）

【市政基础设施维护】 2023年，句容市住建局对主城区市政管养窨井盖、雨水箅子凹凸不平、检查井覆盖、防坠网缺失、爬梯脱落等问题进行安全排查，共计完成186座雨污水检查井的查缺补漏加固维修工作。依据《句容市城区河道"排口监督管理制度"》要求，对主城区宁杭路、双利路、崇明路等17条市政道路的雨水收集口错接混接、排水管道错接混接、倒虹吸管道、河水倒灌、沿河管道渗漏等问题进行排查，共计完成雨水收集口错接混接点位改造23处、排水管道错接混接点位改造9处。对34座桥梁建立桥梁监控平台，做到监控全覆盖，实时观测和留存运行状况。摊铺城市快慢车道约13600平方米、维修养护城区人行道约21500平方米，完成雨水箅子更新200余套、疏通雨污水管道约4200米。

（戴一平）

【路灯养护】 2023年，句容市住建局更换电缆8457米、各类光源1659套、镇流器2957只、灯泡1487只、触发器1583只、熔芯1127只、校正灯杆41根，补装灯具108套；处理市民报修50余次、"12345"热线工单390余条。对主次干道的路灯及设备设施进行5次专项整治；对外围路段的路灯及设备设施进行2次专项整治；集中对中高杆灯进行1次专项整治。对损坏的LED路灯进行养护，共计出动250余人次，更换损坏灯头148套。

（戴一平）

建筑业

【建筑企业监督管理】 2023年，句容市住建局累计监管在建工程标段项目192个，受监建筑面积约876万平方米，工程总造价约203.64亿元。全年新开工程标段项目72个，建筑面积约130.69万平方米，工程造价约28.67亿元；竣工项目76个，建筑面积约235万平方米，工程造价约48.13亿元。在做好日常安全监管工作的基础上，相继开展春节复工、脚手架、起重机械设备、施工用电、消防安全、高温及汛期安全、深基坑、高支模、冬季施工安全等各类和各季度专项检查活动，同时加强小型工程纳管工作，发现并整治建筑工地包括消防安全等各类安全隐患5590条，下达整改通知书625份，其中，下达局部停工整改通知书111份，督促对所有生活区临建工棚进行消防安全改造。组织建筑施工领域18家企业开展"一述四评"活动，年内全部完成。全年监督安装塔吊103台次、施工升降机39台次、附着式脚手架9组、桩机11台；监督拆除塔吊140台次、施工升降机99台次、附着式脚手架4组；监督检测塔吊185台次、塔吊附墙111道、施工升降机91台次、吊篮615台、桩机19台、附着式升降脚手架634个机位。在江苏省住建厅统一部署、召开"建安码"试点推进会的基础上，梳理确定试点项目39个。

（戴一平）

2023年句容市住建局市政重点工程建设情况一览表

表 18

序号	工程名称	建设内容	责任单位	建设单位	完成情况
1	美丽乡村建设	创建1个江苏省特色田园乡村，2个镇江市特色田园乡村；申报1个江苏省传统村落	住建局	天王镇、后白镇	完成
2	崇明街道老旧小区改造	对新村片区、建新片区140栋居民楼实施老旧小区改造，改造主要项目包括建筑外立面整治、内楼道整治、飞线及弱电序化、环境整治等，该项目不涉及新增用地	住建局	崇明街道	完成
3	新建乡镇天然气管网90千米	新建乡镇天然气管网90千米	住建局	句容华润燃气有限公司	完成
4	句容市污水处理厂二期第二步工程	新建生物池、二沉池及V砂滤池一组（2.5万吨/日）、高效沉淀池按规模5万吨/日建设，其余二期一步已建构筑物设备按2.5万吨/日规模安装	住建局	江苏句容投资集团有限公司	完成

（住建局）

【建筑企业信用管理】 2023年，句容市住建局帮助指导施工企业完成合同归集70项，监理企业合同归集49项，施工项目在线交竣工81项，监理项目转业绩46项，工程咨询代理企业完成项目登记49项。帮助指导安管人员资格证书延期1182人次。 （戴一平）

房地产业

【概况】 2023年，句容市共有房地产开发企业145家，其中，暂二级资质企业145家。年内，句容市住建局等12个部门联合出台《关于促进句容市房地产市场良性循环和健康发展的通知》，支持刚性和改善性住房需求。全年全市销售商品房5567套，销售面积69.81万平方米，销售金额54.71亿元，销售均价7760元/平方米。年末，全市商品房库存176万平方米，其中，商品住房库存135万平方米，去化周期约30个月。2023年，全市新申领商品房预售许可38.7万平方米，同比下降28.9%。 （戴一平）

【物业管理】 2023年，句容市有物业服务企业进驻394个小区，其中，264个物业小区，成立业委会50家，共有物业公司83家，物业从业人员约7000名。全年交存维修资金总计6052户，交存总面积74万平方米，交存住宅专项维修资金3237万元。全年共使用维修资金65万元。 （戴一平）

住房保障

【保障性安居工程】 2023年，句容市城市棚户区改造基本建成215套，保障性租赁住房新开工（筹集）完成10套。全年发放公共租赁住房租赁补贴48户，发放金额合计24.04万元。 （戴一平）

【公共租赁住房】 2023年，句容市住建局组织对住房保障新申请家庭、人员联合审查，37户新申请家庭审核通过，纳入住房保障；审核通过签订公共租赁住房合同76份。对政府投资的286套公共租赁住房开展日常维护管理、安全排查工作，全年办理27套公共租赁住房退房验收、15套公共租赁住房分配入住交接工作，并对25套公共租赁住房进行必要的维修。 （戴一平）

【保障性补助】 2023年，句容市保障性安居工程获得上级补助资金2521万元（其中，公共租赁住房补助13万元、棚户区改造补助2508万元），根据保障性安居工程建设任务和实际完成的棚户区改造任务进行分配，做到及时、

足额分配，拨付到位。（戴一平）

电力供应

【概况】 2023年，句容市全社会用电量37.12亿千瓦时，同比增长2.75%；售电量33.9亿千瓦时，同比增长2.82%。截至2023年年底，全市区域内拥有35千伏及以上运行变电站35座，总容量323.81万千伏安。其中，500千伏开关站1座；220千伏变电站6座，总容量138万千伏安；110千伏变电站18座，总容量169万千伏安；110千伏开关站1座；35千伏变电站9座，总容量17万千伏安。管辖110千伏线路38条，总长442.33千米；35千伏线路20条，总长223.47千米；10（20）千伏线路389条，总长5003.3千米；低压线路总长1.77万千米。配电变压器共8402台，总容量390.4万千伏安。 （袁嫣红）

【电力安全生产】 2023年，句容市供电公司开展违章根源分析和反违章教育培训，压实安全责任。落实落细前置安全策划，提升场景式安全能力，制定落实系统违章审核"三步法"。坚持先降后控，有效管控七级及以上电网风险34项、四级及以上作业风险2088项。系统排查整治缺陷隐患400余项，治理超50台配变、超30千米配网线路36条，24条纳入2024年储备项目，完成农村家庭漏保专项整治任务。保持反违章高压态势，构建监理单位协同督查机制，严抓"十杜绝"要求落地执行。开展安全工器具专项治理行动，建立统一管理台账和管控机制，坚决杜绝不合格、试验超周期的安全工器具进入各类作业现场。 （袁嫣红）

【电网建设】 2023年，句容市供电公司配合政府部门编制完成《句容市电力设施专项规划》和2024年配电网单元制规划滚动修编工作，上报"十五五"35千伏至110千伏系统设计方案。配合完成句容仑山抽蓄送出工程，加快220千伏新坊变、110千伏华南变和110千伏白兔变工程合法开工手续办理，统筹推进110千伏亭子变改造等工程前期工作。竣工投运220千伏华阳变移址改造、南沿江电铁配套和110千伏肖杆变等工程，实施容西至郭庄110千伏线路工程。完成110千伏和平变主变改造和110千伏句北变、35千伏二圣变主变扩建。序时推进312国道杆线迁改工程。全年完成配农网投资2.8亿元，新增改造配电变压器96台、中低压线路450千米。同步投运10千伏华阳变、肖杆变配套出线，实现变电站投运即达效目标。持续深化配网自动化建设应用，全年减少停电4400余时户数。年内，句容市入选国网公司电网基建项目"四率合一"建设应用工作百优县，句容市供电公司获评首批国网公司配网工程施工转型升级达标县公司。 （袁嫣红）

【供电服务】 2023年，句容市供电公司建立落实服务重大产业项目双周报制度，高效服务27个重大产业项目送电。全面落实惠企政策，低压接电开放容量全年保持在200千瓦，节省126户用户接电费用共930余万元。服务政府7个楼盘"保交楼"，"临代正"小区顺利清零。落实"一件事一次办"服务举措，办理房电联合过户6602件、"水电气讯视"业务20件。服务光伏发展，新增低压分布式光伏并网容量6.24万

5月12日，句容市完成县域范围首次"带电+发电"一体化作业

千瓦，同比增加2.55倍。推动绿色转型，实施电动矿车等电能替代项目40个，推广乡村电气化项目173个，替代电量3亿千瓦时。服务电动汽车快速发展，开发应用充电桩业扩报装智能决策功能，服务居民充电桩报装4507户，同比增长95.78%；新增充电桩报装容量4.76万千瓦，同比增长107.86%。开展"乡村振兴·电力惠农"先锋行动，消费帮扶累计45.94万元，后白镇西冯村创成国网公司"村网共建"电力便民服务示范点。　　（袁嫣红）

自来水供应

【概况】　2023年，句容市以城乡融合、机制完善、资源整合、设施统筹为重点，制定出台《句容市供排水一体化改革实施方案》，推进供排水"一体化、一张网"改革，实现句容市全域水务资源的统一管理与经营。2023年，句容市水务集团总供水量5421.6万立方米（下蜀镇、宝华镇除外），全年办理新增用户13016户，办理水费过户8153户，"962001"服务热线派发工单8030件，办理率达100%，回访率达100%。　（句容国有资本投资控股集团有限公司）

【供水管网建设】　2023年，西岗小区南片区和北片区、千禧小区老旧管网改造工程被列为句容市2023年政府民生实事项目。句容市水务集团优化施工方案，加大人力、物力投入，提前完成改造工作。为彻底解决茅山风景区管委会李塔村、上杆村局部区域村民用水难题，句容市水务集团对两村局部区域供水设施进行改造，全程铺设DN100球墨铸铁管约4.4千米，新建水箱和一体化增压泵站各2座，有效解决村民的用水问题。（句容国有资本投资控股集团有限公司）

【供水服务】　2023年，句容市水务集团完善服务细节，提高服务水平，贯彻落实省、市两级政府深化"放管服"改革和优化营商环境工作要求，落实各项助企纾困政策，做到小微企业与个体工商户欠费不停供，并减征水资源费。在句容市行政服务中心新增供水服务窗口，办理水费过户业务，方便客户办理用水业务。贯彻落实句容市困难群体水费减免政策，对全市低保户、特困职工家庭（城区）、特困户家庭（乡镇）每月每户免收8立方米水费，减轻困难群体水费负担。

（句容国有资本投资控股集团有限公司）

污水处理

【概况】　为深化国有企业改革，发挥句容市市属国企的市场主体作用，推进全市污水处理设施整合统一运营，2023年10月，句容国有资本投资控股集团有限公司下属水务集团成立句容市润清环境科技有限公司，原BOT（Build-Operate-Transfer，建设－运营－移交）、PPP（Public-Private-Partnership，政府和社会资本合作）、委托运营模式的污水处理厂（站）运营期结束后，由各责任主体委托其运营；新（扩）建、提标改造的污水处理厂（站）由各责任主体建成后委托其运营或委托其统一建设运营；污水管网由各责任主体投资、建设和维护，或由其负责建设、维护。截至2023年年底，全市有污水处理厂12座，总规模15.9万吨/日；在建工业污水处理厂1座，总规模1万吨/日。其中，市区污水处理厂1座，

句容市污水处理厂二期第二步工程

总规模7.5万吨/日；镇级污水处理厂11座，总规模8.4万吨/日。

（句容国有资本投资控股集团有限公司）

【农村生活污水治理】 截至2023年年底，句容市有农污设施695座，分别由生态环境局、住建局、农业农村局及各乡镇分批建设。2023年度农村生活污水治理项目分两步实施，其中，2023年度太湖流域污水设施建设，涉及行政村17个、自然村53个、农户2654户，总投资约5514.05万元，采用EPC（Engineering、Procurement、Construction，工程总承包）模式建设，农村生活污水处理继续采用分散式纳管方式；2023年度非太湖流域污水设施建设，涉及行政村2个、自然村4个，农户191户，总投资约265.05万元，作为资源化试点实施，由句容市水务集团组织施工，年内完工并进行预验收。

（句容国有资本投资控股集团有限公司）

天然气供应

【概况】 2023年，句容市（宝华镇除外）天然气用户达15.12万户，工商用户790户，年销气量超过8621万立方米，天然气管道共1027千米，其中，高压管道25.9千米、中压管道408.2千米、低压管道592.9千米，高中压调压站6座、中中压调压站2座。2023年，全市计划新建乡镇中低压天然气管网90千米，乡镇天然气管道工程总投资额4950万元，年内完成93.5千米。 （戴一平）

【燃气安全】 2023年，燃气企业入户安检95084户（其中，居民用户91773户、非居民用户3311户），排查并更换软管16456户（其中，居民用户15116户、非居民用户1340户）。录入"燃气安全专项整治工作系统"企业信息2699家，排查隐患176条，整改闭合隐患176条。 （戴一平）

城乡管理

【概况】 2023年，句容市城管局探索和实践城市管理现代化句容模式，推动城管工作良性发展，为促进句容市经济社会高质量发展贡献城管力量。年内，句容市城管局先后被评为江苏省"爱国卫生运动70周年表现突出集体""'七创'省级双拥模范城先进单位"。 （黄潇）

【市容环境整治】 2023年，句容市城管局开展占道经营、背街小巷专项整治行动，常态更新维护公益广告设施。全年共出新公园广场、高速道口等区域雕塑小品55块、宣传画面49块、宣传标语42处。牵头句容市生态环境局、句容市场监管局对餐饮企业进行联合检查34次，检查餐饮企业207家。开展非机动车秩序专项整治行动，规范非机动车停放秩序。对主城区停车泊位标志标线进行施划，划出新主城区停车泊位6841个，新增停车泊位537个。 （黄潇）

【人居环境整治】 2023年，句容市城管局开展城市环境卫生整治行动，加大道路机械化清扫力度，增加洒水降尘作业频次。强化垃圾焚烧厂考核监管，规范垃圾焚烧飞灰处置。全年共处置生活垃圾27.6万吨、飞灰5478吨。开展小区生活垃圾分类试点，在城区115个小区开展垃圾分类"可回收物积分兑换"活动1600余场次，创成省级生活垃圾分类达标小区13个。推进城市绿化美化，补植草坪、草花约1.26万平方米。落实镇级"河长制"责任，交办问题清单14次。 （黄潇）

【渣土运输整治】 2023年，句容

句容市城管局开展生活垃圾分类宣传活动

句容市城管局开展渣土运输整治行动

市城管局开展渣土管理领域专项整治行动11次，采用"定点+机动""线上+线下"模式，加强对重点区域、重点时段的管控，查处随意倾倒、擅自运输、擅自设立弃置场等违规行为204起。坚持疏堵结合，开展渣土调剂试点，共调剂渣土97.8万立方米。推动建立"一巡多功能"综合巡查机制，全面提升城乡综合治理水平。

（黄　潇）

【违建管控】　2023年，句容市城管局坚持分类施策、逐步推进，建立健全违建巡防"日报告、零报告、月通报"工作制度，共处置违建案件578起，全面完成整改任务。全年开展现场勘察督查200余次，交办违建案件21起，督办重点案件4起。（黄　潇）

【民生工程建设】　2023年，句容市城管局完成香溪湾口袋公园建设，总面积约5780平方米，有效消除句容市文化艺术中心周边的最后一块荒地。实施玉清河及葛仙湖水环境提升工程，着手进场施工。做好公共自行车过渡性运营期间的站点管理和系统运维，加强共享电单车的安全管理工作，保障市民骑行需求和出行安全，城区设置站点399个。（黄　潇）

【城市管理服务】　2023年，句容市城管局推行"容缺受理"机制，将行政审批时间缩短至3个工作日，全年共审批项目22个。畅通店招标牌设置备案"绿色通道"。围绕新户外劳动者群体和广大市民需求，升级打造标准化"红色驿站"2个，并以"红色驿站"为载体，构建多元化、人性化服务体系。参与"政风行风热线"节目，畅通民意反馈渠道。规范和改进数字化监管，案件处置率大幅提升。2023年度数字化城管立案处置率和按期处置率分别为93.13%和86.1%。

（黄　潇）

【生态安全保障】　2023年，句容市城管局以新一轮太湖综合治理为重点，推动餐厨废弃物集中收运处置。拟定餐厨废弃物集中收运处置工作相关规章制度，协调推动厨余（餐厨）集中中转站试运行工作。牵头各镇（街道、管委会）环卫所完成40个垃圾房（池）改造任务，开展村庄垃圾清理专项评估90次，完成农村环境卫生长效管理季度考核4次、月度督查54次。（黄　潇）

【安全生产】　2023年，句容市城管局进行安全生产专项整治"三年行动集中攻坚"，强化重点领域、重大节日、重要活动安全生产隐患排查整治，对施工现场、重点领域开展安全隐患排查，发现安全隐患85处，隐患整改率达100%。推进垃圾焚烧厂渗滤液积存等安全隐患处置，开展农贸批发市场食品安全管理。

（黄　潇）

【停车服务】　2023年，句容市城管局落实机动车停车规范管理，坚持"以建养管、以管促建"，在先行试点路段的基础上有序推进城市公共停车设施建设。优化服务体系，开发停车小程序，加快接入现有的便民服务端口，实现线上线下停车缴费服务和车位数量可视化，让用户更方便地享受停车服务。加强与江苏句容投资集团有限公司、句容市自然资源和规划局、句容市公安局等多方合作，关注技术创新与用户需求，进一步提升停车服务质效。

（黄　潇）

城市绿化和园林建设

【概况】 2023年，句容市城市建成区绿地率达37.92%、绿化覆盖率达39.18%，人均公园绿地面积12.29平方米。句容市城管局直接负责管养的绿地面积为216.63万平方米，公园绿地10分钟服务半径覆盖率为69.20%。

（黄　潇）

【园林绿化工程建设】 2023年，句容市城管局以公园广场品质提升行动为抓手，打造城市精品工程。完成香溪湾口袋公园，句容茅山高速、高铁、机场、干道沿线环境（节点）整治EPC工程，福地路绿化提升等工程项目，推进句容市玉清河及葛仙湖水环境提升工程，提升城市绿地景观品质。完成南二路小广场和句容市住建局南门景观改造，完成句卓路西侧、东昌路江苏省句容高级中学、句容市政建设服务所、玉清河、文昌路句容市供电分公司等节点的苗木移植。完成城东北部片区绿化，高骊山路、崇明东路及肖杆路绿化市场化养护发包，完成城区公园广场和风光带、容城大道、西部干线亮化市场化发包，持续提升养护质量。同时，推动园林绿化废弃物资源化利用，让园林绿化废弃物"变废为宝"，切实践行绿色发展理念。

（黄　潇）

【绿地养护】 2023年，句容市城管局进一步优化绿地养护，规范黄土裸露治理。对城区绿地黄土裸露区域及道路树池铺设草坪约1200平方米，对华阳四路、文昌路、东昌路、玉清路等道路绿地内暖季型草坪播种15万平方米黑麦草。加强对华阳东西南北路、文昌路、东昌路、南京地铁S6号线地上部分等道路绿地内苗木及草坪进行浇水作业，日均浇灌约120吨水。对福地广场、玉清广场、华阳东西南北路、葛洪路、东昌路等公园广场、道路绿地内苗木及草坪进行施肥，全年平均施肥9—10次。对管护范围内的草坪、灌木、行道树、造型树进行修剪，全年累计修剪草坪约12万平方米、行道树8000棵，处理死树约500棵。对城区养护地段内乔灌木的树干进行刷白，共计约3.5万株；对城区铁树进行防寒包裹，共计200余株。在保证日常养护工作正常进行的同时，为减轻树木病虫害和法桐飘絮对市民的困扰，开展除杂防治工作。就城区香樟白蚁问题，对福地广场、玉清广场、文昌路及玉清路等重点绿地区域进行白蚁重点防治；对东大街、中大街、西大街、北大街、南大街、葛洪路等路段的法桐注射植物生长调节剂，降低法桐结果率，减少飘絮。

（黄　潇）

【公园广场管理】 2023年，句容市城管局探索"精美容城"建设，通过补绿栽花、精修苗木以提升城市的舒适度和精致度。推进口袋公园建设，对管辖范围内的公园、广场等绿地的公共设施进行每日巡查，累计处理各种占绿毁绿及各种违章事件50起，查勘死危树200棵；完成投诉制止毁绿案件30起，交通事故损绿案件8起，公园、广场公益审批7起；清理树上牵绳挂物250余件，路段巡查出动300余人次。同时，加强日常河道保洁，开展肖杆河风光带、句容河一期风光带及老句容河风光带河道漂浮物打捞工作，确保河道干净、美观，改善河道水生态环境。

（黄　潇）

水利设施建设与管理

【概况】 句容素有"五山一水四分田"之称，境内河流分属秦淮河水系、太湖水系和沿江水系，特定的地形条件使句容成为水旱灾害频发的地区，也促使水利在全市经济社会发展中始终占有特殊地位。全市共建成在册中小型水库57座（表19），湖泊2个，省名录骨干河道14条，镇级河道62条，管护名录范围内灌排泵站392座，干渠、支渠、斗渠、农渠499.18千米，各类水工建筑物15986座。这些水利设施的建成，使全市基本形成比较完善的蓄、引、提、调、排、灌水利工程体系，在历次防洪抗旱过程中发挥巨大的社会和经济效益。2023年，句容市完成《镇江句容市中小河流治理方案》《太湖流域防洪规划修编总体布局及工程方案》的对接工作。

（杨志霞）

【水利工程建设】 2023年，句容市水利工程建设重点是徐纪水库、乌砂岗水库除险加固工程。7月，镇江市水利局组织有关专家对

新坊村美丽移民乡村建设一期工程

2座水库进行安全鉴定,鉴定结果是2座水库均为三类坝,建议尽快进行水库除险加固。11月,镇江市水利局对2座水库除险加固工程初步设计进行批复,批复概算总投资分别为302.77万元、411.75万元,省级以上补助60%。工程建设内容主要包括坝体加固、溢洪闸拆建、涵洞拆建、库区清理及增设必要的管理设施等。工程批复总工期4个月,主体工程于2023年12月底开工建设,计划在2024年汛前基本完工。 （张佳丽）

【水利工程管理】 2023年10月,北山水库通过水利部工程标准化管理评价验收,成为全省首家获评国家级水利标准化管理工程的中型水库。年内,句容水库通过江苏省精细化管理一级工程评价验收,东庄、南塘、方山、上杆、二圣、茅山等15座水库通过江苏省精细化管理二级工程评价验收。全市8.34千米骨干河道和13座小型水库白蚁防治通过蚁害复查验收。句容市水利局成立工作领导小组,全面摸清全市水域情况,开展重点水利工程网格化管理研究布局工作,逐步实现水域管理保护改革创新,年内完成实施方案编制、全市水域面积监测、全市水域图斑绘制、水域保护规划编制等工作。 （张佳丽）

【水库移民后期扶持项目建设】 2023年,江苏省水利厅向句容市下达水利发展资金4716.92万元,其中,直补资金及后期扶持项目资金1100.46万元、自主外迁移民补助14.46万元、大中型水库移民后期扶持基金项目资金3602万元。年内直补资金发放全部完成,后期扶持项目及大中型水库移民后期扶持基金项目有序推进,主要实施徐巷村中河段环境整治工程、夏林村五墟塘坝加固及道路改造工程、亭子村陈家坝河生态治理工程、新坊村美丽移民乡村建设一期工程等10个项目。 （舒作香）

【水利工程监督】 2023年,句容市水利工程质量监督站对移民工程、小型水库维修养护加固项目及农村水利面上小项目等在建项目进行质量监督,督促施工单位按月足额支付农民工工资,并下达各类巡查意见20多份,提出需要进行整改的问题140多条。定期举办全市水利工程建设管理培训,全面提高全市水利工程建设管理水平。

句容市水利局对2023年度句容市在镇江市公共资源交易中心的招投标项目进行发标、开标、唱标、评标等全过程监管。完成镇江市级要求的对招投标领域"双随机、一公开"抽查工作,对接完成镇江市政务处营商环境水利工程招投标季度考核任务。 （杨志霞）

【水政水资源管理】 2023年,句容市水利局落实最严格水资源管理制度,强化用水需求和用水过程管理,提高水资源管理信息化水平。年内,全市用水总量13.21亿立方米(全口径),万元GDP用水量44.6立方米,万元工业增加值用水量17.61立方米。二圣水库水源地通过规范化建设验收,句容市集中式饮用水源地规范化建设工作全部完成,基本建立集中式饮用水源地安全保障体系。对全市自备水取水口进行规范化建设,不断提升水资源管理水平。办理取水许可3件,办理延续取水许可3件,重新核发中型灌区取水许可证。创成省级节水型学校2所、省级节水型企业1家。对建华建材(中国)有限公司开展用水审计并完成整改。促成全省首例政府有偿出让预留水权交易和年度全省首单水量最大的区域水权交易,推动水资源集约节约利用。完成长江岸线清理整治工作并通过省级验收。在"世界水日""中国水周"期间，联合天王镇人民政府在浮山樱花园举办系列主题宣传活动启动仪式；联合句容市实验小学开展"守护生命之源 节水你我同行"系列主题教育，发放宣传手册400余份；向全市10万名手机用户发送"强化依法治水 携手共护母亲河"的公益短信。

（王 强）

2023年句容市水库一览表

表19

序号	水库名称	水库规模	所在地	序号	水库名称	水库规模	所在地
1	北山水库	中型	华阳街道	30	东庄水库	小（2）型	边城镇
2	句容水库	中型	华阳街道	31	茆陈水库	小（2）型	茅山风景区
3	仑山水库	中型	边城镇	32	东塘水库	小（2）型	后白镇
4	二圣水库	中型	后白镇	33	白云观水库	小（2）型	茅山风景区
5	茅山水库	中型	后白镇	34	南庄水库	小（2）型	茅山风景区
6	墓东水库	中型	茅山风景区	35	东进水库	小（2）型	茅山风景区
7	潘冲水库	小（1）型	茅山风景区	36	民兵水库	小（2）型	茅山风景区
8	李塔水库	小（1）型	茅山风景区	37	蟒蛇洞水库	小（2）型	茅山风景区
9	石山头水库	小（1）型	华阳街道	38	五四水库	小（2）型	黄梅街道
10	固江口水库	小（1）型	黄梅街道	39	黄坑水库	小（2）型	宝华镇
11	虬山水库	小（1）型	郭庄镇	40	五里冲水库	小（2）型	宝华镇
12	王庄水库	小（1）型	白兔镇	41	白沙水库	小（2）型	天王镇
13	中心水库	小（1）型	白兔镇	42	杨家坝水库	小（2）型	天王镇
14	龙山水库	小（1）型	天王镇	43	跃进水库	小（2）型	天王镇
15	马埒水库	小（1）型	茅山风景区	44	龙海水库	小（2）型	天王镇
16	方山水库	小（1）型	天王镇	45	金山（袁）水库	小（2）型	天王镇
17	幸福水库	小（1）型	白兔镇	46	石龙洞水库	小（2）型	华阳街道
18	红旗水库	小（1）型	茅山风景区	47	戴木坝水库	小（2）型	茅山镇
19	老虎洞水库	小（1）型	茅山风景区	48	南塘水库	小（2）型	茅山镇
20	肖庄水库	小（1）型	华阳街道	49	青年水库	小（2）型	天王镇
21	青菜地水库	小（1）型	天王镇	50	金山（天）水库	小（2）型	天王镇
22	小马埒水库	小（1）型	茅山风景区	51	迎春水库	小（2）型	天王镇
23	上杆水库	小（1）型	茅山风景区	52	溧西水库	小（2）型	天王镇
24	仑环水库	小（1）型	边城镇	53	四清水库	小（2）型	天王镇
25	何家坝水库	小（2）型	白兔镇	54	草塘水库	小（2）型	天王镇
26	邹培塘水库	小（2）型	白兔镇	55	林华水库	小（2）型	天王镇
27	尹巷水库	小（2）型	白兔镇	56	深坑水库	小（2）型	下蜀镇
28	小沿坝水库	小（2）型	边城镇	57	冷水孔水库	小（2）型	下蜀镇
29	团结水库	小（2）型	边城镇	—	—	—	—

（水利局）

科学技术

编校人员：刘明亮

综　述

【概况】　2023年，句容市科技局结合习近平新时代中国特色社会主义思想主题教育，牢牢把握"学思想、强党性、重实践、建新功"总要求，做到学在先、走在前、做表率，切实把习近平新时代中国特色社会主义思想转化为坚定理想、锤炼党性和指导实践、推动工作的强大力量，团结带领全体干部职工真抓实干、开拓创新，各项工作取得显著成效。

（朱梦颖）

【科技指标】　2023年，句容市突出指标争先进位，壮大创新驱动"主力军"。充分发挥工作专班作用，截至2023年年底，有效高企157家，年度净增18家；全年，规模以上工业企业研发投入达16.56亿元，比上年增长15.4%，基础研究投入累计8737万元，超额完成镇江市下达的法人指标任务。江苏省技术产权交易市场高效节能行业分中心正式获批设立，技术转移体系建设进一步得到完善。全年，技术合同成交额上报约46.5亿元。

（朱梦颖）

【科创载体建设】　2023年，句容市突出科创载体建设，夯实创新发展"主承载"。坚持把科创载体建设摆在突出重要位置，华昌科创空间、南林水杉创客空间获批省级众创空间；汇智科技企业孵化器、汇智众创空间分别获批（镇江）市级科技企业孵化器和（镇江）市级众创空间。组织4家孵化器参加省级绩效评价，句容高新技术创业园、光明中小企业新材料科创园获得A类优秀评级，句容富达创业园、江苏万城青年人才创业园获得B类良好评级。大力推动创新平台建设发展，获评省级工程技术研究中心3家、（镇江）市级工程技术研究中心12家；建华建材（中国）有限公司近零碳建材制备与建造技术重点实验室获评镇江市重点实验室（表20），2家省级工程技术研究中心在绩效考评中获得优秀，江苏兆鋆新材料股份有限公司成为镇江市首家创新联合体"航空复合

12月11日，句容市科技局召开全市高质量发展科技指标推进会

2023年句容市科技计划项目[（镇江）市级及以上]情况一览表

表20

序号	项目名称	承担单位	项目类别	项目层次
1	基于生态农场的生物多样性培育、利用与保护关键技术研究	镇江市丰达植保有限公司	重点研发计划（社会发展）	省级
2	近零碳建材制备与建造技术重点实验室	建华建材（中国）有限公司	创新能力建设计划项目	（镇江）市级
3	大棚草莓低碳生态生产关键技术研究	句容市雅青果业有限公司	重点研发计划（现代农业）	（镇江）市级
4	孕烷X受体通路遗传变异和氨基乙酰丙酸合成酶及其交互作用对抗结核药物致肝损伤的作用研究	句容市人民医院	重点研发计划（社会发展）	（镇江）市级
5	枸杞酰胺调控牙槽骨成骨细胞自噬影响种植牙骨整合的机制研究	句容市人民医院	重点研发计划（社会发展）	（镇江）市级
6	基于门控离子通道P2X7受体调控葛根素改善COPD机制研究	句容市中医院	重点研发计划（社会发展）	（镇江）市级

（朱梦颖）

材料及部件创新联合体"成员之一。

（朱梦颖）

【农业科技创新】 2023年，句容市突出科技项目支撑，提升农业科技"创新力"。获授权水稻新品种2个（镇糯762、镇稻28号）、小麦新品种1个（镇麦17）、青花菜新品种1个（瑞绿10号）、玉米新品种1个（苏科糯1702）。 （朱梦颖）

【安全生产工作】 2023年，句容市严格落实安全生产主体责任，多次组织安全生产专题学习，大力推动"安全生产月"活动深入开展。6月，开展安全生产主体责任集中宣讲活动，及时敲响安全生产警钟，强化企业主体责任，坚守安全生产红线。加强消防重点领域安全监管和隐患排查，多次到镇江市农科所、科技类培训机构开展安全消防检查，督促落实好各项安全制度，严防安全生产事故发生。 （朱梦颖）

科技管理

【概况】 2023年，句容市认真贯彻落实产业强市"一号战略"，聚焦发挥科技创新支撑引领作用，在优化工作体系上下"实功夫"，在做好科技服务上下"真功夫"，在指标争先进位上下"苦功夫"，取得阶段性良好成效。句容市获国信中小城市指数研究院2023年度全国科技创新百强县市第48位。

（朱梦颖）

【创新型示范县（市、区）建设】 2023年，句容市将创建第二批江苏省创新型示范县（市、区）工作列为全市重点工作，成立市委书记、市长任双组长的句容市科技创新委员会，出台句容市争创省创新型示范市建设方案，市主要领导数次召开专题会议。经全市上下共同努力，4月，句容市成功入选第二批江苏省创新型示范县（市、区）建设名单。

（朱梦颖）

【科技服务】 2023年，句容市科技助企先锋队，扎实开展"千名党员联千企"先锋服务活动，坚持走乡镇、入企业、进园区，共开展科技下乡、科技帮企、科技进园等活动32场次，开展政策宣讲会22场，发放宣传资料660余册。充分发挥星创天地、农村科技服务超市、农业科技园区等农业科技载体平台作用，累计开展农业科技服务培训15次，推广新技术20多项，服务农业企业30

5月30日，2023年"全国科技工作者日"座谈会召开

9月2日，句容市科技局邀请江苏农林职业技术学院教授现场指导水蛭生产

项。12月，承办2023年南京都市圈创新挑战季高端装备制造产业专场活动，聚焦装备制造企业技术创新难题，着力破解核心技术"卡脖子"问题，推动全市制造业高质量发展。建华建材（中国）有限公司近零碳建材制备与建造技术重点实验室获评镇江市重点实验室，江苏兆鋆新材料股份有限公司成为镇江市首家创新联合体"航空复合材料及部件创新联合体"成员之一，推动在宝华镇建立长三角高校人才科创中心。

（朱梦颖）

科技计划

【概况】 2023年，句容市坚持科技创新引领发展，强化科技项目带动，激发企业创新活力，壮大创新市场主体，促进产业转型升级，推动实体经济高质量发展。

（朱梦颖）

【科技项目立项】 2023年，句容市紧盯产业发展优势，精准把握政策、科学谋划项目，并邀请专家集中辅导，确保项目数量和质量双提升。全年，立项省级项目1项、（镇江）市级项目5项，争取各类项目资金164万元。

（朱梦颖）

科技成果

【概况】 2023年，句容市突出科创载体建设，夯实创新发展"主

余家，指导种养大户50余人次，受益农户近1000人次。（朱梦颖）

科技活动

【概况】 2023年，句容市积极抢抓长三角一体化、宁镇扬一体化发展机遇，加快构建以企业为主体、以市场为导向、产学研深度融合的技术创新体系，畅通企业、高等院所成果流动与技术转移路径，加速引进用好高校、科研机构创新资源，提高科技成果的转移转化成效。聚焦"两群三链"主导产业，加强产学研合作和科技招商活动，组织近100家次科技企业参加2023招才引智"镇江日"（句容—西北农林科技大学）专场活动、第二届江苏产学研合作对接大会等活动，全年共发布技术创新需求80余项，促成产学研合作协议50余项。探索"揭榜挂帅"新机制，聚力突破产业技术瓶颈，解决技术难题10

12月8日，2023年南京都市圈创新挑战季高端装备制造产业专场活动举行

承载"，坚持把科创载体建设摆在突出重要位置。年内新增省级众创空间2家、（镇江）市级科技企业孵化器1家、（镇江）市级众创空间1家，持续加强"众创空间+孵化器+加速器+产业园"的"孵化—加速—产业化"全链条创新体系建设。在省级孵化器绩效评价工作中，2家获得A类优秀评级，2家获得B类良好评级。

（朱梦颖）

【3家企业入选省级"瞪羚"企业】 2023年，句容市着力构建并完善"科技型中小企业—高新技术企业—'瞪羚'（潜在）企业"的科技型企业创新培育成长链。11月，江苏省生产力促进中心发布2023年江苏"独角兽"企业暨高新区"瞪羚"企业评估结果，江苏和正特种装备有限公司、江苏海川新材料科技有限公司、句容协鑫光伏科技有限公司3家企业入选2023年江苏省"瞪羚"企业。全市省级"瞪羚"企业已有6家，不断推动中小企业转型升级、发展壮大。 （朱梦颖）

【获省科学技术奖6项】 2023年，句容市通过优化创新环境、夯实创新平台、组织科技攻关，不断释放科技创新活力，激发企业和科技人才创新热情，推动全市主导产业和重点企业科技创新能力不断提升，有力支撑产业转型升级和高质量发展。句容市获2022年度江苏省科学技术奖6项。其中，江苏省科学技术奖二等奖3项，分别为江苏山水环境建设集团股份有限公司参与完成的低山丘陵区水土流失与农业面源污染协同控制的关键技术及实践、江苏华电句容发电有限公司参与完成的超大型冷却塔结构抗风理论与关键技术及应用、建华建材（中国）有限公司参与完成的高性能预制桩关键技术研发与应用；江苏省科学技术奖三等奖3项，分别为江苏丘陵地区镇江农业科学研究所参与完成的青花菜高萝卜硫素新品种选育与应用、丘陵山区果蔬茶灌溉装备关键技术与应用、镇糯系列品种的选育与应用。 （朱梦颖）

气象科技

【概况】 2023年，句容市气象局地面观测业务质量考核未出现责任性错情，业务质量保持稳定。年内，开展汛期前气象服务、省局内审检查各项准备及气象设备检定和核查工作，完成《句容市气象台工作制度》《句容市气象局业务值班应急预案》等相关制度的修订和整改。对气象观测仪器及气象预报、办公等设备进行全面检查、维护、维修，保证仪器、设备在汛期中处于良好的工作状态。发展基于影响的预报和基于风险的预警业务，实现气象要素预报向基于影响的预报和基于风险的预警延伸，提高预警准确率，延长预警时效。 （胡丹丹）

【气象灾害监测】 2023年，句容市气象局优化地面自动气象监测站网布局，实现地面气象观测站点全市平均间距小于7千米，加密城乡气象灾害易发区监测站点。利用省级平台中卫星、雷达、微波、激光等观测手段提供的数据资料产品，着力提高灾害性天气监测预警能力，保障人民生命财产安全。强化综合气象观测保障，全面完成台站风塔改造的前期准备工作，提升气象观测自动化保障水平。 （胡丹丹）

【气象灾害防御】 2023年，句容市气象局坚持属地为主、综合减灾原则，将气象灾害防御纳入各级综合防灾减灾体系，明确覆盖到乡镇（街道、管委会）、村（社区）、重点单位的气象灾害防御责任人和职责。开展过程提示、警戒提醒、精细预警、优化灾害快报的四阶梯化决策气象服务业务流程。发布重要天气报告、农业气象服务专报和旬报、春运气象服务专报、气象灾害预警信号等气象服务材料，发布气象服务短信539条，受众达100.2万人次。完善气象、应急、交通、消防、水利、农业农村等部门间统筹规划、共建共享和预报预警联动机制。

（胡丹丹）

【气象灾害风险管理】 2023年，句容市气象局加强气象灾害风险管理，开展自然灾害综合风险普查，发布气象灾害影响预报和风险预警。加强气象灾害防御重点单位管理，对全市71家化工爆炸危险单位完成防雷安全监管。建立完善重大气象灾害救助政策，与保险公司加强合作，深化农业气象保险服务，增强农业抗风险能力。强化政策性农业保险，稳步推广天气指数保险等农业保险气象服务，保险服务40人次，拓宽农业保险服务领域。提升气象灾害防御意识，将气象灾害防御科普工作纳入各级综合科普体系和全民科学素质行动计划，融入中小学义务教育体系。加强气象科普场馆建设，提升公众防灾避灾和自救互救能力。

（胡丹丹）

【气象服务】 2023年，句容市气象局在春耕春播、夏收夏种、秋收秋种等关键农时季节开展专题气象服务，每旬、每周做气温和降水分析，预测短期气候趋势，及时发布灾害性天气预警信号等农业气象服务产品。以直通式气象服务为突破口，积极对接地方特色服务需求，开展茶叶特色农业气象服务，围绕句容特色农业项目开展"气象科技下乡"活动，普及句容地区常见的气象灾害种类、防范知识与应对技能。深化与农业部门的合作，加强乡村振兴、农业现代化发展、粮食安全等方面的气象保障服务。与农业龙头企业、专业合作社、农业大户及农村群众建立直通式联系，及时向农业用户发布农业气象服务信息和预警信息，为绿色农业发展、特色农业生产保驾护航。通过"数字乡村"微信平台实现基于位置的精细化、定制化农业气象信息服务。全年制作46期为农气象服务专报，其中，春耕春播、夏收夏种、秋收秋种气象服务材料39期，特色农业气象服务材料5期，农业气象灾害2期。在第五届国际道教论坛举行期间，开展递进式气象服务保障，通过传真、彩信、微信等方式向组委会发送茅山地区中长期气候趋势预测、滚动天气预测、逐日天气预报。在茅山湖铁人三项赛和福地句容马拉松等重大活动中，开展递进式气象服务保障，提前10天给出天气趋势初判，发布赛事期间气象服务专报12期。

（胡丹丹）

教 育

编校人员：刘明亮

综 述

【概况】 2023年，句容市有3所普通高中、1所中专、11所初中、28所完全小学、2所九年一贯制学校（含1所民办句容碧桂园学校）、1所特殊教育学校、56所幼儿园（含15所民办幼儿园）。普通高中学生7548人，职业教育学生3908人，初中学生13017人，小学生32528人，在园幼儿15632人，特殊教育学生119人。

2023年，句容市教育系统围绕落实立德树人根本任务，积极践行细节教育理念，扎实推进教育评价、"县管校聘"、集团化办学等改革，全面强化发展举措，育人质量提升取得新突破，师资建设取得新业绩，校园安全水平跃上新台阶。加快实施教育民生实事，走深走实"双减"工作，加强心理健康和生命教育，推进校家社协同育人，全市教育继续保持奋力赶超、快速提升的良好态势。

（刘瑞生）

【集团化办学】 2023年，句容市充分发挥集团化办学优势，进一步修订完善集团化办学考核方案，狠抓集团项目合作过程管理，压实各集团总校的责任，在文化塑造、师资调配、内涵建设、作业管理、研学课堂等方面进行有效探索，运用成熟的数字化平台，提升集团内教研、教学合作效率，不断提升集团化办学效能，促进集团化办学与"双减"双向赋能。

（陈远明）

【"双减"工作】 2023年，句容市对接镇江市"研学课堂"理念，探索区域"融成"课堂教学主张，构建"融成"课堂实践基本范式与操作流程。开展全市中小学作业精细化管理专项培训，进一步完善作业管理办法。各教育集团、学校分学段举行作业设计大赛，开展优秀作业展评，以赛促训、以赛促研、以赛促教，有效提升作业质量。全市课后服务学校开设率达100%，小学生参与率约达88.5%，初中学生参与率约达99.8%；初中、小学教师参与率均达88.8%。全市外聘教师102

句容市实验小学学生开启新学期

人参与特色社团建设，中小学共开设校级社团 200 余类，年级、班级社团 500 余类。12 所初中提供晚自习服务至 20:30。坚持部门联动，凝聚"双减"工作联席会议合力，统筹推进校外培训机构治理工作，长效监管校外培训机构。2023 年，全市迎接省、市各部门"双减"工作检查近 10 次，完成"双减"工作简报 23 期。

（唐莉　邰小佳）

【人事制度改革】　2023 年，句容市在 25 所中小学稳妥推进党组织领导的校长负责制。深入推进"县管校聘"人事制度改革。暑期根据学校办学规模的变化，重新核定学校教职工数，下发教职工流动意见，下达分流任务。全年共流动教师 297 位，其中，义务教育阶段 226 位，占应交流教师数的 16.35%；骨干教师 95 位，占 32.3%；高中阶段 16 位，其中，14 位 55 周岁未申请退休的副高级女教师全部到农村缺编的学校工作。统一组织 585 位教师完成岗位晋升，进行奖励性岗位评比。进一步修订完善集团化办学考核方案，狠抓集团项目合作过程管理，在文化塑造、师资调配、内涵建设、作业管理、研学课堂等方面进行有效探索，促进集团化办学与"双减"双向赋能。继续修订完善《学校教育质量考核办法》，树立正确的用人导向。

（许兵）

【校家社协同育人】　2023 年，句容市开展"家校合作共育"工作先进学校、先进个人评选，参与江苏省教育科学"十四五"规划重大课题"家—校—社协同育人体系的建设研究"。充分发挥家庭教育讲师团在家校共育中的作用，句容市教育局与句容市妇联、句容市融媒体中心合作，在句容市广播电视台开设家庭教育专栏《一起成长》，针对不同学段学生的家长，分享科学家庭教育知识、传播科学育儿理念，满足广大家长对家庭教育的需求，共制作 71 期；联合句容市妇联、句容市关工委开展"我的家庭教育故事"征集和"家校共育典型案例"评选活动，并择优编撰成合辑《育人》，供广大家长及家庭教育工作者参考学习。　（孔祥明　邰小佳）

【大中小学思政课一体化建设】2023 年，句容市以大中小思政课一体化建设联盟为突破口，借助江苏农林职业技术学院马克思主义学院和冯义平教师工作室的思政育人资源，开展系列思政研训活动，进一步统一全市大中小思政教师的教育思想和观念，促进各学段间思政课堂教学模式的融合，有效提升区域思政育人水平。8 月，在江苏农林职业技术学院举办句容市大中小学思政课一体化建设骨干教师培训。9 月底，结合第十个烈士纪念日，组织开展"弘扬英烈精神　铸就信仰丰碑"大中小师生同上一堂理想信念思政大课活动，围绕"创新性发展"这一主题，由大中小学段教师分别从经济、政治、文化方面进行精彩的课堂教学展示。10 月中旬，与镇江市教育科学研究院和镇江市大中小学思政课一体化建设联盟联合举办以"爱国主义"为题的大中小学思政课程、课程思政一体化协同教学展示研讨活动。

（孔祥明）

【青少年生命健康"润心"行动】2023 年，句容市全面贯彻落实江苏省、镇江市关爱青少年生命健康行动，由句容市教育局牵头落实句容市关爱青少年生命健康"润心"行动暨关爱青少年生命健康专项行动联席会议。5 月，在句容市教育局成立关爱青少年生命健康"润心"行动工作专班，出台《关爱青少年生命健康"润心"行动实施方案》，对全市所有中小学开展"润心"行动专项督导，每周编发一期《润心工作简报》。开展读物管理、"打黄扫非"护苗行动等工作。举办句容市心理健康教育教师"叙事治疗"培训班，组织 150 位教师完成镇江市心理健康教育初、中级认证培训。开展全市青少年心理健康教育宣传月活动，面向教师、学生、家长开设 134 场讲座、团辅等，有 46000 多人次参与。全面开展"1＋N"全员育人导师制、"N+1"特殊学生关爱机制，句容市后白中学、句容市华阳实验小学入选镇江市全员导师制试点学校。根据镇江市教育局统一要求，从 9 月初至 11 月底，完成 40395 名小学四年级至高中三年级学生的心理普测工作，并及时对 4000 余名心理普测预警学生进行定级，随后分级、分类地开展家访、心理辅导及转介治疗等工作。严格落实"润心"行动"五个一"常态要求，强化学生"抗逆力"训练，教育引导学生理性面对困难和挫折，养成乐观向上、坚韧不拔的精神品格。

（唐莉　孔祥明）

教 育

9月8日，句容市庆祝第39个教师节座谈会召开

9月22日，句容市教育系统教职工入职入会授荣荣退仪式暨全市"三个仪式"观摩推进会召开

【艺体教育】 2023年，句容市实施中小学生阳光体育竞赛计划，积极举办中小学生乒乓球、足球、篮球、羽毛球、象棋等各类比赛及中小学生田径运动会，组织学校参加镇江市教育局和镇江市体育局举办的各项比赛。3月，举办全市中小学生书法美术现场比赛；4月，举办全市中小学生文艺会演。年内，句容市宝华中心小学校、句容市石狮小学、句容市郭庄镇中心小学被认定为"第八批镇江市艺术教育特色学校"。

（曹桂红）

【教科研成果】 2023年，句容市在省级各类竞赛评比活动中，8人获一等奖，4人获二等奖，2人获三等奖；成功申报2023年度江苏省教育科学规划课题5项、江苏省中小学教学研究第十五期课题6项，2023年镇江市教育教学研究课题38项。江苏省句容高级中学、句容华阳街道中心幼儿园、句容市下蜀镇中心幼儿园相关项目获评省级基础教育内涵建设项目，句容市下蜀镇中心幼儿园相关成果获2022年基础教育国家级教学成果奖二等奖。 （杨 晨）

教师队伍

【概况】 2023年，句容市有在编在岗教职工4855人，其中，专任教师4541人。"江苏人民教育家培养工程"培养对象3人，"333高层次人才培养工程"培养对象10人，特级教师13人，正高级教师16人（2023年新增2人）。镇江市有突出贡献中青年专家5名，镇江市"169工程"学术技术带头人5人、镇江市"169工程"科技骨干35人，句容市"313工程"学术技术带头人4人、句容市"313工程"科技骨干34人；镇江市特级教师后备人才9人、镇江市学科带头人48人、镇江市骨干教师268人，句容市学科带头人416人、句容市骨干教师1017人；镇江市教坛新秀34人，句容市教坛新秀152人；镇江市名校长3人，句容市名校长18人。省级乡村骨干教师培育站3个，句容市级乡村骨干教师培育站2个，句容市教师工作室31个。全年，招录60名省乡村教师定向师范生，校园招聘研究生33名，引进国家公费师范生1名，江苏省乡村教师定向师范生毕业34名。通过公开招考，招录35位教师。通过协调沟通，促进其他地区教师流入11位，缩短教师培养周期。全年合计补充

教师116位。 （许 兵）

【教师培训工作】 2023年，句容市常态化开展寒假心理健康专题培训、师德师风在线培训等省级及以上培训。顺利完成2023年镇江市中小学（幼儿园）教师线上线下融合自主选学培训、2023年公需科目培训。4位教师硕士学位（研究生学历）进修毕业，1位教师入选江苏省乡村优秀青年教师培养奖励计划，2位教师入选江苏省卓越教师创新培育计划，1位教师被评选为江苏省名师工作室主持人，2位教师被评为江苏省教学名师，5位校长成为江苏省名校长工作室成员，11位教师成为江苏省名师工作室成员。2023年教师培训学时全部录入新系统（江苏省人社平台）。 （凌 云）

【师德师风建设】 2023年，句容市开展中小学教师师德集中学习和有偿补课专项整治，时刻牢抓师德教育。常态化开展师德建设主题月活动和师德考核。句容市天王镇袁巷中心幼儿园入选第二批江苏省师德师风建设宣传基地校。教师节表彰镇江市"十佳教师"8人、镇江市优秀教育工作者28人，句容市最美乡村教师5人、句容市优秀教育工作者50人、句容市先进教育工作者60人、句容市优秀德育工作者50人、句容市师德先进个人60人、句容市优秀班主任100人。 （许 兵）

【对外交流工作】 2023年，句容市选派援疆教师7位，援陕教师6位（其中，初中1位、小学4位、幼儿园1位）。组织13人到陕西蒲城开展教师全员培训送教活动，7人线上送教。4所学校（含幼儿园）与蒲城结对共建。接受18位蒲城教师到句容跟岗学习。 （许 兵）

教育督导

【概况】 2023年，句容市围绕"三个提升"（教育督导治理能力提升、"双减"和"五项管理"督导成效提升、义务教育优质均衡和学前教育普及普惠推进速度提升）扎实开展督政、督学、"双创"等各项工作。全年聘任37名责任督学，中小学和幼儿园共划分16个责任区。句容市责任督学工作中心撰写的案例《不让"留守儿童"失守于"五项管理"》入选国务院教育督导委员会办公室《2022年全国中小学（幼儿园）责任督学挂牌督导典型案例》。 （张晓蓉）

【督学工作】 2023年，句容市进一步优化整合常规督导内容，聚焦教育重点难点问题，适时开展专项督导。中小学组开展3次8个主题的常规督导、8次专项督导，学前组开展3次10个主题的常规督导、2次专项督导。2月、9月和10月，3次对全市中小学"五项管理""双减""课后服务"工作开展专项督导；3月，对初中和小学集团化办学开展专项督导；3月—4月，开展全市中小学、幼儿园学生行为习惯养成和阅读推进督评；6月，组织全市中小学第四轮三年发展规划（2020—2023年）终结性督评；9月开学前后，2次对全市中小学关爱青少年生命健康工作开展专项督导；10月，对全市中小学、幼儿园《江苏省家庭教育促进条例》落实情况开展专项督导；11月，对26所小学开展"幼小衔接"专项督导。全年下发反馈单650份，听课998节，电话访谈家长3320人次，座谈走访教师3331人次、学生2278人次、家长1447人次，问卷调查教师3059人次、学生6850人次。 （张晓蓉）

12月8日，句容市教育局召开2023年局属学校教育评议会

【督政工作】 2023年，句容市以保障义务教育优质均衡发展、学前教育普及普惠发展为导向，制定乡镇年度教育履职考核细则，采用实地调研方式，梳理各乡镇学校、幼儿园年度教育发展中需要乡镇政府帮助解决的问题清单，年终对照细则、清单开展年度乡镇教育履职考核。积极履行督导评估职能，发挥社会评价对学校教育教学的促进作用，分高中、初中、小学、幼儿园四个学段，对全市开展办学（园）水平公众（学生、教师、家长）满意度调查，调查结果纳入中小学校、幼儿园年度教育质量考核体系，并发布全市办学（园）满意度报告、学段办学（园）满意度报告、校（园）办学满意度报告，通过多渠道的意见和建议反馈，帮助学校做好归因分析，提高教育满意度。

（张晓蓉）

【"双创"工作】 2023年，句容市申报创建"江苏省义务教育优质均衡发展市"和"江苏省学前教育普及普惠市"。对标2022年义务教育优质均衡32项监测指标中句容市的4项不达标项目，采用盘活区域教育资源、科学学位调整、深化县管校聘、聚力集团办学提质等方式积极化解，2023年自评达标30项，达标率为93.75%。对标2022年县域学前教育普及普惠26个监测点中句容市的4项不达标项目，增加学前教育资源供给，加大教师补充与统筹力度，拓展学前教育资源，协力解决学前教育资源配置，提高公办幼儿园和普惠性幼儿园比例，有效化解城区幼儿园的"大班额"，2023年自评达标24项，达标率为92.31%。

（张晓蓉）

教育基础建设

【概况】 2023年，句容市一般公共预算教育支出127948万元，比上年124545万元约增长2.73%，达到国家规定的两个"只增不减"要求。年内，继续推动实施《句容市"十四五"教育布局专项规划》，句容市宝华中心小学校4890平方米的新建教学楼交付使用，句容市经济开发区中心小学校多功能报告厅完成装修改造，句容市体育运动学校恢复运行，句容市边城中学宿舍楼完成主体工程，江苏省句容高级中学、福地路幼儿园、宝华新城实验幼儿园项目有序推进。

（万和兵）

【江苏省句容高级中学异地新建】 2023年，江苏省句容高级中学异地新建项目于9月28日正式开工，该项目建设地点位于句容市贾纪山南侧、243省道西侧，总用地面积14.59公顷（218.85亩），规划总建筑面积70960平方米，主要建设教学楼、实验综合楼、地下车库等建筑物，配套建设景观绿化、道路场地等室外工程。截至12月底，完成90%的桩基施工，完成挡土墙和实验综合楼基础施工。

（项金标）

【儿童青少年近视防控工程】 2023年，句容市将儿童青少年近视防控工程列入2023年民生实事项目，总投入1033万元。全市23所义务教育学校598间教室照明改造提升工程均竣工并完成验收，实现义务教育学校教室照明卫生标准达标率100%；完成7所市属义务教育学校交互式一体机更换。

（万和兵）

教育装备

【概况】 2023年，句容市教育系统紧抓江苏省、镇江市智慧校园创建契机，积极推行"标准+特

江苏省句容高级中学异地新建项目

色"教育装备发展模式，精细管理，科学使用，不断提升教育信息技术与装备管理水平。

（刘以平）

【教育装备管理】 2023年，句容市教育局协助学校完成47项采购工作，完成2023年省、市民生实事项目——义务教育学校教室照明改造提升工程的竣工与验收，实现义务教育学校教室照明卫生标准达标率100%。推动中小学集群式图书馆平台投入使用，指导7所义务教育学校规范化实施交互式一体机采购。基教、教研、督导和装备四位一体的装备管理联动机制初步建立。开展中小学生实验能力大赛、中小学实验改进与创新设计评比、自制教具展评、综合实践案例征集等活动，全市获省级奖项46个、镇江市一等奖项及以上162个，句容市教育信息技术与装备管理中心连续六年获镇江市自制教具评比优秀组织奖。

（刘以平）

学校安全

【概况】 2023年，句容市深度运用掌上校安系统，健全校园安全网格化管理和风险隐患即查即报即改机制，建设多层次、全方位的安全防范和风险防控体系。扎实开展校园安全培训，强化新任校级领导、新上岗教师、安全管理人员的培训，开展全员应急救护培训，组织全市近5000名教职工开展"开学第一课"线上安全教育培训。全面推行"1530"安全教育，聘请公、检、法、司81名领导干部担任学校法治副校长。4所学校创成"镇江市四星级平安建设单位"，21所学校创成"镇江市三星级平安建设单位"。

（严 明）

【"两个年"行动】 2023年，句容市深入推进重点行业领域安全生产专项整治巩固提升年和安全生产基础建设强化推进年"两个年"行动，建立健全定片领导和定点机关干部包保检查、校际安全互查和"四不两直"飞行检查机制，联合教育安全生产专业委员会成员单位开展2次校园及周边安全专项检查、4次校车安全专项检查，对发现的问题即查即报即改。71所学校的食堂完成燃气泄漏安全保护装置安装，完成率达100%。整改安全护栏净高不足30厘米的学生宿舍床铺1422张。

（严 明）

【校园安全防范】 2023年，句容市全面落实《中小学、幼儿园安全防范要求》，巩固"4个100%"（专职保安员配备率、校园封闭管理达标率、一键报警和视频监控与公安联网率、"护学岗"配备率均达100%）建设成效，完善人防、技防和物防建设，完成重点部位视频监控加装，做到全覆盖，稳步推进校园智慧安防建设。开展防暴恐演练全市观摩活动及对中小学、幼儿园319名校园保安员的实操技能培训。规范16所中学"江苏省智慧治安危险物品管理系统"的使用和管理。

（严 明）

学前教育

【概况】 2023年，句容市有56所幼儿园，在园幼儿15632人，其中，普惠性幼儿园覆盖率达90.2%，公办幼儿园覆盖率达79.0%，省、市优质幼儿园覆盖率达89.5%。初步完成区域手册、课程资源库等内容的建设，在江苏省课程游戏化项目视导中获得"双优秀"。1所幼儿园获2022年基础教育国家级教学成果奖二等奖，9所幼儿园成功申报省、市级基础教育内涵建设项目。通过4个项目推动学前教育内涵建设质量提升。借助江苏省幼小衔接结对试验园（校）推进全市幼小衔接工作，通过邀请省级专家入校（园）培训和幼小现场开放、交流等活动及幼小衔接优秀案例征集和机制梳理，初步形成区域幼小衔接推进机制。

（孙建霞）

【幼儿园发展】 2023年，句容市严格规范招生程序，在综合调控下，全市招生工作稳步推进，各区域"大班额"现象得到有效缓解。6所幼儿园成为江苏省、镇江市优质幼儿园，13所幼儿园完成江苏省优质幼儿园复审。开展14所民办幼儿园的登记注册工作和民办幼儿园的区域游戏调研工作，促进民办幼儿园在环境和游戏材料、育儿观念等方面得到整体提升。实施幼儿园"公民共建"项目，推动区域内民办幼儿园内涵建设同步进行，开展"名园帮民园"结对共建系列活动，有效改

教 育

句容市葛村中心小学组织学生开展劳动实践

句容市红十字会联合教育部门为高一新生开展应急救护培训

管理意见》，句容市边城中心小学课程基地与学校文化建设项目、句容市实验小学品格提升工程成功结项，句容市实验小学获得优秀等次。　　（唐　莉）

初中教育

【概况】　2023年，句容市有11所初中，2所九年一贯制学校（含1所民办句容碧桂园学校），初中学生13017人，学额巩固率达100%。　　（陈远明）

【初中"研学课堂"推进】2023年11月7日，由句容市教师发展中心承办的2023年镇江市研学课堂（初中）推进展示活动在句容市华阳中学举行，镇江市及各区县研训员和全市初中教师代表近600人参加。授课教师按照"研学课堂"的要求，围绕教学目标、教学评价、教学内容、教学策略、学业评估五大要素展开介绍，体现"研"与"学"深度融合的教学新样态。（陈远明）

普通高中教育

【概况】　2023年，句容市有3所普通高中，1所九年一贯制民办句容碧桂园学校（有高中附设班），普通高中学生7548人。
　　　　　　　　　（胡容锁）

【高考成绩】　2023年，句容市有2016人参加高考，650分以

善和提升民办幼儿园的办园条件与管理水平，增强教师教研能力和游戏指导能力。继续与南京师范大学共建，开展各种共同体项目活动，持续推进区域内保教质量提升。　　（孙建霞）

小学教育

【概况】　2023年，句容市有小学28所，九年一贯制学校2所（含1所民办句容碧桂园学校），小学生32528人，入学率达100%，学额巩固率达100%。
　　　　　　　　　（唐　莉）

【小学教育内涵建设】　2023年，句容市修订完善《句容市中小学集团化办学考核细则》《学校教育质量考核办法》，深入推进集团化办学工作。初步拟定《句容市基础教育内涵建设项目实施和

上者26人，600分以上者160人。普通类重点本科达线814人，达线率为46.9%；普通类本科达线1411人，达线率为81.2%，达线人数和达线率均比上年有不同程度增长；艺体类本科双达线198人，达线率为75.6%，其中，录取中国美术学院1人、中央戏剧学院2人、"985"高校4人、"211"高校16人。

（胡容锁）

特殊教育

【概况】 2023年，句容市特殊教育学校是一所含学前、小学、初中、高中的十五年一贯制学校，在校学生119人，教职工34人。2023年，与江苏省句容中等专业学校联合招收首届11名高中学生。全市建成33个融合教育资源中心（其中，新增2个），全部通过句容市教育局、民政局、卫健委、残联四部门的复评认定。

（胡容锁）

职业教育

【概况】 2023年，江苏省句容中等专业学校新招学生1130人，在校生3085人。毕业生就业率达99.26%，其中，当地就业率达84.60%，毕业生对学校满意率达99.12%。学校职教办学体系不断完善，有五年制高职、"3+3"中高职贯通培养和三年制中职、中技等105个教学班。与30多家企业签订校企合作协议，构建协同育人共同体。加大教师培养力度，年内，1人获"镇江市教坛新秀"称号。2023年，句容市技工学校被评为江苏省职业技能四星级评价机构，承办镇江市电梯安装维修工市级一类职业技能大赛，句容市园林绿化工、养老护理员市级二类职业技能大赛。江苏省句容中等专业学校参加2023年江苏省职业院校技能大赛，获一等奖1个、二等奖6个、三等奖16个。在2023年江苏省职业院校学生创新创业培育计划项目申报中，有7个项目获省级立项。1人获镇江市十佳导游大赛二等奖。

（滕庆林）

【职教高考录取情况】 2023年，江苏省句容中等专业学校共287名学生参加职教高考，本科达线59人，本科达线率约为20.56%，超省均本科达线率（7.6%）近13个百分点，专科录取率为100%。

（滕庆林）

社区教育

【概况】 2023年，句容市11个社区教育中心和社区培训学院主动适应居民需求，做好社区教育内涵品牌项目建设，服务乡村振兴和社区治理。开展道德讲堂巡讲约400期，老年人健康讲座80余次，老年人反诈宣传活动和网络诈骗防范宣讲活动200余场，老年人智能手机培训活动42期，其他各类培训300余场。每个乡镇成立家庭教育辅导站，全年累计开展活动1500余次。茅山风景区社区教育中心的红色文化传承体验基地获江苏省2023年度"优质项目化基地"立项，茅山风景区居家养老综合服务中心养教联动基地获江苏省2023年度"养教联动"基地立项。4个项目在江苏省社区居民旧物改造风采展示活动中获奖。全年，省级课题立

江苏农林职业技术学院学生志愿者开设科普实践课堂

项4个。积极参与江苏省成人教育协会和教育系统"社区教育先进工作者""社区教育优秀志愿者""百姓学习之星"等评选活动，全年获奖379人次。

(毕道玉)

【全民终身学习】 2023年10月25日，句容市暨茅山风景区管委会全民终身学习活动周启动仪式举行，评选出11个句容市2023年优秀社区学习共同体。开展第二届"寻找社区好老师"评比，19个项目、4位教师和3个组织获奖。在第四届镇江市"书香少年"主题阅读活动中，上报绘画作品229幅。 (毕道玉)

高等教育

【江苏农林职业技术学院】 2023年，江苏农林职业技术学院拥有本部和茅山两个校区、江苏茶博园和江苏农博园两个实训基地，占地面积400余公顷（6000余亩），建筑面积33万平方米。有10个二级学院、42个专业（方向），全日制在校生12000多人，教职工800余人。2023年，学院获职业教育国家级教学成果奖一等奖1项、二等奖2项，入选第一批全国职业院校数字校园建设试点院校、首批全国健康学校建设单位，获"江苏省高等学校能源管理先进单位""江苏省绿色学校""2023全国生态文明教育特色学校"等荣誉。

2023年，学院牵头农机装备领域职业教育专业课程改革试点项目（教育部首批6个重点领域之一）。立项江苏省职业教育专业教学资源库1项、江苏省示范性虚拟仿真实训基地培育项目（高职组）1个、江苏省第一批现场工程师专项培养计划项目1个，"十四五"职业教育规划教材13部，入选江苏省职业教育评价改革优秀案例1个。获全国教学能力比赛一等奖2项，省级教学能力比赛一等奖2项、二等奖4项、三等奖4项；获第五届全国高校混合式教学设计创新大赛三等奖1项。获2023年全国职业院校技能大赛一等奖3项、二等奖2项；获第47届世界技能大赛全国选拔赛金银牌各1枚、优胜奖2项。在中国国际大学生创新大赛（2023）总决赛中获1金2银2铜；在第十三届"挑战杯"中国大学生创业计划竞赛全国决赛中获银奖1项。

2023年，学院新增国家级职业教育教师创新团队1个、国家级职业学校校长培训基地（2023—2025年）1个、"三名"计划（2023—2025年）名师培养对象1人、全国"黄炎培杰出教师"1人、全国技术能手1人。

2023年，学院立项国家自然科学基金项目4项，获批江苏省自然科学基金项目2项、江苏省高校自然科学研究项目6项。立项江苏省科技副总项目4项、江苏省现代农业产业技术体系项目7项。获批江苏省科技厅软科学研究项目2项、全国性一级学会研究项目3项、江苏省高等教育教改研究项目8项。授权专利38件，审定"南粳72"水稻新品种1个，获得植物新品种权3个、国家标准2项、江苏省地方标准1项。获批江苏省工程研究中心1个。技术合同成功登记150项，总成交额4126.7万元。

2023年，学院与7所境外大学签署校际合作协议并开展合作办学等项目。入选"未来非洲—中非职业教育合作计划"，编制农业机械类中非职业技能等级证书标准。建设肯尼亚、埃塞俄比亚等海外"神农学院"，牵头成立"神农学院"联盟。入围"未来非洲—中非职业教育合作特色项目"，获评"中国—东盟职业教育卓越合作伙伴"，立项教育部中外语言交流合作中心"中文工坊"建设项目，获江苏省政府"1113工程"项目资助，完成教育部中外语言交流合作中心"汉语桥"线上团组培训项目。开展来华及农业援外培训项目，选派3位教师到埃塞俄比亚、瓦努阿图开展援外培训，承担科特迪瓦、乌干达、法国24名师资为期4个月的校内培训任务，全年累计培训共建"一带一路"国家农技人员2000余人次。

2023年，学院牵头成立5个产教融合共同体、1个省级市域产教联合体。与句容市人民政府开展全面战略合作，有序推进8个合作专项。与句容、仪征合作成立2个产业研究院，江苏省农业农村厅、镇江市委组织部、句容市委组织部和学院共建"亚夫新农人学院"。以江苏农博园、江苏茶博园等为基础，创建开放型区域产教融合实践中心。中国现代农业职业教育集团成立全国插花花艺职业教育联盟，召开中国小动物技能大赛骨科专赛总结会暨第八届骨科大赛研讨会，举办中国小动物技能大赛骨科专赛、全国数字农业技术应用技能大赛等活动。

（农林学院）

校外培训

【概况】 2023年，句容市原持有办学许可证的学科类校外培训机构均已注销或转成人类，学科类校外培训机构已清零，即压减率达100%。截至2023年年底，全市有各类校外培训机构近600家，其中，持有办学许可证的机构8家，经营范围含中小学生校外托管服务的市场主体248家，文化艺术体育科技类247家（审批61家，全部纳入全国平台管理）。

（邰小佳）

【培训机构监管】 2023年，句容市着力部门联动，由句容市"双减"工作联席会议办公室牵头开展各项校外培训机构治理活动，印发和转发文件26份，成立句容市校外培训机构风险处置专班，先后召开句容市校外培训机构综合治理推进会议、暑期校外培训监管工作会议，聘任首届25名校外培训机构社会监督员。发布关于参加校外培训的注意事项、非学科类校外培训机构白名单，公布各类培训机构的投诉咨询电话，多途径对家长、学生加强教育宣传。联合公安局、消防局、住建局、市监局等部门开展寒假期间校外培训机构治理、违规收费"卷钱跑路"风险排查、监管数据稽核专项行动、"五一"假期安全检查、高考涉考培训机构检查、广告管控专项检查、"监管护苗"暑期专项行动、"安全守护"专项行动、预收费资金监管、培训材料插图排查等工作，全年共组织1000余人次对200多家次机构进行执法检查，排查问题，督促整改。依托"12345"等平台，积极受理违规学科类培训的投诉举报，及时到现场调查、取证。全年受理各类投诉217件，协调退费8万余元，取缔2家无证开展托管服务的机构，将7家机构列入重点监管名录，约谈13家机构的负责人。

（邰小佳）

3月23日，句容市教育局召开2023年度校园及周边环境综合治理推进会

文化·体育

编校人员：陈龙浩

文 化

·公共文化服务·

【概况】 2023年，句容市文化文艺工作以提升全市公共文化服务能力为目标，擦亮句容历史文化名城底色。年内，1人入选2022年度全国乡村文化和旅游带头人支持项目，句容市先吴文化博物馆等4家单位入选2023年度省级"最美公共文化空间"打造对象；句容大剧院与江苏省演艺集团成功合作。句容市图书馆通过国家一级馆评估定级，智慧广电实现乡镇全覆盖。

（文体广电和旅游局）

【文化惠民】 2023年，句容市保障文化场馆及各地分馆全年免费开放，全年公共文化场馆入馆近620万人次，人均接受公共文化场馆服务9.69次。将"文艺播种"与"一镇一品"、全民艺术普及相结合，实施"村（社区）文艺播种计划"志愿辅导720场。开展"我身边的文化场馆"系列活动761场；全面推进艺术普及"六进"活动118场；送戏下乡62场；开展全民阅读线上线下活动233场。3期全民艺术普及免费培训班惠及青少年、成人近千人。糅合口袋舞台、艺术沙龙和非遗"集市"的特点与要素，推出10余场口袋舞台"艺之韵"艺术沙龙活动。全市培养8支数字电影放映队伍，实现152个行政村全覆盖，全年放映电影1400多场，组织开展"学习二十大 '句'力建新功"等主题公益电影展映活动10余场，服务群众9万余人次。 （文体广电和旅游局）

【广播电视管理】 2023年，句容市开展2轮全市范围的"小耳朵"专项整治行动，拆除8套"境外卫星锅"；强化对境外卫星电视用户单位的管理，加强对"黑广播""伪基站"的监听监管，全年未发现"黑广播""伪基站"违法犯罪活动，广播电视安全播出零故障、零事故。完成5个镇（街道）"智慧广电乡村工

口袋舞台"艺之韵"艺术沙龙活动现场

程"建设（崇明街道、华阳街道、后白镇、边城镇、下蜀镇），实现乡镇全覆盖。应急广播市、镇、村三级平台累计播出5808次、1430小时。（文体广电和旅游局）

· 文化场所 ·

【图书馆】 句容市图书馆是公共图书馆，于2015年实行全面免费开放服务政策，新馆建筑面积达1.5万平方米，开架图书、普通文献馆藏总量约90万册。功能区主要设置有电子阅览室、数字图书馆、学术报告厅、亲子乐园、少儿借阅、成人借阅、期刊报纸、残障人借阅、24小时自助图书馆、密集书库等。2023年，句容市图书馆探索"图书馆+"阅读新形态，继续做好总分馆、阅读新空间建设，进一步完善全市公共文化服务体系，新增句容市妇幼保健院等8家图书馆分馆，分馆服务点达262个。持续发挥特色文化品牌作用，打造"容城名家讲坛""容城课堂""容城之声""容城播报""主题校园巡展""主题绘画比赛"等特色文化品牌，全年组织开展全民阅读活动212场。年内，联合句容市作家协会，共建句曲文苑，汇集句容籍人士撰写的各类著作及关于句容历史、文化、人文、风物等的各种书籍。（文体广电和旅游局）

【博物馆】 句容市文博单位主要包括句容市先吴文化博物馆，由句容市博物馆和句容市先吴文化博物馆合并而成，馆址分别位于葛仙湖公园和茅山风景区内。民间和行业博物馆有江苏神牛红木艺术博物馆、茅山道教博物馆、

7月26日，句容市图书馆组织学生开展"感受国学经典 传承中华文化"茅山研学活动

茅山红木艺术馆、句容民间收藏艺术博物馆、句容市钱币馆等非公博物馆近十家。2023年，句容市博物馆举办"句韵肇始"——句容市博物馆藏汉代文物展、"中国梦"主题书画作品汇报展、"美丽乡村容城行"——句容市首届"乡村振兴杯"书画篆刻摄影大赛作品展等活动；推出句容历史文化探源、句容革命斗争史、茅山抗战史、洞天福地话茅山等系列讲座，全年走进机关、校园、景区、社区共14次。配合镇江博物馆做好句容境内下蜀镇、茅山风景区、华阳街道等地块的考古调查、勘探及发掘工作。争取句容市先吴文化博物馆预防性保护项目178万元国家资金、句容市先吴文化博物馆文物修复项目65万元省级资金。（文体广电和旅游局）

· 文化遗产 ·

【非物质文化遗产的保护利用】 2023年，句容市挖掘文化遗产的多重价值，公布第三批（句容）市级非物质文化遗产名录，推荐入选第四批（句容）市级非物质文化遗产代表性项目名录18项，第三批（句容）市级非物质文化遗产代表性传承人15人。继非遗进宝华山景区之后，非遗进茅山景区入选第二批江苏省无限定空间非遗进景区示范项目，"句容老人山程氏骨伤疗法""茅山绿茶制作技艺"项目入选第五批省级非物质文化遗产代表性项目名录扩展项目名录。"秦淮灯彩传承与创新研学非遗空间"入选第一批镇江市"非遗守望空间"，句容市文化馆、句容市后白镇芦江村委会和句容市黄梅街道三台阁社区居委会入选2023年度镇江市非物质文化遗产项目优秀保护单位名录。授牌成立句容市首批非遗工坊"秦淮灯彩非遗工坊"和"铜塑非遗工坊"，打造5个句容市级"非遗守望空间"，发掘2家非遗传承基地。组织开展以"讲句容故事 展多彩非遗"为主题的"文化和自然遗产日"系列活动

20余场。结合青少年国学教育，推出"大益杯"句容市句说"非遗故事"大赛、"弘扬传统文化 传承非遗经典"暑期研学活动、"璀璨非遗 美好生活"句容市少儿绘画比赛等非遗主题活动，开办句容非遗漫画展、非遗专题展演，非遗展厅实现全年免费开放。在劳动节、中秋节、国庆节期间，组织5个非遗团队走进主要景区，开展民俗文化展演。

（文体广电和旅游局）

【文物保护】 2023年，句容市拥有各级文物保护单位41处，其中，全国重点文物保护单位4处，分别为南梁康简王萧绩墓石刻、隆昌寺建筑群、城上村遗址、春城土墩墓群，江苏省文物保护单位4处，镇江市文物保护单位10处，句容市文物保护单位23处。年内，句容市推进落实文物考古调查勘探前置，高质高效跟进大型基建工程考古调查勘探项目，完成上市土拍地块踏勘共93次，为各类项目工程提供服务，切实助力企业发展。以创建"全国红色旅游融合发展试点单位"为契机，通过整合铁军营、茅山新四军纪念馆、苏南抗战胜利纪念碑、句容现代农业展示馆、白沙烈士墓、新四军医疗所等红色旧址，开发有市场影响力的红色旅游精品线路近10条，推出红色文创产品上百件。预算2334万元的春城土墩墓群本体保护和环境整治项目获得国家文物局立项，补助9000万元的城上村遗址公园项目报送国家发改委。争取国家资金350万元的宝华山隆昌寺消防工程完工，并通过江苏省文物局验收。曾布墓、孔塘遗址、茅山三天门3个项目作为第九批省级文物保护单位候选项目，报送江苏省文物局审批。

（文体广电和旅游局）

· 文化艺术 ·

【概况】 2023年，句容市以高质量文化供给增强大众的文化获得感、幸福感，推动句容群众参加丰富多彩的文艺活动、文化产业上新台阶。年内，句容大剧院恢复运营，成立"江苏省演艺集团句容大剧院创作实践基地"，推出锡剧《追香记》、黄梅戏《天仙配》等35场演出。开展"戏曲进校园"活动15场，在句容市洪武路小学和句容市凤凰城小学表演小戏剧《孔子和他的学生们》，推广传承中华优秀传统文化。

（文体广电和旅游局）

【文艺创作】 2023年，句容市加强文化产业建设，创造思想精深、艺术精湛、制作精良的文化产品。创作歌曲《幸福丁庄路》、舞蹈《儒风道韵》，举办茅山金秋戏剧节。出品《丝路》《茅山长青》，为江苏省"五星工程奖"作准备。句容市文化馆牵头创作的小品《报名》获得全民艺术普及"乡村文艺播种计划"动态类展演金种子奖；舞蹈《我等你》获得全民艺术普及"乡村文艺播种计划"动态类展演优秀表演奖；少儿故事《信念会发芽》获得第六届江苏省曲艺、喜剧小品邀请赛三等奖。

（文体广电和旅游局）

【文艺活动】 2023年，句容市连续举办全市第二十九届少儿故事创作演讲大赛，打造"少儿故事"传统文化品牌。连续举办全市第十一届广场舞大赛，经过初赛、复赛、决赛的角逐，分别产生城区组和乡镇组一、二、三等奖，优秀奖及优秀组织奖。继续举办"百姓大舞台"文艺会演，

省级非物质文化遗产——春城马灯阵舞

打造镇级群众文化活动展演和交流平台，挖掘地方文化资源。以"奋进新时代 启航新征程""文化镇村行 佳节敬老情"等为主题，在各镇、街道、园区开展62场送戏下乡活动，用小品、表演唱、歌舞剧等艺术形式向百姓宣传党和国家的各项方针政策、法律法规。开展10余场"艺之韵"艺术转角主题活动。

（文体广电和旅游局）

· 文化产业 ·

【概况】 2023年，句容市有规模以上文化企业88家，年内新增19家。完成第五次全国经济普查中文化企业清改代码工作，最终认定全市文化企业数为5061家，比第四次全国经济普查时多2028家。 （文体广电和旅游局）

【文化市场监管】 2023年，句容市开展互联网上网服务营业场所专项整治行动、"送法进景区"活动、"普法进校园"活动、旅游市场专项整治行动等专项检查，出动执法人员6100余人次，检查印刷企业、网吧、KTV、旅行社、景区等经营场所1490余家次，办理行政处罚案件11件。落实安全生产属地监管职责，持续组织开展全市文体广旅系统安全检查、督查，全年检查各类经营单位400余家次，排查整改隐患12处。全年共出动普法宣传人员600余人次，制作各类宣传横幅、电子滚动宣传标语50条，开展扫黑除恶线索摸排40次，推动各项安全制度落地生根。句容市文体广电和旅游局贯彻落实"双减"工作政策，成立旅游推广和市场管理科，全面推进市场监管、审批流程优化、案件处理等工作。公布三批校外培训机构"白名单"，其中，文化艺术类共37家、体育类共19家，并邀请近30家机构参与微电影拍摄、"六一"培训成果展亮相展演。 （文体广电和旅游局）

句容市文体广电和旅游局加强文化市场监管

大众传媒

【概况】 2023年，句容市融媒体中心坚持以习近平新时代中国特色社会主义思想为指导，抓好新闻宣传、平台建设、产业经营、人才队伍"四件大事"。开展学习贯彻习近平新时代中国特色社会主义思想主题教育宣传，在全媒体平台推出《学思想 强党性 重实践 建新功》专栏，全面反映主题教育工作进展和成果成效。坚持"走出去"与"请进来"相结合，到溧阳、常熟、泰兴、张家港等地进行考察，同时进一步提升新闻采编人员业务能力，加强融媒体专业团队建设。创新平台建设，推进媒资系统、高清播出系统、音频工作站、纸媒排版系统和新媒体CMS（Content Management System，内容管理系统）后台的互联互通，实现新闻生产的全媒体融合、全流程互动、全媒体覆盖，实现新闻从业人员全员上线、新闻素材全面上线，所有文稿和视频都在平台上运行、留痕、可溯源。 （曹小旭）

【电视新闻宣传】 2023年，句容市融媒体中心紧扣全市重点工作，深化主题宣传，唱响主旋律，弘扬正能量。围绕学习贯彻党的二十大精神、产业强市、高质量发展、乡村振兴等主题，开辟《产业强市》《牢记嘱托 感恩奋进 走在前列》《推进与南京同城化》等专栏专题。走好新闻宣传"群众路线"，深入基层、深入一线、深入群众，推出"推进与南京同城化系列报道"、《做靓街巷"样子" 厚植幸福"里子" 老旧小区改造绽放新活力》等新闻作品。完成第五届国际道教论坛录制和电视论坛录制、沪宁沿江高铁建设及开通运营宣传报道。

（曹小旭）

【报纸媒体宣传】 2023年，《句容日报》围绕产业强市"一号战略"，开设《贯彻产业强市"一号战略"》《产业强市——"项目攻坚"一把手访谈》等专栏，解读产业政策、跟踪项目建设、采访一线人员。《三个"致敬"》专栏全年推出各类报道、视频200余篇（条），掀起学习先进、争做典型的新热潮。其中，两篇稿件《专家齐聚句容 把脉甜"猕"产业》《句容：从办好一件事到破解一类事》被《人民日报》客户端采用。深化《融媒评论》专栏，发表《奋力开创中国式现代化句容新实践良好开局——热烈祝贺两会胜利闭幕》《久久为功全面推进农村人居环境整治》等文章22篇。通过《民生热线12345》专栏，着重报道群众反映的重点难点问题解决情况，全年刊登47篇稿件。创新栏目形式，打造《睦邻崇明》《莓好白兔》《滨江下蜀》等专属栏目，定制版块，设计鲜明Logo，提升宣传效果。

（曹小旭）

【新媒体宣传】 2023年，句容市融媒体中心落实"移动优先"战略，持续做强主流媒体网络传播矩阵。"看句容"APP用户注册数19.3万；"句容日报"微信

10月28日，句容市融媒体中心承办的2023镇江·句容农民丰收节在郭庄镇举行

公众号订阅数23万，阅读量"1万+"推文200多篇。强化"看句容"APP政务服务功能，优化首页"句容号"，形成一个"本地化新闻资讯总平台"。通过句容美景随手拍、句容市"全民反诈"识诈防骗学习线上答题等线上线下活动，进一步强化"媒体+服务"功能。改版升级"句容日报"视频号，打造"句视频"，全年推出短视频270余条，点击量643.6万人次，播放量"1万+"作品28条。

（曹小旭）

【对外宣传】 2023年，句容市融媒体中心聚焦重点、深挖亮点，突出头部主流媒体力量，在外宣上抓巩固、求拓展、见成效。全年，国家级客户端用稿19篇，"学习强国"用稿387篇，中央广播电视总台用稿56篇（其中，《新闻联播》7篇），省台用稿371篇。央视新闻播发的《江苏句容：重温红色家书 感受家国情怀》，让句容红色文化、铁军精神叫得更响、传得更开。与江苏省广播电视总台联合推出长达8分多钟的融媒报道《新"县"象印记：探路中国式现代化县域调研行｜江苏句容：将梦种在大地上》，全景呈现句容高质量推进农业现代化建设新实践。推出句容"生态美""风尚美""网感好"的视觉作品，依托网络互动传播的点击量，登录全国热搜、同城热搜40余条，话题总阅读量突破1亿次。

（曹小旭）

【传媒产业发展】 2023年，句容市融媒体中心调整营收模式，拓展营收渠道，推进市场开发。实施"经营创收+净利润"双指标考核制度，降低成本，提升质效。承接全市产业强市大会、茅山文化旅游节、第三届江苏发展大会句容行、第六届白兔草莓文化旅游节等一批市级大活动，增强全市上下对融媒活动品牌的认

可度、关注度。通过"组团服务"承办2023镇江·句容农民丰收节、"乘着高铁游句容"句容农文旅上海推介招商会等活动。深耕"媒体+产业"运营模式，推动教育培训、商贸等产业稳步发展。立足本土红色文化资源，探索"媒体+研学"文旅融合新路径，打造少儿研学游融媒品牌，带领1200多名中小学生走进天王镇戴庄村、赵亚夫事迹馆等地，开展系列特色研学实践活动。

（曹小旭）

体 育

· 群众体育 ·

【概况】 2023年，句容市连续第10年举办全民健身系列赛事，以"共享精彩体育 共赏风采句容"为主题举办首届"体育嘉年华"，包含80余场赛事：5场"凝聚秦淮源"江苏省垂钓邀请赛、6场跑遍句容马拉松，以及句容市第八届青春毅行、第十届"篮协杯"篮球俱乐部联赛等。协办2023年江苏省幼儿园趣味田径园长及骨干教师培训班（镇江站）、2023年江苏省健身气功项目一线社会体育指导员技能再培训（常州站）等培训活动10场，组织句容市青少年及成人公益足球培训班、句容市第十一届"智勇杯"围棋段位赛等活动。新增魔方、游泳、太极拳等项目社会体育指导员500余人，全市社会体育指导员共3912人，健身站点502个，2人被授予"2023年度江苏省最美社会体育指导员"称号。全年组织安排社会体育指导员培训7场次，为400余名一线社会体育指导员购买意外伤害保险。

（文体广电和旅游局）

【体育设施建设】 2023年，句容市体育场地面积268.34万平方米，人均体育场地面积4.18平方米。年内，投资240余万元对全市全民健身场地进行升级改造。全市累计建有7个体育小公园、6个（镇江）市级多功能运动场、300多千米健身步道。全市12个镇街、12个城市社区、153个行政村均建有文体活动广场和文体活动中心，实现市、镇、村体育健身场所全覆盖。依据《句容市全民健身场地器材管理办法》，建立动态健身器材管理维护机制。体育场馆坚持低收费或免费开放，全年游泳客流量达14万人次，体育训练馆客流量达21万人次。

（文体广电和旅游局）

【体育组织建设】 2023年，句容市共有体育类社会组织67家，其中，AAAAA级1家、AAAA级2家、AAA级9家，1个团队入选2023年江苏省优秀民间健身团队。年内，句容市体育总会召开第七次代表大会并完成换届。句容市老年人体育协会、句容市门球协会等全年举办活动百余场，服务居民3万多人次。

（文体广电和旅游局）

【体教融合】 2023年，句容市推进《关于深化体教融合 促进青少年健康发展的意见》落地见效，承办江苏省第八届小学生乒乓球锦标赛、2023年镇江市少儿田径比赛、"奔跑吧·少年"儿童青少年健身活动"大手拉小手 健康向未来"2023年镇江市少儿乒乓球冠军赛等体育赛事5场次，组织开展全市青少年儿童防溺水活动15场。9月，句容市体育运动学校正式运营，完成田径、手球等5个项目招生。完成体教融合"场校合作"签约，句容市体育场与句容市特殊教育学校签署合作协议，为特殊学校提供体育师资、场地设施等。加强体育类校外培训机构行业监管，全市登记备案的体育类校外培训机构有近50家，年内组织召开体育类校外培训机构平台培训会3场，推动体育类校外培训机构全流程纳入"全国校外教育培训监管与服务综合平台"。

（文体广电和旅游局）

【体育产业】 2023年，句容市优化体育营商环境，推动体育产业提质增效。为恢复句容市体育运动学校，争取江苏省体育局扶持资金800万元；为句容市游泳馆、体育训练馆争取免低开放补助资金80万元。推出"句容福地E体育"平台，为体育企业搭建推广展示平台，为市民提供优质体育产品和服务，助推全市体育服务走向电子化、便民化。全年体育彩票销售达1.75亿元，同比增长60.2%，规模创历史新高。

（文体广电和旅游局）

· 竞技体育 ·

【概况】 2023年，在江苏省第二十届运动会上，句容市运动员参与4个项目的比赛，获得2枚金牌、5枚银牌、2枚铜牌。承办江苏省第二十届运动会青少年部高尔夫球比赛，句容市人民政府荣获镇江市"突出贡献奖"等奖。在杭州第4届亚残运会上，句容籍运动员胡鹏获得男子72公斤级举重比赛银牌。句容搏击选手张成龙参加"ONE冠军赛"雏量级踢拳赛。句容市代表队共参加省、市各级赛事活动近20场：获第四届镇江城市业余联赛男子篮球赛总冠军，在2023年江苏省青少年体适能暨快乐体操（县组）锦标赛名次优异，在镇江市少儿拳击比赛、镇江市少儿散打比赛、镇江市少儿武术（套路）比赛等比赛中均获佳绩。句容市游泳队参加2023年江苏省青少年游泳（县组）锦标赛、2023年镇江市少儿游泳比赛，俱乐部参加2023年长三角第一届青少年游泳俱乐部联赛暨江苏省游泳俱乐部联赛、2023年江苏省城市假日俱乐部联赛青少年游泳冠军赛，均获得较好名次。　（文体广电和旅游局）

句容农村商业银行·2023福地句容马拉松赛

【体育赛事】　2023年，句容市恢复举办2023福地句容马拉松、2023句容茅山湖铁人三项赛、第十三届仑山湖路亚大赛，全年共举办中大型赛事活动近10场。承办江苏省第二届智力运动会魔方比赛、第五届镇江城市业余联赛健身气功比赛、2023年镇江市少儿田径比赛、"奔跑吧·少年"儿童青少年健身活动"大手拉小手　健康向未来"2023年镇江市少儿乒乓球冠军赛等省、市级比赛10场次。（文体广电和旅游局）

【2023福地句容马拉松】　2023年11月，句容农村商业银行·

句容籍运动员胡鹏（左一）在杭州第4届亚残运会男子72公斤级举重比赛中获银牌

2023福地句容马拉松赛开赛。这是句容市举办的第4届马拉松比赛。作为中国田径协会认证的A1类赛事，本次赛事设置了全马、半马、欢乐跑三个项目，吸引了万余名马拉松爱好者参加。赛事以市区为起点，以茅山景区和茅山水库为全程、半程的终点。

（文体广电和旅游局）

【2023句容茅山湖铁人三项赛】2023年11月5日，句容农村商业银行·2023句容茅山湖铁人三项赛开幕。该项比赛是中国铁人三项运动协会C级积分赛事，共设14个组别，来自国内外的400余名选手参加比赛。本次赛事全程共计51.5千米，设天然水域游泳（1.5千米）、公路自行车（40千米）和公路长跑（10千米）三个项目。　（文体广电和旅游局）

卫 生

编校人员：刘明亮

综　述

【概况】 2023年，句容市拥有各级各类卫生机构278个，比上年增加20个，其中，医院10家；病床2465张，比上年增加82张。在岗职工4674人，比上年增加170人，其中，卫生技术人员3890人（比上年增加197人），在岗注册乡村医生242人。完成诊疗401.5万人次，其中，出院5.6万人次。卫生事业费41893.84万元，比上年减少4.35%。全系统固定资产原值102779.52万元，净值41774.65万元。平均每一门诊人次医疗费用223.4元，平均每一出院病人医疗费用7980.4元。全市无甲类传染病报告。年内，句容市妇幼保健院异地新建项目完成整体搬迁并正式启用；句容市妇幼保健院发热门诊项目竣工并具备使用条件；句容市后白卫生院综合楼建设完成并投入使用；句容市中医院异地搬迁项目开工建设。卫生系统副高级以上职称22人。在核心期刊上发表专业学术论文9篇。句容市疾病预防控制中心工会委员会被江苏省总工会授予"江苏省模范职工之家"荣誉称号；句容市疾控中心被江苏省疾病预防控制中心表彰为"职业健康素养监测工作先进单位"，被江苏省血吸虫病防治研究所表彰为"疟疾和重点寄生虫病监测工作先进集体""血吸虫病监测工作先进集体"，蝉联新一轮句容市"文明单位"。句容市疾病预防控制中心检验科被句容市总工会授予句容市"工人先锋号"荣誉称号。

（华　超）

疾病预防控制

【急性传染病控制】 2023年，句容市传染病报告发病率约0.68%，比上年上升304.67%。无甲类传染病发生。死亡5例。处置突发公共卫生事件2起（人感染欧亚类禽H1N1猪流感病毒、水痘）；处置流感样病例暴发疫情4起及传染病疫情苗头事件100

句容市妇幼保健院异地新建项目完成整体搬迁并正式启用

起，发放防控意见书105期。处置10类预警信息134条，收集住院肺炎病例信息2782例。

（刘　敏　杨玉亭）

【免疫规划工作】　2023年，句容市对508名预防接种人员进行复训，发放预防接种上岗证64张。完成一类疫苗接种7.99万剂次，新建证儿童3266名，单苗接种率均达95%以上。慢性乙型病毒性肝炎疫苗首针接种及时率达89.21%。适龄儿童水痘疫苗接种12335剂次。适龄女性2价HPV（人乳头瘤病毒）疫苗接种2913剂次。完成入托入学幼儿预防接种证查验11285人，查验补种率达81.56%，疫苗补种率87.27%。

（华　超）

【慢性非传染病防治】　2023年，句容市累计报告死亡个案5366例，报告粗死亡率约8.24%；医疗机构登记报告慢性病个案9541例。开展全民健康生活方式相关主题媒体报道工作，及时上报全民健康生活方式工作情况，深入推进全民健康生活方式行动。通过国家慢性病综合防控示范区复审。开展15个慢性病自我管理小组工作，其中，高血压小组8个、糖尿病小组6个、老年人防跌倒小组1个，覆盖全市15家乡镇卫生院。启动2023年句容市慢性病及社会影响因素状况调查工作，对6000名调查对象的生活方式、饮食习惯和健康状况开展调查。

（刘　敏　杨玉亭）

【艾滋病防治】　2023年，句容市完成各类人群HIV（人类免疫缺陷病毒）抗体检测180740人次。完成国家级暗娼哨点人群监测和问卷调查402份、省级吸毒者哨点人群监测和问卷调查25份。新增治疗艾滋病患者24例（其中，本地新纳入23例，外地转入治疗1例），在管患者治疗覆盖率达99.20%，纳入治疗患者全部落实病毒载量检测；完成CD4细胞检测251人次。

（刘　敏　杨玉亭）

【结核病防治】　2023年，句容市发现并规范治管活动性肺结核患者166例，初诊患者查痰率、高危人群耐多药筛查率、病原学阳性新患者分子生物学耐药筛查率、医疗机构肺结核患者报告率、患者转诊率、患者系统管理率、病原学阳性患者密切接触者筛查率均保持在100%。结核病患者（可疑者）总体到位率达100%，TB（结核分枝杆菌）/HIV双重感染控制筛查率约达93.98%。组织完成重点人群肺结核筛查170156人次，对出现可疑症状的3643人全部实施免费胸片筛查诊断。快速规范处置学校结核病报告疫情6起，对326例密切接触者开展症状筛查、PPD（结核菌素试验）筛查及胸片检查等，及时、规范地完成疫情处置各项工作，有效防止疫情扩散和蔓延。

（刘　敏　杨玉亭）

【血寄地防工作】　2023年，句容市组织开展螺情调查1654万平方米，解剖钉螺5207只，未发现阳性；实施药物巩固灭螺158.62万平方米。完成11651人的血吸虫病DDIA（胶体染料试纸条法）筛查，对21例阳性结果经集卵孵化后予以排除。连续二十年未发现感染性钉螺，连续十七年未发现本地新感染病例。强化疟疾监测，血检发热患者566人次，RDT（快速诊断测试）测量142人，未发现阳性。监测零售商店盐样40

句容市疾控中心到江苏农林职业技术学院开展艾滋病防控宣传活动

份，碘含量均符合要求；完成200名8—10岁学生和100名孕妇碘营养调查，碘营养处于适宜水平。通过问卷调查、盐样采集、尿样采集，开展江苏省重点甲状腺疾病专项调查，共调查学生607人。

（刘　敏　杨玉亭）

【健康教育与健康促进工作】 2023年，句容市发放《健康之窗》220套，《今日保健》杂志30份，编印《健康快车》12期、46.8万份。累计建成健康主题公园3座、健康广场12个、健康步道14条、健康小屋20个。组织开展市级科普宣传10次，累计受众2万人。在《今日句容》开辟《卫生与健康》专栏，刊登健康知识42期；运用"句容疾控微健康"微信公众号，推送健康科普信息187篇。组织完成居民健康素养现场监测240人份。在21所中小学开展减盐健康教育推广项目。继续推广"居民健康素养"网上学习测评45352人次，知识知晓率达85.7%，行为形成率达93.2%。　　（刘　敏　杨玉亭）

卫生监督执法

【概况】 2023年，句容市开展卫生监督无证行医、全省防暑降温、全市健康领域安全生产、公共场所集中空调通风系统、涉水产品、餐（饮）具消毒、二次供水、传染病防控、学生教学环境卫生及饮用水卫生安全等专项整治15类次，共出动监督人员6235人次、车辆712车次，检查单位4516户次。努力推行"智慧卫监"执法工作，积极开展"163"平台建设与应用管理，进一步优化日常监督、行政执法等体制机制。按时完成251项国家监督抽检任务和108项省级监督抽检任务。配合江苏省、镇江市的相关部门完成食品安全国家标准跟踪评价。加强非法行医监测监控体系建设与规范管理，充分发挥哨点管理和卫生监督协管作用，建成打击非法行医长效管理机制。公共场所经营单位量化分级管理率达100%；办理行政处罚案件70宗、听证案件1宗，罚没款金额共计36万余元。

（张　荣　陈祎鑫）

爱国卫生

【"国家卫生乡镇"复审】 2023年，句容市指导各地开展"国家卫生乡镇"复审工作，茅山镇、天王镇、后白镇、郭庄镇、白兔镇、边城镇、下蜀镇7个"国家卫生乡镇"顺利通过复审。

（葛　飞　郭海清）

【健康镇村（社区）建设】 2023年，句容市郭庄镇百丈村、后白镇林梅村、茅山风景区李塔村、天王镇蔡巷村、宝华镇新城社区、崇明街道新村社区顺利创成省级健康村（社区）。

（葛　飞　郭海清）

【病媒生物防制】 2023年，句容市结合国家卫生城市长效管理工作，进一步完善除"四害"工作网络。联合华阳街道、崇明街道、开发区管委会，规范开展病媒生物生态学常规监测，完善监测措施和防控措施。对农贸市场、城郊接合部等重点区域，规范、科学实施蚊、蝇、鼠、蟑螂密度监测。新增毒饵站5000余处。坚持环境综合整治与药物灭杀相结合、日常防治与突击灭杀相结合，使城区"四害"密度始终控制在国家卫生城市标准以内。

（葛　飞　郭海清）

【健康促进工作】 2023年，句容市以"健康镇江"项目任务为突破口，积极开展健康细胞建设工作。4月初，顺利通过省级健康促进市（县）考核验收。对已建成的健康场景进行现场维护和管理；开展健康科普巡讲活动，让健康科普进社区、进学校、进企业，完成健康科普巡讲12次；实施健康素养促进行动，全年新建省级健康村（社区）6家、健康促进医院1家；开展心理健康促进活动，全市已录入严重精神障碍信息系统2931人，规范管理率达99.62%；开展妇幼健康促进活动，对56所幼儿园的16839名儿童进行视力筛查并建立视力健康电子档案，对21391名妇女进行宫颈癌筛查；句容市教育局牵头开展学生健康促进行动，全年各学校（幼儿园）未发生处置不当的校园传染病事件；开展老年健康促进行动，医疗卫生机构为养老机构开通预约就诊绿色通道，年内完成医养结合医护培训26人次。　　　（葛　飞　郭海清）

【控烟工作】 2023年，句容市积

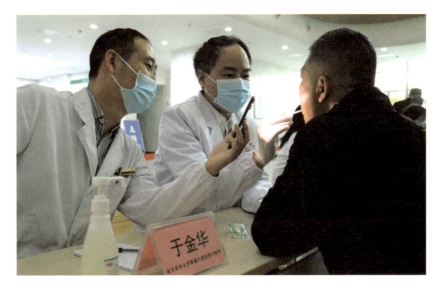

"五一"期间，句容市人民医院组织江苏省人民医院、南京市儿童医院等医院专家开展义诊

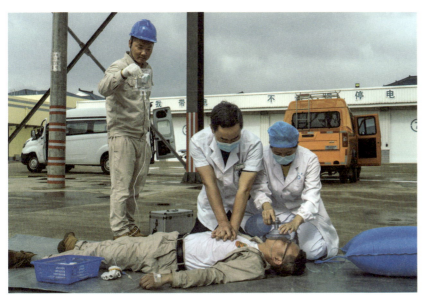

句容市后白卫生院和句容市新源电业发展有限公司联合举行应急救援演练活动

极开展公共场所控烟工作，对室内外控烟标识和室外吸烟区进行查漏补缺，开展1轮次专项监督检查，增补、更新公共场所控烟标识，全市公共场所禁烟规定和禁烟标识张贴率达100%，市级无烟党政机关覆盖率达100%。根据第36个世界无烟日宣传活动要求，多部门联动，通过电台、报纸、网络、电子显示屏等，开展形式多样的宣教活动。

（葛　飞　郭海清）

基层卫生

【概况】　2023年，句容市推进基层医疗卫生机构综合改革，落实投入保障机制，创新引进培养机制，改革绩效分配机制。持续开展"优质服务基层行"活动，15家基层医疗机构中有8家达"推荐标准"、7家达"基本标准"，总体达标率达100%。句容市郭庄中心卫生院创成江苏省农村区域性医疗卫生中心基本建成单位；句容市边城卫生院、句容市宝华卫生院建成社区医院。截至2023年年底，建成国家级"群众满意的乡镇卫生院"5家，国家级"优质服务示范社区卫生服务中心"1家，"全国百佳乡镇卫生院"1家，江苏省社区医院4家，农村区域性医疗卫生中心（二级医院）3家。8家基层医疗卫生机构建有江苏省基层医疗卫生机构特色科室，建成江苏省甲级村卫生室9家、江苏省示范村卫生室35家。优化家庭医生签约服务包设计，制定3大类11个服务包，覆盖健康人群、慢性病高危人群、慢性病患者等11类人群，做实做细家庭医生签约服务工作。全市完成家庭医生签约30万余人，签约率达47.6%；完成重点人群签约22.1万余人，签约率达80%。

（陈　刚）

妇幼健康

【概况】　2023年，句容市按时序进度完成基本公共卫生妇幼项目，其中，增补叶酸1774人，"两癌"检查项目中乳腺癌筛查21401人、宫颈癌筛查21391人，发现乳腺癌9例、宫颈癌7例，癌前病变92例，均给予及时治疗、随访及进一步转诊服务。全市产妇2146人，活产2182人；早孕建卡1909人，早孕建卡率达88.9%。接受婚前检查1692人，婚检率达91.0%，检出患有疾病706人。新生儿2182人，访视2153人，访视率约达98.7%；对2155人进行疾病筛查，筛查率约达98.8%；对2158人进行听力筛查，筛查率约达98.9%。7岁以下儿童接受健康管理26433人，健康管理率达98.4%；3岁以下儿童接受系统管理6350人，系统管理率达81.1%。

（陈 刚）

老龄健康

【概况】 2023年，句容市积极开展人口老龄化国情教育和宣传工作，普及老年健康知识，提高老年人健康素养和健康水平，围绕"科学健身助力老年健康"主题，开展老年健康宣传周活动；以"实施积极应对人口老龄化国家战略，推进无障碍环境共建共享"为主题，组织开展敬老月系列活动。为帮助老年人跨越"数字鸿沟"，实施老年人运用智能技术专项普及培训工程，共培训老年人3013人次。指导宝华镇栗庄村建成"全国示范性老年友好型社区"、茅山风景区上杆村和郭庄镇虬北村建成"江苏省老年友好型社区"，句容市白兔中心卫生院、句容市天王中心卫生院建成"江苏省老年友善医疗机构优秀单位"。基层医疗卫生机构结合实施基本公共卫生服务项目要求，建立老年人健康管理服务制度，为老年人免费建立电子健康档案，加强老年人健康指标监测和信息管理；累计为120230名老年人建立居民健康档案，为84384名65岁及以上老年人进行包含B超和血脂四项在内的健康体检，着重做好体检信息反馈和咨询，为老年人提供个体化健康教育。以家庭医生签约服务方式为行动不便的居家老年人提供上门的健康管理和康复护理等服务，年内共签约88137名65岁及以上老年人，通过健康团队活动为老年人提供一对一的健康咨询和健康指导服务。

（王 琛）

卫生基础建设

【概况】 2023年，句容市妇幼保健院异地新建项目于3月8日完成整体搬迁并正式启用；句容市妇幼保健院发热门诊项目于6月竣工，具备使用条件；句容市后白卫生院综合楼于8月建设完成并投入使用；句容市中医院异地搬迁项目被列入镇江、句容两级政府民生实事项目，采用市场化模式实施，于9月开工建设。

（刘四清 孙 行）

【句容市妇幼保健院异地建成投入使用】 2023年3月8日，句容市妇幼保健院异地新建项目完成整体搬迁并正式启用。该项目位于和爱路以西、句容市疾控中心以北、德院上城以南，占地面积约575.25平方米，总建筑面积29657.91平方米，开放床位150张，由门诊医技楼、病房楼、发热门诊楼、综合楼及地下车库组成。

（刘四清 孙 行）

医政管理

【概况】 2023年，句容市巩固三级医院转设成果，加强句容市人民医院与江苏省人民医院在医院管理、学科建设、教学科研、质量安全等方面深度合作。完善紧密型医共体组织架构，独立设置人民医院医疗集团管理办公室、中医院医疗集团管理办公室。提高重症救治能力，全市ICU病床从29张扩充至70张。句容市人民医院通过镇江市新一轮市级临床重点专科评审，9个临床专科被确认为重点专科，1个临床专科被确认为重点专科建设单位。句容市华阳社区卫生服务中心被镇江市卫健委确认为二级综合医院。强化院前急救服务，实地调研、统筹推进茅山风景区院前急救点增设工作。全年，120调度中心共接到求救电话40405次，有效呼救11554次，急救派车10212次，救治患者9427人次，抢救危重患者1786人。完成15家基层单位及5家市直单位医疗废物管理（监管）系统建设；完成5家基层单位消毒供应室改造，通过镇江验收发证。印发《句容市病原微生物实验室生物安全事件应急处置工作预案》《句容市病原微生物实验室生物安全管理制度》，进一步加强实验室生物安全监管。全年，完成医师注册348人，其中，首次注册91人、变更注册149

人、多机构备案108人；完成护士首次注册40人、变更注册102人、延续注册263人、重新注册23人。
（凌　凯　孔圆圆）

【医疗培训】　2023年，句容市卫健委组织开展自救互救培训进社区、进学校、进景区、进监所、进商超等活动共计59场次，培训对象7774名；完成寨里社区、大润发等人员密集场所AED（自动体外除颤器）投放3台。继续推行优质护理服务下沉，句容市人民医院组织对口帮扶11家基层医疗机构。完成2023年度句容市临床护士规范化培训工作，参加考核33人，考核合格26人，通过率约达78.8%。举办2023年年度医院感染控制培训班，全市各二级及基层医疗机构68人参加培训，进一步强化医疗机构院感内部管理。
（凌　凯　孔圆圆）

【医疗机构管理】　2023年，句容市卫健委组织开展年度医疗机构抗菌药物、麻醉药品和精神药品临床应用专项检查，进一步强化药政管理。组织开展抗菌药物和精麻药品处方权、调剂权授予培训考核工作，135人被授予相应权限；组织开展诊所、门诊部静脉输注抗菌药物核准工作，11家民营机构通过现场核验。全年共受理句容德康诊所等19家机构的执业注册申请。接受优贝口腔、金诺口腔2家机构口腔种植备案申请，完成现场、人员资质及设施审核。
（凌　凯　孔圆圆）

中医中药

【概况】　2023年，句容市基本建立以句容市中医院为龙头、基层医疗机构为主体的全市中医药服务网络。实施中医药文化惠民工程，开展中医药文化科普巡讲活动，全年共组织开展中医"三进"义诊及宣传6场、中医药健康知识讲座20场、"岐黄校园行"10场，受惠群众达10000人。句容市中医院脾胃病科为省级中医重点专科（Ⅲ类）建设单位，中医骨伤科、脾胃科、肛肠科为镇江市级中医临床重点专科，中医针灸科被列为镇江市级中医重点建设专科，建立朱秉宜"全国名老中医工作站"和王平生"基层名老中医工作室"，并开展句容市中医院中医药适宜技术推广基地建设，加强基层常见病、多发病中医药适宜技术推广。开展4期中医适宜技术培训，推广20种中医适宜技术。
（施道刚）

【基层中医】　2023年，句容市有边城卫生院中医馆、华阳社区卫生服务中心中医馆2家江苏省五星级中医馆，后白卫生院二圣分院中医馆、茅山卫生院中医馆、宝华卫生院中医馆、黄梅社区卫生服务中心中医馆4家江苏省四星级中医馆。年内，句容市卫健委加强全市基层卫生院中医药综合服务区建设，在装修上体现中医药文化特色。基层形成边城卫生院中医妇科、小针刀，天王中心卫生院中医骨科，后白卫生院二圣分院中医外科，黄梅社区卫生服务中心中医骨伤科和石狮社区卫生服务中心中医小儿疳积科、肛肠科等一批特色显著、疗效确切、在句容市及周边具有一定影响力的特色专科（专病）。
（施道刚）

社会生活

编校人员：刘明亮

民政工作

【概况】 2023年，句容市民政局认真践行"民政为民、民政爱民"工作理念，切实履行好"最底线的民生保障、最基础的社会治理、最基本的社会服务"的民政职责，深入推进高质量现代民政建设，各项工作取得显著成效。年内，做好宝华镇新城片区调整新建村（社区）的相关工作。6月，市政府批复同意将新城社区、宝华花园社区、和平村、凤坛村管辖范围进行调整，新增琅琊社区、鸿堰社区、仙东社区、秦淮源社区4个城市社区。年内，全市福利彩票销售达1.18亿元。

（民政局）

【社会治理】 2023年，句容市不断深化基层社会治理。对宝华镇栏江村综合服务中心和天王镇西溧村综合服务中心进行提档升级。认真做好村（居）民委员会补选工作。持续推进社区减负，全市177个村（居）民委员会签订2023年协助党政部门工作事项协议书，规范社区盖章事项，切实减轻基层负担，提升基层治理效能。持续推进民主协商，督促各城乡社区确保全年召开民主协商议事会不少于4次。在崇明街道马扎里社区和东门社区开展"五社联动"试点，推动形成"五社联动"机制。基层治理再出创新实践，华阳街道"党建引领，五治并举，深化推进基层治理现代化"获2021—2022年度江苏基层社会治理创新成果提名奖。1个案例获评江苏省社区社会组织高质量发展案例，2个案例获评江苏省社区社会组织优秀项目案例。做好服务引导，推进志愿服务工作有效开展。2023年全市志愿者突破10万人，活跃志愿者占比达67%，全市共有注册志愿队伍560支，全年共计举办志愿活动20000余场。

（民政局）

【社会组织管理】 2023年，句容市共有社会组织597家，其中，社会团体346家、民办非企业单位251家。年内，新登记社会组织19家、注销登记41家、变更登记60家、换届81家。强化年检职能，指导督促各社会组织做好2022年度年检年报工作，社会组织年检率达81.5%。年内，2家社会组织被评为AAAA级、5家社会组织被评为AAA级。截至2023年年底，全市共有AAAA级社会组织13家、AAA级社会组织13家。年内，加大对"名存实亡"社会组织的清理力度，结合社会组织历年年检情况，梳理出连续三年不参加年检的社会组织54家，经过清理整治，5家社会组织进行换届整改，25家社会组织完成注销，作出撤销登记行政处罚18家，其余6家待公告送达期满后予以撤销登记。防范化解风险隐患，形成"有进有出"的动态格局，进一步优化社会组织发展环境。常态化规范行业协会、商会涉企收费，多家行业协会、商会通过减免、降低、规范收费等举措减轻企业负担金额241.78万元，惠及企业739家。

（民政局）

【社工工作】 2023年，句容市

新增持证社工179名，截至12月底，全市共有持证社工612名，提前实现每万人拥有持证社工10人的目标。2023年，句容市民政局围绕"阵地整合、服务融合、资源聚合"的工作思路，依托句容市社工总站的专业指导，强化各镇（街道、管委会）阵地建设，夯实慈善社工站服务载体，整合多方资源，开展形式多样的慈善社会服务，各镇（街道）慈善社工站累计开展服务340场，服务8307人次。（民政局）

【殡葬工作】 2023年，句容市民政局落实惠民殡葬政策，全年减免基本殡葬服务费583.51万元。全市公益性骨灰安放设施规划建设、运营管理成效明显。清明节期间，在白兔镇生态人文纪念园组织开展"厚养礼葬　文明追思"宣传活动，倡导文明祭祀、践行文明殡葬。（民政局）

【地名工作】 2023年，句容市民政局做好地名命名更名的备案工作。全年住宅区命名备案3个，道路命名备案6个、更名备案1个。完成地名文化遗产评定工作，公布句容市地名文化遗产名录，柴巷、轿巷、义台街等9个老地名入选。7个老地名入选镇江市地名文化遗产名录；义台街入选省级地名文化遗产名录。完成"中国·国家地名信息库"录入工作，开展地名宣讲活动，完成句容市全域性地名规划（暨乡镇地名规划）编制工作。（民政局）

生育服务和管理

【概况】 2023年，句容市出生人口1461人，出生率达2.48‰，出生政策符合率在99%以上，出生人口性别比基本正常。稳妥实施三孩生育政策，着力发展普惠托育项目，建成江苏省普惠托育机构1家、镇江市普惠托育机构3家，多措并举做好政策衔接工作。落实计划生育家庭奖励扶助政策，对2023年申请享受的6292名奖扶对象、115名特扶对象进行资格审核、公示、确认，全年向41484人发放奖励扶助金共5152.96万元；对2023年申请享受的2774名退休企业职工和71名城镇非从业人员进行资格审核、公示、确认，全年共发放一次性奖励金853.5万元。开展"三个全覆盖"专项行动，加大常态化帮扶计划生育特殊家庭力度。（王琛）

婚姻登记

【概况】 2023年，句容市共办理结婚登记2805对，离婚申请2158对，离婚登记1233对，补领结婚登记证858对，补领离婚登记证125对，登记合格率达100%，保质保量地完成婚姻登记工作。自6月1日起，实施离婚登记跨省通办。开展集中补领婚姻登记证和补办结婚登记工作。年内，句容市获评"江苏省第一批婚俗改革实验县（市、区）优秀单位"。（民政局）

【婚俗改革】 2023年，句容市邀请"中国好人""江苏省文明家庭""江苏省最美家庭"获得者孙建云为新人授课、颁证、送上祝福。句容市民政局联合句容市

10月16日—11月2日，句容市社工总站对全市12个镇（街道、管委会）慈善社工站开展实地督导

5月20日,句容市民政局联合茅山风景区举办"福地茅山 星空婚礼"集体婚礼

10月20日,句容市民政局联合茅山风景区开展"老少同乐 情暖重阳"主题系列活动

文明办、团市委、句容市妇联组织开展以"婚事新办 相爱相伴"为主题的移风易俗宣传活动。为新人发放《婚俗改革文明手册》《婚俗改革倡议书》。通过婚姻家庭辅导讲授课堂与互动,引导婚姻当事人认同婚事简办新办,加强婚前教育。联合茅山风景区管委会举办"福地茅山 星空婚礼"集体婚礼活动。挖掘句容传统婚俗文化,倡导和培育积极健康、文明向上的婚育新风尚。

（民政局）

养老服务工作

【概况】 2023年,句容市不断深化养老服务工作体系建设,按照江苏省政府办理民生实事的相关要求,做细做实为老服务。出台《关于进一步优化句容市居家养老服务工作的通知》,进一步保障居家养老上门服务水准,2万余名老人享受居家养老上门服务。优化尊老金办理流程,启动尊老金"免申即享"主动发放机制。全年累计发放尊老金1656.4万元。实施居家适老化改造204户。建成市级失能失智兜底型养老护理院,建成市级养老服务指导中心（智慧养老中心）并投入运营,全面推进镇级综合养老服务中心建设并实现全覆盖,改造提升10家乡村养老睦邻点。落实特殊困难老年人探访关爱服务,探访关爱率达100%。持续推进老年人助餐服务工作,全市设有25家助餐服务点。2023年,全市有百岁老人64名（表21）。

（民政局）

【尊老金发放】 2023年,句容市优化尊老金办理流程。自1月起,启动尊老金"免申即享"主动发放机制,即持有社保卡新增对象无须个人申报。让数据多跑腿,让群众少走路,最大限度地实现尊老金应发尽发。

（民政局）

【居家养老上门服务】 2023年,句容市出台《关于进一步优化句容市居家养老服务工作的通知》,进一步保障居家养老上门服务水准,细化线上线下服务公司的服务内容达45项,强化置换服务功能,为全市符合居家养老上门服务政策的老年人足不出户解决用药、吃饭、清洁等问题。

（民政局）

【市级养老服务指导中心投入运营】 2023年,句容市建成市级养老服务指导中心（智慧养老中心），6月正式运营，总面积约3000平方米，是按照省级创建示范地区要求建设的一家县级智慧养老中心，该中心主体分为八大板块：智慧养老信息中心、应急支援响应中心、老年能力评估示范区、健康管理示范中心、适老化体验展示中心、认知症预防干预中心、养老服务培训中心、时间银行展示中心。

（民政局）

【特殊困难老年人探访关爱服务】2023年，句容市通过每周一次的关爱探访或电话视频回访及时了解老年人的实际生活需求、医疗需求；给有需要的老人佩戴智能手环，实时监测重点关爱对象的身体状况，防患于未然，全市探访关爱率达100%。2023年年底，句容市民政局出台《句容市开展特殊困难老年人探访关爱服务工作实施方案》，对探访关爱服务对象、完善探访关爱服务机制、提升探访关爱服务能力及强化探访关爱服务保障进行进一步明确。

（民政局）

2023年句容市百岁老人情况一览表

表21

序号	姓名	出生年月	户籍地址	户籍所在乡镇（街道、管委会）
1	冯素青	1920年11月	白兔镇龙山湖村	白兔镇
2	周学礼	1923年4月	白兔镇上荣村	白兔镇
3	顾日光	1923年11月	白兔镇太平村	白兔镇
4	汪兴隆	1921年12月	白兔镇太平村	白兔镇
5	巫顺兰	1923年6月	白兔镇幸福村	白兔镇
6	吴桂英	1923年7月	白兔镇中心村	白兔镇
7	王茂英	1924年7月	宝华镇栗庄村	宝华镇
8	方珍娣	1924年1月	边城镇光明村	边城镇
9	吉小罗	1923年7月	边城镇赵庄村	边城镇
10	杨国元	1923年10月	河滨社区	崇明街道
11	方青	1922年9月	红旗社区	崇明街道
12	闻广德	1919年10月	红旗社区	崇明街道
13	刘邦武	1919年2月	甲城社区	崇明街道
14	杨孝祯	1924年1月	马扎里社区	崇明街道
15	周荻	1923年2月	新村社区	崇明街道
16	王永穆	1922年5月	句容市实验小学	崇明街道
17	许荣梅	1924年10月	中凌社区	崇明街道
18	刘永仙	1923年3月	中凌社区	崇明街道
19	柳治金	1924年1月	郭庄镇百丈村	郭庄镇
20	周德仁	1923年10月	郭庄镇东方红村	郭庄镇
21	李诗英	1924年10月	郭庄镇葛村下葛自然村	郭庄镇
22	杜志华	1917年9月	郭庄镇庄里村	郭庄镇
23	王银宝	1923年9月	后白镇淮源村	后白镇
24	赵翠兰	1924年11月	后白镇淮源村	后白镇
25	张映凤	1921年9月	后白镇芦江村	后白镇
26	王正兰	1924年10月	后白镇五星村	后白镇
27	刘和珍	1924年4月	后白镇五星村	后白镇
28	吴恒尧	1924年12月	后白镇徐巷村	后白镇

续表21

序号	姓名	出生年月	户籍地址	户籍所在乡镇（街道、管委会）
29	陈法根	1921年8月	北相居委会	华阳街道
30	芮蓝萍	1923年7月	下蜀南街2号	华阳街道
31	张元英	1922年6月	里巷口	华阳街道
32	蔡元英	1924年8月	里巷口	华阳街道
33	王成英	1924年10月	长岗头自然村36号	华阳街道
34	文兴昌	1924年7月	老合自然村112号	华阳街道
35	张诚让	1924年9月	朱巷自然村51号	华阳街道
36	徐立英	1924年7月	下甸村	华阳街道
37	谢永英	1923年10月	杨家巷西王	华阳街道
38	易新明	1924年5月	云塘石龙洞	华阳街道
39	许明兰	1920年10月	华阳赵塘	华阳街道
40	戎道荣	1924年12月	河桥村	开发区（黄梅街道）
41	万素兰	1924年8月	河桥村	开发区（黄梅街道）
42	张世英	1924年2月	后莘村	开发区（黄梅街道）
43	陈良余	1923年7月	黄梅村	开发区（黄梅街道）
44	巫守英	1924年11月	莲塘村	开发区（黄梅街道）
45	梅发英	1923年10月	三里井村	开发区（黄梅街道）
46	王昌英	1921年12月	马埂村	茅山风景区管委会
47	周守英	1923年10月	茅山风景区方山茶厂	茅山风景区管委会
48	李先芳	1924年1月	潘冲村	茅山风景区管委会
49	杨洪英	1924年11月	上杆村	茅山风景区管委会
50	毕延珍	1924年1月	上杆村	茅山风景区管委会
51	王凤英	1923年3月	茅山镇蔡门村	茅山镇
52	徐桂英	1924年8月	茅山镇永兴村	茅山镇
53	李维全	1921年3月	茅山镇永兴村	茅山镇
54	张忠庆	1922年11月	天王镇戴庄村	天王镇
55	胡修英	1924年12月	天王镇斗门村	天王镇
56	刘荣珍	1923年4月	天王镇唐陵村	天王镇
57	孙有贵	1923年6月	天王镇西溧村	天王镇
58	刘大勤	1922年4月	天王镇袁巷村	天王镇
59	王世英	1924年8月	天王镇朱巷村	天王镇
60	李春荣	1923年2月	下蜀镇新桥自然村	下蜀镇
61	陆桂兰	1924年3月	桥头集镇	下蜀镇
62	陈凤英	1920年10月	下蜀镇亭子村	下蜀镇
63	戴玉珍	1922年2月	下蜀村委会	下蜀镇
64	成少卿	1922年9月	下蜀村委会	下蜀镇

（民政局）

【老年人助餐服务】 2023年，句容市推进老年人助餐服务工作，新增助餐服务点15家，截至12月底，全市共建成营业老年人助餐服务点25家，为8000多名老年人提供助餐服务。有助餐服务需求的60周岁及以上老年人和特殊人群，皆可就近、就便申请助餐服务，并按照具体政策，午餐由政府补贴1元、5元、8元和9元不等。对全市所有助餐服务点和养老机构的食品安全进行逐一排查与整治，切实保障养老服务领域的食品安全。 （民政局）

关心下一代工作

【概况】 2023年，句容市全面加强基层基础建设，深入开展青少年主题教育，整体优化校外教育辅导站管理，切实强化青少年法治教育和权益保护，推动全市关心下一代工作在新起点上高质量发展。组织党的二十大精神宣讲活动进学校、进社区、进村、进辅导站45场次。 （滕秀平）

【青少年主题教育】 2023年5月，句容市各镇级关工委选拔报送"老少心向党 奋斗新征程"老少同台演讲文稿。9月，句容市关工委联合句容市文明办、句容市教育局举办全市老少同台演讲展示活动。推选后白镇《月圆在家乡》、天王镇《手捧小草莓，胸怀大爱心》参加镇江市级比赛，分别获一等奖、二等奖。举行2023年句容市新时代好少年"传承经典·筑梦未来"主题教育演讲比赛。市、镇、村三级关工委分别建成市、镇、村级青少年爱国主义教育基地和劳动实践基地6个、42个、186个。 （滕秀平）

【校外教育辅导站建设】 2023年，句容市探索校外教育辅导站建设的新途径、新内涵、新方式，助力"双减"政策落实落地，促进校外教育创新创优。在镇级关工委建立"五老"工作室56个，调动"五老"人员投身于辅导站工作的积极性。暑期组织开展"七彩夏日"活动，举办"爱心暑托班"，将关爱青少年健康成长工作落到实处。各级辅导站普遍开展"三走进三寻访"、"研学课堂"、劳动实践等特色活动，12个镇级关工委专门拍摄优秀活动视频。全市开展的校外教育辅导站活动达2670余次，惠及学生10000余人。 （滕秀平）

【"三扶两创"工作】 2023年，句容市关工委结对帮扶对象张奎峰等13名青年农民入选镇江市首批优秀"新农人"计划，产业类型包括特色园艺、畜牧养殖、水产养殖、粮食种植、蔬菜种植、农产品加工流通业六大类。范亚君获"全国巾帼建功标兵"称号。刘云获镇江市五一劳动奖章。芮东明被江苏省委宣传部授予江苏"最美科技工作者"称号，华梦丽被评为2023年"江苏最美基层高校毕业生"和第二届"全国乡村振兴青年先锋标兵"。 （滕秀平）

【青少年服务】 2023年，句容市开展普法宣讲进校园、进辅导站活动，发挥法治教育基地、少年模拟法庭、检察普法中心等平台作用，提升青少年法治教育的

5月27日，句容市民政局、句容市关工委和华阳街道未成年人保护站共同开展"共享爱的阳光 托起明天希望"庆祝"六一"儿童节暨关爱困境儿童活动

参与感、体验感、获得感。句容市关工委向句容市特殊教育学校40名残障儿童少年发放关爱助学金8万元。积极争取江苏省关心下一代基金会资助茅山老区困难家庭学生，在句容市天王中心小学举行2023年度助学金发放仪式，向家庭困难的33名小学生、9名中学生发放助学金30600元。全市关工委系统筹措发放关爱助学金35万元，惠及1146名受助学子。

（滕秀平）

社会救助

【概况】 2023年，句容市社会救助工作继续着力提升整体兜底助困水平，逐步健全和完善贴合实际的分层分类大救助体系。开展社会救助扩围增效专项行动，完成句容市社会大救助服务中心建设并投入运营，同时印发《句容市社会大救助服务体系建设工作方案》，统筹全市社会救助政策和标准，打破数据壁垒，促进救助高效便捷。持续开展常态化救助帮扶工作，截至2023年年底，全市共有低保在保对象2472人、城乡特困人员2261人，全年累计发放城乡低保金1819.06万元、城乡特困人员供养金2936.71万元、临时救助金158.13万元。做好残疾人"两补"发放工作，截至2023年年底，全市享受残疾人生活补贴人员7320人、享受残疾人护理补贴人员6415人，全年累计发放"两补"资金6615.84万元。加强对流浪乞讨人员的救助管理，实施流浪乞讨救助服务质量大提升专项行动，全年共救助140人次，投入救助经费25.9万元。

（民政局）

【未成年人救助】 2023年，句容市民政局做好困境儿童生活保障工作。截至2023年年底，全市共有困境儿童444名，全年累计发放困境儿童生活补贴639.9万元。建立困境儿童保护网络，对困境儿童进行动态化管理，及时变更信息，及时保障，做到应保尽保。同时，开展特别关爱行动，2023年春节期间为427名留守儿童、困境儿童发放价值8.54万元的牛奶、口罩等物品；"六一"儿童节期间，开展"童享助梦"微心愿圆梦行动，将征集到的83名困境儿童的"微心愿"全部完成。做好留守儿童、困境儿童关爱保护工作，句容市民政局牵头会同有关部门参与实施一系列关爱保护措施，并推动各地儿童关爱保护工作落实，同时委托社会组织开展关爱留守儿童、困境儿童活动，给予农村留守儿童、困境儿童更好的成长环境。投入资金7.5万元，为375名困境儿童购买人身意外伤害险。镇级未成年人保护工作站实现全覆盖。

（民政局）

【社会救助宣传】 2023年5月，句容市民政局联合各镇（街道、管委会）开展社会救助宣传月主题宣传活动，工作人员直接到乡镇召开现场讲解会，为参会群众现场发放社会救助宣传册并进行救助政策答疑，针对社会普遍关心的最低生活保障、临时救助、特困人员供养等问题作出相关解答。通过入户询访部分困难群众，询问近期生活状况、就医情况，以及需要解决的问题，对照宣传册中的政策内容，指导他们如何申请救助。

（民政局）

【社会救助扩围增效专项行动】 自2023年7月起，句容市及时开展社会救助扩围增效宣传工作，

5月12日，句容市民政局开展社会救助宣传月主题宣传活动

召开社会救助扩围增效工作部署会议，要求各镇（街道、管委会）从近年来退出低保的人群、低保边缘家庭、支出型困难家庭、重病"单人保"、重残"单人保"五个方面摸排，共摸排13330人。截至2023年年底，全市共有低保在保对象2472人，比上年年底增加139人。（民政局）

【社会救助对象年度复查工作】 2023年，句容市依托第三方机构，对全市社会救助在保家庭（包含城乡低保家庭、城乡特困家庭、低保边缘家庭、支出型困难家庭）按每年不低于30%的比例进行入户复查，保障救助的动态管理有序推进、持续精准。截至2023年年底，社会救助对象复查覆盖率达100%。（民政局）

慈善事业

【概况】 2023年，句容市慈善总会以持续推进"幸福家园"村社互助工程为突破口，以换届工作为驱动，不断丰富慈善公益内涵，全市慈善组织上下联动、凝聚力量，充分发挥慈善组织公募资质作用和广泛联系社会各界的优势，积极动员有意愿、有能力的企业和经济成功人士参与公益慈善事业，践行第三次分配，促进共同富裕，促进全市慈善事业持续健康发展。全年募捐收入3085万元，救助支出2599万元，惠及困难群众42998人次。充分发挥慈善在巩固脱贫攻坚成果、助力乡村振兴、促进共同富裕中的重要作用。（慈善总会）

【慈善网络募捐】 2023年，句容市慈善总会联合各镇（街道、管委会）慈善分会、爱心企业和社会组织等，精准设计"为高龄老人送医保""织爱行动同她一起""爱心成就未来"3个项目。邀请全市100多家市级机关、直属企事业单位、镇（街道、管委会）、爱心企业和社会组织共同参与"爱心济困·善行江苏"2023年江苏慈善专场暨"99公益日"慈善网络募捐活动。截至9月9日24时，全市网络募捐累计筹款410万元，44800人次参与募捐。（慈善总会）

【慈善助医】 2023年，句容市对低保户、建档立卡贫困户等特殊困难家庭中患最大疾病对象进行救助。全年救助支出813.41万元，9288人次受助。（慈善总会）

【慈善助学】 2023年，句容市继续实施特困家庭学生助学项目。对低保家庭、特困职工家庭和特殊教育学校智障儿童、孤儿，以及其他特困家庭的在校学生，按类别给予1000元到8000元的资助。对教育教学能手进行奖励。全年救助支出152万元，964人次受助。（慈善总会）

【慈善助老】 2023年，句容市为没有参加市职工基本医疗保险的85周岁及以上高龄老人缴纳医疗保险，向集中供养的"五保"老人赠送中秋爱心月饼。全年救助支出435.66万元，9390人次受助。（慈善总会）

【慈善助残】 2023年，句容市慈善总会与句容市残疾人联合会联合实施"残疾人辅助性就业"项目。句容市慈善总会根据残疾人员出勤情况，给予每人每天10元的出勤补助；对特困残疾人进行救助；对"残疾人之家"建设进行补助。全年助残支出118.6万元，1352人次受助。（慈善总会）

【"幸福家园"村社互助工程】 2023年，句容市全面推进"幸福家园"村社互助工程建设，做到"四结合"，即把"幸福家园"村社互助工程建设，与全面实施乡村振兴战略结合；与巩固和拓展脱贫攻坚成果，实施"救助急难防返贫"行动计划结合；与完善基层慈善组织体系建设，提高镇（街道、管委会）慈善分会、村（社区）慈善工作站的能力结合；与推动基层社会治理创新，建立健全基层慈善常态化运作机制结合。形成"以政府兜底救助为主、慈善急难救助为补充"的人人享受慈善成果的新时代慈善工作品牌。全市176个村社全部上线，上线项目185个，线上筹款823.43万元，参与线上筹款15581人次。（慈善总会）

应急管理

编校人员：陈龙浩

安全生产

【概况】 2023年，句容市应急管理局把遏制较大以上事故和有影响力的安全事件作为安全生产工作的重中之重，做好事故预防，深入排查重点行业领域、场所部位、岗位环节，采取措施消除安全隐患，为全市高质量发展新未来提供坚实保障。推行安全生产工作责任考核评价指标"季度、年度"考核机制，完善警示提示、约谈、督办等五项制度运用，下发安全风险提示提醒17次，约谈5人，下发警示提示函23份、督办单25份。完善"三包干一统筹"工作，确保责任到片到点、工作定岗定人，督促所有镇（街道、管委会）和句容市安全生产专业委员会重点成员单位，对重点行业领域、重点企业、重点场所落实包干责任，压紧压实各方责任。推动全市242家高危行业企业及规模以上工业企业完成"一述四评"活动，持续开展三级联动督导（巡查），江苏省督导组3批次共交办问题隐患41处，年内完成整改，并在安全生产问题处置监管平台上办结销号。全年，全市共发生各类生产安全事故25起，死亡13人（含道路交通），分别同比下降22%和23%。

（刘　皓）

【专项整治】 2023年，句容市应急管理局聚焦危险化学品、冶金工贸、城镇燃气、建筑施工、道路运输、道路交通、消防等14个方面，明确重点行业领域安全生产专项整治巩固提升年行动工作任务清单20项、安全生产基础建设强化推进年行动工作任务清单21项、重大事故隐患专项排查整治行动工作任务清单24项，深挖细查各类风险隐患。完成1867家工业企业的风险报告，上报较大风险1203条；聚焦重点行业领域，明确包干企业185家、包干场所135处、包干重点行业23个。

（刘　皓）

【安全隐患治理】 2023年，句容市应急管理局突出非煤矿山、危险化学品、有限空间、粉尘涉爆等重点行业领域专项治理，抽查企业4332家次，重点帮扶企业1335家次，全年排查发现重大事故隐患296处、整改296处，挂牌督办13处。开展燃气安全专项整治，通过集体约谈、联合执法、督办整改，推动8家瓶装液化气企业整合成5家，整改隐患176处，公共场所全部完成燃气泄漏安全保护装置安装，不合格软管更换完成率达100%，不合格调压阀更换完成率达99%。完成劳动密集型工业企业"生命通道"、有限空间、"厂中厂"、粉尘涉爆等专项执法检查工作，检查企业150余家，整治消除各类安全隐患1000余处，及时化解一大批风险隐患。

（刘　皓）

【安全生产执法】 2023年，句容市应急管理局实施柔性执法，在执法前制订详细检查方案并告知企业，邀请专家对企业开展全方位、立体式检查，对检查中属于首次发现的隐患且违法情节轻微的，不予行政处罚。坚持对重大隐患"零容忍"，着重对有限空间、特种作业和粉尘涉爆等重点行业领域开展重点检查，消除重大事故隐患。持续提升执法规范化水平，开展执法人员业务培训，实时督查基层执法质量，对立案至结案归档全过程进行业务指导。全年共开展执法检查399家次，立案查处125起，行政处罚146万元，一案双罚案件49起，立案占比39.2%；现场类案件78起，立案占比62.0%，其中，5万元以上案件7起。　　　　（刘　皓）

【工贸企业安全生产监管】　2023年，句容市应急管理局组织开展工业企业风险报告再次报告，借助第三方服务力量，为企业提供风险上报的技术支撑。全市名录库内1926家企业上报1867家，名录库外上报109家，进度约达102.6%，上报较大风险1203条，并由企业落实防控措施。　　　（刘　皓）

【危险化学品监管】　2023年，句容市应急管理局完善句容市安委会危险化学品安全生产专业委员会职责，牵头布置危化品储运、油气长输管道、危险废物处置等重点工作。开展日常检查，聘请江苏省市化工专家对全市重点监管危化企业开展全覆盖式安全检查，查出各类问题隐患189处，年内整改完成159处，整改完成率约达84.1%。完成醇基液体燃料专项排查整治工作，排查使用醇基燃料单位71家，拆除醇基燃料使用装置3套，规范提升相关单位5家。完成烟花爆竹经营（零售）单位集中换发证工作，共发放许可证123家。（刘　皓）

【网格化治理】　2023年，句容市应急管理局完成镇（街道、管委会）安委办、消委办、减灾办"三办合一"职能整合并统一挂牌，规范应急办运行，派驻消防工作人员334人。实施安全生产与消防网格化管理，建立一般网格796个、专属网格300个、重点网格31个，以网格员常态化开展安全隐患排查工作。以全市933家"九小场所"（小型学校或幼儿园、小型医疗机构、小商店、小餐饮、小旅店、小歌舞娱乐、小网吧、小美容洗浴、小生产加工企业等场所）为重点，督促企业按要求配备消防安全员和企业车间班组安全员，确保企业隐患排查整改到位。全年培训应急办工作人员600余人次、企业安全管理人员34班次4041人次、"九小场所"消防安全员3场次32000人次、网格员3场次2994人次。

（刘　皓）

【非煤矿山安全生产综合整治】2023年，句容市应急管理局对照《金属非金属矿山安全规程》《金属非金属矿山重大事故隐患判定标准》等要求，督促矿山企业开展自查自改，形成问题隐患、风险管控"两个清单"并动态更新，共排查出安全隐患150余处，同步采取针对性整改和防范措施。持续开展矿山领域专项治理，综合运用定期检查、随机抽查、日常检查等方式，加密检查频次、加大检查力度，共检查非煤矿山企业90余家次，所有问题隐患全部实施闭环管理。　（刘　皓）

【"三包干一统筹"工作】　2023年，句容市应急管理局为深入贯彻落实江苏省重点行业领域安全生产风险专项整治巩固提升年行动，进一步发挥督导对安全生产工作的督促推动作用，组织6个安全生产督导组对12个板块和25

句容市应急管理局对句容市宝源矿业有限公司开展提升运输专项检查及夜查问题"回头看"

5月12日，句容市应急管理局开展"防范灾害风险　护航高质量发展"暨"惠润万家"5·12全国防灾减灾日宣传活动

个句容市安委会重点成员单位开展督导。紧盯重点时段和危险化学品、非煤矿山、冶金工贸、建筑施工、城镇燃气、森林防火、道路交通、消防和物流园等重点行业领域，开展重大安全风险会商研判，推动"三包干一统筹"（"三包干"指针对特殊时段，属地、主管部门对重点企业、重点行业、重点场所采取"包干制"，具体负责落实各项工作任务；"一统筹"指应急救援时要统筹专家、特种设备、专业队伍等资源力量）工作落地落实，确保生产安全稳定。全市共成立督导检查组300余个，检查企业800余家，检查单位（场所）60余家。派出专家指导服务企业300余家。

（刘　皓）

【信息采集】　2023年，句容市制订《句容市社会面小场所安全监管系统试点工作实施方案》，成立工作领导小组，同时成立以各板块和相关部门分管领导为成员的工作专班，全面推动试点工作落地落实。年内，全市共采集小场所信息15206家，其中，餐饮店3224家、旅店181家、商超6247家、社会服务场所2381家、维修场所896家、医疗机构148家、教育培训机构175家、娱乐场所266家、仓储场所153家、小生产加工厂（家庭作坊）978家、再生物资回收与批发单位91家、其他466家，信息采集工作进入扫尾阶段，部分网格启动安全巡查。

（刘　皓）

防灾减灾

【概况】　2023年，句容市完善1个总体应急预案和50个专项应急预案，督促各地各部门开展各类应急演练617场次，涉及参演人员17400余人次。联合气象、水利、自然资源和规划等部门做好自然灾害预防预警，及时发布预警信息。组织开展"防灾减灾日""安全生产月"等宣传活动，不断提升全民安全生产和防灾减灾意识。建立市、镇（街道、管委会）、村（社区）三级灾害信息员队伍，配备灾害信息员360名，及时报送灾害信息。全面开展应急物资排查摸底，结合实际制订年度应急物资购置计划，加强应急物资日常管理。全市参保"惠润万家"居民住房保险23万余户，全年共理赔95户、13.8万元。分别向基层发放冬春救助资金8万元、抗旱补助资金40万元。

（刘　皓）

【应急救援能力建设】　2023年，句容市应急管理局推进句容市应急指挥中心建设，实现应急管理综合信息应用平台多场景应用。加强应急救援指挥调度体系建设，规范信息报送、指挥调度、职责分工等工作。完善应急救援机制，推动专业应急救援力量和社会应急救援力量建设。定期修订完善各类应急救援预案，组织开展应急救援演练。对标"全灾种、大应急"任务需要，进一步理顺安全监管、防汛抗旱、抗震救灾、地质灾害防治、森林防灭火、综合减灾等议事协调机构工作机制。加强句容市减灾委及其办公室综合统筹协调功能，开展自然灾害预防预警，及时发布预警信息，做好市级救灾物资储备，落实自然灾害保险项目，做好灾害救助工作。持续深入推进全国综合减灾示范社区创建。科学调度各类应对准备，针对当前安全生产特点，强化安全风险研判和提示，严密监测冬季气象，做好寒潮、冰冻等恶劣天气的预警工作，做好防灾减灾救灾应对准备和冬季火灾的预防应对工作。（刘　皓）

【消防工作】　2023年，句容市消防救援大队结合"为群众办实事"活动,联合属地街道对句容帕提亚广场进行消防管网等公共消防设施改造,完善银河之都、锦绣句容、聚和园等老旧小区公共消防设施;解决世茂花园小区管网漏水问题。紧盯医院、养老院、"厂中厂""九小场所"等重点场所和燃气、电动车等,扎实开展冬春火灾防控、"生命至上,隐患必除"和重大风险隐患排查整治等专项行动,年内提请市政府挂牌督办重大火灾隐患单位6家。研判分析全市火灾形势,完成消防安全提升工程,共安装100个市政消火栓、150套电动自行车集中充电系统、758只独立式感烟火灾探测报警器、92套简易喷淋、12套联网监测系统,开发区、下蜀镇、郭庄镇、白兔镇、华阳街道、宝华镇、后白镇、边城镇、茅山镇、茅山风景区管委会10个乡镇(街道、管委会)均完成"智慧消防"建设,联网建成单位143家,接入点位3525个。以消防宣传"五进"为主线,以"119消防宣传月"为载体,以支队"周二有约"抖音直播平台和句容融媒体曝光各类消防隐患为契机,通过"消防安全蓝码"、全民消防学习平台、电视、广播、户外LED屏、楼宇广告等媒介,采取"敲门行动""全市亮屏""培训+演练""面对面讲授"、消防车进小区宣传等方式,开展消防宣传教育培训,全年发放消防宣传海报4万余份,发送节日消防短信提醒3万余条。消防站累计开放90余次,接待参观6000余人次。

(消防救援大队)

句容市实验小学开展学生走进句容市消防救援大队主题教育

人力资源和社会保障

编校人员：张婉悦

人力资源服务

【概况】 2023年，句容市人力资源和社会保障局聚焦高质量发展，全年引进大专以上人才5000余名，建立校地长效合作机制，坚持"以赛促创、以赛引才"，举办创业大赛，扶持400余名参赛者在句容落户创业，创成省级乡土人才创新创业载体平台11家。

（文 清）

【人才服务】 2023年，句容市实施高校毕业生"群燕齐飞"计划和青年人才"金燕来巢"计划，为到句容就业创业的高校毕业生和青年人才提供生活补贴、租房补贴、人才奖补等一系列支持政策，为2765人次高校毕业生发放奖补555.67万元。组织人才专场招聘，先后组织全市500余家次企事业单位，赴省内外多所高校开展专场人才招引活动55场次，引进、培育大专以上人才5000余人；开展事业单位公开招聘9场，录用事业单位工作人员265人。拓展人才服务阵地，在企业设立人才工作服务站，聘请企业人才服务专员，通过建立人才需求动态监测、人才招引绿色通道、人才政策高效落实等机制，提升人才服务的精准度。

（文 清）

【青年人才培育】 2023年，句容市围绕镇江"统一招聘日"活动，走进西安、银川等地的高校，开展政策宣讲、企业推介及"双招双引""人才工作站""见习实习实训基地"授牌等活动，建立健全校地长效合作机制。开展"人才夜市"、句容学子看家乡、高校"访企拓岗促就业"系列活动，成功举办2023百校访企句容行深度对接活动，省内外15所高校来句容进行交流考察。开发见习岗位1134个，建有就业见习基地197个。在南京、长沙、西安等地的11所高校设立人才工作站。

（文 清）

【创新人才培育】 2023年，句容市坚持"以赛促创、以赛引才"，连续九年举办"福地青年英才"创业大赛，连续三年举办镇江国际菁英创业大赛句容选拔赛，连续两年举办"福地句才"海外人才创业大赛，征集参赛项目2800余个，发放创业大赛扶持资金累计1177万元，奖励资金296万元，重点扶持400余名参赛者在句容落户创业。在第三届中国·镇江国际菁英创业大赛中，句容市1个项目获一等奖、1个项目获三等奖、2个项目获优秀奖。

（文 清）

【技能人才培育】 2023年，句容市广泛开展保育员、养老护理员、钢筋工、架子工等职业的技能竞赛28场次，通过竞赛获得高级工以上证书的技能人才1400余人，带动岗位练兵和技能比武4000余名。创成国家级技能大师工作室1家，3人获评"全国技术能手"，1人获评"江苏最美工匠"。在第二届全国职业技能大赛中，句容市4名选手代表江苏省参加精细木工、园艺、花艺三个赛项的比赛，获得一金牌和两优胜的好成绩，实现金牌"零"突破。

（文 清）

句容市参赛选手李康（中间）在第二届全国职业技能大赛精细木工赛项中获得金牌

1月30日，2023年句容市"创响江苏"春风行动专场招聘会举行

【乡土人才培育】 2023年，句容市优化乡土人才选育机制，打造乡村振兴人才队伍，方应明工作室获评"江苏省乡土人才大师示范工作室"，纪荣喜工作室、张奎锋工作室获评"江苏省乡土人才大师工作室"。截至2023年年底，全市共有省级乡土人才创新创业载体平台11家，其中，省级乡土人才传承示范基地1个、省级乡土人才大师示范工作室2家、省级乡土人才大师工作室8家。
（文 清）

就业创业

【概况】 2023年，句容市人力资源和社会保障局实施"护航行动"、就业帮扶、创业培训、技能培训等一系列稳岗扩就业行动，全市新增就业18100人，创成1个省级创业示范基地。（文 清）

【护航企业用工】 2023年，句容市开展招聘会35场次，发布390家企业招聘信息，提供42244个就业岗位，帮助48491人求职，7985人达成就业意向。组织企业赴陕西、云南等地开展劳务对接活动，共招引劳动力876人。实施失业保险稳岗返还"护航行动"，全年共发放1319.88万元稳岗返还资金，涉及2466家企业，发放一次性扩岗补助68.55万元，惠及235家企业，助力企业稳岗扩岗。（文 清）

【促进创新创业】 2023年，句容市发放富民创业担保贷款1.67亿元，惠及1120名创业者，开展创业培训54期、2137人次。提升现有示范载体的承载能力和服务水平，后白镇西冯花草木创业孵化基地创成省级创业示范基地。2023年，全市省级创业示范基地达7家，镇江市级创业示范基地达13家，"互联网+"创业载体8家，入驻孵化对象1946户，带动就业1.3万人。（文 清）

【扶持重点群体】 2023年，句容市延续实施失业保险保障阶段性扩围政策，发放补助金80.04万元、惠及1706人次，发放失业金4058.62万元、惠及22874人次。落实灵活就业社保补贴政策，累计为1.4万人次发放灵活就业社保补贴7904.32万元。结合乡村振兴、渔民安置等工作的实际需要，开发保洁保绿、农村环境整治等公益性岗位，兜底安置难以自主就业的退役军人、残疾人、困难人员及未就业高校毕业生，共开发岗位760个，发放补贴415万元。在华阳街道、崇明街道建设2家"家门口"就业服务站，促进大龄、困难群体就业，累计开展就业帮扶201人次。

（文　清）

【提升就业技能】　2023年，句容市开展葡萄、草莓、花卉苗木种植等技能培训班和家政养老、育婴健康、电工、焊工、钳工等城乡劳动者技能培训班40期，培训1820人次。依托句容市技工学校，在江苏电科电气设备有限公司、江苏晶度半导体科技有限公司等企业开设新型学徒制培训3期，培养企业技能人才115人。

（文　清）

劳动监督与仲裁

【概况】　2023年，句容市推进和谐劳动关系创建活动，创建省级优秀劳动关系和谐企业2家、省级优秀劳动关系和谐乡镇1个。完善劳动保障监察体制，做好劳资纠纷调处，全年接处劳动人事争议案件1232件，涉及劳动者1259人，涉及经济标的3385.39万元。

（文　清）

【和谐劳动关系】　2023年，句容市人力资源和社会保障局严把特殊工时审批程序，审批特殊工时企业接续11家；完成企业薪酬调查和最低工资政策实施效果评估工作，引导企业合理调整职工工资，建立企业职工工资正常增长机制；加强劳动关系协调员队伍建设，提升劳动关系协调员队伍职业能力素质和服务水平。

（文　清）

【劳动保障监察】　2023年，句容市劳动监察大队执法人员坚持日常监察和专项执法相结合，主动监察用人单位418户，接待来电、来访咨询5000余人次，共受理案件1754件，其中，投诉509件、举报157件，"12333"和"12345"热线流转398件、全国根治欠薪线索反映平台转办918件、部省督办26件。

（文　清）

【劳资纠纷调处】　2023年，句容市劳动人事争议仲裁院挂牌江苏省首家劳动人事争议调裁审衔接工作站和句容市首家商会劳动争议调解委员会，形成劳动争议调裁审三位一体解决劳资纠纷的新模式。全年接待处理劳动人事争议案件1232件，其中，案前调解303件、立案调处881件、不予受理48件，涉及劳动者1259人，涉及经济标的3385.39万元，结案率达100%，调解率达82.1%。

（文　清）

社会保障

【概况】　2023年，句容市落实企业保险省级统筹要求，推进社会保险扩面征缴工作，参保扩面8762人；深入推进机关事业单位养老保险改革，完成2022年"中人"待遇兑现，推进军人转移接续工作；研究制定句容市被征地农民社会保障政策实施细则，落实789名过渡期被征地农民的社会保障工作。

（文　清）

【保险扩面征缴】　2023年，句容市企业职工养老保险、失业保险、工伤保险和城乡居民养老保险参保分别达10.24万人、8.05万人、10.38万人和5.73万人，法定参保人员实现应保尽保，新开工备案工程参加工伤保险率达100%；落实超过法定退休年龄人员、实习生等参加工伤保险政策，该类特定劳动群体参保约1400人；推动新就业形态人员参保扩面，基层快递小哥等新就业形态人员参加工伤保险约1200人。

（文　清）

【社保惠民】　2023年，句容市调整退休人员养老金，调资补发养老金约4000万元，其中，企业退休人员实现十九连涨，惠及6.3万余人，机关事业单位退休人员实现八连涨；调整城乡居保养老金待遇至253元/月，实现十三连涨，惠及10万余人。提升企业退休人员社会化管理水平，推广"江苏智慧人社"APP自助认证，通过医保刷卡记录、社保卡制卡等信息比对实现批量无感认证，开展企业退休人员免费健康体检工作，惠及3.2万人，举办"庆国庆·迎重阳"企业退休人员"社保情"文艺晚会。加强工伤医疗机构协议管理，规范工伤医疗行为，工伤医疗协议机构从8家扩展到15家，开通句容市中医院

联网结算。　　（文　清）

【社保基金监管】　2023年，句容市加强社保基金风险防控和管理，提升社保基金管理水平，落实《句容市社会保险基金管理巩固提升行动实施方案》，开展社保基金安全警示教育；追缴违规领取社保待遇，梳理重复领取、死亡冒领、服刑冒领等违规领取数据。

（文　清）

医疗保障

【概况】　2023年，句容市医疗保险参保人数为50.89万，其中，参保职工基本医疗保险126690万人、城乡居民基本医疗保险382193万人。全市177个村（社区）便民服务中心设立医保服务窗口，建设"15分钟医保服务圈"。2023年，全市新增定点医疗机构7家、定点零售药店18家，使定点医疗机构达到46家、定点零售药店达到191家。通过集中采购药品和耗材，降低群众就医负担。句容市医保局保持医保基金监管高压态势，开展医保基金监管集中宣传月活动，作出行政处罚2家次。针对职工医保参保群体实施长期护理保险制度，保障失能人员、失能家庭权益。

（李树琼）

【职工基本医疗保险】　2023年，句容市职工基本医疗保险参保人数达126690，比上年增加2836人，增长约2.29%。全年基金收入76869万元（含生育保险收入），比上年增加13212万元，增长约20.75%；全年基金支出55209万元（含生育保险支出），比上年增加5585万元，增长约11.25%；当年结余21660万元，历年累计滚存结余16923万元。

（李树琼）

【城乡居民基本医疗保险】　2023年，城乡居民基本医疗保险参保人数达382193，比上年增加1034人，增长约0.27%。筹资标准为1160元/人（个人缴费400元，财政补助760元）。全年基金收入44871万元，其中，个人筹资15222万元、各级财政补助29092万元；全年基金支出43809万元，其中，基本医疗保险支出39525万元、大病保险支出4235万元；全年基金收支平衡、略有结余。

（李树琼）

【公共服务】　2023年，句容市医保局深化"15分钟医保服务圈"建设，下沉15个医保业务事项到177个村（社区）平台，下沉13个医保业务事项到36个农村商业行服务网点医保服务窗口（柜台），满足参保群众"就近办""多点办"需求。扩大医保政策覆盖面，开展"听民声　送服务　办实事　走基层"活动20场次，持续为参保企业和参保群众送政策、送服务。推广移动支付平台和医保电子应用建设，医保电子凭证结算占比持续上升，全市各定点医疗机构配备53台刷脸设备，群众就医购药从"卡时代"进入"码时代"。（李树琼）

【医疗救助】　2023年，句容市运用基本医疗、大病医疗、医疗救助、慈善补助、商业补充等多层次保障体系，保障救助对象医疗待遇。连续五年实现救助对象应保尽保，由政府出资480万元帮

5月11日，盐城市建湖县医保局到句容市学习交流医保定点零售药店药品"赋码"管理

句容市医保局组织开展2023年村（社区）医保公共服务培训

助城乡低保人员、特困人员等10类共1.18万名医疗救助对象参加城乡居民医疗保险和商业补充保险，实现困难人员应保尽保。全年救助对象共就医20.83万人次，累计享受医疗救助待遇2105.9万元，医保制度内费用10688.77万元，基本医疗、大病医疗、医疗救助等合计报销9962.85万元，政策范围内结报率达93.21%，为1852名救助对象提供补充待遇240.34万元。 （李树琼）

【药品采购】 2023年，句容市医保局指导医疗机构严格执行江苏省医保局制定的阳光采购标准，推进药品（医用耗材）阳光采购落地落实。放大药品和高值医用耗材集中带量采购成效，联合句容市纪委监委派驻纪检组对句容市公立医疗机构药品（医用耗材）阳光采购情况开展专项督查，组织20家公立医疗机构新签、续签8批药品集采和9批医用耗材集采。三级公立医疗机构药品网上采购率、医用耗材网上采购率、阳光采购达标率均超95%。组织57家医保便民药店参与106种国家谈判药品集采，实行"零差率"销售，累计服务4.19万人次。对1家三级医疗机构和4家口腔门诊部参与口腔种植体集采开展专项督查，促进口腔种植行业健康发展。 （李树琼）

【医保基金监管】 2023年，句容市开展医保基金监管集中宣传月活动，组织2000余名医师、护士、医技人员和药师参加医保政策知识竞赛，全面提升医疗从业人员医保法治意识和服务水平。2023年，句容市在江苏省率先探索定点零售药店"赋码"管理，对175家定点零售药店开展信息化改造，通过刷卡人脸识别、商品入库发票关联、一物一码管理等举措，实现从人到物的全方位、全流程、全环节监管。开展定点医药机构自查自纠、专项检查、重点检查及"双随机"检查，全年完成医保基金监管现场检查269家次，作出协议处理56家次，责令整改15家次，自查自纠148家次，行政处罚3家次，追回医保基金196.09万元，扣除违约金12.36万元，行政罚款123.38万元。 （李树琼）

【就医保障】 2023年，句容市落实职工医保门诊共济保障政策，扩大个人账户使用范围，职工医保个人账户为直系亲属支付15.48万人次，医疗费用206.37万元，减轻群众就医负担。职工医保报销由"三段式"改为"两段式"，门诊报销自付段由在职2000元、退休1200元下调至在职800元、退休500元；提高职工医保恶性肿瘤等8个、城乡居民医保血友病等13个门诊特殊病种待遇水平。对职工医保参保群体实施长期护理保险制度，与4家评估机构、3家养老机构和28家上门护理机构、4家医疗机构签订长期护理保险定点服务机构协议。 （李树琼）

开发区建设和管理

编校人员：陈龙浩

综　述

【概况】　江苏省句容经济开发区成立于1992年，1993年经江苏省政府批准成为省级经济开发区。截至2023年年底，行政区域面积134.29平方千米，规划开发面积61平方千米，其中，核心区4.8平方千米，城镇集中建设区44.38平方千米，弹性发展区11.27平方千米，下辖20个村（社区），辖区户籍人口9.26万人，常住人口14.52万人。

句容经济开发区作为产城融合型开发区，是句容市首要的招商引资和项目建设载体，核心区内供水、供电、供气等"九通一平"基础设施全部建设到位，集金融、商贸、文化教育、娱乐服务等于一体的现代城市功能配套日趋完善。在区位优势上，句容经济开发区位于南京主城区东南，随着宁句城际轨道S6号线的开通，宁句往来更加便捷密切，至南京新街口仅30千米，至江宁经济技术开发区仅30千米，至仙林大学城仅20千米，至江宁大学城仅20千米，至宁句来往频繁的马群综合换乘中心仅15千米。

2013年，江苏省政府下发《关于撤销句容市华阳镇设立句容市华阳崇明黄梅3个街道办事处的批复》，句容市黄梅街道办事处成立。句容经济开发区按照"统分结合"的原则，与黄梅街道实行"以区带街、统分结合"的管理模式，在开发区党工委、管委会领导下，黄梅街道实施实体化运作，内部机构、人财物管理等方面相对独立。开发区主要负责产业优化、招商引资、投融资服务和区域城市建设管理等；黄梅街道承担社会管理职能，主要负责党的建设、农业农村、社会事业、社会治理和征地拆迁等。对于市委、市政府及条块工作，开发区和黄梅街道按职责分工确定责任主体，负责抓好任务落实。

（开发区）

【经济发展】　2023年，句容经

镇江越升智能装备制造有限公司

济开发区围绕镇江市委"项目攻坚突破年"工作主题和句容市委决策部署,紧盯年度目标任务,积极应对各类风险挑战,推动经济运行稳中向好。全年完成地区生产总值160.79亿元,实现一般公共预算收入11.30亿元,制造业投资上报16.28亿元,规模以上工业总产值上报136.60亿元。

(开发区)

项目建设

【概况】 2023年,句容经济开发区在产业发展上,紧紧围绕镇江市"项目攻坚突破年"行动,充分融合"驻点招商""上门请商""以商引商""平台招商""乡贤招商"等多种方式,锚定新一代信息技术、高端装备制造等园区主导产业,通过招大引强及产业链精准招商。截至2023年年底,全区有在建项目31个、技改项目12个,总投资100.48亿元;在库规模以上单位241家,其中,规模以上工业企业106家,全年实现应税销售119.98亿元。

(开发区)

【招商引资】 2023年,句容经济开发区依托园区整合推动"一区多园"联动招商,统筹全市招商资源,汇聚乡镇板块力量,形成信息共享、项目共推、合作共赢的"一盘棋"招商格局。在上海、苏州、南京设立招商办事处,围绕南京"五标八链"、镇江"四群八链"中的新一代信息技术、新型电力、汽车零部件等主导产业开展强链补链延链式招商。年内,共拜访客商220余次,储备在手项目50余个,紧盯投资体量大、产出效益好的一批重点在谈项目,做好跟踪推进。强化南京驻点招商,累计外出招商超150次,签约壁虎新能源商用物流车、安能苏皖总部、新德储能等亿元以上项目22个,总投资107.8亿元,储备亿元以上项目20个。加强与乡镇板块联动,推动通安变压器(由茅山镇飞入,总投资3亿元)、三昂新材料(飞出至白兔镇,总投资1亿元)2个"飞地"项目落户。

(开发区)

【项目推进】 2023年,句容经济开发区39个市级以上重点产业项目中,19个新建项目实现开工率100%。盘活江苏中宝医疗科技有限公司、镇江联炜诚电子科技有限公司、江苏三泰轻工科技有限公司、江苏华晟生物发电有限公司等的项目闲置用地合计450亩,盘活群力社区、江苏丰铃传动设备制造有限公司等的闲置厂房超6万平方米。

(开发区)

【科技创新】 2023年,句容经济开发区坚持系统化思维,发挥省级经济开发区示范引领、突破攻坚的作用,大力支持企业集中攻关、破解难题,形成"小微企业—专精特新'小巨人'—单项冠军"梯次发展格局。年内,江苏骏成电子科技有限公司、江苏中容电气有限公司等11家企业入选省级专精特新中小企业,江苏三超金刚石工具有限公司和江苏华阳管业股份有限公司2家企业创成省级工程技术研究中心,江苏维力安智能科技有限公司获得省级首台(套)重大装备认定,镇江天力变压器有限公司、江苏桃李面包有限公司、江苏赛达电子科技有限公司等7家企业创成(镇江)市级绿色工厂,江苏科客创业服务有限公司、启迪之星(句容)科技企业孵化器有限公司创成镇江市级中小企业公共服务示范平台,江苏华途数控科技有限公司、江苏维力安智能科技有限公司、江苏秋实汽车空调有限公司、江苏金合能源科技有限公司等企业创成江苏省三星级上云

句容经济开发区推进江苏中科瑞博科技有限公司粉体智能装备研发及制造项目建设

企业。积极开展国家级人才申报，江苏金合能源科技有限公司的李永亮入选"启明计划"、邹博杨入选"博士后创新人才支持计划"。

（开发区）

【企业服务】 2023年，句容经济开发区将营商环境作为开发区的生命线，举办"'句''经'会 会神谋发展"活动7期，开展企业走访、项目推进活动49次，梳理形成3个清单、汇总问题33个。年内，帮助企业解决智达道路开口、宁东路和茶园路建设、园区企业高管子女就近入学、焙盈融资等问题。 （开发区）

创新管理

【概况】 2023年，句容经济开发区抢抓镇江开发园区管理体制改革试点机遇，探索"三重塑一聚焦"改革举措，以党建赋能园区高质量发展，成立"一区四园一片区"大党工委。牵头产城融合组团，加快构建紧密合作、协同发展、共建共赢的组团发展格局。研究制定《开发区（黄梅街道）2023年度落实全面从严治党"两个责任"的清单》，重点聚焦省委巡视、联动巡察和审计反馈问题，抓好问题整改。年内，巡察反馈的14个问题，整改完成8个，完成率约达57.1%；45条整改措施，落实到位32条，完成率约达71.1%。 （开发区）

【城乡建设】 2023年，句容经济开发区完成黄梅、后莘、杜家

7月1日，开发区（黄梅街道）召开"七一"表彰、党建大会暨作风效能建设大会

山、石狮4个村的迁坟工作；完成1037户拆迁户的回迁安置工作，共计安置2924套房屋。开展水畔新居、黄梅新村不动产权证书办理工作，全年办理1140套。完成沪宁沿江高铁供电线路沿线树木清理工作，确保沪宁沿江高铁牵引站配套220千伏供电工程通过验收。清淤整治塘坝10座、沟渠1条；维修、拆建滚水坝1座；衬砌灌溉渠道1条；整治维护固江口水库坝顶道路及溢洪道进出口；改造抗旱泵站1座；成功创建西山河省级生态河道。

（开发区）

【民生事业】 2023年，句容经济开发区发放最低生活保障金157万元，发放特困人员生活补助242万元，发放困难群众慰问和救助金90多万元；发放2636名80岁及以上老年人尊老金共188万元。优化街道尊老金办理流程，为2000余名80岁及以上老年人提供家政、生活照料等免费服务，实施特殊困难老年人家庭"菜单式"适老化改造18户。新建并成功运营杨塘岗社区老年助餐点、赤岗社区居家养老服务中心，城区建成"15分钟养老服务圈"；建成黄梅街道社会工作服务站并投入运营，为辖区内居民开展邻里互助和社会关爱服务。推进法治政府建设，大力开展反诈、反邪教及禁毒工作，联合村（社区）开展电信网络诈骗宣传动员会议20余次，累计发放宣传册及纸质宣传材料60000余份，组织村（社区）开展反诈宣传活动30次。加强工资清欠管理，全年受理欠薪事件74起，帮助民工追讨工资224.6万元。依托综合文化广场、农家书屋等阵地资源，组建新时代文明实践志愿服务团队，广泛开展"学习贯彻党的二十大精神"理论宣讲、"移风易俗主题宣传"教育服务、"全民阅读"文体服务等多项活动。坚持和发展新时代"枫桥经验"，以法治理念化解社会矛盾纠纷，加大预防、排查、调处工作力度，全年化解矛盾纠纷400余件，调解率达100%。

（开发区）

镇·街道·管委会

编校人员：陈龙浩

华阳街道

【概况】 华阳街道位于句容城区东部，面积120平方千米，下辖14个村和3个社区居民委员会，户籍人口6.87万人，常住人口14.65万人。2023年，华阳街道把握高质量发展首要任务，坚持围绕中心、服务大局，坚持稳中求进、转型发展，坚持按规律办事、按规矩做事，各项工作扎实推进。全年完成地区生产总值106.41亿元，实现一般公共预算收入3.52亿元。 （陈雨心）

【工业经济】 2023年，华阳街道坚持产业强市"一号战略"，把项目攻坚作为全年工作的重点。建立完善招商数据库，编制VR地图和招商画册，全年开展招商活动87次，智达冰雪世界、京海数智、大观研发、邦农植物工厂等项目完成签约，盘活闲置用地8.37万平方米。年内，维斯登酒店、1912文化休闲商业街正式营业，环顺食用农产品项目竣工投产，东软双创园、骨科医院项目主体完工；深国际句容智慧供应链产业园项目全面启动；京海数智产业园获产评批复，开始项目场地装修施工。 （陈雨心）

【农业发展】 2023年，华阳街道坚持农业农村优先发展，挖掘特色农业品牌价值。完成"新坊老鹅"乡村旅游规划和"华阳福桃"产业发展规划编制，建成新坊鹅部落观光园，注册句容市华阳街道福桃专业合作联社，举办第四届华阳福桃文化节。"华阳福桃"在2023江苏省第五届优质桃果大赛中获7金7银，"华阳蟠桃"入选2023年第三批全国名特优新农产品，桃农亩均收入增至7000余元。华阳街道成为国家现代农业产业园创建单位，并获评"镇江市乡村振兴先进集体"。全年完成9800亩绿色大米申报、6500亩桃绿优基地验收任务，新增市级及以上示范家庭农场9家。 （陈雨心）

【镇村建设】 2023年，华阳街道实施"美家美户"行动，开展"双铁"沿线安全隐患排查和环境整治工作，推行"一户一卡"积分兑换机制和"红黑榜"管理制度，关停整顿废品收购点163个，清除偷倒点142处，清运各类垃圾7000余吨，清理私挖乱种区域3000余亩。加强对集贸市场、居民小区、城中村及责任路段等的常态化长效管理，紧盯背街小巷、建筑工地、沿街门店等问题突出区域，加大对渣土运输、占道经营、违章建筑等的管控力度，开展系列整治行动。全年查获偷倒建筑垃圾案件12起，整改抛洒滴漏31起，拆除违建5042平方米，整治"牛皮癣"居民小区49个。完善农业基础设施建设，加强农桥、农路等日常养护，完成里巷口河生态河道建设、黄泥坝排涝站和村级抗旱泵站维修养护等水利工程，清理疏通河道沟渠近30千米、塘坝102座，完成158户农村污水改厕任务。督促建设各方严格落实扬尘管控责任，对辖区在建项目开展常态化拉网式巡查，整改扬尘问题64处。加强农村污水处理设施维护，完成钱家边、

8月15日，华阳街道举办"践行二十大　奋进新征程"第七届百姓大舞台文艺会演

庙岗、小北山等自然村污水处理设施建设。推进污水处理提质增效精准攻坚"333"行动，推进兆文山、上路片区雨污管网改造，加大合流排口整治力度，完成老句容河岸坡加固、水生态修复等综合整治工程，及时疏通维修堵塞损坏管网，持续加强河道排口系统排查，坚决杜绝污水入河；万家河水质长期保持在Ⅲ类，河道整治成效显著。（陈雨心）

【民生事业】　2023年，华阳街道兜牢民生底线，强化公共服务。全年扶持600余人创业，带动1800人就业，发放初始创业富民贷款4107万元，返还失业保险稳岗补贴100余万元，帮助一大批创业者解决资金周转困难问题；紧跟新业态、就业新趋势，采用"课堂培训+实践教学"的方式，举办网络创业直播带货培训。落实为民解困各项措施，全年发放各类救助金、补助金、慰问金等2500万元，为1880名居家老人提供上门养老服务；推广开展乡村医疗互助工作，累计参保10924人。推进民生实事项目，通过剩余房源与市级统筹房源安置、回购拆迁面积等方式，缓解安置难矛盾。推动公共文体服务高质量发展，新增村级文体广场6000平方米，举办各种文体活动80多场次，农家书屋借阅达26万人次。构建三级矛盾调解体系，成功调解各类矛盾纠纷607起。推进安全生产"专项整治巩固提升年"和"基础建设强化推进年"专项行动，开展安全隐患排查整治和常态化消防培训，共计整改隐患441处，警示教育457次，全年未发生特大生产安全事故。6月，华阳街道天玺华府入选2022年度党建引领物业管理服务工作省级示范点。（陈雨心）

【1912文化休闲商业街正式营业】　2023年10月1日，位于句容市府东巷东侧、人民路北侧局部地块的1912文化休闲商业街正式开始营业。1912文化休闲商业街建筑面积6万平方米，经营面积约3.5万平方米，计划打造成24小时全时段、全业态生活中心，推动城市商业迭代与消费升级。（陈雨心）

【"华阳蟠桃"获评全国名特优新农产品】　2023年12月，农业农村部农产品质量安全中心发布2023年第三批全国名特优新农产品名录，"华阳蟠桃"入选。近年来，华阳街道成立句容市华阳街道福桃专业合作联社，申请注册"华阳福桃"商标，启动华阳福桃产业核心区规划建设，举办华阳福桃文化节，创新"桃产业+旅游"模式，将福桃采摘与旅游路线有机结合，建设"句容市乡村旅游示范点""中华福桃之乡"。（陈雨心）

下蜀镇

【概况】　下蜀镇位于句容市北端，镇域面积96.4平方千米，户籍人口3.31万人，常住人口4.03万人，下辖9个行政村。作为句容市唯一的沿江乡镇，拥有3.75千米长江岸线，境内有大道河、便民河等20多条河流，宁镇山脉自西向东蜿蜒而过。2023年，完成地区生产总值90.79亿元，实现一般公共预算收入5.5亿元。在2023年全国综合实力千强镇中排名第299位，在经济发达镇考核中全省排名第19位。（徐智聪）

【工业经济】　2023年，下蜀镇实现工业应税销售240亿元。完成固定资产投资19.58亿元，其

中，制造业投资9.56亿元；实际利用外资1550万美元。全年开展招商活动42次，获取项目信息60余条。成功招引亿元以上项目8个，其中，10亿元以上项目2个，已签约项目总投资35亿元。成功引入3个制造业项目，盘活园区闲置厂房1.2万平方米。全年共获得各级荣誉45项，其中，国家级荣誉20项、省级荣誉22项。新增"中国工业大奖"表彰奖获奖企业1家、国家级专精特新"小巨人"企业3家、国家级"绿色工厂"1家，1个项目入选《2023年5G工厂名录》，国家级两化融合管理体系贯标（A级）企业1家，新增"江苏省省长质量奖"获奖企业1家、江苏省专精特新中小企业4家、省级"绿色工厂"3家。加大科创载体建设，新增省级科创平台3个、（镇江）市级科创平台1个，入选江苏省博士后创新实践基地1个，获批筹建江苏省预制桩技术标准创新基地1个，规模以上工业企业研发投入占地区生产总值的比重达4%。持续推进高层次人才招引，全年共招引新材料、绿色建材等领域的海内外高层次人才8人，申报国家级人才计划7个、省市级人才计划2个。大力推动产学研合作，江苏华电句容发电有限公司、建华建材（中国）有限公司与高校院所合作研发的2项科技成果获江苏省科学技术奖二等奖，江苏天工科技股份有限公司、江苏联博精密科技股份有限公司与江苏农林职业技术学院合作开启高技能人才"定制班"。

（徐智聪）

【农业发展】 2023年，下蜀镇持续夯实"三农"工作，完成粮食种植3.18万亩，总产量1.5万吨。发放耕地地力保护补贴250余万元，完成常规农业保险面积3.16万亩。空青村入选"江苏省乡村振兴示范村"创建名单，鲜食玉米专业合作社创成镇江市级农民合作社示范社。总投资3100万元的苗千卉蔬菜集约化育苗基地开工建设，农业产业结构进一步优化。9个村加15家企业的联建体系全面形成，空青特色民宿、健蜂园有机蜂蜜等"村企联建"产业项目持续发展壮大。

（徐智聪）

【村镇建设】 2023年，下蜀镇持续推进农村人居环境整治工作，投入资金280万元，清理农村积存垃圾3900余吨、河塘353口，疏通沟渠125千米。持续完善集镇基础设施，新增天然气接管入户898户，东西大街路面改造全面完成，农贸市场停车场投入使用。新增新能源汽车充电桩6台套，建成公共停车场1处，建华建材（中国）有限公司东北片区、江苏千尊达新型建材有限公司片区、句容市飞煌腾达科技产业园运营管理有限公司3个点位新建污水管网4.6千米。坚持"两山"理念，常态化开展集镇段河道排口巡查工作，辖区内2个省考断面稳定保持优Ⅲ水质。46个自然村农村污水处理设施投入运行，农村污水处理设施覆盖率达53.48%。摸排起底遗留化工地块污染隐患，取缔"散乱污"企业6家，整治塑料粉碎加工点。年内，下蜀镇入选镇江市工业"散乱污"企业整治示范点。

（徐智聪）

【民生事业】 2023年，下蜀镇聚焦教育助学、医疗卫生、养老帮困、交通出行等民生问题，开展助学、助困、助残、助老"四助"行动，帮扶1000余人，发放资金140万元。句容市下蜀中心幼儿园与南京晓庄学院共建的"博士后科研工作站"正式授牌。举办2023年"创响江苏"春风行动专场招聘会，做好每月8日招聘活动，全年新增就业2500人，办理灵活就业社保补贴138人，稳岗补贴返还企业42家，一次性扩岗补助企业17家。落实高校毕业生"金燕人才"计划、大学生实习见习补贴等激励政策，全年发放富民创业小额担保贷款80笔，总金额1200余万元。推进"精网微格"工程，整合建立综合网格40个、专属网格39个、微网格125个。开展拉网式、地毯式反诈宣传。组织开展劳动保障监察"千企万人"普法宣传培训活动，办理各类劳资纠纷55件。推进微型消防站建设，设置微型消防站点14处，打通基层消防末端治理"最后一公里"。深化经济发达镇行政管理体制改革，探索实行"午间不断档、周六不打烊"延时服务工作制。全年共办理事项7776件，其中，公共服务类事项6810件、行政审批类事项966件。推进业务整合、流程再造，关联事项集成办理，共办理"一件事一次办"59件。推动广电、公安、不动产等民生窗口进驻大厅，满足群众多方面办事需求，全年进驻窗口办理事项3209件。

3月15日，华电江苏句容新能源有限公司揭牌暨江苏华电句容整市光伏项目第一批次111.08兆瓦开工仪式举行

组织新时代文明实践活动100余场，连续举办七届"百姓大舞台"，建成引水河水文化公园。开展公益电影放映14场，实施乡村文艺播种计划32场，获评"镇江市书香乡镇"。（徐智聪）

【华电江苏句容新能源有限公司揭牌】　3月15日，华电江苏句容新能源有限公司揭牌暨江苏华电句容整市光伏项目第一批次111.08兆瓦开工仪式举行。该项目第一批次开工主要涉及句容电厂厂内项目及句容整市户用光伏一期、二期3个项目，年均上网电量可达1.15亿千瓦时，每年可节约标准煤3.5万吨。（徐智聪）

宝华镇

【概况】　宝华镇因宝华山而得名，地处句容市西北部，与南京仙林、汤山、龙潭相接，境内有312国道、002省道、京沪高铁、沪宁城际铁路、沪宁铁路等交通要道。下辖8个行政村、6个社区，常住人口约6.73万人，户籍人口3万人，总面积103.06平方千米，形成北部圩区、东南部景区、西部新城区的基本格局。境内有17平方千米的国家级森林公园和国家AAAA级旅游景区，有7000多年前的丁沙地遗址和享誉东南亚的千年古刹——隆昌寺，生态资源丰富、文化底蕴深厚，是第二批全国发展改革试点小城镇、全国百佳特色旅游名镇、全国社区教育示范乡镇、全国农村优秀学习型乡镇、江苏省对外开放重点工业卫星镇、江苏省旅游名镇、江苏省生态文明建设示范镇、江苏省体育强镇、江苏省卫生镇。2023年，完成地区生产总值64.31亿元，实现一般公共预算收入6.74亿元，农民人均纯收入34398元。2023年全国综合实力千强镇排名第107位，2023年镇域经济500强排名第341位。
（刘尚明）

【工业经济】　2023年，宝华镇完成固定资产投资37.1亿元，实现规模以上工业总产值17.49亿元。签约石砀山铜矿抽水蓄能电站项目、美亚建筑项目、三瑞智能车载装备项目、无人机产业化项目4个投资亿元以上重点项目，8个重点项目完成制造业投资2.42亿元。总投资超100亿元、装机容量120万千瓦的石砀山铜矿抽水蓄能电站项目完成地表工程勘探。坚持科技人才驱动发展，1人入选国家级人才计划，2人入选镇江市"金山英才"计划，获第三届中国·镇江国际菁英创业大赛总决赛一等奖和优秀奖各1名，其中，一等奖翔跃科技无人机项目落户凤坛工业园。江苏诺环新材料科技有限公司与南京大学专家教授合作的脱硝催化剂产业化项目投产。
（刘尚明）

【旅游产业】　2023年，宝华山景区累计接待游客86万人次，旅游收入达1103.56万元。年内，举办第七届花山古庙会暨喜进千华·共赏玉兰、第十五届泡山节等主题活动。依托森林生态资源，先后开展春季采茶挖笋、夏季探秘萤火昆虫、秋季徒步手工制作等研学活动。建成占地面积50亩的植树基地和线上植树平台，并组织开展首届宝华山国家森林公园植树节。与江苏省农科院、扬州大学等建立战略合作关系。投资5500万元的江苏紫东假日酒店项目正式投入运营。宝华山国家森林公园获评2023年度江苏省放心消费创建示范区域。年内，宝华山千华古村运营权完成交接，盘活8000余平方米商铺，入选第二批江苏省文化和旅游消费便捷支付示范区。
（刘尚明）

【镇村建设】　2023年，宝华镇

完成6条黑臭水体整体验收，4条跨界水体实行专人专测，采样450余次，整治粉煤灰仓储2家，固废处置作坊4家。宝华镇污水处理厂提标扩建工程完成，厂区日处理污水能力2万吨。整治排查20个小区污水井385个、雨污管道10.7千米。改善人居环境，全年清理堆积物6350余吨，清理及加固大棚23730余平方米，拆除破旧建筑1444平方米，农村改厕450户。新建花山体育公园及配套篮球场1个、羽毛球场4个，健身器材场地2300平方米，广场舞场地700平方米。5.6千米宝华大道大中修工程基本完成。拓宽农民增收致富渠道，建成镇江市级家庭农场1家、句容市级家庭农场2家，栏江村、宝华村完成村内道路硬化升级，铜山村实现村内路灯亮化，华山村、宝华村、栗庄村建成省级生态文明村。推进问题楼盘建设，5个问题楼盘全部获得专项纾困资金恢复施工，金尊府一期、水岸澜郡、金科三期七号地块3个项目1452套商品房竣备交付。维护市容秩序，清理并取缔占道经营、店铺外溢、流动摊贩1100余起，清理"十乱"现象300余处，清理小广告360余处，处理油烟扰民、噪声扰民问题20余起。处理渣土违规运输200起、偷倒车辆28起，行政处罚13.6万元。依法关停违规废品回收站52家。　　（刘尚明）

【民生事业】　2023年，宝华镇举办"创响江苏"春风行动暨就业援助月现场招聘会，30余家企业提供就业岗位500余个，达成就业意向330余人。举办抖音创业直播培训3期，服务意向创业者120名。举办各类文化活动190余场。宝华卫生院体检中心及4900平方米宝华中心小学教学楼投入使用，宝华新城小学及幼儿园有序建设。栗庄村入选2023年全国示范性老年友好型社区拟命名名单，新城社区获评"江苏省健康社区"。10个村（社区）建成AA级居家养老服务中心；铜山村完成AAA级居家养老服务中心提档升级，建成AAA级镇级居家养老服务中心。慈善救助706人，救助金额91万元。为429名85周岁高龄老年人提供18万元慈善医保服务，为退役军人及其家属发放各类补助和优待金共计约347万元。宝华镇便民服务中心获评句容市"五星级便民服务中心"。推进全省政务服务条块统合试点，完成跨区域办理业务3000余件。推行"延时服务+预约服务+上门服务+专场服务"工作法，延伸开辟"帮办代办"窗口和"办不成事"反映窗口，梳理"宝满意"帮办代办服务事项40项，提供公司注册、参保缴费等服务600多次。通过回购和置换解决拆迁安置房240套。日常巡查16个在建房地产项目300余次，检查出各类安全隐患问题2000余处，下发整改通知单300余份，全年未发生安全生产伤亡事故。建设社会治理现代化指挥中心，开发软件应用平台，整合优化120个综合网格和56个专属网格。（刘尚明）

【石砀山铜矿抽水蓄能电站项目签约】　2023年7月14日，石砀山铜矿抽水蓄能电站项目正式签约。该项目总投资超100亿元，是江苏省唯一纳入"十四五"重点项目清单的抽水蓄能项目，拟定装机容量120万千瓦，以20世纪90年代的采石宕口扩建为上水库，以石砀山铜矿地下开采矿坑建设下水库，实现废弃矿坑绿色开发再利用，是全国首个综合利用地下矿坑资源建设的半地下式抽水蓄能电站。　　（刘尚明）

白兔镇

【概况】　白兔镇位于句容市东郊，宋代置为土市，元代置税务于此，是一座文化名镇。境内古

句容市宝华镇便民服务中心

迹众多,形成了白兔镇独特的东乡文化。这里有乾隆皇帝下江南时路宿的太平庄、唐代著名书法家颜真卿的"墓葬地"、句容第一个党支部大支里旧址等。全镇总面积117.72平方千米,户籍人口3.84万人,常住人口3.30万人,辖15个行政村。2023年,白兔镇统筹抓好发展稳定各项工作,经济社会发展呈现稳中有进、稳中向好的良好态势。实现地区生产总值46.77亿元,完成一般公共预算收入1.04亿元,完成社会消费品零售总额8.7亿元。

(王　帅)

6月1日,日本草莓育苗技术专题讲座在白兔镇举办

【工业经济】　2023年,白兔镇完成制造业投资3.03亿元,实际利用外资实现零的突破,完成102.5万美元。贯彻落实产业强市"一号战略",一手抓项目招引、一手抓调度推进。年内,新签约落户项目5个,总投资超2亿元,盘活低效闲置土地49亩,新增税收超500万元;新增在谈项目7个。博融电子厂房建设、饮旺新材料升级改造等6个句容市级重点项目全部完工并入库列统,共计完成列统投资额2.19亿元。新增"四上"企业12家、高新技术企业2家,江苏派欧汽车零部件有限公司、江苏久维压力容器制造有限公司2家企业入选江苏省专精特新中小企业。　(王　帅)

【农业发展】　2023年,白兔镇开展永久基本农田流出核实处置工作,完成整改任务4773.5亩。完成8.5万余亩粮食种植任务和3000亩高标准农田、1000亩水稻绿色高质高效示范基地建设,发放耕地地力保护补贴718.8万元。做大做强草莓产业,入选首批国家农业产业强镇,"白兔草莓"入选2023年度受市场欢迎草莓区域公用品牌。纪荣喜工作室、张奎峰工作室获评"江苏省乡土人才大师工作室"。新型经营主体加速发展,新增国家级示范社1家、(镇江)市级示范社3家、(句容)市级示范社2家。开展农产品质量安全追溯机制建设,农产品绿优占比继续保持全市第一。

(王　帅)

【镇村建设】　2023年,白兔镇关停"散乱污"企业2家,对太湖流域21家涉磷企业进行新一轮排查整治,华仑桥省考断面保持Ⅲ类水质。通过"国家卫生镇"复审,推进人居环境整治村庄垃圾清理专项行动,清理积存垃圾1857吨、河塘449个、沟渠71.5千米,整治废品回收点35个,修缮破损房屋建筑41处。开展安全生产技能培训、应急演练活动28次,专项开展针纺行业安全生产大检查。完成企业风险分级分类188家。推动"智慧消防"平台建设,36家重点企业和单位接入平台,全市"119消防宣传月"启动仪式暨"智慧消防"建设现场会在白兔镇召开。完成2.44万处自建房安全隐患排查,消除隐患21处。199户食品安全主体实现包保督导全覆盖,全年共督导796人次。

(王　帅)

【社会事业】　2023年,白兔镇为低保户、五保户、残疾人、退役军人等发放各类补助金1482万元。开展社会救助,发放救助金79.2万元,救助困难群众1500余人次。成立社会工作服务站和未成年人保护站,打造"梦想小屋"2间,开展困境儿童、留守儿童帮扶活动109次。依托"残疾人之家"帮助26名残疾人参加辅助性就业;开展困境妇女关爱行动,帮扶困境妇女14名。依托国家级"暖心家园"项目点,对全镇85户计生特殊家庭开展全覆盖帮扶活动6次。设立"崇文励志　共赴'莓'好"公益项目,向中高考优秀学子发放奖学金11.5万

元。保障群众医疗服务，完成15个村"15分钟医保服务圈"建设。推进安置小区二期办证扫尾工作，办证率达97%。农村不动产确权登记发证7378宗。阳光平台全年收到来信来访100余件，信访事项受理办理"四率"达100%。推进网格化社会治理，"平安句容"APP共上报290余起矛盾纠纷，全部得到闭环管理、妥善解决。组建反诈志愿者队伍，开展反诈宣传153次。调解劳资纠纷10起，帮助职工追讨薪资40余万元。年内，举办江苏句容第六届白兔草莓文化旅游节，伏热花海、江苏茶博园、西井樱花园、高庙海棠园共接待游客16万人次。白兔镇被评为"镇江市创建国家公共文化服务体系示范区先进集体"。龙山湖村入选镇江市乡村旅游特色村，西井村入选镇江市美丽家园示范点，中心村科普惠农服务站入选镇江市科普惠农服务站。　　　　　　（王　帅）

【《癸卯年》特种邮票首发仪式】
2023年1月5日，江苏句容第六届白兔草莓文化节暨《癸卯年》特种邮票全国首发仪式在白兔镇举行。此次发行的《癸卯年》特种邮票是中国生肖邮票第四轮中的第八套，也是句容市第二次举办生肖邮票首发活动。本次发行的《癸卯年》"兔"年特种邮票1套2枚，全套邮票面值2.40元，计划发行量分别为3950万枚和3800万枚。　　　　　　（王　帅）

【第六届白兔草莓文化旅游节】
2023年3月31日，第十四届江苏省乡村旅游节分会场暨江苏句容第六届白兔草莓文化旅游节在白兔镇伏热花海开幕。开幕式上，为获得草莓评比金奖的莓农颁奖、为"十佳草莓采摘园"授牌；进行草莓产业发展合作签约。此次草莓文化旅游节从1月开始，持续到5月，其间策划了抖音短视频大赛、颜真卿书法大赛、伏热樱花观赏季、花田露营帐篷节等一系列主题活动。
　　　　　　（王　帅）

边城镇

【概况】　边城镇地处沪宁经济走廊，东临镇江，西接南京，南濒茅山，北依宝华山，沪宁高速、243省道穿境而过。镇域面积115.32平方千米，辖14个行政村、2个社区，户籍人口约3.31万人，常住人口2.68万人。获批句容首个国家火炬特色产业基地，有国家级科技企业孵化器1家；亿年鱼化石、千年银杏树、八百年木瓜树被誉为"边城三宝"。2023年，实现地区生产总值47.13亿元，完成一般公共预算收入1.48亿元，农民人均可支配收入达到3.3万元。　　　（张书菡）

【工业经济】　2023年，边城镇完成制造业投资7.2亿元，完成固定资产投资22.67亿元，实现规模以上工业增加值8.6亿元。全年开展各类招商活动57次，新签约亿元以上项目8个。以句容宁武新材料股份有限公司为"链主"，围绕聚氨酯产品下游产业链，成功引进江苏西成静电科技有限公司、镇江聚发新材料科技有限公司、江苏中纤新创复合材料有限公司3家企业；推进10个市级以上重点产业项目建设，全年竣工达产5个。国网新源江苏句容抽水蓄能电站项目超额完成年度投资任务；江苏顺达新材料有限公司顺利关闭退出，通过江苏省化工产业安全环保整治提升领导小组办公室验收；宁武设备完成拍卖及拆除。累计盘活低效用地面积159亩，盘活厂房面积26500平方米。完善《边城镇党政领导干部挂钩联系重点企业制度》，解决企业反馈问题23条，为20多家企业申请各项扶持实体经济补助570余万元。光明中小企业新材料科创园在省级科技企业孵化器绩效评价中获A类优秀评级，华昌众创通过省级众创空间现场验收。全年申报高新技术企业15家，23家企业入选江苏省优质中小企业培育库，新增"四上"企业12家。江苏海川新材料科技有限公司、江苏苏博特新材料股份有限公司入选江苏省"瞪羚"企业，江苏虹普电子材料科技有限公司获评江苏省专精特新中小企业。承办2023"福地句才"海外人才创业大赛总决赛，全年引进海外人才项目1个，申报国家级人才项目4个、江苏省"双创计划"项目4个、镇江"金山英才"项目4个、句容"福地英才"项目2个，发放各级人才项目扶持资金150万元。　　（张书菡）

【农业发展】　2023年，边城镇粮食种植面积达28289亩，建成水稻绿色高质高效片1200亩。完成3220亩永久基本农田流出处置任务，违法用地整改销号11块

140.2亩。成功申报国家级示范社1个、省级示范家庭农场1家、县级示范家庭农场5家、获评镇江市科普助力乡村振兴基地1家。推进仑山湖国际路亚基地改造提升、衣庄农副产品保鲜仓储配送中心等现代农业项目。边城镇"幸福菜篮"志愿服务项目获第七届江苏志愿服务展示交流会金奖、江苏省优秀志愿服务项目、镇江市最佳志愿服务项目。"紫云英"品牌和"句华"品牌入选2023年省级农业品牌目录。（张书菡）

【镇村建设】 2023年，边城镇清理河塘225处、沟渠23.6千米、各类垃圾5680余吨，完成252户户厕改造，通过省级验收，行政村垃圾分类覆盖率达70%。3个行政村完成乡村规划编制。自动化检测主管网8千米，修复破损管网4处，完成污水处理厂溢流应急工程，指导7家规模以上企业办理排水许可证。完成农村公路3.1千米提档升级。边城卫生院开设发热门诊、慢病门诊，高仑村卫生室获评"江苏省甲级村卫生室"。边城中学宿舍楼完成主体封顶。开展风险防范专项行动，全年共计排查问题隐患672条，整改率达99%。依托数字化平台，123家工业企业在江苏省安全风险系统上完成风险自查，覆盖率达100%。深入打好"蓝天保卫战"，开展大气应急管控9次，取缔"散乱污"企业1家，$PM_{2.5}$平均浓度降至31.6微克/立方米，空气质量优良天数占比达78.8%。推动20家涉磷企业完成整改，实施300米黑臭河道清淤，仑山湖水质常年保持在优Ⅲ以上。

（张书菡）

【民生事业】 2023年，边城镇开展全民"八五"普法教育，化解各类社会矛盾纠纷，受理矛盾纠纷556件，调处成功率达99%。办结代表和选民意见建议67条。推进村集体收入专项治理，从严从紧控制"三公"经费等一般性支出，加强重点领域、关键环节的审计监督。新增灵活就业和企业职工养老保险参保人员826人，新增城镇就业1062人，落实稳岗补贴40.35万元，协助33名创业人员申请贷款561万元，获评"江苏省优秀劳动关系和谐乡镇"。健全多层次社会保障体系，累计发放低保户、特困人员、残疾人、困境儿童生活补贴等各类补助资金690余万元，走访困难群众400余人，开展服务活动30余场。镇、村居家养老服务中心完成提档升级，实施"梦想小屋"改造计划5个。常态化开展退役军人走访慰问，发放各类补助资金260万元。开展"百姓大舞台""文化送万家"等各类文化知识普及活动，累计服务群众13.4万人次。成功举办边城镇第七届体育旅游登山节、第十三届LTW国际路亚（BASS）大奖赛、第九届仑山湖冬泳节等各类体育旅游活动，打造"梧桐大道""望仙潭"等一批网红景点，吸引游客5万余人次。

（张书菡）

郭庄镇

【概况】 郭庄镇位于句容市西南部，紧邻江宁经济技术开发区、江宁大学城和南京禄口国际机场，总面积150.55平方千米，耕地面积78.53平方千米，户籍人口6.46万人，常住人口5.35万人，下辖22个行政村。宁杭高铁、宁杭高速、243省道等多条交通要道穿境而过，境内的赤山湖国家湿地公园是国家级湿地公园、国家水利风景区、全国科普教育基地。2023年，实现地区生产总值80.55亿元，完成一般公共预算收入1.69亿元。年内，郭庄镇入选

5月14日，2023年句容"体育嘉年华"跑遍句容——魅力边城马拉松在仑山湖开跑

2023年全国综合实力千强镇，赤山湖国家湿地公园入选江苏省自然资源科普基地。　　（刘庆庆）

【工业经济】　2023年，郭庄镇推进"项目攻坚突破年"行动，8个镇江市级重点产业项目、9个句容市级重点产业项目均有序推进，完成固定资产投资14.85亿元，完成制造业投资12.59亿元。天盛汽车、安徽电气、金容物流等7个新建项目认定开工；协鑫储能、宏通光伏、吴中产业园等9个续建项目超序时进度。江苏和正特种装备有限公司被评为国家级专精特新"小巨人"企业和省级企业技术中心。句容协鑫光伏科技有限公司创成省级智能制造示范车间，入选江苏省"瞪羚"企业、江苏省"绿色工厂"。江苏恒嘉电力集团有限公司通过国家两化融合管理体系评定。聚焦"两群三链"和临空组团定位，年内到南京、苏州、重庆等地开展各类招商活动48场次，外出考察重点企业30余家。成功签约天盛汽车、安徽电气等8个亿元项目，总投资约54亿元。持续强化资源要素协调配置，组建工业、国资、土地、村资四大资源盘活专班，摸家底、细举措，盘活厂房3.25万平方米、闲置低效土地48.9亩，新增1亿元销售、300万元税收；盘活闲置国有资产9822平方米，全年新增租金收入247.35万元。聚焦招才引智，申报国家级海外人才项目7个、江苏省"双创计划"项目2个、镇江"金山英才"项目3个、句容"福地英才"项目4个。　　（刘庆庆）

【农业发展】　2023年，郭庄镇落实耕地保护和粮食安全责任制，全年粮食种植面积达10.8万亩。强化农业现代化生产要素配置，新建高标准农田1.25万亩。提升优质农产品供给水平，绿色优质农产品基地达5万亩，新认证绿色水稻0.5万亩，绿色优质农产品占比超85%。建立以专业合作社、家庭农场、种植大户为主导的农业生产联合体，促成江苏大学与句容市纪兵农业机械服务专业合作社建立合作平台。加快新型农业经营主体培育，君顺家庭农场入选省级示范家庭农场，2人入选镇江市首批优秀"新农人"计划。承办2023镇江·句容农民丰收节等重要活动。食箐缦止民宿获镇江市旅游民宿银奖，乐爸森林部落入选镇江市"百村百景"，三岔猪头肉入选镇江市"百村百碗"。　　（刘庆庆）

【镇村建设】　2023年，郭庄镇推进公共停车场、镇区道路等基础设施建设，因地制宜地规划电动汽车充电桩、停车位等，全面提升集镇形象。推进"四好农路"工作，对全镇180多千米农路进行整治，增设临水路段防护栏152米，维修破损路面500平方米，维修桥梁6座。常态化巡查国省考断面沿河两岸160余次；46座农村污水处理设施运行正常，南河黑臭水体整治工作成功销号。抓实秸秆禁烧工作，开展砂石料经营户、导管生产企业、施工工地专项整治行动，关停非法污染企业2家。推进"美家美户"行动，清理村庄垃圾3650吨，集中清理道路秸秆25吨、村庄水塘311个、沟渠30.4千米，镇村人居环境显著改善。做好赤山湖湿地保护，赤山湖生物多样性不断提升，物种数超1200种。聚焦危险化学品、工贸企业、加油站等重点领域，开展安全生产大检查200余次，排除隐患300余条，全年未发生较大生产安全事故。

　　（刘庆庆）

【民生事业】　2023年，郭庄镇民生支出占一般公共预算支出的比例超88.4%。搭建市、镇、村信息化招聘平台，畅通线上就业服务网络，累计培训700余人次，

赤山湖候鸟迁徙

新增就业2200人，帮扶创业156人次。完善富民创业贷款政策，发放贷款2259万元。创成"15分钟医保服务圈"省级示范点。全年为低保户、特困人员等发放各类社会救助金2000多万元、退役军人安置费1200余万元。郭庄镇退役军人志愿服务队入选江苏省退役军人志愿服务"双百"先进典型。推动安置房源统筹工作，化解存量安置房148套。完成葛村片区回迁安置工作。郭庄镇居家养老服务中心正式运营。为2.8万人提供家庭医生首诊签约服务，为9400余名老年人提供免费体检疾病筛查服务，为1400余名适龄妇女提供免费"两癌"筛查服务。通过"国家卫生镇"复检。郭庄镇中心小学入选首批"全国健康学校"建设单位。打造"百姓大舞台"进商圈、省级非遗"二龙戏珠"全镇巡演、市级非遗"玩花船"进学校展演等文化活动。三阳地舞龙入选第二批《江苏省情影像志》"绝技江苏"系列。开展文明单位、文明村镇等群众性精神文明创建活动，获评江苏省文明单位、江苏省文明村、江苏省文明校园各1家，镇江市文明村4家、镇江市文明单位3家、镇江市文明校园1家。全年开展志愿服务活动100余场，认证志愿者6000余人，"太阳花"巾帼志愿阳光站入选镇江市"在你身边"文明实践巾帼志愿阳光站。以创建市域社会治理现代化先进镇为契机，统筹基层治理资源和治理力量，建成镇级社会矛盾纠纷调处服务中心、镇级法治文化广场、社区戒毒办公室。

（刘庆庆）

【"飞地经济"战略合作协议签订】 2023年11月6日，郭庄镇、后白镇和天王镇"飞地经济"战略合作签约仪式在郭庄镇举行。按照全市产业布局要求，郭庄镇、后白镇和天王镇将突破行政区划限制，进一步完善合作机制，拓宽合作领域，充分发挥各自资源优势，促进三地资源要素合理流动、优化配置，在更多领域进行交流合作，推进多层次、全方位合作，加快形成有利于区域深度合作发展的良好环境，携手开创区域合作发展新局面。（刘庆庆）

后白镇

【概况】 后白镇地处茅山西麓，赤山湖东畔，总面积143.28平方千米，辖21个行政村、3个社区，户籍人口5.56万人，常住人口4.06万人。2023年，后白镇坚持稳中求进工作总基调，完整、准确、全面贯彻新发展理念，全面落实"四个走在前""四个新"重大任务，取得经济社会发展新成效。年内，完成地区生产总值61.84亿元，实现一般公共预算收入1.06亿元，完成社会消费品零售总额7.4亿元，获"镇江市乡村振兴先进集体"等荣誉。

（后白镇）

【工业经济】 2023年，后白镇把发展实体经济摆在突出位置，工业应税销售达40.06亿元，规模以上工业总产值35亿元，完成固定资产投资13.6亿元，其中，制造业投资4.79亿元。实施"项目攻坚突破年"行动，创新招商模式，与郭庄镇、天王镇组建联合招商中心，重点围绕新型电力装备、精密制造领域开展招商，全年外出招商64次。西冯农耕文化体验项目办理土地手续；德尚精密、大美天第、环创新材料等6个项目接近竣工投产。变压器用电磁线、电力设备智能化、渔光互补发电、纸板生产线智能改造4个项目通过市产评会。召开后白镇高质量发展大会，评选产业税收贡献奖、产业投资贡献奖等先

后白镇岩藤农场

进典型。常态化开展企业家座谈会，满足企业合理诉求。指导企业智改数转，江苏圣海服饰科技有限公司成功申报江苏省三星级上云企业，镇江市经纬工程机械有限公司通过国家两化融合管理体系A级贯标认定。句容市一马先包装有限公司荣获2021—2022年度"镇江民营文化企业十强"称号，江苏广兴集团有限公司首席技师、总工程师、正高级工程师沈春雷入选首届"长三角大工匠"。

（后白镇）

【农业发展】 2023年，后白镇整合草坪、稻米研究院平台资源，组建句容农业科学研究院，协办中国草学会草坪专业委员会成立四十周年纪念大会暨第二十一次学术研讨会，举办镇江市稻米产业人才研讨会，开展"专家进高企""科技成果推广"等活动，江苏句容草坪科技小院获批。开展"大棚房"问题回潮反弹整治，开展抛荒撂荒整治，推动粮食作物丰产增收。发放耕地地力保护补贴、实际种粮一次性补贴等各类惠农资金961.2万元。新增江苏省、镇江市示范家庭农场6家，镇江市、句容市龙头企业共3家，6人入选句容市"新农英才"和乡土人才讲习所培养对象，获批江苏省科技型农业中小企业7家，张庙茶场被评为"五星级江苏省生态茶园"，"容谷丰大米"在第七届"芳桥"杯"江苏好大米"品鉴推介活动中获"江苏好大米"银奖。

（后白镇）

【镇村建设】 2023年，后白镇加快建设农业强镇，推进乡村全面振兴。林梅村入选第三批全国乡村治理示范村，创成镇江市特色田园乡村。推进"美家美户"行动，西城、古村整治经验入选镇江乡村振兴专刊。投入1500余万元，完成林梅村"美丽库区幸福家园"二期项目；投入380万元，完成中河堤防2.5千米多头小直径加固工程；投入135万元，完成十字河5.77千米、鸡毛山撇洪沟1.44千米生态河道建设项目，促进水利基础设施提档升级；投入682万元，完成集镇污水管网改造。完成对工贸企业、社会面小场所、燃气使用单位、农村自建房等重点领域的检查，查出各类隐患594处，完成整改512处。完成后白镇生态红线区域内89个人类活动变化监测点位的核查，持续跟踪环保隐患点位。

（后白镇）

【民生事业】 2023年，后白镇落实救助保障标准调整机制，做好低保、特困供养和残疾人两项补贴的动态管理，全年发放三类对象经费1338.37万元，发放困境儿童保障经费71.1万元。办理创业富民担保贷款1000万元，扶持就业24人，新增城镇就业983人。完成2023年度后白镇城乡居民医保参保工作。关爱计生特殊家庭，投保"幸福关爱"保险113份。依法处理劳动监察案35起，涉及金额683余万元。后白中心小学"幼小衔接"成功申报镇江市基础教育内涵建设项目，后白中学、后白中心小学、二圣中心小学获评镇江市"宪法卫士"2022行动计划先进集体。通过"国家卫生镇"验收，深化"15分钟医保服务圈"建设，完成后白卫生院新综合楼搬迁工作。推进网格化社会治理与应急管理有机融合工作试点，全镇72个一般网格、3个重点网格完成全覆盖。策划一批原创文化节目，打造后白"文化印象"。开展群众文化活动，举办2023年百姓大舞台文艺会演、"我们的节日"系列主题活动、戏曲进乡村等传统民俗文化活动86场。开展精神文明评选，涌现出"镇江好人"2名、"句容好人"2名，1户家庭被评为句容市文明家庭。徐巷村义成桥入选2023年度镇江市级地名文化遗产名录，二圣村被评为镇江市"五争五建"示范点。

（后白镇）

【林梅村入选第三批全国乡村治理示范村】 2023年11月，农业农村部、中央宣传部、司法部联合公布第三批全国乡村治理示范村镇名单，后白镇林梅村入选第三批全国乡村治理示范村。近年来，林梅村充分发挥基层党组织战斗堡垒作用，借鉴银行的存取模式，探索"综治银行"治理体系，激发群众自我管理、自我服务、自我教育、自我发展的内生动力，探索出一套全民参与、村民自治、共创平安的基层乡村治理新模式。

（后白镇）

天王镇

【概况】 天王镇位于宁、镇、常三市交界处，南与溧阳接壤，东与金坛相依，西与溧水毗邻，是句容市南大门，始建于唐中和二年（882），因天王寺而得名，至今已有1100多年历史。镇域面积131.44平方千米，下辖16个行政村、1个社区，户籍人口5.14万人，常住人口4.17万人。土地资源丰富，以丘陵山地为主，水源经检测大多达到国家Ⅰ类水质标准。2023年，实现地区生产总值62.71亿元，实现一般公共预算收入0.75亿元，农民人均可支配收入达33738元，同比增长7.08%。2023年，天王镇获得"镇江市高质量发展先进镇"荣誉称号，在全市率先举办重点产业项目集中开工仪式。江苏果牧不忘家庭农场句容有限公司党支部书记、总经理华梦丽获评第二届"全国乡村振兴青年先锋标兵"，并作为优秀毕业生代表在全国高校毕业生等青年就业创业工作电视电话会议上发言。　　　　（天王镇）

【工业经济】　2023年，天王镇坚持产业强市"一号战略"不动摇，主动对接溧水经济开发区和白马高新技术产业开发区，加强与东屏街道商会的互动联系，面向精密制造产业开展精准招商。实施高端人才引育行动，句容康泰膨润土有限公司余正伟教授入围镇江市"金山英才"计划，亚夫生物科技（镇江）有限公司与西北农林科技大学食品科学与工程学院签订战略合作协议。9个句容市级重点项目序时推进，拓华人防设备生产、天王汽配二期厂房、万顺新能源风力发电机齿轮箱配件生产等项目顺利完工；楚江玻璃智能化深加工、千帆年产10万台充电桩控制箱生产、那田山水二期民宿等项目进入收尾阶段。制订出台《天王镇闲置低效企业"三转"（转让、转租、转型）实施方案》，土地利用效益进一步提升。成立重大产业项目推进服务专班，建成舒心暖企的企业家交流中心和乡贤服务中心。年内，江苏海川卓越密封材料有限公司获评江苏省专精特新"小巨人"企业。　（天王镇）

【农业发展】　2023年，天王镇全力抓好粮食生产，完成夏粮秋粮种植面积6万余亩，建成水稻绿色高质高效示范片1000亩。江苏伊斯贝拉生态农业科技有限公司等3家企业被认定为句容市农产品质量安全追溯示范单位。新型农业经营主体不断壮大，天丰农机服务专业合作社获评镇江市农民专业合作社示范社。发挥"新农人"创业共富联盟的孵化作用，毕大钊获第四届全国农业行业职业技能大赛农机驾驶员赛项第一名。坚持以农促旅、以文塑旅、以旅彰文，做好农文旅融合大文章，戴庄村顶冲创成省级特色田园乡村，唐陵村创成省级乡村旅游重点村。　　　（天王镇）

【镇村建设】　2023年，天王镇以科学规划统筹镇村协同发展，开展城镇开发边界内控制性详规评估，完成西溧村、斗门村村庄规划编制并通过专家评审。推进关键节点美化，完成沿江高速天王道口、浦溪工业园区、340省道裴村路口3处景观节点改造。完成有机农业路建设，累计修复农路10处。开展农村人居环境整治，新建垃圾分类亭51个。开展废品回收行业专项整治，关停取缔无证无照废品回收站点30家、规范提升25家，组建再生资源回收产业联盟。　（天王镇）

【民生事业】　2023年，天王镇素质教育成果不断放大，袁巷中心幼儿园在中国学前教育研究会第二届圆桌会议上专题分享《山林之上——基于山林资源的村园课程探索之路》，天王中心小学太极武术队多次在省内外获奖。提

天王镇戴庄村收割有机越光水稻

档升级全民阅读中心，镇成教中心塑胶篮球场投入使用。举办第七届天王农民丰收节暨农民运动会、第一届天王镇村篮球联赛等活动，全年共组织开展文化艺术活动12场。注重文化传承，"句容老人山程氏骨伤疗法"入选第五批省级非物质文化遗产代表性项目名录扩展项目名录。积极开展居家养老上门服务，建成镇级居家养老服务中心。完善社会兜底保障，持续开展乡村公益医疗互助，强化劳动者权益保障。成功举办首届天王唐陵花木节、第一届天王浮山登山节和第十届句容浮山樱花节。　　（天王镇）

【天王镇重点产业项目集中开工仪式】 2023年2月16日，天王镇重点产业项目集中开工仪式举行。此次集中开工的5个项目分别是楚江玻璃智能化深加工项目、年产10万台充电桩控制箱生产项目、华腾智能家居生产项目、拓华人防工业厂房新建项目、天王汽配工业厂房建设项目，总投资5.58亿元。其中，新引进项目3个、技改项目2个，涉及盘活存量用地62亩，涵盖产业发展、基础设施等领域。　（天王镇）

茅山镇

【概况】 茅山镇总面积81平方千米，下辖10个行政村，户籍人口2.8万人，常住人口2.43万人。2023年，完成地区生产总值37.63亿元，实现一般公共预算收入0.39亿元，完成固定资产投资6.2亿元。年内，何庄村入选2023年江苏省乡村振兴示范村、第三批全省乡村治理典型案例；丁庄村、丁家边村、永兴村入选2023年全国乡村特色产业亿元村；句容市丁庄万亩葡萄专业合作联社获评江苏省农民合作社典型，创成首批国家现代农业全产业链标准化示范基地。茅山镇丁庄村党委书记、村委会主任方静被江苏省委宣传部授予江苏"最美基层干部"称号，镇江市农业科学院研究员、句容丁庄葡萄产业研究院院长芮东明被江苏省委宣传部授予江苏"最美科技工作者"称号。　　　　　　（袁　蕾）

【项目推进】 2023年，茅山镇加大项目建设力度，新增规模以上企业11家，其中，工业企业1家、服务业企业1家、贸易企业9家。坚持"走出去"和"引进来"并重，开展外出招商41次，签约何庄无人农场、福地源中医康复养老基地等4个项目，总投资3.55亿元。招引新能源装备制造项目飞入开发区，总投资3亿元。重点项目建设高质高效，"掌生谷粒"现代农业项目序时推进，句容市百事特复合材料有限公司厂房扩建项目竣工验收。盘活闲置低效用地，润鼎装配式工艺品生产线等7个项目成功落户，盘活厂房2.7万平方米。　（袁　蕾）

【农业发展】 2023年，茅山镇强化农业产业集中集聚发展，放大"丁庄葡萄""春城好田""不忧桑"等品牌效应，持续优化果、米、桑、茶等高效农业产业。成立句容丁庄葡萄产业研究院，优化丁庄葡萄分拣中心功能区，持续深化与盒马鲜生、百果园、开市客等国内优质渠道合作，设立新加坡葡萄销售专柜，销售半径不断扩大。新增省级示范家庭农场1家、省级示范社1家。新增粮食作物播种面积2675亩，通过省级绿优基地验收。蔡门村鲜食玉米基地、加工厂竣工达产，何庄村蔬菜基地完成校地合作签约，茅山镇获评"2023年度全省特粮特经特色小镇"，茅山镇农产品质量安全监管站获评五星级乡镇农

5月20日，第十届句容桑果紫酒节在茅山镇开幕

产品质量安全监管机构。

（袁 蕾）

【旅游产业】 2023年，茅山镇举办第十四届丁庄葡萄节、第十届桑果紫酒节、第八届豆腐村梅花节及首届清境桃花节，并推出茅山镇一、二日游精品线路。建设景观小品、花卉草坪，打造何庄振兴大道、"下岗南—高家"参观旅游线路，何庄村成功入选美丽家园省级示范点。通过句容东方紫酒业有限公司、江苏茅宝葛业有限公司、江苏鸿义生态农业有限公司等农业龙头企业延伸产业链、提升价值链，丁庄葡萄、茅宝葛根茶、东方紫酒获评镇江市"百村百品"乡村农创主题评选活动金奖；鸿义酵素园创成省级工业旅游区；茅宝葛园入选2023中国美丽乡村休闲旅游行（冬季）精品景点线路，创成省级中医药健康旅游示范基地建设单位。

（袁 蕾）

【镇村建设】 2023年，茅山镇围绕"三生融合""三美融合"，重点抓何庄试点推进，强基础设施配套，主干道沿路安装路灯212盏。推进燃气管网设施建设，春城佳苑238户居民开通燃气。改善交通出行环境，新建公交站台4座，完成农村公路检测144千米，修缮改造农村公路300米，增设桥梁铭牌18块、限载标志26块；消除重点路段交通安全隐患3处，新设茅宝葛园红绿灯1座。推进沪宁沿江高铁沿线安全与外部环境综合整治，加固大棚200万平方米，首创铁路沿线塑料大棚"轻飘物"治理地方标准，整治经验做法成为江苏省铁路办公室主题教育以学促干典型案例，并在上海铁路局全辖推广。（袁 蕾）

【民生事业】 2023年，茅山镇坚持以民生改善为根本，百姓幸福指数不断提高。推进"两站一中心"建设，建成AAA级镇级居家养老服务中心、未成年人保护工作站、慈善社工站。开展"慈善捐赠月"、老年人"安康关爱"行动、"慈善助老"等活动，协助老年人办理意外险理赔，为546名老年人购买新农合医疗保险；发放尊老金92.94万元、低保金94.59万元、五保金214.31万元、残疾人两项补贴359.93万元；关爱困境儿童30名，救助困难群众1080人次。开展拥军优属工作，发放退役军人抚恤补助金223.45万元。网格化社会治理实现全覆盖，开展特殊人群服务走访、扫黑除恶摸排、反电诈宣传工作。按照"八五"普法工作要求，开展《中华人民共和国民法典》《中华人民共和国长江保护法》宣传，建立起一支覆盖全镇36个网格、72人的"法律明白人"队伍。以"贯彻二十大 奋进新征程"为主题，筹办茅山镇第八届百姓大舞台文艺会演，组织实施"乡村文艺播种计划"志愿辅导40场，举办送戏下乡、戏曲进校园文艺演出活动5场。开展马灯阵舞、剪纸、书法、绘画等各类培训60次，覆盖2000多人次。剪纸艺术、春城马灯阵舞传承人入选句容市第三批非物质文化遗产项目代表性传承人名单。

（袁 蕾）

【句容第十四届丁庄葡萄节】 2023年8月19日，中国·句容第十四届丁庄葡萄节开幕。本次活动以"一粒葡萄 一个世界"为主题，活动现场举行了"句容丁庄葡萄产业研究院"揭牌仪式、丁庄葡萄与深圳百果园合作签约仪式、第七届"丁庄杯"早中熟精品葡萄评比大赛颁奖仪式。

（袁 蕾）

茅山风景区管委会

【概况】 茅山风景区管委会为句

3月26日，第十三届中国句容茅山文化旅游节在茅山风景区康缘养生谷举行

容市政府直属事业单位，区域总面积153平方千米，下辖10个行政村，户籍人口3.14万人，常住人口2.38万人。茅山地处江苏省西南部、长三角核心地带，是国家AAAAA级旅游景区，先后获得"中国道教养生文化示范基地""国际最佳养生基地""全国爱国主义教育示范基地""全国红色旅游经典景区"等荣誉称号。2023年，全区实现地区生产总值31.55亿元，实现一般公共预算收入0.25亿元，农民人均可支配收入达34635元，实现社会消费品零售总额16.3亿元。9月，由中国道教协会、中华宗教文化交流协会主办的第五届国际道教论坛在句容茅山举办。年内，非遗进茅山景区项目入选第二批江苏省无限定空间非遗进景区示范项目，茅山风景区管委会获评"全省风景名胜区管理先进工作单位"，茅山三宫入选首届江苏省风景名胜区最受欢迎十佳景点，茅山湖文化旅游康养产业发展集聚区入选江苏省现代服务业高质量发展第三批集聚示范区确认名单。

（董　晶）

【经济发展】 2023年，茅山风景区组建"6+2"专业化招商小分队，外出招商48批次，实现一批新业态、新项目落户茅山。其中，澜湾酒店项目开工建设，途居茅山房车露营地项目完成签约，茅山"泉水洞"项目完成公司注册和项目立项。依托自身资源禀赋，采取"合作社+基地+农户"模式，大力发展中草药种植产业。编制《句容市茅山地区中药材示范园区发展规划》，推动中药材产业集聚发展。完成耕地保护及永久基本农田流出整改任务3896.72亩。全年新、续认证有机竹笋面积20000亩，绿色农产品占比达78.4%。

（董　晶）

【旅游产业】 2023年，茅山风景区共接待游客超90万人次，实现综合收入5640万元。举办第十三届中国句容茅山文化旅游节、第二届茅山国潮大庙会、茅山生态露营体验节等活动。推动"非遗进景区"，深挖茅山福文化、道文化，推出茅山特色旅游产品和体验活动。以无人机表演、露营、音乐啤酒节、星空婚礼等丰富的活动，促进茅山"夜经济"发展。推广云旅游、云娱乐、云展览等沉浸式互动体验新模式。整合餐饮、住宿、文创，线上推出"茅山旅游商城"微信小程序和"一部手机游茅山"支付宝小程序。

加强与景点、酒店合作，合力营销推广。与伏热花海景区联合发售景区年卡，与金坛金牛洞景区和索道实现旅游景点互通、景区一票通；与东方盐湖城、茅山森林世界、花谷奇缘、茅山一号农场景区实现线上线下票务合作，开展营销宣传推广合作。加强招商引资，丰富景区产品，打造"茅山福都"文创品牌。优化景区线路，加强景区基础设施改造与提升，通过文字、诗词、书画等形式丰富景区文化内涵。

利用茅山铁军营、"红色家书"实境课堂等红色阵地开展主题教育，举办"红色文旅谁先行"党建联建擂台赛等系列活动。开辟红色研学线路，全年承接红色培训307批次，培训学员2.3万人次。

开展"体育+旅游"融合，配合完成江苏省第二届智力运动会魔方比赛、2023句容茅山湖铁人三项赛、"茅山杯"钓鱼比赛、2023福地句容马拉松等运动项目。

（董　晶）

【镇村建设】 2023年，茅山风景区打造综合服务中心，该中心实行一体化运营，涵盖居家养老服务中心、未成年人保护工作站、残疾人之家、社会工作服务站和慈善社会工作服务站。对茅山风景区社区卫生服务中心启动环境提升工程，对就医环境、设备进行提档升级；在为民服务中心打造"15分钟医保服务圈"。李塔村、上杆村实施局部区域自来水供水工程，满足区域群众用水需求。在天乐村（后巷自然村）、玉晨村（上袁自然村）开展"红星账册"积分制兑换活动。将东进河创建为民生实事河道、农村生态河道，完成五墟塘坝加固及道路改造民生实事工程。（董　晶）

【民生事业】 2023年，茅山风景区落实"三保"任务，受理富民创业贷款42笔共计682万元。举办"创响江苏"春风行动专场招聘会，为本地群众提供就业岗位300多个。开展劳资纠纷调处27起，处理金额267万元。落实资金970万元，做好低保户、特困人员、残疾人、退役军人、困境儿童、空巢老人等服务保障工作，为辖区内515名原建档立卡人口购买农村合作医疗保险。福桂二期安置房建成交付，136户拆迁群众全部回迁到位。推进茅山

村红色美丽村庄试点——茅山红色文化街区项目、东进广场红色文化展示项目、茅山村"廉洁村居"示范点等建设。（董 晶）

崇明街道

【概况】 崇明街道位于句容城市中枢，东起东昌中路，南至二圣路，西到洪武路，北抵文昌中路，辖东门、梅花、葛仙、马扎里、中凌、义台街、红旗、崇明、茅山、甲城、建新、新村、河滨13个社区，116个城市网格，总面积12平方千米。（张 聪）

【社区建设】 2023年，崇明街道开展"百巷千居"行动，打造宜居、韧性、智慧城市。实施老旧小区改造，投入1900余万元完成新村、建新两大片区共33.9万平方米老旧小区改造，涉及137栋楼宇出新、2万米飞线序化、1550米管道疏改等项目，惠及家庭3389户。打造5条特色街巷，推动"一街一景、一居一韵"，修补铺设道路1.54万平方米，利用边角地新增车位1400余个，安装修复路灯、楼道灯756盏，新增600余处公共充电桩、充电盒，破解近百个居民小区和背街小巷"路难平""车难停""夜难行"问题。开展"清洁家园，美化社区"综合清理专项行动，设立垃圾分类科普馆、智慧垃圾分类驿站。创新试点餐饮油烟在线监控项目，对40余家餐饮企业实现全天候、智能化监测。（张 聪）

【社区服务】 2023年，崇明街道聚焦助民便民服务，推进便民服务中心窗口标准化建设，推出"专区办、帮代办、上门办"服务，设立"办不成事"反映窗口，梳理、优化42个政务服务事项，建设运行"15分钟医保服务圈"，

崇明街道打造特色街巷

推行网格代办制度，创成镇江市级标准化"家门口"就业服务站。聚焦助老为小，建成老年助餐"中央厨房"，日出餐量达550份，建成社区居家养老服务中心，提供健康管理、老年课堂"打包式"服务，全年累计服务老年居民5000余人次，组织举办老年人体育节、老年人知识竞赛等老年文体活动，街道老年体协获评"镇江市老年人特色健身团队建设先进单位"；建成未成年人保护工作站，完成2户困境儿童家庭"梦想小屋"建设，建立社会工作服务站并实体化运营，开展"同筑梦想 崇向未来"系列活动。聚焦助弱纾困，创成镇江市"康乃馨家庭工作室"，"幸福家园"村社互助工程实现13个社区全覆盖，发放各类救助金、慰问金158.87万元。挖掘"乡贤能人"资源，探索"乡贤+法律咨询""乡贤+医疗服务""乡贤+产业发展"等模式，发挥乡贤在经济建设、文化发展、为民服务等方面的示范引领作用。（张 聪）

【社区管理】 2023年，崇明街道举办反诈宣传活动百余场次，发放宣传册、告知书4万余份，3万余人新装"国家反诈中心"APP。开展社会面小场所安全监管，完成"一场所一档"信息录入近4400家，推动小微隐患自查自改近百起，整治"三合一"场所（住宿与生产、仓储、经营一种或多种功能违章混合设置在同一空间内的建筑）各类隐患300余处，清理整治5家废品回收站，整治一批城市危房、小区和商区消防安全隐患。坚持和发展新时

代"枫桥经验",开展社会矛盾纠纷排查化解工作,完善信访维稳工作方案和应急处置预案,化解信访积案6件。打造"幸福崇明,连心家园"服务阵地,开展职业健康宣传活动20场。落实食品安全属地管理责任,完成辖区2383户个体工商户督导工作。

(张 聪)

【社区睦邻治理】 2023年,崇明街道深化睦邻志愿,上线"崇明志愿星"全市首个掌上平台,吸纳志愿者3000余人并常态化开展志愿活动。强化睦邻议事,开通"睦邻议事厅"线上平台,依托网格选聘94名"睦邻长",引导居民"线上线下"议事、评事、定事。开展睦邻活动,举办首届睦邻文化节,全年开展各类"睦邻"主题活动500余场,居民接受文化场馆服务达27万人次。利用网格内闲置岗亭、物业用房等近邻空间,建成20处"网格We站",把网格服务推进到群众家门口、基层治理最前沿。拓展文化阵地,打造"一社一品"文化矩阵,提升城市书房、社区诗社等载体功能,提供"家门口"的优质服务和精细管理。实施党组织覆盖率、业委会组建率"两项提升行动",成立11个小区物业服务项目党支部、5个业委会党支部,新组建、扩面21个小区业委会,推动"物、居、业"三方协同共治,45个小区由"开放"变"封闭"、10个"失管小区"引入市场化物业,建立参与式治理,打通治理末梢。

(张 聪)

4月16日,崇明街道在福地广场举办"睦邻文化节"活动

人物·荣誉

编校人员：吴 冉

市领导简介

（2023年发生变动的）

周必松 句容市委书记。2023年11月晋升为句容市一级调研员。

简介见《句容年鉴（2018）》。

束克之 句容市委副书记、代市长。2023年1月任句容市政府党组书记、市长。

简介见《句容年鉴（2022）》。

贾云亮 句容市委副书记、二级调研员。2023年3月免去其句容市委副书记、市委常委、委员职务，二级调研员职级。

简介见《句容年鉴（2016）》。

赵树锋 句容市委常委，市政府党组副书记、副市长。2023年6月任句容市委副书记、政法委书记，不再担任句容市政府党组副书记、副市长职务。

简介见《句容年鉴（2017）》。

陈志勇 句容市委常委、市人武部政委。2023年6月不再担任句容市委常委、委员职务。

简介见《句容年鉴（2018）》。

侯华锋 句容市委常委、政法委书记。2023年6月免去其句容市委常委、委员、政法委书记职务。

简介见《句容年鉴（2016）》。

郭 江 句容市委常委，市政府党组成员、副市长。2023年11月不再担任句容市委常委、委员职务。同年12月不再担任句容市政府副市长、党组成员职务。

简介见《句容年鉴（2021）》。

王红芳 句容市委常委（挂职）。2023年6月挂职结束，不再担任句容市委常委职务。

周 俊 句容市人大常委会党组成员、副主任，江苏省句容经济开发区党工委书记，句容市黄梅街道党工委书记。2023年3月不再担任江苏省句容经济开发区党工委书记职务。同年4月不再担任句容市黄梅街道党工委书记职务。同年11月提名不再担任句容市人大常委会副主任职务。同年12月不再担任句容市人大常委会党组成员职务。

简介见《句容年鉴（2022）》。

许俊超 2023年6月任句容市委常委，市政府党组副书记、常务副市长，二级调研员。

1976年1月出生，汉族，江苏南京人，1996年7月参加工作，1999年12月加入中国共产党，党校大学学历。

1996年以来，历任京口区财政局综合股科员、预算行财股总会计、住房基金管理中心副主任、财政局团支部书记、区级机关团工委副书记（主持工作）；2000年10月以来，历任京口区委组织部组织科、干部科科员（正股级），干部教育科副科长（正股级），干部科副科长（正股级），综合干部科科长，干部科科长；2008年3月任京口区党员电化教育中心主任；2009年7月任京口区企业工委副书记；2013年1月任京口区委组织部副部长，区人才办主任、高层次人才引进服务中心主任；2013年6月任镇江新民洲港口产业园区党工委书记、江苏省镇江市京口区共青团农场党委书记、临港产业园党工委书记；2020年7月任京口区三级调研员；2021年10月任京口区二级调研员（其间：2019年7月至2022年6月援藏，任拉萨市达孜区委常委、副区长）；2022年6月任丹徒区委常委、政法委书记，二级调研员；2023年6月任句容市委常委，市政府党组副书记、副市长提名人选，二级调研员；2023年7月任句容市委常委，市政府党组副书记、常务副市长，二级调研员。

闵　佳　句容市政府党组成员、副市长，兼任句容市白兔镇党委书记，句容市残联主席。2023年3月兼任江苏省句容经济开发区党工委书记。2023年4月兼任句容市黄梅街道党工委书记，不再担任句容市白兔镇党委书记职务。2023年6月任句容市委常委，不再担任句容市政府党组成员、副市长职务。

简介见《句容年鉴（2021）》。

何可宝　句容市人武部党委副书记、部长。2023年6月任句容市委常委、委员。

2004年6月以来，历任海军东海舰队航空兵司令部通信站一中队排长、技术员，代中队长、助理工程师（技术十三级），中队长；微波营副营长；通信处副营职参谋；指挥所指挥自动化工作站站长、工程师（技术十一级）；信息化处正营职参谋；2014年5月以来，历任东部战区海军航空兵参谋部信息保障处副处长、指挥所所长；2019年7月任句容市人武部党委副书记、部长。

贡月明　句容市茅山风景区党工委书记、江苏省句容茅山湖旅游度假区管理办公室党组书记。2023年9月任句容市政府副市长、党组成员。同年11月不再担任句容市茅山风景区党工委书记职务，12月不再担任江苏省句容茅山湖旅游度假区管理办公室党组书记职务。

1995年10月以来，历任句容市原二圣镇政府团委副书记，办公室主任、团委书记，组织干事、监察室主任；2001年1月任句容市劳动保障局办公室副主任；2005年9月任句容市后白镇党委组织委员；2007年6月以来，历任句容市委组织员，组织部党政干部科科长、干部教育科科长；2010年6月任句容市委组织部副部长；2011年8月任句容市委组织部副部长、市编办主任；2015年7月任句容市委办公室主任；2016年5月任句容市后白镇党委书记；2020年3月任句容市天王镇党委书记；2021年5月任江苏省句容茅山湖旅游度假区管理办公室党组书记；2021年6月任句容市茅山风景区党工委书记。

（组织部）

模范人物简介

朱世平　句容市人民调解协会理事、句容市医疗纠纷人民调解委员会调解员，2023年被评为"全国模范人民调解员"。

1958年5月出生，男，汉族，江苏句容人，中共党员，1976—1980年在部队医疗单位服役，1981—1986年在句容市人民医院工作，1987—1995年3月在句容市中医院工作，1995年3月—2005年3月在句容市卫生局工作，2005年3月至今在句容市医疗纠纷人民调解委员会工作。

2005—2017年获得句容市各类先进个人、优秀共产党员荣誉22次；获得镇江市优秀监督员、十佳监督员、十佳人民调解员各1次，优秀人民调解员2次。2020年获得江苏省优秀人民调解员1次。

（司法局）

曹仁勇　江苏农林职业技术学院二级教授。2023年11月，其领衔的团队获评"第三批国家级职业教育教师创新团队"。

1972年12月出生，男，江苏盐城人，中共党员。1995年7月来校工作。长期致力园林类专业建设、人才培养与产业发展工作。先后主持江苏省自然科学基金项目等省级以上科研项目10余项，发表论文40多篇，获得专利6项；获得国家级教学成果奖二等奖2项；主编"十二五"国家级规划教材1部。2017年获评第44届世界技能大赛园艺项目中国技术指导专家。2018年获评江苏省第五期"333工程"第二层次培养对象、江苏高校"青蓝工程"学术带头人。2019年获评第45届世界技能大赛园艺项目中国技术指导专家，荣获中国北京世界园艺博览会中华展园大奖。2021年荣获江苏省技能大师工作室（领办人）。2022年获江苏省教学成果奖特等奖（第一完成人）。2023年荣获国家级教学成果奖二等奖（第一完成人）、江苏省行业领域优秀科技进展奖（现代农业领域），获评"江苏省技术能手"。

（江苏农林职业技术学院）

华梦丽 江苏果牧不忘家庭农场句容有限公司党支部书记、总经理，天王镇西溧村党总支副书记，共青团江苏省委常委，镇江团市委副书记（兼职），句容市妇联副主席（挂职）。2023年作为全国唯一的优秀毕业生代表，在全国高校毕业生等青年就业创业工作电视电话会议上发言。2023年11月，获评第二届"全国乡村振兴青年先锋标兵"。

1995年9月出生，女，中共党员。2015年年底带领4名大学同学开始坚守在希望的田野上。2016年引领发展"饲—种—养—肥—育"生态循环农业模式，结合现代农业机械化，建设果牧标准化种养基地，引进无人机植保、大田机械作业，经营农场1080亩，涉及农、林、牧、副、渔五大产业，年产出农副产品124万斤，做到果牧全年供应。2018年带领团队优化脱毒草莓基质苗的繁育技术并量产，自主打造植物组织培养室，培育优质草莓"芯"，成立助农服务队，免费技术性扶持农户700余户，辐射面积达4.2万亩。2020年打通"教产收供销"农业全产业链，帮助农产品销售513万斤，培训学员2.2万多名，累计带动就业427人次，帮助农民增收1.2亿元。先后获评第十一届"全国农村青年致富带头人"，2022年荣获全国高校毕业生"基层就业卓越奖"，2023年获评"江苏最美基层高校毕业生"等荣誉。 （团市委）

何 超 句容市天王畜牧兽医站副站长，2023年获第四、第五届全国农业行业职业技能大赛动物疫病防治员组第三名。

1992年3月出生，男，江苏金坛人，中共党员，本科学历，高级畜牧兽医师，动物疫病防治员二级/技师等级。2014年6月毕业于江苏农林职业技术学院动物防疫与检疫专业；2015年6月毕业于扬州大学畜牧兽医专业（自考）；2014年12月至2017年9月在句容市郭庄畜牧兽医站工作；2017年10月至今在句容市天王畜牧兽医站工作。

参加工作以来，主要从事动物疫病防治、动物产地检疫等工作。2017年评"获镇江市动物检疫标兵""镇江市青年岗位能手"；2018年荣获镇江市动物防疫技能大赛三等奖；2019年获评"镇江市动物检疫标兵""镇江市青年岗位能手"；2022年获评"江苏省技术能手""江苏省农业技术能手""江苏省五一创新能手""镇江市动物疫病防治员状元"，作为校外技术指导教师带领江苏农林职业技术学院畜牧兽医学院学生团队参加2022年全国职业院校技能大赛（动物疫病防治员赛项）获全国一等奖的成绩。2023年入选镇江市"金山英才"高层次领军人才培养计划（学术技术新秀）。作为校外技术指导教师带领江苏农林职业技术学院畜牧兽医学院学生团队参加2023年全国职业院校技能大赛（动物疫病防治员赛项）获全国一等奖的成绩。

（农业农村局）

范亚君 江苏伊斯贝拉生态农业科技有限公司总经理、中国优质农产品开发服务协会草莓分会副秘书长，2023年2月获评"全国巾帼建功标兵"。

1980年6月出生，女，中共党员，同济大学管理学学士。2015年发起创立江苏伊斯贝拉生态农业科技有限公司并担任总经理。她致力草莓种苗的"育繁推"一体化发展，实现句容"草莓芯"的更新换代，让句容草莓的生产、销售、品牌建设和产业升级锦上添花。在工作中，发表《2个草莓品种在句容的引种表现》《草莓定植后生物药剂灌根对炭疽病防控生长的影响》等论文，获得"一种草莓用复合生防菌及复合生物制剂"等发明专利，编制《草莓秸秆还田高垄栽培技术规程》地方标准。获评"全国巾帼建功标兵""江苏省三八红旗手""镇江市'十佳'农民""镇江市农村青年致富带头人"等荣誉称号。

（妇 联）

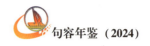

先进人物名录

2023年,句容市涌现出的省条线以上荣誉人物见表22。

2023年句容市获省条线以上荣誉人物一览表

表22

姓名	单位	所获荣誉	授予单位	授予时间
杨惠玲	句容市人民法院	全省法院立案信访工作先进个人	江苏省高级人民法院	2023年1月
张晓霞	句容市人民法院	全省法院"优化法治化营商环境执行年"1+4专项行动先进个人	江苏省高级人民法院	2023年1月
张苏红	句容市公安局反恐大队	促进民族团结模范	新疆驻江苏工作组	2023年1月
吴霜	句容市民政局	2022年度江苏省"安康关爱行动"先进个人	江苏省老龄工作委员会办公室	2023年1月
方静	茅山镇丁庄村	江苏省最美基层干部	江苏省委宣传部	2023年1月
范亚君	江苏伊斯贝拉生态农业科技有限公司	全国巾帼建功标兵	中华全国妇女联合会	2023年2月
刘吉花	句容市委巡察机构	2022年度参加省委巡视工作表现优秀干部	江苏省委巡视工作办公室	2023年2月
余蕾	句容市司法局	江苏省合法性审查成绩突出个人	江苏省司法厅	2023年3月
胡明喜	句容市下蜀中心小学校	优秀青少年科技教育校长	江苏省教育厅	2023年3月
曹科花	句容市下蜀中学	江苏省第34届中小学生金钥匙科技竞赛优秀青少年科技教育辅导员	江苏省教育厅	2023年3月
赵媛	国网江苏省电力有限公司句容市供电分公司	江苏省五一劳动奖章	江苏省总工会	2023年4月
苏青峰	江苏山水环境建设集团股份有限公司	江苏省文明职工	江苏省总工会	2023年4月
杨健宇	句容市下蜀中心小学校	优秀青少年科技教育辅导员	江苏省教育厅	2023年4月
叶希珈	江苏农林职业技术学院	江苏省杰出青年岗位能手	共青团江苏省委、江苏省人社厅	2023年4月
张予晗	句容市疾病预防控制中心血寄地防科	江苏省优秀共青团员	共青团江苏省委	2023年4月
盛成建	句容市华阳消防救援站	江苏省青年岗位能手	共青团江苏省委、江苏省人社厅	2023年4月
张海远	句容市教育局	江苏省优秀工会工作者	江苏总工会	2023年4月
郑宏	句容市特殊教育学校	江苏省红十字会2021—2022年基层组织工作先进个人	江苏省红十字会	2023年5月

续表 22

姓名	单位	所获荣誉	授予单位	授予时间
高超学	江苏农林职业技术学院	江苏省交通技术能手	江苏省交通厅	2023年5月
李全华	句容市司法局	江苏省行政执法监督成绩突出个人	江苏省司法厅	2023年6月
骆志勇	句容市人民法院	江苏省法院党的二十大维稳安保工作先进个人	江苏省高级人民法院	2023年6月
管 馨	句容市宝华中心小学校	新时代江苏好少年	江苏省文明办	2023年6月
沈春雷	江苏广兴集团有限公司	首届"长三角大工匠"	推进长三角高质量一体化发展工会	2023年6月
陈 军	江苏农林职业技术学院	江苏省教学名师	江苏省教育厅	2023年6月
张维娜	句容市华阳中心小学	江苏省教学名师	江苏省教育厅	2023年6月
潘林桢	句容市公安局刑警大队	二等功	江苏省公安厅	2023年7月
杨华俊	句容市下蜀中心幼儿园	"苏教名家"培养工程培养对象	江苏省教育厅	2023年7月
郭正兵	江苏农林职业技术学院	江苏高校"青蓝工程"优秀教学团队负责人	江苏省教育厅	2023年7月
高 恺	江苏农林职业技术学院	江苏高校"青蓝工程"优秀青年骨干教师	江苏省教育厅	2023年7月
王煜恒	江苏农林职业技术学院	江苏高校"青蓝工程"优秀青年骨干教师	江苏省教育厅	2023年7月
李国晓	江苏农林职业技术学院	江苏高校"青蓝工程"优秀青年骨干教师	江苏省教育厅	2023年7月
吴 丹	江苏农林职业技术学院	江苏高校"青蓝工程"优秀青年骨干教师	江苏省教育厅	2023年7月
卫佩行	江苏农林职业技术学院	江苏高校"青蓝工程"中青年学术带头人	江苏省教育厅	2023年7月
宋 刚	江苏农林职业技术学院	江苏高校"青蓝工程"中青年学术带头人	江苏省教育厅	2023年7月
孟 醒	句容市宝华镇财政和资产管理局	江苏省财政系统优秀调研成果二等奖	江苏省财政厅	2023年7月
王语歆	句容下蜀中心幼儿园	江苏省第十一届少儿歌谣创作大赛一等奖	江苏省委宣传部、江苏省文明办、江苏省教育厅、共青团江苏省委、江苏省文联等	2023年8月
黄 静	句容市退役军人事务局	宣传工作先进个人	退役军人事务部办公厅	2023年9月
颜志明	江苏农林职业技术学院	新时代职业学校名师（名匠）名校长培养计划（2023—2025）名师	教育部	2023年9月
王世界	句容市公安局茅山风景区派出所	江苏省优秀公安派出所所长	江苏省公安厅	2023年9月

续表22

姓名	单位	所获荣誉	授予单位	授予时间
孙玉华	崇明街道中凌社区	2023年第二季度"江苏好人"	江苏省精神建设指导委员会办公室	2023年9月
沈晓春	茅山风景区茅山村	江苏最美退役军人	江苏省委退役军人事务工作领导小组	2023年9月
李健	句容市烟草专卖局	江苏省卷烟打假打私先进个人	江苏省烟草专卖局	2023年9月
颜志海	句容市烟草专卖局	第六届卷烟产品鉴别检验技能竞赛三等奖	江苏省烟草专卖局	2023年9月
朱世平	句容市医疗纠纷人民调解委员会	全国模范人民调解员	司法部	2023年10月
芮东明	镇江市农业科学院	最美科技工作者	江苏省委宣传部	2023年10月
滕永辉	句容市边城镇人民政府	优秀退役军人志愿者	江苏省退役军人事务厅	2023年10月
韩利	句容市崇明小学文昌校区	江苏新疆青年少年"手拉手"先进个人	共青团江苏省委	2023年11月
曹仁勇	江苏农林职业技术学院	第三批国家级职业教育教师创新团队	教育部	2023年11月
刘斌	江苏农林职业技术学院	江苏工匠	江苏省人民政府	2023年11月
张元生	句容市司法局	江苏省社区矫正和安置帮教工作成绩突出个人	江苏省司法厅	2023年11月
华梦丽	江苏果牧不忘家庭农场句容有限公司	第二届全国乡村振兴青年先锋标兵	共青团中央、农业农村部	2023年11月
侯广龙	句容市景宏服饰有限公司	2023年第三季度"江苏好人"	江苏省精神建设指导委员会办公室	2023年11月
胡正清	镇江一马先制衣有限公司	2023年第三季度"江苏好人"	江苏省精神建设指导委员会办公室	2023年11月
巫君	句容市宝华镇新城社区	江苏省村居儿童主任实务技能竞赛二等奖	江苏省民政厅	2023年11月
笪玉华	句容市华阳街道下甸村	百名示范村（社区）书记	江苏省委组织部	2023年11月
王友成	句容市农经管理指导站	全国农业农村系统先进个人	农业农村部人事司	2023年12月
杨惠玲	句容市人民法院	江苏省优秀法官	江苏省高级人民法院	2023年12月
徐芬	句容市后白镇西冯村	江苏省妇联系统劳动模范	江苏省人社厅、江苏省妇联	2023年12月
潘良超	句容市公安局刑警大队	江苏省工匠工作室人选	江苏省公安厅	2023年12月
左英楠	国网江苏省电力有限公司句容市供电分公司	江苏省五一创新能手	江苏省总工会	2023年12月
刘薇	句容市人民检察院	"牢记嘱托、感恩奋进、走在前列"全省工会干部网上教育培训"优秀学员"	江苏省总工会	2023年12月

续表22

姓名	单位	所获荣誉	授予单位	授予时间
韩利	句容市崇明小学文昌校区	江苏省优秀少先队辅导员	共青团江苏省委、江苏省人社厅、江苏省教育厅、江苏省少先队工作委员会	2023年12月
何超	句容市农业农村局	2023年全国行业职业技能竞赛——动物疫病防治员组第三名	农业农村部人事司、人力资源社会保障部职业能力建设司	2023年12月
孙维波	句容市退役军人事务局	优秀主任	江苏省退役军人事务厅	2023年12月

注：收录时间以证书或发文日期为准，自2023年1月1日起至12月31日止。

先进集体名录

2023年，句容市涌现出的省条线以上先进集体见表23。

2023年句容市获省条线以上先进集体一览表

表23

申报主体	所获荣誉	授予单位	授予时间
句容市崇明中学	2022年江苏省中学生社会实践优秀项目二等奖	共青团江苏省委	2023年1月
江苏怡辰物业服务有限公司进寨里社区工作站	省级巾帼家政服务社区示范工作站	江苏省妇联、江苏省发展和改革委员会、江苏省商务厅、江苏省民政局、江苏省人力资源和社会保障厅、江苏省住房和城乡建设厅	2023年1月
国网江苏省电力有限公司句容市供电分公司	江苏省示范档案室	江苏省档案馆	2023年1月
句容市民政局	2022年度江苏省"安康关爱行动"先进单位	江苏省老龄工作委员会办公室	2023年1月
句容市北山水库管理所	江苏省省级水利风景区	江苏省水利厅	2023年1月
句容市宝华镇栗庄村	2022年度老年友好型社区	江苏省老龄工作委员会	2023年1月
国网江苏省电力有限公司句容市供电分公司营业厅	最美工会户外劳动者服务站点	中华全国总工会	2023年2月
句容市郭庄镇中心小学	江苏省文明校园	江苏省文明委	2023年2月
句容市委老干部局	2022年度老干部调研工作优秀调研成果一等奖	江苏省委老干部局	2023年2月
江苏农林职业技术学院	江苏省教育信息工作表扬单位	江苏省教育厅	2023年2月
江苏农林职业技术学院	江苏省高校毕业生就业工作量化督导A等高校	江苏省教育厅	2023年2月

续表 23

申报主体	所获荣誉	授予单位	授予时间
句容市下蜀镇东来家庭农场	第四批新型农业经营主体典型案例	农业农村部办公厅	2023年2月
句容市人力资源和社会保障局社保中心	江苏省人社系统2022年重点工作成效明显的集体（社保中心）	江苏省人力资源和社会保障厅	2023年2月
句容市融媒体中心	2022年度江苏省县级融媒体中心建设优秀案例	江苏省委宣传部	2023年2月
江苏农林职业技术学院	江苏教育新闻宣传工作优秀单位	江苏省教育厅	2023年3月
句容市城市管理局	江苏省爱国卫生运动70周年表现突出集体	江苏省爱国卫生运动委员会	2023年3月
句容市人民法院综合办公室	江苏省法院办公室工作先进集体	江苏省高级人民法院	2023年3月
句容市白兔中心小学	江苏省青少年科技教育先进学校	江苏省教育厅	2023年3月
句容市委依法治市办	2022年度依法治省工作成绩突出单位	江苏省委全面依法治省委员会办公室	2023年3月
句容市委统一战线工作部	江苏省统战工作创新实践成果	江苏省委统战部	2023年3月
句容市中医院	江苏省省级中医重点专科（Ⅲ类）建设单位	江苏省中医药管理局	2023年3月
句容市边城镇人民政府	第七届江苏志愿服务展示交流会金奖项目——句容市边城镇"幸福菜篮"志愿服务项目	江苏省委宣传部、江苏省文明办、江苏省民政厅、共青团江苏省委	2023年3月
句容市边城镇人民政府	江苏省优秀志愿服务项目——"幸福菜篮"志愿服务项目	江苏省志愿服务工作协调小组、江苏省精神文明建设指导委员会办公室	2023年3月
江苏智达高压电气有限公司工会委员会	江苏省模范职工之家	江苏省总工会	2023年3月
江苏山水环境建设集团股份有限公司工会委员会	江苏省模范职工之家	江苏省总工会	2023年3月
句容市疾病预防控制中心工会委员会	江苏省模范职工之家	江苏省总工会	2023年3月
句容农村商业银行华清支行工会	江苏省模范职工小家	江苏省总工会	2023年3月
江苏华电句容发电有限公司运行部集控五值	江苏省工人先锋号	江苏省总工会	2023年4月
建华建材（中国）有限公司精益办	江苏省工人先锋号	江苏省总工会	2023年4月
中国共产主义青年团句容市委员会	2022年度江苏省共青团工作先进单位	共青团江苏省委	2023年4月
句容经济开发区团工委	江苏省五四红旗团委	共青团江苏省委	2023年4月

续表 23

申报主体	所获荣誉	授予单位	授予时间
句容市郭庄镇团委	江苏省五四红旗团委	共青团江苏省委	2023年4月
句容市微能家园志愿服务中心团支部	江苏省五四红旗团支部	共青团江苏省委	2023年4月
句容市白兔镇中心村团支部	江苏省五四红旗团支部	共青团江苏省委	2023年4月
句容市华阳消防救援站团支部	江苏省五四红旗团支部	共青团江苏省委	2023年4月
句容市公安局交警大队车辆管理所	全国公安机关成绩突出集体	公安部、中华全国总工会	2023年4月
句容市供销合作总社	2022年度江苏省二十强县级供销合作社	江苏省供销合作总社	2023年4月
江苏省句容高级中学	第34届江苏省中小学生金钥匙科技竞赛团体二等奖	江苏省教育厅	2023年4月
句容市	第二批江苏省创新型示范县（市、区）	江苏省科技厅	2023年4月
句容市茅山风景区管理委员会	生态宜居美丽示范乡镇	江苏省委农村工作领导小组	2023年4月
句容市下蜀镇空青村	生态宜居美丽示范村	江苏省委农村工作领导小组	2023年4月
茅山风景区管理委员会茅山村	生态宜居美丽示范村	江苏省委农村工作领导小组	2023年4月
茅山风景区管理委员会上杆村	生态宜居美丽示范村	江苏省委农村工作领导小组	2023年4月
华阳街道下甸村	生态宜居美丽示范村	江苏省委农村工作领导小组	2023年4月
郭庄镇虬北村	生态宜居美丽示范村	江苏省委农村工作领导小组	2023年4月
后白镇古村村	生态宜居美丽示范村	江苏省委农村工作领导小组	2023年4月
天王镇戴庄村	生态宜居美丽示范村	江苏省委农村工作领导小组	2023年4月
边城镇衣庄村	生态宜居美丽示范村	江苏省委农村工作领导小组	2023年4月
白兔镇白兔村	生态宜居美丽示范村	江苏省委农村工作领导小组	2023年4月
宝华镇栗庄村	生态宜居美丽示范村	江苏省委农村工作领导小组	2023年4月
茅山镇前陵村	生态宜居美丽示范村	江苏省委农村工作领导小组	2023年4月
开发区河桥村	生态宜居美丽示范村	江苏省委农村工作领导小组	2023年4月
句容市白兔镇致富果业专业合作社、句容市边城绿农粮食种植土地股份专业合作社、句容市润民食用菌专业合作社	2022年国家农民合作社示范社	农业农村部、国家发改委、水利部、税务总局、市场监管总局、国家林草局、中华全国供销合作总社	2023年4月
句容市	全国农业科技现代化共建先行县	农业农村部科技教育司	2023年4月
江苏省句容市现代农业产业园	2023年国家现代农业产业园	农业农村部办公厅、财政部办公厅	2023年4月

续表 23

申报主体	所获荣誉	授予单位	授予时间
句容市水情旱情监测调度中心（句容市堤坝白蚁防治中心）	白蚁防治发明专利	国家知识产权局	2023年4月
句容市宝华镇栗庄村	2022年度江苏省生态宜居美丽乡村示范村	江苏省委农村工作领导小组	2023年4月
句容市	公益性骨灰安放设施规划建设、运营管理成效明显表彰激励	江苏省人民政府办公厅	2023年5月
句容市（河湖长制工作、幸福河湖建设）	督查激励表彰	江苏省人民政府	2023年5月
江苏农林职业技术学院	首批全国健康学校建设单位	教育部办公厅	2023年6月
句容市公安局治安大队	江苏省考试安保维稳工作成绩突出集体	江苏省公安厅	2023年6月
句容市新源电业发展有限公司	2022年度江苏省优质工程奖"扬子杯"（南京至句容城际轨道交通工程句容段主变电所电气安装工程）	江苏省住房城乡建设厅	2023年6月
江苏农林职业技术学院	江苏省高校对外合作与交流高质量发展综合评价A等次	江苏省教育厅	2023年6月
句容市茅山镇农产品质量安全监管站	第三批五星级乡镇农产品质量安全监管机构	江苏省农业农村厅	2023年6月
句容市茅山风景区暖心家园	江苏省级"暖心家园示范点"	江苏省卫生健康委员会	2023年6月
句容市郭庄镇中心小学校	首批全国健康单位建设单位	教育部办公厅	2023年6月
句容市	句容市农村河道长效管护专项绩效评估第二等次、农田水利工程管护成效评定优秀	江苏省水利厅、江苏省财政厅	2023年7月
句容市民政局	2021—2022年度江苏基层社会治理创新成果提名奖	江苏省民政厅	2023年7月
句容市丁庄万亩葡萄专业合作联社	第一批农业高质量发展标准化示范项目（国家现代农业全产业链标准化示范基地）创建单位	农业农村部办公厅	2023年8月
句容市白兔镇	首批国家农业产业强镇	农业农村部、财政部	2023年8月
句容市丁庄万亩葡萄专业合作联社	国家现代农业全产业链标准化示范基地	农业农村部办公厅	2023年8月
句容市白兔中心卫生院、句容市天王中心卫生院	江苏省老年友善医疗机构及优秀单位	江苏省卫生健康委员会	2023年8月
句容市白兔中心卫生院、句容市天王中心卫生院	江苏省老年友善医疗机构及优秀单位	江苏省卫生健康委员会	2023年8月
句容市公安局看守所	江苏省一级看守所	江苏省公安厅	2023年9月

续表 23

申报主体	所获荣誉	授予单位	授予时间
句容市白兔镇柏生草莓专业合作社	第二批百个全国农作物病虫害绿色防控技术示范推广基地	全国农业技术推广服务中心	2023年9月
句容市劳动人事争议调处服务中心	江苏省2023年"金牌劳动人事争议调解组织"	江苏省人力资源和社会保障厅、江苏省总工会、江苏省企业联合会/企业家协会、江苏省工商业联合会	2023年9月
句容协鑫光伏科技有限公司	江苏省级节水型企业	江苏省水利厅、江苏省发改委、江苏省交通运输厅、江苏省机关事务管理局、江苏交通控股有限公司	2023年9月
句容市司法局	全国组织宣传人民调解工作先进集体	中华全国人民调解员协会	2023年9月
句容市退役军人事务局	江苏省退役军人就业创业工作先进单位	江苏省退役军人事务厅	2023年9月
江苏农林职业技术学院	中巴教育国际合作突出贡献奖（2021—2023）	巴基斯坦伊斯兰共和国驻华大使馆	2023年10月
句容市北山水库管理所	国家级水利标准化管理工程	水利部	2023年10月
句容市委宣传部（句容市百姓大舞台）	江苏省第三批群众文化"百千万"工程优秀活动品牌	江苏省委宣传部、江苏省文明办、江苏省文化和旅游厅、江苏省文学艺术界联合会	2023年10月
国网江苏省电力有限公司句容市供电分公司后白供电所	国家电网公司"村网共建"电力便民服务示范点	国家电网有限公司	2023年11月
江苏省镇江市句容市后白镇西冯村"村网共建"电力便民服务点	国家电网公司"村网共建"电力便民服务示范点	国家电网有限公司	2023年11月
句容市纪委监委	2023年度报网宣传工作先进工作单位	中央纪委国家监委新闻传播中心	2023年11月
句容市后白镇林梅村	全国乡村治理示范村	农业农村部、中央宣传部、司法部	2023年11月
句容市农业农村局	全国农业综合行政执法示范单位	农业农村部	2023年11月
句容市茅西集镇	第二批江苏省现代农业全产业链标准化基地	江苏省农业农村厅	2023年11月
句容市茅山风景区如花家庭农场	江苏省家庭农场典型	江苏省农业农村厅	2023年11月
句容市丁庄万亩葡萄专业合作联社	江苏省农民合作社典型	江苏省农业农村厅	2023年11月
镇江市句容市后白镇林梅村	第三批全国乡村治理示范村	农业农村部、中央宣传部、司法部	2023年11月
江苏农林职业技术学院	第四、第五届全国农业行业职业技能大赛突出贡献奖	农业农村部人事司、人力资源社会保障部职业能力建设司、中国农林水利气象工会全国委员会	2023年12月
句容市人民法院少年及家事审判庭	全国法院先进集体	最高人民法院	2023年12月
句容市人民法院立案庭（诉讼服务中心）	江苏省法院金融审判工作先进集体	江苏省高级人民法院	2023年12月

续表 23

申报主体	所获荣誉	授予单位	授予时间
句容市人民法院刑事审判庭	江苏省法院扫黑除恶品牌创建优秀奖	江苏省高级人民法院	2023年12月
镇江市句容市萱草花志愿服务中心文明实践巾帼志愿阳光站	全国文明实践巾帼志愿阳光站	全国妇联宣传部	2023年12月
句容市工商业联合会	2023年度江苏省民营企业调查点工作先进单位	江苏省工商业联合会	2023年12月
句容市崇明小学	江苏省优秀少先队集体	共青团江苏省委、江苏省教育厅	2023年12月
句容市白兔中心小学	江苏省优秀少先队集体	共青团江苏省委、江苏省教育厅	2023年12月
句容市崇明小学	江苏省"书香伴我成长"征文比赛优秀组织奖	江苏省委宣传部、江苏省文明办、江苏省教育厅	2023年12月
句容市下蜀中心小学校	2023年度江苏省节水型学校	江苏省水利厅	2023年12月
句容市	江苏省第一批婚俗改革实验县(市、区)优秀单位	江苏省民政厅	2023年12月
江苏农林职业技术学院	2023年江苏省绿色学校(高校)	江苏省教育厅、江苏省发改委、江苏省生态环境厅、江苏省住房和城乡建设厅	2023年12月
江苏农林职业技术学院	江苏省大中专学生志愿者暑期文化科技卫生"三下乡"社会实践活动先进单位	江苏省委宣传部、江苏省文明办、江苏省教育厅等	2023年12月
句容市茅山镇何庄村	江苏省乡村治理典型案例(基层党建推动自治共治文明建设促进乡村和谐)	江苏省农业农村厅	2023年12月
句容市天王镇戴庄村、句容市茅山镇何庄村、句容市茅山风景区夏林村、句容市下蜀镇空青村	2023年江苏省乡村振兴示范村	江苏省农业农村厅、江苏省乡村振兴局	2023年12月
国家税务总局句容市税务局	全国工会职工书屋示范点	中华全国总工会	2023年12月
国网江苏省电力有限公司句容市供电分公司城区营业厅"光明使者爱心驿站"	最美工会户外劳动者服务站	中华全国总工会	2023年12月

注：收录时间以证书或发文日期为准，自2023年1月1日起至12月31日止。

正高级专业技术人员名录

2023年,句容市新增的正高教专业技术人员见表24。

2023年句容市新增正高级专业技术人员一览表

表24

姓名	单位	职称	批准时间
陈卫连	江苏山水环境建设集团股份有限公司	正高级工程师	2023年8月
王广经	江苏广兴集团有限公司	正高级工程师	2023年8月
束华平	句容市农业综合行政执法大队	正高级农艺师	2023年10月
彭玲	句容市农业技术推广中心	正高级农艺师	2023年10月
王丽娟	句容市农业技术推广中心	正高级农艺师	2023年10月
刘勇	江苏省农业广播电视学校句容市分校	正高级农艺师	2023年10月
刘云	句容市农业技术推广中心	正高级农艺师	2023年10月
刘晓峰	句容市急救站	正高级经济师	2023年12月
孙华强	句容市财政学会	正高级经济师	2023年12月
纪晓霞	句容市中医院	正高级经济师	2023年12月
张爱萍	句容市崇明街道办事处	正高级经济师	2023年12月
曹慧	句容市崇明小学	正高级教师	2023年12月
杨华俊	句容市下蜀中心幼儿园	正高级教师(乡村)	2023年12月
钟雪梅	句容市人民医院	主任医师	2023年12月
孙锦海	句容市人民医院	主任医师	2023年12月
王龙平	句容市人民医院	主任医师	2023年12月
张金明	句容市人民医院	主任医师	2023年12月
徐胜宏	句容市人民医院	主任医师	2023年12月
蒋国荣	句容市人民医院	主任医师	2023年12月
朱玉梅	句容市中医院	主任医师	2023年12月
万臻	句容市中医院	主任医师	2023年12月
樊永慧	句容市疾病预防控制中心	主任技师	2023年12月
董淑江	句容市疾病预防控制中心	主任技师	2023年12月
罗明清	句容市妇幼保健院	主任医师	2023年12月
刘碧俊	句容市急救站	主任医师	2023年12月
周来乐	句容市华阳社区卫生服务中心	社区主任医师	2023年12月
熊开美	句容市石狮社区卫生服务中心	社区主任医师	2023年12月
赵海波	句容市宝华卫生院	社区主任医师	2023年12月

续表24

姓名	单位	职称	批准时间
孔军	句容市郭庄中心卫生院	社区主任医师	2023年12月
王小山	句容市下蜀中心卫生院	社区主任医师	2023年12月
陈利群	句容市黄梅社区卫生服务中心	社区主任医师	2023年12月
曹永春	句容市天王中心卫生院	社区主任药师	2023年12月
郝德顺	句容市天王中心卫生院	社区主任药师	2023年12月
徐宏伟	句容市郭庄中心卫生院	社区主任药师	2023年12月
陈进	句容市边城卫生院	社区主任技师	2023年12月
袁花	句容市郭庄中心卫生院	社区主任技师	2023年12月
许镇红	句容市茅山卫生院	社区主任技师	2023年12月
罗光霞	句容市崇明社区卫生服务中心	社区主任医师	2023年12月
戴国庆	句容市天王中心卫生院	社区主任医师	2023年12月
王友林	句容市华阳社区卫生服务中心	社区主任医师	2023年12月
万其芳	句容市边城卫生院	社区主任医师	2023年12月
梁新梅	句容市华阳社区卫生服务中心	社区主任医师	2023年12月
经平	句容市华阳社区卫生服务中心	社区主任医师	2023年12月
张亚萍	句容市白兔中心卫生院白兔分院	社区主任医师	2023年12月
杜庆美	句容市华阳社区卫生服务中心	社区主任医师	2023年12月
宋贤丽	句容市宝华卫生院	社区主任医师	2023年12月
黄昌平	句容市黄梅社区卫生服务中心	社区主任护师	2023年12月
林龙梅	句容市宝华卫生院	社区主任护师	2023年12月

注：收录时间以证书或发文日期为准，自2023年1月1日起至12月31日止。

牢记嘱托　感恩奋进
坚定不移推进中国式现代化句容新实践
——在中共句容市委十三届五次全会上的讲话（摘录）

周必松

（2023年12月28日）

这次全会的主要任务是**坚持以习近平新时代中国特色社会主义思想为指导，全面贯彻党的二十大和二十届二中全会精神，深入贯彻习近平总书记对江苏工作重要讲话重要指示精神，认真落实中央经济工作会议和江苏省委十四届五次全会、江苏省委经济工作会议、镇江市委八届六次全会精神，动员全市上下牢记嘱托、感恩奋进，坚定不移推进中国式现代化句容新实践。**

一、深入学习贯彻习近平总书记重要讲话重要指示精神，更加自觉地牢记嘱托、感恩奋进

这一年，习近平总书记对江苏发展高度重视、格外关心，一次参加全国人大江苏代表团审议、两次亲临江苏考察，发表重要讲话、作出重要指示，为推进中国式现代化江苏新实践作出战略指引、注入强劲动力，是我们做好各项工作的根本遵循和行动指南。一年来的学习贯彻还是阶段性的，取得的成效还是初步的，学习贯彻总书记重要讲话重要指示精神始终是进行时，我们要不断深化学习、深入领悟，更加自觉地用以武装头脑、指导实践、推动工作。

（一）重温总书记殷殷嘱托，更加深刻领悟蕴含其中的重大政治考量。从"在高质量发展上继续走在前列"，到"在推进中国式现代化中走在前、做示范"，再到"紧紧依靠人民，把强国建设、民族复兴伟业不断推向前进"，习近平总书记赋予江苏的重大定位和总体要求，既一以贯之又与时俱进，阐述的都是事关中国式现代化的重大问题、关键问题，提出的都是着眼强国建设、民族复兴的重大要求。我们要一体学习把握、融会贯通理解，更加深刻领悟总书记重要讲话重要指示的战略性、全局性、指导性、针对性，更加深刻领悟总书记对江苏人民的关心关爱、对江苏工作的勉励指导、对江苏发展的战略指引是我们推进中国式现代化句容新实践的最大信心所在、底气所在、力量所在，进一步增强紧跟领路人、奋进新征程的政治自觉、思想自觉、行动自觉。

（二）重温总书记殷殷嘱托，更加深刻领悟蕴含其中的重大战略考量。在江苏视察期间，习近平总书记聚焦中国式现代化的重点领域作出深刻阐述，进一步深化和拓展我们党对中国式现代化的认识，丰富中国式现代化理论。在中央经济工作会议上，总书记再次强调，"必须把推进中国式现代化作为最大的政治"。市委十三届三次全会和四次全会对中国式现代化句容新实践已经作出部署安排，要锚定既定奋斗目标，准确把握中国式现代化的本质特征和实践要求，按照"定3年、谋8年、展望13年"的思路，着力拉长板、补短板、筑底板，更好地推进中国式现代化句容新实践。

（三）重温总书记殷殷嘱托，更加深刻领悟蕴含其中的重大现实考量。习近平总书记对江苏的关注始终是进行时，所作的重要讲话重要指示，每次的侧重点有所不同，既有对历史发展的回顾总结，又有对当下形势的分析研判。具体到句容，经济恢复仍处在负重前行阶段，化解多年积累的历史遗留问题还需要一个过程。我们要善于从总书记的嘱托中感悟责任使命、感悟"国之大者"、感悟科学方法，始终保持政治定力、战略定力、实干定力，不断突破既往、超越自我，一步一个脚印推进中国式现代化句容新实践。

（四）重温总书记殷殷嘱托，更加深刻领悟蕴含其中的重大民生考量。在江苏考察期间，习近平总书记足迹所至牵系民生，强调"新四军的历史充分说明，民心向背决定着历史的选择，江山就是人民，人民就是江山"。奋进新征程、建功新时代，需要传承发扬不怕困难、不畏艰险、勇于斗争、敢于胜利的精神，更需要传承红色基因中的为民情怀。江苏省委书记、省人大常委会主任信长星在江苏省委十四届五次全会第二次全体会议作小结时，就如何弘扬这一精神作阐述，我们要认真学习贯彻。句容作为新四军东进、北上、南下的重要通道和战略要地，要从革命传统中寻找智慧、从革命精神中叩问初心，任何时候都要把人民放在心中最高位置，更加自觉践行以人民为中心的发展思想，坚持合规合意合适，尽心竭力为老百姓解难事、办实事、做好事，在中国式现代化句容新实践中，不断把高质量发展成果转化为群众高品质生活。

二、坚定不移推进中国式现代化句容新实践

明年是中华人民共和国成立75周年，是全面完成"十四五"规划目标任务的关键一年。我们必须聚焦经济建设这一中心工作和高质量发展这一首要任务，坚定信心、开拓奋进，不断谱写"强富美高"新句容现代化建设新篇章。

要在大局变局中坚定信心底气。当前，世界之变、时代之变、历史之变正以前所未有的方式展开，外部环境复杂性、严峻性、不确定性进一步上升。中央经济工作会议指出，综合起来看，我国发展面临的有利条件强于不利因素，经济回升向好、长期向好的基本趋势没有改变。我们要深刻认识到经济恢复是一个波浪式发展、曲折式前进的过程，深刻认识到句容完全有基础、有条件、有能力继续走出发展"上扬线"，善于用全面、辩证、长远的眼光看待发展，进一步改善社会预期、提振发展信心，抓住一切有利时机，利用一切有利条件，该出手时果断出手，能多干就尽量多干，努力以工作的确定性应对形势变化的不确定性。

要在聚合融合中掌握战略主动。习近平总书记强调，"推动长三角一体化发展取得新的重大突破，在中国式现代化中走在前列，更好发挥先行探路、引领示范、辐射带动作用"。句容作为长三角一体化、南京都市圈、宁镇扬一体化、宁句同城化的重要节点城市，始终是融合发展的积极响应者、有力推动者、坚决执行者，同时更是直接受益者。特别是随着沪宁沿江高铁开通运营、312国道句容段快速化改造工程稳步推进，掀开宁句同城化发展的新篇章。我们要紧扣一体化和高质量，更加坚定地"融入南京、接力镇江"，坚决依靠南京、服务南京、做强自己，进一步把优势做优、特色做特，奋力奔跑，争得"很有前途"更大荣光。

要在知重负重中锚定首要任务。坚持高质量发展是新时代的硬道理。当前，句容发展还存在科技创新不强、产业体系不优、公共配套不足等问题，这些既是差距所在、弱项所在，也是潜力所在、希望所在，更是推动高质量发展的关键所在、重点所在。我们要坚持稳中求进、以进促稳、先立后破，统筹把握和处理好速度与质量、宏观数据与微观感受、发展经济与改善民生、发展与安全的关系，持续抓好产业强市、农业强市、文旅深度融合、国企改革深化提升、全面从严治党等重点工作，推动经济实现质的有效提升和量的合理增长。

要在敢作善为中展现更大担当。从成功承办第五届国际道教论坛、完成江苏省委巡视反馈问题整改等各项工作来看，句容干部队伍的状态是好的、战斗力是强的。但对照走在前做示范的重要要求，对标兄弟县市、先进地区，整体仍存在较大差距。只有敢作善为，才能闯出新路、实现跨越。我们既要树立和践行正确政绩观，严防脱离实际、急于求成，做到"四个防止"，又要拿出"当表率、做示范、走在前"的果敢担当，对"必须做"的心中有数，对"正在做"的加压推进，对"将要做"的提早谋划，努力展现更多振奋人心的"句容作为"、摸索更多可供复制推广的"句容经验"。

明年工作的总体要求是**坚持以习近平新时代中国特色社会主义思想为指导，全面贯彻党的二十大精神和习近平总书记对江苏工作重要讲话重要指示精神，坚决贯彻落实党中央决策部署和江苏省委、镇江市委工作要求，坚持稳中求进工作总基调，坚持"一福地四名城"城市定位，完整、准确、全面贯彻新发展理念，全面落实"四个走在前""四个新"重大任务，迎难而上、加压奋进，巩固和增强经济回升向好态势，更好统筹发展和安全，坚定不移推进中国式现代化句容新实践。**

明年经济社会发展的主要目标是地区生产总值、一般公共预算收入等主要经济指标增幅高于全省、镇江平均水平，居民收入增长与经济增长同步，完成生态环保、节能减排等约束性任务。重点抓好以下六个方面工作：

（一）坚持创新引领，深入实施产业强市"一号战略"。始终把产业作为立市之本，以科技创新推动产业创新，加快推进新型工业化，不断做大产业规模、调优产业结构，构建以实体经济为支撑的现代化产业体系。**一要强化创新驱动。**依托苏南国家自主创新示范区镇江园区句容分园、G312产业创新走廊等重大载体，借力南京、镇江高校科创资源，开展多层次产学研合作，筹建省级高新区。强化企业科技创新主体地位，扎实推进制造业智能化改造和数字化转型三年行动，力争创成省级以上专精特新"小巨人"企业2家，推动形成更多新质生产力。深入实施国企改革深化提升行动，进一步明确主责主业，推动高质量发展。扎实做好"四上"企业培育入库，确保净增45家。梯度推进企业股改上市，力争江苏天工科技股份有限公司登陆北京证券交易所。实施"人才发展质效提升年"行动，优化升级"福地句才"工程，大力营造近悦远来的人才生态。强化知识产权创造、保护和运用，积极创建国家知识产权强县建设试点县。**二要优化生产力布局。**紧扣"两群三链""三带四组团"，落实产业发展规划，不断做大做强新材料、高端装备制造、新一代信息技术等主导产业。持续推进"1+4+1"开发园区管理体制改革，完善园区基础设施和公共服务配套，不断提升承载能力。深化开发区去行政化试点改革，推动经济发达镇培育和高质量发展。组建提质增效工作专班，全力盘活低效闲置用地厂房和存量安置房，确保完成全年盘活70%的目标。**三要做强项目支撑。**放大区位、交通等比较优势，深化驻点南京招商、推进驻点上海招商，发挥东软双创园等专业平台作用，持续做好专业招商、科技招商、上门请商，确保全年新签约5000万元以上项目70个，国网新源句容抽水蓄能电站完成第一台机组建设并投入运行。**四要提升服务效能。**深化"拿地即开工"审批模式，打造"一企来办"综合服务平台，接续扩大"一件事"改革事项覆盖面。不折不扣落实国家和江苏省、镇江市各项惠企政策，结合句容市实际加强政策储备，发挥重大项目办作用，探索建立惠企政策会商机制，常态化开展惠企大走访，清单式管理、销号制落实项目推进过程中遇到的问题，持续擦亮"句满意"营商环境品牌。

（二）坚持系统观念，推进乡村全面振兴。锚定建设"农业强市"目标，学习运用"千万工程"经验，深入实施"美家美户"行动，推动农业科技、农业现代化走在前做示范。**一要夯实产业支撑力。**严格落实耕地保护和粮食安全党政同责，推进耕地撂荒治理，常态化做好违法用地动态清零，稳步推进高标准农田改造提升。示范推广新时代"戴庄经验""丁庄模式"，举办首届乡村振兴系列职业技能大赛，因地制宜发展乡村特色产业，培育壮大农村新型经营主体和"新农人"队伍。**二要打造品牌竞争力。**高度重视农产品区域公用品牌建设，推动更多农产品申报"三品一标"，加快推进茅山长青茶叶公司组建。深化与江苏大学、南京农业大学、江苏农林职业技术学院、镇江农科院等高校院所的合作，统筹推进全国农业科技现代化先行县、句容国家现代农业产业园等建设，积极争创国家级、省级农业高新技术产业示范区。**三要提升乡村吸引力**。编制实用性村庄规划，持续做好农村人居环境整治和农村基础设施提档升级，积极争创"四好农村路"全国示范县。围绕农村人居环境整治"七大区域"，统筹好片区村庄规划，打造试点示范村，力争新创2个江苏省特色田园乡村、2个江苏省传统村落。

（三）坚持生态优先，全力打造美丽句容。牢固树立践行绿水青山就是金山银山的理念，加快建设人与自然和谐共生的美丽句容。**一要攻坚环境污染防治**。坚持举一反三、注重建章立制，扎实推进中央生态环境保护督察反馈问题、江苏省生态环境厅交办信访问题等整改。更高标准打好蓝天、碧水、净土保卫战，开展餐饮油烟整治"回头看"，强化扬尘治理，持续稳固大气污染治理成效。抓好宁句跨界水体治理、农业面源污染控制、污水处理厂提质增效等工作，完成7.3平方千米城镇污水提质增效达标区建设。推动城北垃圾填埋场生态化利用项目成为江苏省西南低山丘陵区域生态环境司法保护示范基地（定名为"阳山生态公园"）。毫不动摇坚持共抓大保护、不搞大开发，严格落实长江"十年禁渔"任务。聚焦"两保两提"目标，扎实开展新一轮太湖综合治理。**二要推动绿色低碳发展**。积极稳妥推进碳达峰、碳中和，严控"两高一低"项目，稳步发展抽水蓄能等清洁能源产业，推进传统产业转型升级，培育节能环保、资源循环利用等绿色低碳产业，创成一批省级以上"绿色工厂"。持续提升人民群众的节约意识、环保意识、生态意识，引导全社会积极参与生态环境保护，自觉践行绿色生活理念。**三要拓宽"两山"转化通道**。完善生态产品价值实现机制，以国家全域旅游示范区创建为契机，大力发展生态经济、美丽经济。积极探索市场化资本参与景区管理运营新机制，着力解决管理机制不顺、政企不分等问题，加快景区街区融合，全面激发景区市场活力和竞争力。举办第十四届中国句容茅山文化旅游节，打造旅游集散中心、开通旅游特色专线，推动将茅山、宝华山等纳入南京旅游线路。

（四）坚持共建共享，持续擦亮城市品牌。坚持"一福地四名城"城市定位，持续提升规划建设管理水平，着力打造宜居、韧性、智慧城市。**一要完善城市功能**。守牢"三区三线"，稳步推进镇村国土空间规划编制和中心城区、各乡镇控规编制，做好阳山生态公园周边、沪宁沿江高铁句容站周边、312国道句容段等片区规划。扎实推进交通重点工程，有序做好扬镇宁马城际铁路、仪禄高速公路规划建设各项工作，确保312国道句容段快速化改造工程主体贯通，全力推动增设沪宁沿江高铁句容站停靠班次。加快推进广志路东延等"断头路"建设，进一步畅通宁句同城化通道。抢抓远郊区容积率1.0限制取消的机遇，持续推进"两降两提"，打造高品质居住社区，加快构建房地产发展新模式。**二要深化文明创建**。持续开展交通秩序、农贸市场、背街小巷等专项整治，加快推进智慧停车建设，完成7个片区雨污分流工程、19个老旧小区改造。广泛践行社会主义核心价值观，坚持典型引领，厚植"好人生态"，在全社会弘扬劳动精神、奋斗精神、奉献精神、创造精神、勤俭节约精神，让向上向善蔚然成风。**三要彰显历史文脉**。把人文经济强作为文化强市建设的一个重要目标指向，注重以文兴业、以文聚力、以文化经。启动省级历史文化名城规划编制工作，推进茅山"洞天福地"世界遗产、赤山湖世界灌溉工程遗产申报，推动仑山湖—高骊山创建省级旅游度假区，全面加强对边城镇青山村古生物化石的调查、保护和合理利用。升级改造句容市博物馆，积极发挥玄宫资源优势，谋划建设中国古动物馆茅山分馆。依托新四军纪念馆、茅山铁军营等阵地，打造红色研学线路，进一步把句容红色资源利用好，把红色基因传承好，积极争创全国红色旅游融合发展试点单位。深化与江苏省演艺集团合作，大力发展文化产业，多形式、多渠道展示句容历史文化，讲好句容故事。

（五）坚持人民至上，不断增进民生福祉。牢固树立以人民为中心的发展思想，尽力而为、量力而行，兜住、兜准、兜牢民生底线，努力实现更高水平"民生七有"。**一要推进共同富裕**。更加突出就业优先导向，积极搭建"线上+线下"才企供需对接平台，开展紧缺型工种培训认定，持续做好高校毕业生、退役军人、农民工等重点群体就业帮扶。扎实推进农民收入十年倍增计划和富民强村帮促行动，构建农村低收入人口增收和经济薄弱村发展长效机制，因地制宜发展绿色经济、服务经济、"飞地经济"等，推动村企、村社联动发展。**二要优化公共服务**。把有限的财力用在刀刃上、紧要处,办实办好年度民生实事。坚持教育优先发展,持续推进教育改革,优化教育资源供给,深入落实"双减"政策,加快推进江苏省句容高级中学异地新建工程及宝华新城小学、幼儿园建设,力争创成江苏省义务教育优质均衡发展市和江苏省学前教育普及普惠市。持续完善公共卫生体系,做好"国家卫生城市"复审迎检工作,推进句容市中医院异地搬迁。聚焦"一老一幼",完成75户困难老年人家庭适老化改造,打造未成年人司法保护基地。**三要保障基本民生。**用好"四下基层"等工作方法,切实解决一批群众急难愁盼问题。提高"15分钟医保服务圈"运行质效,为群众提供"家门口"的高质量服务。加强基础性、普惠性、兜底性民生保障,深化社会救助扩围增效专项行动,常态化做好社会福利、退役军人优待、妇女儿童权益保障和残疾人福利保障等工作,推动慈善事业展现更大作为。坚持安置房源全市统筹,加快解决拆迁户安置等历史遗留问题。

(六)坚持底线思维,更好统筹发展和安全。牢固树立总体国家安全观,扎实做好维护国家政治安全和社会稳定各项工作,努力实现高质量发展和高水平安全的良性互动。**一要抓好安全生产。**坚持"三管三必须"和"谁主管谁牵头、谁为主谁牵头、谁靠近谁牵头",围绕交通运输、建筑施工、燃气安全等重大领域,开展安全生产专项整治,坚决杜绝重特大事故发生。建设句容市应急指挥中心,完善应急救援指挥调度体系,进一步提高安全生产监管质效。**二要防范重大风险。**统筹推进债务管控各项目标任务,严禁新增政府隐性债务,严控经营性债务增长,坚决守住不发生系统性风险的底线。牢固树立"过紧日子"思想,全力兜牢兜实财政"三保"底线。做好问题楼盘矛盾处置和化解工作,确保完成"保交楼"工作任务。**三要提升治理能力。**坚持和发展新时代"枫桥经验",深入推进矛盾纠纷多元化解"一站式"平台建设,扎实开展信访问题源头治理三年攻坚行动,深化信访积案领导包案化解,及时把矛盾纠纷化解在基层、化解在萌芽状态。健全重大决策社会稳定风险评估工作机制,深入推进"平安句容""法治句容"建设,推进扫黑除恶常态化。强化食品药品安全监管,坚决守护好"舌尖上的安全"。打造网络舆情和网络安全一体化平台,建设市舆情监测及应急指挥大厅,及时高效地处置各类舆情信息。

三、坚持全面从严治党,为中国式现代化句容新实践提供坚强政治引领和政治保障

坚定不移推进中国式现代化句容新实践,关键靠党。习近平总书记在江苏考察时首次提出全面从严治党,要求江苏各级党委要牢牢扛起全面从严治党主体责任。我们要深入学习贯彻习近平总书记关于党的建设的重要思想,全面加强党的建设,发挥党建引领作用,切实为中国式现代化句容新实践提供坚强政治引领和政治保障。

(一)更加突出政治建设,淬炼绝对忠诚本色。始终把坚定拥护"两个确立"、坚决做到"两个维护"作为最高政治原则和根本政治责任,落实到实际工作中、体现在一言一行上,不断提高政治判断力、政治领悟力、政治执行力,任何时候任何情况下都自觉同以习近平同志为核心的党中央保持高度一致,任何时候任何情况下都以党的旗帜为旗帜、以党的方向为方向、以党的意志为意志,确保各项事业始终沿着总书记指引的方向笃定前行。坚持把习近平总书记对本地、本领域、本系统重要讲话重要指示精神作为推动工作的根本遵循、根本标尺,经常对标对表,及时校正偏差,确保每一项重要工作都体现政治要求、每一件重要事情都考虑政治影响、每一个重要举措都防范政治风险。

(二)更加注重理论武装,厚植理想信念根基。坚持以习近平新时代中国特色社会主义思想凝心铸魂,全力推进江苏省习近平新时代中国特色社会主义思想研究中心句容市实践调研基地建设,在深化内化转化上聚力用劲,使全市上下始终保持统一的思想、坚定的意志、协调的行动。用好新四军纪念馆等革命文化资源,广泛开展革命传统教育、爱国主义教育,切实把红色血脉赓续好、把光荣传统弘扬好。坚持党管宣传、党管意识形态、党管媒体,全面落实意识形态工作责任制,持续抓好巡视整改和成果运用,切实把意识形态工作的领导权、管理权、话语权牢牢掌握在手中。

(三)更加夯实基层基础,构筑坚强战斗堡垒。牢固树立大抓基层的鲜明导向,聚焦抓党建促乡村全面振兴,大力培育强村富民"振兴梦工场",积极探索村干部专业化建设,育强"头雁"队伍,提升领航能力。深化"全域党建""睦邻党建""毗邻党建"

等品牌建设，推行"红色业委会"，不断夯实基层治理的组织支撑。大力实施"双提"工程，构建流动党员"流出+流入""线上+线下"管理模式，推动党员亮身份、树形象、显作用。严格落实"五责联抓"工作体系，常态化整顿软弱涣散基层党组织，推动全面进步、全面过硬。

（四）更加激励敢作善为，打造过硬干部队伍。深刻领会"四个注重选拔、四个坚决不用"重大要求，践行"五抓五强"，以政治标准引领"选育管用"工作。全面落实江苏省委、镇江市委和句容市委激励干部担当作为若干措施，开展干部担当力动态监测、无任用推优、新任职市管干部"预评估、后评价"双评机制和"双争双好"（争创引领发展好班子、争做敢作善为好干部）综合评选，持续提升"敢作"的底气、"善为"的本领。启动年轻干部"菁锐计划"，实施初任公务员"助跑行动"，储备一支数量足、能力强的年轻干部队伍。坚持严管和厚爱结合、激励和约束并重，坚持"三个区分开来"，真正让想为者敢为、有为者有位。

（五）更加强化正风肃纪，营造良好政治生态。始终牢记"两个永远在路上"，坚持党性党风党纪一起抓，强化"全周期管理"，切实把严的主基调长期坚持下去，做到敢抓敢管、真抓真管、严抓严管。坚持常态长效，做好江苏省委巡视、审计整改"后半篇"文章，深入推进市委巡察工作。坚持将惩治震慑、制度约束、提高觉悟有机结合，紧盯重点区域、重点部门和重要环节，加强对"一把手"和领导班子监督，持续深入整治群众身边腐败问题和不正之风。锲而不舍落实中央八项规定及其实施细则精神，着力纠治"四风"顽瘴痼疾和形式主义、官僚主义突出问题，持续为基层减负松绑。统筹衔接"四项监督"，正确运用监督执纪"四种形态"，引导党员干部保持"赶考"的清醒和对"围猎"的警觉。

（六）更加巩固团结局面，凝聚发展强大合力。发挥句容市委总揽全局、协调各方的领导核心作用，坚持依法决策、民主决策、科学决策，不断提高把方向、谋大局、定政策、促改革的能力和定力。支持和保证人大、政协及"一府一委两院"依法依章独立负责、协调一致开展工作。发挥统战凝心聚力作用，建强党外代表人士队伍，用好乡贤资源力量，完善大统战工作格局。强化党管武装工作，扎实做好双拥共建。突出政治性、先进性、群众性，发挥工会、共青团、妇联的桥梁纽带作用，营造民主团结、安定和谐的浓厚氛围。

政府工作报告

——在句容市第十七届人民代表大会第三次会议上的讲话（摘录）

束克之

（2024年1月10日）

一、2023年工作回顾

2023年是全面贯彻党的二十大精神的开局之年，是三年疫情防控转段后经济恢复发展的一年，也是句容奋力推进路径优化、动能转换的一年。面对复杂严峻的外部环境，面对房地产市场下行对句容市经济带来的冲击，面对严峻的"保交楼"任务和债务压力，我们始终坚持以习近平新时代中国特色社会主义思想为指导，深入贯彻落实习近平总书记对江苏重要讲话重要指示精神，全面落实"四个走在前""四个新"重大任务，在镇江市委、市政府和句容市委的坚强领导下，在市人大、政协监督支持下，知重负重、团结奋斗，"稳"的基础持续巩固，"升"的动力不断积蓄，"优"的局面逐渐形成。

过去一年，我们"融入南京、接力镇江"的步伐更加坚定。产业协同持续加强，新签约亿元以上34个项目中，18个项目与南京直接配套关联，占比约52.9%；29个项目符合镇江"四群八链"，占比约85.3%。"宁句同城"照进现实，宁句S6线成为通勤最优选择，日均客流量5万人次；沪宁沿江高铁开通运营，句容到南京最快仅需16分钟；312国道句容段快速化改造工程稳步推进。江苏省人民医院句容分院高效运转，江苏省演艺集团句容大剧院创作实践基地揭牌成立。

过去一年，我们经济社会发展稳中向好。主要预期目标基本实现，预计全年地区生产总值增长5%左右；完成一般公共预算收入50.05亿元，增长25.7%；完成固定资产投资216亿元，其中，制造业投资60亿元，增长20.5%；社会消费品零售总额增长8%；建筑业总产值150亿元。45项重点工作任务得到很好落实、10项民生实事全部按期完成。

过去一年，我们产业强市底板不断夯实。成功入选2023年"中国工业百强县（市）""中国创新百强县（市）"名单，居全国综合实力百强县市第49位。总投资100亿元的宝华石砀山铜矿抽水蓄能电站成功签约，总投资96亿元的边城抽水蓄能电站下水库完成蓄水。49个镇江市级重大项目全部开工，71个句容市级重大项目序时推进。全年新增"四上"企业167家，其中，规模以上工业企业55家。下蜀江苏天工科技股份有限公司上市已被北京证券交易所受理。

过去一年，我们农文旅融合特色持续彰显。深化"戴庄经验"运用，成功获评首批"全国农业科技现代化先行县"。江苏省句容市现代农业产业园入选2023年国家现代农业产业园创建名单，北山水库创成国家级水利工程管理单位和省级水利风景区，白兔镇获评首批国家农业产业强镇，茅山老区入选江苏省首批休闲农业精品区。

过去一年，我们城市影响力全面放大。成功承办第五届国际道教论坛，获得中央、省、市各级一致肯定，赢得中外嘉宾和社会各界广泛赞誉。主办、承办仑山湖路亚大赛、茅山湖铁人三项赛、福地句容马拉松赛等国际国内赛事8场次，重启茅山文化旅游节，句容的知名度、美誉度进一步提升。

（一）坚持把主题教育作为重大政治任务，理想信念更加坚定。牢牢把握"学思想、强党性、重实践、建新功"总要求，一体推进理论学习、调查研究、推动发展、检视整改，以"实实在在学、躬行实践研、求真务实干、实事求是改"推动主题教育取得扎实成效。坚持读原著、学原文、悟原理，对新思想进行再学习、再领悟，在学习中增强"四个意识"、坚定"四个自信"、做到"两个维护"。认真开展"牢记嘱托、感恩奋进、走在前列"大讨论，进一步改进工作的思路和举措。统筹落实大兴调查研究这个重要内容，形成高质量调研报告8篇，建立调研成果转化运用清单，召开主题教育调研成果交流会，推动调研成果转化为工作成效。充分用好"四下基层"这个重要抓手，深入普通党员和基层群众，开展政策宣讲、调查研究、信访接待、现场办公，有力推动解决供排水一体化、居家社区养老服务等重点问题。坚决压实检视整改这个重要环节，认真落实"五个紧盯"要求，开展渣土管理领域生态环境问题等专项整治工作13项。

（二）坚持把改革创新作为必然选择，发展活力全面激发。**创新动能加速释放**。深入实施创新驱动发展战略，成功入选江苏省第二批创新型示范县（市、区）建设名单。全市有效高企159家，年度净增18家，科技型中小企业入库317家，均为历年最高。联博精密科技股份有限公司、江苏和正特种装备有限公司、江苏天工科技股份有限公司入选国家专精特新"小巨人"企业；句容台泥水泥5G智慧矿山项目入选《2023年5G工厂名录》；镇江市经纬工程机械有限公司、江苏恒嘉电力集团有限公司等5家企业通过国家两化融合管理体系评定。江苏省技术产权交易市场高效节能行业句容分中心正式获批。持续推动"福地句才"工程，新增国家级人才3人，入选江苏省"双创计划"1人，入选镇江"金山英才"计划10人。**重点改革持续深化**。优化国资布局，新建句容国有资本投资控股集团有限公司并实体化运行，整合全市国有平台，形成"2国有平台+1国有企业"格局。深化资产资源整合，开展供排水一体化建设试点，加大农业集团等改革力度。规范全市国有企业人员管理，出台加强国有企业监管实施意见，建立"1+X"国资国企监管制度体系，研发"聚资产—云平台"资产管理系统，实现国有资产的动态监管。以宗地为单位，全面梳理、攻坚存量盘活，共盘活低端低效企业66家，工业科技地产新入驻项目147个。**园区整合稳步推进**。深入实施开发园区体制机制改革，推行"一区多园"管理模式，强化主体园区地位，推动开发区与各功能园区协同发展。坚持"每个开发园区1—2个主导产业"发展方向，推动产业集聚发展，目前全市开发园区内工业应税销售和工业税收占全市比重均达到82%以上。园区考评明显进位，在镇江整体排名升至中游。

（三）坚持把产业强市作为"一号战略"，竞争优势日益显现。**发展路径更加清晰明确**。编制完成全市产业发展规划，明确"两群三链"主导产业及"三带四组团"生产力布局。制定"飞地经济"实施办法，6个板块参与的4个"飞地"项目已落地，总投资超7亿元。完成新一轮镇级财政管理体制调整，制定盘活存量激励办法。深化"组团式"发展，11月正式实施以来，已开展专题活动14场次，各板块大局意识、协同意识显著提升。**项目招引推进有序有力**。出台产业项目招引评估办法、规范招商引资扶持政策的指导意见等文件，有效衔接"预评估"和"产业评估"，全年上报镇江市亿元以上项目34个，总投资303.5亿元；其中，制造业项目24个，占比77.4%。坚持"走出去、引进来"相结合，累计开展小分队招商931次，获取有效信息278条。狠抓专业化招商队伍建设，多轮次开展专题培训，全市招商队伍能力水平显著提高。持续推进"项目攻坚突破年"行动，新成立并实体化运行市重大项目建设服务中心。强化"五会"体系运用，全市121个重大产业项目预计完成年度投资135亿元，其中，36个项目顺利竣工。**政策帮扶基础逐步夯实**。认真落实"江苏省42条""江苏省28条""镇江市30条"，全面升级"句满意"服务品牌，安排为企扶持资金7134万元，落实"稳增长"政策资金18.86亿元。出台推进资本市场高质量发展若干意见，助推企业利用资本市场做大做强。深入开展"三问三送"企业走访活动，46家企业反馈需市级协调的77个问题已全部解决。推进政务诚信改革创新，新增首次告知及二次告知文书，进一步提高企业信用的知晓率和修复率。在江苏省工商联关于镇江市民营经济营商环境评价报告中综合排名第一。

（四）坚持把内外兼修作为重要目标，城乡魅力逐步彰显。**基础设施更趋完善**。编制句容市国土空间总体规划和省级生态管控区调整方案，积极推进镇国土空间总体规划编制工作，有序开展全市范围内控制性详细规划动态维护。句容市长江引水暨城区水厂、下蜀水厂建设工程稳步推进。华阳西路、人民路环境综合提升改造工程全面完工；完成老旧小区改造33.9万平方米；香溪湾口袋公园主体建设完工。改造加固农路危旧桥梁3座，农村公路提档升级15千米，提升农村公路安全生命防护工程300千米。深入开展占道经营、背街小巷、餐饮业油烟污染整治，新增道路临时机动车停车泊位6841个、非机动车泊位6500余处、电动车充电位2400余处。完成30条幸福河湖建设，建成12个河长制主题公园。**乡村振兴持续推进**。狠抓粮食安全，开展撂荒治理，增加粮食种植面积4000亩，粮食总产量达到26万吨。全面启动1.2万亩高标准农田提升改造，完成1.3万亩高标准农田新建项目。开展设施农业、果园、茶叶等特色农业生产全程机械化示范基地建设，农业生产全程全面机械化示范县建设不断深化。全面开展农村人居环境整治村庄垃圾清理专项行动，学习运用"千万工程"经验，深入实施"美家美户"行动，农村人居环境显著改善。创建镇江市特色田园乡村2个、江苏省特色田园乡村1个，成功申报江苏省传统村落1个。**城乡环境更加宜居**。深入打好污染防治攻坚战，完成重点攻坚任务93项。全面完成第二轮中央生态环境保护督察交办的32件信访事项整改工作。全年环境空气质量优良天数占比为78.1%，$PM_{2.5}$平均浓度33.9微克/立方米，实现江苏省、镇江市排名双进位。13个国省考断面达标率100%，优Ⅲ占比为100%。积极开展新一轮太湖综合治理工作，推动49项治太任务落地落实。深入开展污染地块风险管控排查整治，建设用地安全利用率100%。全面推动"无废城市"建设，扎实推进农村生活污水治理工作，创成江苏省生态文明建设示范村5家。河长制工作被江苏省政府办公厅督查激励。华电完成2023年首笔碳配额大宗交易，累计完成碳交易超3亿元。深入开展渣土领域专项整治行动，构建"人防+技防"巡防体系，渣土偷倒行为得到有效管控。扎实推进高铁、公路沿线安全与环境整治，累计整改完成铁路沿线环境治理问题642件、公路沿线465件，创新实施高铁沿线大棚加固方案，在国铁集团上海铁路局全区推广，形成"句容经验"。持续推进各类违法用地整改行动，完成问题整改317个，面积4133.8亩。

（五）坚持把执政为民作为根本宗旨，民生福祉稳步增进。**社会保障精准发力**。持续加大民生投入，民生支出占一般公共预算支出比例超80%。开展线上线下招聘活动31场次，提供就业岗位3.7万余个，全市城镇新增就业1.81万人，城乡居民保养老金待遇实现十三连涨。完善富民创业贷款政策，发放贷款1.6亿元，累计拨付财政贴息及奖补资金631万元。建成市级养老护理院和智慧养老中心，建设运行大救助服务中心，社会救助服务效率有效提升；为204户困难老年人家庭实施适老化改造，为7349名老人和困难群体提供助餐服务。积极推动化解黄梅新村长达11年的办证问题，27天高效完成下荫佳园回迁安置工作。**公共服务提档升级**。创成"江苏省健康县（区）"，构建市、镇、村三级医保经办服务网络体系，实现"15分钟医保服务圈"全覆盖。句容市妇幼保健院完成整体搬迁并投入使用，句容市中医院异地搬迁项目稳步推进。继续深化"院府合作"和医联体建设，句容市人民医院新增10个镇江市重点专科，句容市中医院脾胃病科获评省级中医重点建设专科，创成全国示范性老年友好型社区1家。江苏省句容高级中学异地新建项目已完成桩基施工，宝华新城幼儿园加快建设，宝华中心小学校新建教学楼交付使用。高考重点本科率达47.6%，比去年提高15个百分点。4家单位入选江苏省最美公共文化空间，句容市图书馆通过国家一级馆评估定级。**旅游事业亮点纷呈**。编制全域旅游发展规划，启动仑山湖—高骊山省级旅游度假区、茅山湖国家旅游度假区创建，举办"体育嘉年华"全民健身赛事活动70余场。与金坛建立大茅山旅游联盟，推出茅山景区"一票通"大联票。宝华山国家森林公园管委会强化千华古村经营管理，推动数字科技和文化旅游深度融合。连续六年入选全国县域旅游综合实力百强县，荣登"中国最美县域"榜单。

（六）坚持把作风建设作为内在要求，治理水平显著提升。**江苏省委巡视和省委审计委员会"两个责任"审计整改纵深推进**。成立审计问题整改专班，明确责任领导和期限，坚持周调度、月推进，对推进整改过程中存在的难点问题集中会商。截至目前，反馈的92项问题已全部上报完成整改，部分仍需长期坚持的问题正有序推进。累计修订或出台政府投资管理实施细则、盘活存量激励办法、融资成本分级管控等政策制度20余个。把巡视整改作为改进工作的重要契机，推动解决开发区安置房"办证难"等民生问题，持续提升政府班子化解历史遗留问题的能力和水平。建立完善规范重大项目招商引资扶持政策指引意见、产业项目"招引评估"办法等制度，推动从源头上破解制约高质量发展的突出问题。**社会大局和谐稳定**。扎实推进重点行业领域安全生产专项整治巩固提升年和安全生产基础建设强化推进年"两个年"行动，深入开展燃气安全专项整治和农村道路交通重大事故隐患专项排查整治，扎实开展全省社会面小场所安全监管系统试点工作，生产安全事故起数、死亡人数实现双下降。严厉打击黄赌毒、食药环、制售假等民生领域犯罪，系统治理群众关切的电信网络诈骗。开展"百日会战""双月攻坚"等专项行动，重点交办信访案件化解率达100%，重要敏感节点实现"四零"目标。扎实推进重点金融风险化解，涉众型投资风险持续压降，金融生态不断优化。全面落实"保交楼"任务，累计交付房屋7964套，交付率达76.5%。创新安置方式，开展存量安置房统筹安置工作，全市剩余未安置户数下降35%，未安置面积下降48.9%。积极应对房地产市场下行压力，出台系列政策，保持房地产市场平稳有序。**服务惠民务实高效**。办理人大代表建议89件、政协提案140件。办理国务院大督查交办件2件，一般答复件34件，办结率达100%。"12345"政务热线高效运转，受理市民诉求13万件，满意率在99.8%以上。高质量完成省级"八五"普法中期考核评估，开展普法宣传活动100余场次，持续深化"精网微格"工程。出台《句容市加快推进数字政府建设高质量发展实施方案》等文件，全力打造"数字化、智能化、一体化"现代数字政府。

一年来，各个板块群策群力，同心同向，共同担负起托举城市高质量发展的时代重任：**开发区**深入推进园区管理体制改革，新签约20个零地招商项目，盘活闲置用地450亩，新增11家省级专精特新企业；**茅山风景区**大力推进景区街区融合和品质业态提升，茅山湖文化旅游康养产业发展集聚区入选第三批省级现代服务业高质量发展集聚示范区确认名单；**下蜀镇**顺利通过江苏省经济发达镇培育首年考核评估，建华建材（中国）有限公司荣获"中国工业大奖"表彰奖、2023年"江苏省省长质量奖"；**宝华镇**"山门下"项目、新城小学等历史遗留问题得到有序化解，发展能级不断提升，入围2023年"全国综合实力千强镇"榜单和中国镇域高质量发展500强名单；**边城镇**大力开展产业链招商，全程嵌入服务链，创成江苏省优秀劳动关系和谐乡镇；**白兔镇**全力推进国家现代农业产业园核心区建设，"白兔草莓"成功入选"2023年度受市场欢迎草莓区域公用品牌榜"；**郭庄镇**园区发展动能更足，句容协鑫光伏科技有限公司、江苏和正特装备有限公司被认定为江苏省"瞪羚"企业；**后白镇**聚力营商环境提升，全力打造"厚道后白 厚礼乡贤"特色服务品牌；**天王镇**务实推进乡村振兴，获"镇江市高质量发展先进镇"荣誉称号；**茅山镇**成功举办第十四届丁庄葡萄节，"丁庄模式"成为句容市主题教育正面典型案例；**华阳街道**持续深耕数字经济，京海数智（江苏）产业园开发有限公司签约落户，人才港电商平台正式运营；**崇明街道**围绕"睦邻"治理，实施"百巷千居"行动，因地制宜打造特色街巷。

除此之外，民族宗教、审计、统计、外事、对台事务、机关事务、文史、档案、地方志、防震、气象、供销、科普等工作实现新进展，老龄化、妇女儿童、青少年、残疾人、工会、红十字、慈善、关心下一代、见义勇为等事业得到新提升，国家安全、国防动员、双拥共建、退役军人事务、人民防空、对口支援和科技镇长团等工作取得新成绩。

二、2024年主要工作安排

2024年工作的总体要求是**坚持以习近平新时代中国特色社会主义思想为指导，全面贯彻党的二十大精神和习近平总书记对江苏工作重要讲话重要指示精神，坚决贯彻落实党中央决策部署和江苏省委、镇江市委、句容市委工作要求，坚持稳中求进、以进促稳、先立后破、完整、准确、全面贯彻新发展理念，坚持"融入南京、接力镇江"，坚持"一福地四名城"城市定位，全力以赴做好改革、发展、稳定各项工作，坚定不移推进中国式现代化句容新实践**。做好2024年工作，我们必须：**更加突出规划引领**。按照江苏省委"定3年、谋8年、展望13年"思路要求，认真制订当年计划和3年计划，与中期规划统筹考虑，坚持谋定后动、动则必成。**更加突出项目建设**。加强与重点企业、金融机构和一流高校等深度合作，精心办好各类专业化招商活动；狠抓重大项目攻坚突破，扩大有效投资；以"亩均论英雄"，提质增效各类存量资源；加强市场主体服务，营造一流营商环境。**更加突出融合发展**。牢牢把握句容作为长三角一体化、长江经济带等重大战略交汇叠加节点城市这一定位,充分发挥312国道、沪宁高速、沪宁沿江高铁、宁杭高铁等基础设施作用,以宁句同城化全面融入长三角发展。**更加突出创新驱动**。推动创新链与产业链深度融合,强化教育科技人才战略支撑,持续完善以企业为主体、以市场为导向的技术创新体系,打造全域统筹的创新创业生态。**更加突出人民至上**。坚持以人民为中心的发展思想,加快富民增收步伐,持续壮大中等收入群体,落实农民收入十年倍增计划。实施积极的人口发展战略,大力发展养老产业,完善生育支持政策举措,建设全龄友好型城市。认真做好财政"三保",坚持尽力而为、量力而行,集中力量办好一批群众最期盼、需求最迫切的民生实事。**更加突出守正创新**。强化财政、就业、产业、科技、环保等政策协同配合,延续调整优化一批阶段性政策,适时研究出台一批针对性强的新举措。充分把握各领域易发多发的安全隐患和不稳定因素,将"时时放心不下的责任感"贯穿各领域全过程,加快形成各种社会力量充分参与的全面风险防控体系。

综合各方面因素,2024年全市经济社会发展的主要预期目标是地区生产总值增长5%左右,一般公共预算收入增长4.5%,制造业投资增长15%;社会消费品零售总额增长6%;研发投入占比达2.45%;城乡居民可支配收入增长与经济增长保持同步;生态环境等约束性指标完成水平持续提升。具体做好以下工作:

(一)坚持科创引领,加快形成新质生产力。**稳步提升创新能力**。以江苏省创新型示范市建设为抓手,加强科创中心、研发平台、产业创新服务综合体等创新平台引进培育,优化和落实规模以上企业研发经费有关扶持政策,支持引导企业加强科技创新,积极筹建省级高新区。落实高企梯次培育计划,全年力争申报高企100家以上,科技型中小企业入库300家以上。扎实推进制造业智能化改造和数字化转型三年行动,力争创成省级以上专精特新"小巨人"企业2家。**持续做强产业链群**。紧盯南京"五标八链"和镇江"四群八链"开展产业链培育招引,不断做大做强新材料、高端装备制造、新一代信息技术等主导产业。深化"组团"发展合作机制,围绕开发园区主战场,精准引进产业链关键环节、上下游配套企业项目,集中力量打造一批重点发展平台和高能级战略平台,构建形成全域统筹运转的园区载体体系。扎实做好"四上"工业企业培育入库,确保净增45家。**不断优化创新生态**。积极开展产学研对接和科技招商活动,大力招引补链型、强链型科创项目,进一步深化校地合作,力争全年开展产学研和科技招商专场活动不少于3场,与高校、科研院所签订产学研合作协议不少于50项。加快长三角高校人才集聚平台建设,深化与宁句城际轨道沿线高校、科研院所和科技园区等平台合作。实施"人才发展质效提升年"行动,持续优化"福地句才""1+4+N"人才政策体系,升级人才新政3.0,制定出台人才社保就医、贡献奖励等系列扶持补助政策,以政策升级切实提升引才聚才实际效果。强化知识产权创造、保护和运用,统筹推进国家知识产权强县建设试点县工作。

(二)锚定实体经济,有效提升区域竞争力。**狠抓项目招引建设**。充分运用句容市区位、资源、政策、制度优势,发挥好"招商地图"的信息集成作用,深入开展"组团"招商,力争每一个组团都有江苏省重大项目,全年新签约句容市级以上项目70个。认真落实"五会"制度,发挥重大项目办统筹协调作用,确保列入江苏省重大项目和江苏省民间投资重点产业项目3个以上,确保镇江市重大项目个数及年度投资增幅超镇江市平均水平。**坚定园区整合提升**。理顺"一区多园"管理体制,推动开发区与功能园区联动发展。开展净地攻坚行动,全力破解土地瓶颈。完善基础设施和公共服务配套,支持土地、能耗、人才、资金等资源要素更多向园区项目和企业倾斜,"1+4+1"园区内新招引制造业项目数占全部项目数、新增制造业投资占固定资产投资、全市规模以上制造业开票销售及税收占全市工业销售及税收的比重实现明显提升。**加快推助传统产业提质增效**。传统产业不是"落后产业",是句容市经济结构的主体,也是培育新兴产业和未来产业的基石。组建提质增效工作专班,加快制造业"智改数转网联",加大技术改造引导支持力度,着力提升传统特色优势产业高端化、智能化、绿色化、融合化发展水平。大力推进低效闲置资源盘活,确保完成全年盘活70%的目标。加强重点行业节能降碳改造和资源循环利用,完成"十四五"能耗管理目标。**持续优化营商环境**。深入实施营商环境改革提升行动,深化国资国企改革,持续打造"句满意"服务品牌4.0版本。研究储备更多普惠性、功能性支持政策，进一步优化政务服务，更大力度推行"拿地即开工"审批模式。举行经济高质量发展评选表彰，常态化开展"三问三送"走访活动。搭建政银企常态对接平台，引导金融资源更加精准对接企业需求。

（三）扩大有效需求，培育经济增长新引擎。**加大对外开放力度**。加快培育外贸新动能，提升开发区对开放经济的主体作用，推进开放政策的集成创新。完善外贸综合服务体系，针对性开展外贸政策培训，常态化组织企业参加中国国际进口博览会等国内行业展销会和国际性会议会展。**创新消费场景应用**。支持平台消费、夜间消费等新业态、新模式健康发展，加快汽车消费扩容，促进家居消费升级，深挖养老消费潜力，加快构建房地产发展新模式，拓展互联网消费空间。以全国电商进农村示范项目为抓手，推进农村电商基础建设，培育壮大消费新业态、新模式。**推助消费环境提升**。以消费为主导筹办节庆活动，积极组织"老字号"企业参与其中。做好美食文化文章，培育打造标杆型、特色化的"句容味道"美食品牌示范街（点）。启动省级文化名城规划编制，开展全市文创大赛，深入推进文化产业发展。推进茅山"洞天福地"世界遗产、赤山湖世界灌溉工程遗产申报，开展古生物化石保护和利用，实施博物馆提升工程。**激发旅游市场活力**。做好"文体+旅游""农业+旅游""健康+旅游"三篇文章，持续加强南京与句容旅游市场联系，筹办好第十四届茅山文化旅游节，继续开展"体育嘉年华"系列活动，瞄准康体养生、健康养老、体育运动、休闲度假等旅游新业态，着力打造茅山湖、仑山湖健康产业基地，推动宝华山成为景城融合新样板。

（四）紧扣全域提升，着力激发城市新活力。**加快推动区域融合发展**。扎实推进交通重点工程，主动对接扬镇宁马城际铁路、仪禄高速公路规划工作，确保312国道句容段快速化改造工程主体贯通。全力提升沪宁沿江高铁句容站停靠班次、通达率，继续打通广志路东延等"断头路"，促进资源要素加快流动。**稳步实施城市更新**。推进新型城镇化建设，引导房地产企业增加改善型和高端产品供给，促进房地产市场良性循环和健康发展。完成老旧小区改造项目19个，建筑面积28.15万平方米。加快智慧停车建设，提高停车资源利用率和治理水平，有效解决停车难、停车乱等问题。加快建设新能源汽车充电桩，推动7.24平方千米城镇污水提质增效达标区建设，新建3个应急避难场所。加快实施燃气、给水老旧管道更新改造，大力推进城镇燃气瓶装液化气安全监管信息系统建设。**深入推进乡村振兴**。坚持稳面积、提产能，确保全年粮食种植面积57.4万亩，粮食总产26万吨；实施高标准农田建设项目5个，总面积1.7万亩。有序推进国家现代农业产业园建设，新增各级农业产业化龙头企业3家，培育国家级龙头企业1家。大力发展"一村一品""一乡一业""多村一景"特色产业，积极争创国家级、省级农业高新技术产业示范区和国家农业现代化示范区。持续做好茶产业资源整合，做大做强"茅山长青"区域公用品牌。动态更新镇村布局优化，完成128个行政村村庄规划编制。学习运用"千万工程"经验，深入实施"美家美户"行动，统筹推进宜居宜业和美乡村、特色田园乡村建设。推动句容河综合整治工程建设，完成农村河道河塘清淤疏浚40万立方米，建成农村生态河道34千米，争创省级生态清洁小流域1个。保持农路危桥动态清零，实施农村公路提档升级，创建"四好农村路"全国示范县。

（五）聚焦群众关切，书写民生答卷新篇章。**稳步推动富民增收**。实施就业优先政策，开展就业服务提质行动，千方百计稳就业、保民生。持续做好困难群体帮扶，开展职业技能培训，推进技能人才多元化评价机制改革，计划新增自主评价备案企业1家，新建省级高技能人才培育项目1个、句容市级技能大师工作室1个。**不断优化公共服务**。高标准、高质量推进"国家卫生城市"国家级复审迎检工作。加快推进句容市长江引水暨城区水厂、下蜀水厂建设工程。持续推进句容市中医院异地搬迁项目，力争2024年年底前具备整体搬迁条件。持续推进教育重点工程，优化教育布局规划，加快江苏省句容高级中学异地新建工程及宝华新城小学、幼儿园建设。争取义务教育优质均衡发展与学前教育普及普惠。扩大高品质文化供给，深化全民阅读活动和文化惠民活动，拓展"文艺播种计划"实施范围。**持续加强社会保障**。健全多层次社会保障体系，扩大养老保险覆盖范围，继续开展常态化救助帮扶工作和低保扩围增效专项行动，发挥大救助服务中心功能作用，推进"15分钟医保服务圈"提质增效。大力推进社区养老服务和公共设施适老化改造，完成困难老年人家庭适老化改造75户，增设3个城市社区助餐点,改造提升10个示范性乡村互助养老睦邻点,加快建设老年友好型社会。**加快推动环境提升**。坚决扛起生态文明建设的政治责任,持续深化污染防治攻坚,积极推进省、市生态环境基础设施建设工作,认真做好生态环境突出问题整改,扎实推进河长制、断面达标负责人制。加快推进城区污水处理厂二期二步及宝华污水处理厂、边城污水处理厂扩建,开发区工业污水处理厂建成投运。系统推进长江大保护、新一轮太湖综合治理,严控"两高一低"项目,稳步发展清洁能源产业,加强$PM_{2.5}$和臭氧协同控制,着力扬尘污染防治和VOCs治理,推动打造绿色工地示范点,实现空气质量稳中向好。以危险废物专项整治为抓手,加强规范化管理,抓好历史遗留废渣、尾矿、尾砂等污染问题处理,强化受污染耕地污染防治,守牢土壤安全底线。进一步提升农村生活污水收集处理率。

(六)**守牢发展底线,构建社会治理新格局**。**坚决筑牢安全底线**。扎实开展治本攻坚三年行动,持续排查整治重点行业领域安全生产隐患,有效压降事故总量,防范遏制较大事故,坚决杜绝重特大事故。落实食品药品监管"四个最严"重要要求,持续守护好"舌尖上的安全"。关注老旧小区、地下空间、高层建筑等安全薄弱点,构建无死角安全网络。**有效化解风险隐患**。加强政府隐性债务化解,持续压降融资成本,科学合理控制平台类经营性债务增速。聚焦房地产开发、大型企业生产经营、非法集资等领域,加强隐患排查,有效治理恶意拖欠账款和逃废债行为,确保不发生系统性、区域性金融风险。完善商品房预售监管制度与体系,强化预售资金监管,切实做好"保交楼"工作。**创新基层社会治理**。坚持和发展新时代"枫桥经验",深入推进矛盾纠纷多元化解"一站式"平台建设,扎实开展信访问题源头治理三年攻坚行动。全面升级社会治安防控体系,推动句容由"技防城市"向"智防城市"转变,持续提升社会治安形势的驾驭能力。健全重大决策社会稳定风险评估工作机制,深入推进"平安句容""法治句容"建设,推进扫黑除恶常态化。推进数字政府"云数网"基础建设,组建大数据运营管理公司,探索政府资源集聚、信息化项目共建、数据资源共享的数字政府建设新模式。

三、全面加强政府自身建设

强化政治建设,筑牢理想信念之基。坚持以习近平新时代中国特色社会主义思想定向领航,深刻领悟"两个确立"的决定性意义,增强"四个意识"、坚定"四个自信"、做到"两个维护"。认真履行全面从严治党主体责任,落实意识形态工作责任制,严格执行民主集中制、"三重一大"决策程序、重大事项请示报告等制度,自觉把党的领导贯穿政府工作全领域、全过程。

强化作风建设,昂扬争先率先之志。坚决落实"事不畏难、责不避险"的工作要求,牢固树立"今天再晚也是早,明天再早也是晚"的工作理念,引导广大干部把精力集中到想干事上、把能力展现到会干事上、把目标落实到干成事上,不做明哲保身的"观望者",当好攻坚克难的"行动派",全面提振干事创业精气神。健全完善政府系统推进、协调、督查体系,强化跟踪问效、行政问责,用心用情用力为群众办实事、解难题。

强化法治建设,提高依法行政之能。坚持把政府工作纳入法治轨道,不断提高法治化水平和专业化能力。严格执行重大行政决策法定程序,切实做到依法决策、民主决策、科学决策。主动接受市人大法律监督、工作监督和市政协民主监督,自觉接受司法、监察、审计、社会和舆论监督。认真办理人大代表建议和政协提案,努力把大家的"金点子"变成施政的"金钥匙"。深化政务公开,及时回应社会关切,不断提升政府公信力。

强化廉政建设,绷紧纪律规矩之弦。压实党风廉政建设"一岗双责",深入整治形式主义、官僚主义突出问题,真正减轻基层干部负担。厉行勤俭节约,加强财政资金绩效管理,从严控制"三公"经费和一般性支出,把政府有限财力和资源用在促发展、保民生、补短板上。严格执行中央八项规定及其实施细则精神,认真抓好江苏省委巡视、省委审计委员会审计、专项巡察反馈意见问题整改,营造风清气正的政治生态。

各位代表,磨砺始得玉成,笃行方能致远。让我们更加紧密地团结在以习近平同志为核心的党中央周围,坚持以习近平新时代中国特色社会主义思想为指导,在句容市委的坚强领导下,团结奋斗、砥砺奋进,努力把蓝图变为现实、把愿景变为实景,坚定不移推进中国式现代化句容新实践!

组织机构及领导干部

（姓名后标注＊的为兼任；该项仅记录句容市相关领导干部2023年度职务变动的时间）

·中共句容市委员会·

书　记

周必松

副书记

束克之

贾云亮（—2023年3月）

赵树锋（2023年6月—）

常　委

查兆娣（女）

陈志勇（—2023年6月）

侯华锋（—2023年6月）

蔡　璟

周永祥

高发巧

许俊超（2023年6月—）

郭　江（—2023年11月）

闵　佳（2023年6月—）

何可宝（2023年6月—）

王红芳（女，挂职—2023年6月）

办公室

主　任

徐哲迅（—2023年4月）

孙太元（2023年4月—）

副主任

孔凡峰＊

孙仁军（—2023年3月）

张广铧

冯朝柱（—2023年3月）

李文永（—2023年8月）

郑　超（女，—2023年10月）

谢　鸣（2023年8月—）

赵忠源（2023年10月—）

孙安恂（2023年6月—）

市委深改办副主任

赵忠源（—2023年10月）

樊道琴（女，2023年10月—）

市委研究室主任

孙仁军（—2023年3月）

市委研究室副主任

李文永（—2023年4月）

鲍伟明（2023年4月—）

市档案局局长

徐哲迅＊（—2023年4月）

孙太元＊（2023年4月—）

市委机要局副局长

张广铧＊

吴　炜（女，—2023年8月）

合作交流中心

主　任

戴　伟

副主任

尹小妹（女，—2023年6月）

杨雪静（女，2023年6月—）

组织部

部　长

周永祥

常务副部长

孙太元（—2023年4月）

阎艳齐（女，2023年4月—）

副部长

耿　忠（—2023年3月）

阎艳齐（女，—2023年4月）

方春喜（—2023年3月）

吴宗新（2023年3月—）

张业华（2023年8月—）

张　晶（2023年8月—）

市考核办副主任

陆云松（2023年3月—）

市人才办专职副主任

董　凡（2023年8月—）

市人才办副主任

满　毅（挂职，—2023年8月）

市电教中心主任

赵　鑫

党建工作领导小组办公室

（在市委组织部挂牌）

主　任

孔　飞（—2023年4月）

非公有制企业和社会组织工作委员会

（在市委组织部挂牌）

书　记

阎艳齐（女）

副书记

杨　鹏

公务员局

（在市委组织部挂牌）

局　长

孙太元＊（—2023年4月）

市级机关党工委

（在市委组织部挂牌）

书　记

吴宗新

宣传部

部　长

查兆娣（女）

常务副部长

翟德润

副部长

张红星（—2023年4月）

刘　军

王　莉（女，2023年4月—）

宣传指导员

纪　萍（女，—2023年4月）

新闻办副主任
谢志春

精神文明建设指导委员会办公室
（在市委宣传部挂牌）

主　任
刘　军
副主任
陈利元

市委网络安全和信息化委员会办公室
（设在市委宣传部）

主　任
张红星（—2023年4月）
王　莉（女，2023年4月—）

统一战线工作部

部　长
高发巧
常务副部长
严建华
副部长
王发顺（—2023年4月）
周　伟*（—2023年10月）
万　震（女，2023年4月—）
徐　进（2023年10月—）
唐广智
张恒敏（挂职，—2023年8月）

台湾工作办公室
（在市委统战部挂牌）

主　任
唐广智*
副主任
石少华

民族宗教事务局
（在市委统战部挂牌）

局　长
严建华*

副局长
张晓晖（女，—2023年6月）
刘吉才（2023年6月—）

侨务办公室

主　任
王发顺（—2023年4月）
万　震（女，2023年4月—）

政法委员会

书　记
侯华锋（—2023年6月）
赵树锋（2023年6月—）
常务副书记
经　军
副书记
景建国*
倪　儒
政治处主任
章志江

市社会治安综合治理中心

主　任
韦　丹（2023年4月—援陕）
王　瑞（2023年6月—）

机构编制委员会办公室

主　任
耿　忠（—2023年3月）
张　晶（2023年3月—）
副主任
吴孝海（—2023年8月）
徐国华（女）
夏文华
张　巍（女，2023年8月—）

机构编制政务管理中心

主　任
孙井泉（2023年4月—）

市委巡察机构

巡察办主任
李兴国（—2023年12月）
陈　冬（2023年12月—）
巡察办专职副主任
孙　晨（女）
曹　伟（—2023年8月）
文　飞（2023年8月—）
巡察组组长
袁　健（—2023年6月）
余立超（—2023年8月）
朱　健
杨建勋（2023年3月—）
戴荣国（2023年6月—）
巡察组专职副组长
王庆涛
问丽萍（女）
程海荣
笪　雷（女，—2023年6月）
吴荣燕
唐　慧（女）
刘吉花（女）

老干部局

局　长
张业华（女，2023年4月—）
副局长
贡道金
纪项迪

离退休干部工作委员会
（在市委老干部局挂牌）

书　记
张业华*（女，2023年4月—）
副书记
陆　萍（女）

党校
[挂行政干部（行政）学校牌子]

校长、行干校（行政校）校长
周永祥*

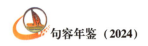

常务副校长
谢庚明
副校长
徐　进
刘小青（女）
许　婷（女）

史志办
（挂市委党史工作办公室牌子）
主　任
张　俊（—2023年6月）
吕兴齐（2023年6月—）
副主任
笪　雷（女，2023年6月—）
徐彬彬（女）

档案馆
馆　长
戴晓伟
副馆长
陈东方
马国兵（2023年6月—）

融媒体中心
党委书记、主任
庞　勇
总编辑
王　芸（女）
副主任
杨言宏
张　玮
吴名建
移军霞（女）
党委委员
杨言宏
王　芸（女）
张　玮
吴名建
移军霞（女）
张冬俊

·句容市人民代表大会常务委员会·

主任、党组书记
高庆华
党组副书记
姚　华
副主任
姚　华
徐胜宝
王道银（女）
周　俊（—2023年11月）
党组成员
徐胜宝
周　俊（—2023年12月）

办公室
主　任
俞小俊（—2023年4月）
张红星（2023年4月—）
副主任
张金网
韩维娜（女）
信访室主任
张　瑾（女）

人事代表联络委员会
主　任
刘　宁
副主任
张广新

监察和司法工作委员会
主　任
步　玲（女）
副主任
贡永芳（女）

财政经济委员会
主　任
李爱林
副主任
包宁华（女）

农业和农村经济委员会
主　任
许家荣
副主任
李海涛

社会事业委员会
主　任
杨冬梅（女）
副主任
凌建林

环境资源城乡建设委员会
主　任
李晓军
副主任
任　振

华阳街道人大工委
主　任
秦华成

崇明街道人大工委
主　任
丁学平

黄梅街道人大工委
主　任
方道宏

·句容市人民政府·

市长、党组书记
束克之
常务副市长
赵树锋（—2023年6月）
许俊超（2023年6月—）

党组副书记

赵树锋（—2023年6月）

许俊超（2023年6月—）

副市长

郭　江（—2023年11月）

闵　佳（—2023年6月）

凌　华（女）

景建国

徐　飞

张　凯

贡月明（2023年8月—）

党组成员

郭　江（—2023年11月）

闵　佳（—2023年6月）

景建国

徐　飞

张　凯

贾良旭

贾卫东

高志祥*

办公室

主任、党组书记

高志祥

副主任

李　玮

赵　文（—2023年10月）

巫建林

陈　冬（—2023年12月）

常　云

秦　川

王中明（2023年12月—）

张　涛（2023年6月—）

孙　翔（2023年10月—）

党组成员

李　玮

赵　文（—2023年10月）

巫建林

陈　冬（—2023年12月）

常　云

秦　川

张　涛（2023年6月—）

孙　翔（2023年10月—）

外事办公室

（在市政府办公室挂牌）

主任

高志祥*

副主任

张　涛（2023年6月—）

大数据管理局

（在市政府办公室挂牌）

副局长

王中明

发展和改革委员会

主任、党委书记

纪文华（—2023年3月）

潘　云（2023年3月—）

党委副书记

徐小明（2023年4月—）

副主任

徐小明

李云鹏

钱　勇

王　军（挂职，—2023年12月）

党委委员

段续文（—2023年6月）

陈建兵（2023年4月—）

徐小明

李云鹏

钱　勇

王　军（挂职，—2023年12月）

谭红军（2023年4月—）

吕长元（2023年8月—）

粮食和物资储备局

（在市发展和改革委员会挂牌）

局长

潘　云*（2023年4月—）

段续文*（—2023年6月）

人民防空办公室

（在市发展和改革委员会挂牌）

主任

丁邦元*（—2023年4月）

潘　云*（2023年4月—）

重大项目建设服务中心

（2023年4月调整为市发展和改革委员会下属事业单位）

主任

陈建兵（2023年4月—）

副主任

朱玉刚（2023年4月—）

赵　宏（女，2023年4月—）

许　一（女，2023年4月—）

教育局

局长、党委书记

高宏斌

党委副书记

杨　钢

副局长

徐　燕（女）

谭玉芬（女）

房家义

孔庆俊

金　荣（2023年12月—）

党委委员

徐　燕（女）

谭玉芬（女）

房家义

孔庆俊

经庆录

刘后成

市委教育工作委员会

（在市教育局挂牌）

书记

高宏斌*

市政府教育督导室

（在市教育局挂牌）

主任

王泰山

副主任

杨　钢

金　荣*

市教师发展中心

主　任

刘后成

江苏省句容高级中学

党总支副书记

经庆录

校　长

经庆录

副校长

汪　涛（—2023年8月）

胡文靖（—2023年8月）

张永才（2023年8月—）

宣　进（2023年8月—）

年级部主任

张永才（—2023年8月）

解永平（—2023年8月）

宣　进（—2023年8月）

李多敏（2023年8月—）

王永明（2023年8月—）

刘　刚（2023年8月—）

实验高级中学

校　长

刘瑞宏（—2023年8月）

薛国强（2023年8月—）

党总支书记

刘瑞宏（—2023年8月）

汪　涛（2023年8月—）

党总支副书记

薛国强（2023年8月—）

副校长

冯义平

薛国强（—2023年8月）

曾　玮

查　胜（2023年8月—）

江苏省句容中等专业学校

校　长

赵健康（—2023年8月）

张正珏（2023年8月—）

党总支书记

孔祥富（—2023年8月）

严　飞（2023年8月—）

党总支副书记

赵健康（—2023年8月）

张正珏（2023年8月—）

副校长

孔祥富（—2023年8月）

张正珏（—2023年8月）

陈春华

金　荣

汤鸿浩（2023年8月—）

第二中学

校长、党总支书记

蒋　明（—2023年8月）

顾世兵（2023年8月—）

副校长

朱建光

陈远勇（2023年8月—）

第三中学

校　长

蒋龙贵（—2023年8月）

陈　敏（2023年8月—）

党总支书记

蒋龙贵（—2023年8月）

党总支副书记

解永平（2023年8月—）

陈　敏（2023年8月—）

副校长

严　飞（—2023年8月）

陈　敏（—2023年8月）

解永平（2023年8月—）

张　春

夏新德（2023年8月—）

实验小学

校　长

汤爱军（—2023年8月）

党总支书记

陈远勇（—2023年8月）

汤爱军（2023年8月—）

科学技术局

局　长

朱　燕（女）

党组书记

陈　华

副局长

戴　俊

杜永刚

包文谦（女）

党组成员

戴　俊

杜永刚

包文谦（女）

王慧慧（女）

李　超

张　祯（女，挂职，—2023年8月）

工业和信息化局

党组书记、局长

孙良俊

副局长

王吉军

陈高祥

杨　勇

党组成员

王吉军

陈高祥

杨　勇

姚淦橙（—2023年4月）

公安局

局长、党委书记、督察长

景建国

政　委

卞为民

党委副书记

卞为民

裔玉诚（—2023年10月）

副局长

章丽明（—2023年6月）

梅新贤

邵兴林

易善智

潘良军

贾　臣（2023年10月—）

党委委员

章丽明（—2023年12月）

王世界

梅新贤

邵兴林

易善智

潘良军

王志平

刘卫明

刘华国

孔庆辉

叶　宁（2023年10月—）

汪　龙*

贾　臣*

公安局政治处

主　任

孔庆辉

公安局情报指挥中心

主　任

居　斐

教导员

王泽举（—2023年10月）

李　昊（2023年10月—）

公安局政治安全保卫大队

大队长

程　飞（—2023年10月）

陈启宏（2023年10月—）

教导员

焦　润（—2023年10月）

许永兵（2023年10月—）

公安局治安警察大队

（挂水上警察大队牌子）

大队长

王克钉

教导员

许永兵（—2023年10月）

乔　飞（2023年10月—）

公安局交通警察大队

大队长

汪　龙

教导员

王荣金

公安局刑事警察大队

大队长

潘林桢

教导员

余　伟（—2023年10月）

桂　飞（2023年10月—）

公安局经济犯罪侦查大队

大队长

丁义新

教导员

陈明政

公安局禁毒大队

大队长

杜伦国（—2023年10月）

巫程刚（2023年10月—）

教导员

陈治佳（—2023年10月）

焦　润（2023年10月—）

公安局出入境管理大队

（挂政务服务大队牌子）

大队长

黄庆远

教导员

陈义芳（女）

公安局网络安全保卫大队

大队长

余大伟

教导员

蒋中敏

公安局法制大队

大队长

刘华国

教导员

王　慧

公安局警务督察大队

大队长

刘卫明（—2023年10月）

吴世红（2023年10月—）

教导员

吴世红（—2023年10月）

史明春（2023年10月—）

食品药品和环境犯罪侦查大队

大队长

史明春（—2023年10月）

教导员

乔　飞（—2023年10月）

杜伦国（2023年10月—）

看守所

所　长

张元祥

教导员

吴小军

华阳派出所

所　长

贾　臣

教导员

陈启宏（—2023年10月）

郭 庆（2023年10月—）

下蜀派出所
所　长
袁 飞（—2023年10月）
朱华静（2023年10月—）
教导员
陈顺祥（—2023年10月）
蔡 健（2023年10月—）

宝华派出所
所　长
杨国正（—2023年10月）
袁 飞（2023年10月—）
教导员
巫程刚（—2023年10月）
唐慧琦（2023年10月—）

边城派出所
所　长
张方军
教导员
肖兆波

白兔派出所
所　长
琚卫军
教导员
陈 诚

茅山派出所
所　长
朱春桥
教导员
丁 晨（—2023年10月）
冯 勇（2023年10月—）

郭庄派出所
所　长
叶 宁
教导员
吴 坚

后白派出所
所　长
徐 伟
教导员
唐慧琦（—2023年10月）
杨 超（2023年10月—）

天王派出所
所　长
朱华静（—2023年10月）
王泽举（2023年10月—）
教导员
袁 飞（—2023年10月）
姜晶晶（2023年10月—）

开发区派出所
所　长
贾晓光（—2023年10月）
杨国华（2023年10月—）
教导员
桂 飞（—2023年10月）
陈治佳（2023年10月—）

茅山风景区派出所
所　长
王世界
教导员
郭 庆（—2023年10月）
陈祥顺（2023年10月—）

赤山湖派出所
所　长
闫晓星（女）
教导员
姜晶晶（—2023年10月）
张宗周（2023年10月—）

黄梅派出所
所　长
吴新龙
教导员
冯 勇（—2023年10月）
丁 晨（2023年10月—）

石狮派出所
所　长
魏旺荣（—2023年10月）
教导员
蒋瑞银（—2023年10月）
余 伟（2023年10月—）

直属派出所
所　长
陈兴贵
教导员
张宗周（—2023年10月）
程 飞（2023年10月—）

森林派出所
所　长
毕海银
教导员
刘 勇

地铁句容站派出所
所　长
魏旺荣（2023年10月—）
教导员
蒋瑞银（2023年10月—）

桥头水上派出所
教导员
陈元元（2023年10月—）

行香派出所
教导员
周 雷（2023年10月—）

二圣派出所
教导员
笪 杰（2023年10月—）

葛村派出所
教导员
宋有村（2023年10月—）

民政局

党委书记、局长

唐富祥

党委副书记

周大庆

副局长

周大庆

徐 玮（女）

武益飞

吴 笠

刘丽华（女，2023年12月—）

党委委员

徐 玮（女）

武益飞

吴 笠

徐贝才

福利中心主任

徐贝才

司法局

党组书记、局长

张 晶（—2023年4月）

任 刚（2023年4月—）

副书记

吴凌华

副局长

吴凌华

袁继宏（—2023年10月）

杨海平（—2023年4月）

张传军

罗建军

黎立青（—2023年8月）

余 蕾（女，2023年8月—）

党组成员

杨海平（—2023年4月）

张传军

罗建军

黎立青（—2023年8月）

余 蕾（女）

财政局

党委书记、局长

巫维国

党委副书记

朱 峰（—2023年10月）

副局长

许明生

朱 峰（—2023年10月）

蔡 伟

段芙蓉（女）

李 晶（2023年10月—）

党委委员

许明生

蔡 伟

李 晶（2023年10月—）

刘 沙（女）

段芙蓉（女）

王海燕（女）

朱 军（2023年8月—）

国有资产监督管理办公室

主 任

巫维国*

副主任

陆 卫*

刘 沙（女）

国有资产运行服务中心

主 任

王余进（2023年8月—）

副主任

易怀亮（2023年10月—）

镇江市住房公积金管理中心句容分中心

主 任

王海燕（女）

人力资源和社会保障局

党委书记、局长

赵 军（—2023年6月）

谢 兵（2023年6月—）

党委副书记

滕 静（女，—2023年3月）

副局长

滕 静（女，—2023年3月）

胡继发

戴志勇

陈 健

邹志琴（女，2023年6月—）

党委委员

胡继发

戴志勇

陈 健

邹志琴（女，2023年6月—）

人才服务中心

主 任

邹志琴（女）

副主任

满 毅（挂职，—2023年8月）

社会劳动保险基金管理中心

主 任

卜 俊

劳动就业管理中心

主 任

任玉军

住房和城乡建设局

党委书记、局长

丁邦元

党委副书记

徐正春（2023年4月—）

副局长

徐正春

许厚春

魏胜亚

许文雯（女）

党委委员

许厚春

魏胜亚
笪斐斐（女）
许文雯（女）
施金玉

地震局
（在市住房和城乡建设局挂牌）
副局长
笪斐斐（女）

市政公用事业服务中心
主　任
笪兴柏

拆迁安置服务中心
主　任
汤思锋（—2023年4月）
赵鹏飞（2023年4月—）

房产业发展服务中心
主　任
赵鹏飞（—2023年4月）
汤思锋（2023年4月—）

城市管理局
党委书记、局长
严道顺（—2023年8月）
罗　荣（2023年8月—）
党委副书记
王　军
副局长
王　军
陈才俊
张建华
赵文超
党委委员
陈才俊
张建华
赵文超
潘良栋
樊苏春

城市管理城区行政执法大队
大队长
潘良栋

城市管理乡镇行政执法大队
大队长
贡　群

交通运输局
党委书记、局长
彭长江
副局长
吴迎春（—2023年4月）
张柯华（2023年4月—）
秦　健
杨正军（—2023年6月）
陈　松
党委委员
吴迎春（—2023年4月）
张柯华（2023年4月—）
秦　健
杨正军（—2023年4月）
陈　松
黄庆平（—2023年6月）
王爱云（女）
郭　鑫（—2023年6月）

公路事业发展中心
主　任
郭　鑫（2023年6月—）

港航事业发展中心
主　任
王爱云（女）

水利局
党委书记、局长
包俊华（—2023年6月）
李本春（2023年6月—）
副局长
陈智彬

文　伟
杜开连
党委委员
陈智彬
文　伟
杜开连
张雨路

长江提水站管理处
副主任
方　雷

农业农村局
党委书记、局长
袁　民（—2023年6月）
包俊华（2023年6月—）
党委副书记
王　勇
副局长
李　祥（—2023年6月）
张柯华（—2023年4月）
赵德生
李　艳（女，—2023年6月）
靳春亮（2023年6月—）
夏前德（2023年4月—）
党委委员
李　祥（—2023年6月）
张柯华（—2023年4月）
赵德生
赵九红（女）
靳春亮（2023年6月—）
陈　胜
束华琴（女）
夏前德
肖　婷（女，2023年12月—）

乡村振兴局
（在市农业农村局挂牌）
局　长
袁　民*（—2023年6月）
包俊华*（2023年6月—）

市委农村工作领导小组办公室

主任

袁 民＊（—2023年6月）

包俊华＊（2023年6月—）

副主任

王 勇

农业综合行政执法大队

大队长

赵九红（女）

农业技术推广中心

主任

束华琴（女）

商务局

党组书记、局长

潘 云（—2023年3月）

毛海洋（2023年3月—）

党组副书记

戴 蓉（女，—2023年4月）

杨海平（2023年4月—）

副局长

戴 蓉（女，—2023年4月）

杨海平（2023年4月—）

吴 珏（女）

沈 晨（2023年4月—）

蒋苏娜（女，2023年10月—）

党组成员

吴 珏（女）

沈 晨（2023年4月—）

王 斌

招商中心

主任

王 斌

文体广电和旅游局

党委书记、局长

张世军

副书记

杨 玲（女）

副局长

杨 玲（女，—2023年8月）

王惠宇

陈巧根

王海明

蒋苏娜（女，—2023年10月）

万 笑（女，2023年10月—）

党委委员

王惠宇

陈巧根

王海明

刘赛民

钱 静

（女，挂职，—2023年8月）

文化市场综合行政执法大队

大队长

刘赛民

卫生健康委员会

党委书记、主任

杨春光

副主任

王 丽（女，—2023年4月）

梅学伟

曾称荣

蒋雪平

曹 伟（2023年8月—）

党委委员

梅学伟

曾称荣

蒋雪平

曹 伟（2023年8月—）

王 霞（女，—2023年8月）

王 波

陈厚月（女）

凌 凯（女）

笪爱华（2023年10月—）

疾病预防控制中心

主任

刘 敏

人民医院

院长

丁永斌

党委书记

杨春光＊（—2023年6月）

笪爱华＊（2023年6月—）

党委副书记

吴晓军

副院长

吴晓军＊

沈 斌（外聘）

刘庆伟

刘业锋

陆振华

刘丽华（女）

中医院

院长

李 勇（2023年4月—）

副院长

李 勇（—2023年4月）

张传飞

宋应群（女）

管旭东（2023年8月—）

退役军人事务局

党组书记、局长

李文富（—2023年6月）

段续文（2023年6月—）

副局长

牛凤华

朱 宾（—2023年8月）

徐胜松

潘海风（女）

马 明

党组成员

牛凤华

朱 宾（—2023年8月）

徐胜松

潘海风（女）

黄 静（女）

马 明

应急管理局
党组书记、局长
贾良明
副局长
雍　军
周正辉
刘功华
陶贺龙
党委委员
雍　军
周正辉
刘功华
陶贺龙
朱　波
杨　凌

安全生产监督执法大队
大队长
杨　凌

安全生产委员会办公室
专职副主任
朱　波

行政审批局
党组书记、局长
黄建清（—2023年8月）
严道顺（2023年8月—）
党组副书记
周　云（女，—2023年6月）
副局长
周　云（女，—2023年6月）
俞　伟
武　莉（女，—2023年4月）
裔建祥
王　政
朱　宾（2023年8月—）
党组成员
袁　健（2023年6月—）
俞　伟
武　莉（女，—2023年4月）
裔建祥
王　政
邹　越（援疆）

公共资源交易中心
主任
周　云（女，—2023年6月）
袁　健（2023年6月—）
副主任
金　菊（女）
郭　旋

政务服务中心
主任
丁同超（2023年8月—）
邹　越（援疆）

市场监督管理局
党委书记、局长
沈雪琦
副书记
盛金玉
副局长
盛金玉
陶显忠
王　昕（女）
张　云
夏培龙（—2023年8月）
党委委员
陶显忠
王　昕（女）
张　云
夏培龙（—2023年8月）

市场监督管理综合行政执法大队
大队长
刘　坤（2023年4月—）
华阳分局局长
姜浩林

下蜀分局局长
王圣叶（—2023年4月）
朱　斌（2023年4月—）
边城分局局长
周峻玲（女）
白兔分局局长
杭新宇（—2023年4月）
华一卉（2023年4月—）
郭庄分局局长
朱　斌（—2023年4月）
邵国滨（2023年4月—）
后白分局局长
张　勇（—2023年4月）
王圣叶（2023年4月—）
天王分局局长
洪泉辉（2023年4月—）
茅山分局局长
洪泉辉（—2023年4月）
杭新宇（2023年4月—）
黄梅分局局长
王秀安
宝华分局局长
邵国滨（—2023年4月）
张　勇（2023年4月—）

统计局
党组书记、局长
刘　刚
副书记
焦一明（—2023年4月）
副局长
焦一明（—2023年4月）
陈太军
王　荣（女）
胡　炜
王永明（2023年12月—）
党组成员
陈太军
王　荣（女）
胡　炜

医疗保障局

党组书记
欧红卫（—2023年3月）
孙仁军（2023年3月—）
局　长
欧红卫（—2023年3月）
王　丽（2023年4月—）
党组副书记
张芬清
副局长
张芬清
王　伦
刘丽华（女，—2023年4月）
党组成员
王　伦
彭　忠
李　俊（—2023年8月）

医疗保险基金管理中心
主　任
彭　忠

信访局

党组书记、局长
孔凡峰
副局长
刘寿根
聂家勇
文丰华（—2023年4月）
张　明（2023年12月—）
党委委员
刘寿根
聂家勇
文丰华（—2023年4月）
王仕健

地方金融监督管理局
（挂市政府金融工作办公室牌子）
党组书记、局长
胡文成

副局长
王小军
张金先
赵　虎
党组成员
王小军
张金先
赵　虎
方　伟

供销合作总社

党委书记、主任
王　勇
副主任
高　昕（—2023年6月）
冯宏国（2023年6月—）
王　波
陈崇磊
党委委员
高　昕（—2023年6月）
冯宏国（2023年6月—）
王　波
陈崇磊

机关服务中心

党组书记、主任
周法祥（—2023年3月）
沈　政（2023年3月—）
副主任
冯宏国（—2023年6月）
张传轶
杨雪静（女，—2023年6月）
尹小妹（女，2023年6月—）
纪检组长
葛　娅（女）
党组成员
冯宏国（—2023年6月）
葛　娅（女）
张传轶
杨雪静（女，—2023年6月）

尹小妹（女，2023年6月—）
张小利

市属国有资产管理中心

党委书记、主任
陆　卫
副主任
程　刚
朱　军（—2023年8月）
贡俊丹（女）
纪委书记
熊金霞（女）
党委委员
程　刚
朱　军（—2023年8月）
贡俊丹（女）
夏卫平
熊金霞（女）

镇江国家农业科技园区

党工委书记
朱庆峰
主　任
袁功前
党工委副书记
袁功前
许仪震
副主任
许仪震
周雪松
戴显斌
樊　磊
李　艳（女）
党工委委员
周雪松

审计局

党组书记、局长
马志勇（—2023年6月）
胡基兵（2023年6月—）

副局长
梁　涛
吴心敏
王　群（女）
总审计师
吴心敏
党组成员
王万青
梁　涛
吴心敏

句容生态环境局
党组书记、局长
罗　荣（—2023年7月）
黄国栋（2023年7月—）
副局长
张玉春
王　明
尤红光
马万荣
党组成员
张玉春
王　明
尤红光

句容生态环境综合行政执法局
局　长
汤　杰

自然资源和规划局
党组书记、局长
金　宇
党组副书记
程　勇
副局长
程　勇
经　政
王蕴雷
刘　聪
邹云峰

王　洪
余立荣
党组成员
曹晓波
经　政
王蕴雷
刘　聪
邹云峰
王　洪
余立荣
朱　辉
宝华中心所所长
纪春青
下蜀中心所所长
吕守坤
后白中心所所长
刘　敏
郭庄中心所所长
张　乐
开发区中心所所长
费江泳
华阳中心所所长
陈　刚
土地收储中心主任
严　军
自规监察大队大队长
朱　辉
不动产登记中心主任
严生新

公益林管理中心
主　任
曹晓波
副主任
郭凤桥
章　超

江苏句容投资集团有限公司
党委书记、董事长
笪爱华（—2023年6月）

杨正军（2023年6月—）
总经理
韩　强（2023年10月—）
副总经理
周隆进（—2023年4月）
韩　强（—2023年4月）
彭　文（—2023年4月）
宫　慧（女，2023年6月—）
纪委书记、监察专员
杜　鹃（女）
党委委员
周隆进（—2023年4月）
杜　鹃（女）
郭　嘉（—2023年6月）

江苏句容新农控股集团有限公司
董事长
王余进（—2023年4月）
吴　玮（2023年4月—）
党委书记
吴　玮（2023年12月—）
总经理
吴　玮（—2023年4月）
彭　文
（2023年4月—2023年10月）
周隆进（2023年10月—）
党委副书记
周隆进（2023年12月—）
纪检监察组组长
徐　萌
副总经理
孟　亚（2023年6月—）
马　锐（2023年6月—）
党委委员
孟　亚（2023年12月—）
马　锐（2023年12月—）

句容国有资本投资控股集团有限公司
党委书记、董事长
李文永（2023年8月—）

总经理

 韩　强

  （2023年4月—2023年10月）

 彭　文（2023年10月—）

党委委员、副总经理

 郭　嘉（2023年6月—）

副总经理

 朱江骥（2023年6月—）

茅山风景区

党工委书记

 贡月明（—2023年11月）

 桑学军（2023年11月—）

管委会主任

 桑学军（—2023年11月）

 陶　定（2023年11月—）

党工委副书记

 桑学军（—2023年11月）

 陶　定（2023年12月—）

 陈　敏（2023年6月—）

管委会副主任

 万　震（女，—2023年4月）

 金　峰

 杨世祥

 洪　浩

 王世界

 张　楠（女，2023年4月—）

纪工委书记

 朱孝成

党工委委员

 朱孝成

 万　震（女，—2023年4月）

 金　峰

 杨世祥

 洪　浩

 王世界

 吴玉伟

 张　楠（女）

办公室主任

 吴玉伟

党群工作部部长

 张　楠（女，—2023年8月）

 夏宇豪（2023年8月—）

经济发展部部长

 程双双（女）

规划建设部部长

 姚　芬（女）

景区运营部部长

 刘　洋（女）

社会事务部部长

 王　丽（女）

财务部部长

 周龙喜（—2023年4月）

 许昌龙（2023年4月—）

江苏省句容茅山湖旅游度假区管理办公室

党组书记

 贡月明（—2023年12月）

 桑学军（2023年12月—）

主　任

 纪文华

党组副书记

 纪文华（2023年3月—）

副主任

 张　俊

 胡基兵（—2023年6月）

 李迎节

 张映旭

 朱　峰（2023年10月—）

党组成员

 张　俊

 胡基兵（—2023年6月）

 李迎节

 张映旭

 朱　峰（2023年10月—）

旅游发展部部长

 周　瑞

综合服务部部长

 李智婕

宝华山国家森林公园

党工委书记

 方春喜

管委会主任

 沈　政（—2023年3月）

 王　欣（女，2023年3月—）

副书记

 王　欣（女，2023年3月—）

管委会副主任

 李建权

 张远云

 王　欣（女，—2023年3月）

党工委委员

 李建权

 张远云

 王　欣（女，—2023年3月）

赤山湖

党工委书记

 谢　兵（—2023年6月）

 袁　民（2023年6月—）

管委会主任、党工委副书记

 吕兴齐（—2023年6月）

 朱华伟（2023年6月—）

管委会副主任

 张　琦

 高　翔

 万　笑（女）

党工委委员

 张　琦

 高　翔

江苏省句容经济开发区

党工委书记

 周　俊（—2023年3月）

 闵　佳（2023年3月—）

管委会主任

 吕长江

党工委副书记

 吕长江

 张　博（2023年10月—）

管委会副主任

 陈兴荣

李本春（—2023年6月）
徐　进（—2023年10月）
戴　蓉（女，2023年4月—）
肖　川（2023年8月—）
鲁学谦（2023年10月—）
纪工委书记
杨　华
党工委委员
杨　华
许能祥
姜雯荣（—2023年8月）
王余进（—2023年6月）
财政分局局长
姜小网
资产管理中心主任
王　铖
党政办主任
杨兆鹏（2023年10月—）
党建办主任
邓　俊（2023年6月—）
经济发展和科技局局长
姚淦橙（2023年4月—）
投资促进中心主任
杨兆鹏（—2023年10月）

黄梅街道

党工委书记
周　俊（—2023年4月）
闵　佳（2023年4月—）
办事处主任
许能祥
党工委副书记
许能祥
熊满胜（—2023年8月）
夏培龙（2023年8月—）
纪工委书记
杨　华
办事处副主任
刘　迎（女）
万　俊
张东旭

党工委组织委员
邰广平（女）
党工委宣统委员
高　然
党工委政法委员、人武部部长
杨振宇（2023年8月—）

华阳街道

党工委书记
桑　毅
办事处主任
杨　勇
党工委副书记
杨　勇
徐　峰
刘富金（2023年4月—）
戴　裔（2023年10月—）
党工委委员、纪工委书记
许　俊
办事处副主任
吴小蕾（女）
夏　永
杨建勋（—2023年3月）
王　益（女）
张金陵
郭　阳（挂职，—2023年12月）
吴　敏（女，2023年4月—）
魏粮川（2023年6月—）
党工委组织委员
魏粮川（—2023年6月）
严　鑫（女，2023年6月—）
党工委宣统委员
吴　敏（女，—2023年4月）
孔繁琦（女，2023年4月—）
党工委政法委员、人武部部长
陈　超

崇明街道

党工委书记
佘　俊

办事处主任
姜雯荣（2023年8月—）
党工委副书记
杨　军（—2023年4月）
姜雯荣（2023年8月—）
吴　文（2023年4月—）
党工委委员、纪工委书记
盛振华
办事处副主任
吴　文（—2023年4月）
陈国民（—2023年4月）
王广成
宋康文（2023年6月—）
吴　炜（2023年8月—）
党工委组织委员
张佩佩（女，—2023年8月）
李　俊（2023年8月—）
党工委宣统委员
宋康文（—2023年6月）
赵　伟（2023年6月—）
党工委政法委员、人武部部长
陈兴民

·中国人民政治协商会议句容市委员会·

主席、党组书记
章壮钧
党组副书记
高发巧*
商　震
副主席
吴小香（女，—2023年3月）
倪定胜（—2023年11月）
胡现龙
谭素平
涂长坤
朱　燕（女）
秘书长
王仁俊

党组成员

胡现龙

涂长坤

王素俊

王仁俊

办公室

主　任

王仁俊

副主任

张明中

文　飞（—2023年8月）

郭心悦（女，2023年8月—）

提案联络委员会

主　任

糜　艺

副主任

凌　麓（女，—2023年4月）

徐原雷（2023年4月—）

学习和文史委员会

主　任

王　丽（女，—2023年4月）

朱　斌（2023年4月—）

副主任

巫　燕（女）

经济科技委员会

主　任

陈　健

副主任

窦鹏飞（—2023年10月）

樊旭华（女，2023年10月—）

社会事业委员会

主　任

金　伟

副主任

曹　丽（女）

港澳台侨和民族宗教委员会

主　任

文德忠

副主任

张金豹

·中共句容市纪律检查委员会·

书　记

蔡　璟（女）

副书记

张世海（—2023年4月）

滕振林（—2023年8月）

李兴国（2023年3月—）

韩学明（2023年11月—）

纪委常委

王轶群（女，—2023年6月）

陈抗震

陈　冬（2023年12月—）

孔　叶（2023年6月—）

张爱萍（女，2023年6月—）

办公室主任

夏　蕾（女）

干部管理监督室主任

黄　倩（女，2023年8月—）

宣教室主任

黄　伟

案件审理室主任

王天婷（女）

党风政风监督室主任

赵　祥

信访室主任

罗燕敏（女，2023年3月—）

案件监督管理室主任

孙思佳

第一审查调查室主任

陈　勇

第二审查调查室主任

王白云

第三审查调查室主任

郝　杨

第四审查调查室主任

董海波（2023年3月—）

第五监督检查室主任

李　波

第六监督检查室主任

谢　晨

第七监督检查室主任

黄　超

第八监督检查室主任

张　羽（2023年3月—）

监督审查技术室主任

吴晶京（女，2023年8月—）

监察委员会

（与市纪委合署）

主　任

蔡　璟（女）

副主任

张世海（—2023年4月）

滕振林（—2023年8月）

李兴国（2023年3月—）

韩学明（2023年11月—）

委　员

李兴国（—2023年3月）

韩学明（—2023年11月）

张爱萍（女，—2023年6月）

崔海峰

夏　蕾（女，2023年6月—）

第一派出监察员办公室主任

李　波

第二派出监察员办公室主任

谢　晨

第三派出监察员办公室主任

黄　超

派驻机构

市委办纪检监察组组长

程　伟

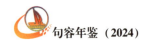

人大、政协机关纪检监察组组长
张秀花（女）
政府办纪检监察组组长
赵泓宇（—2023年8月）
黎立青（2023年8月—）
组织部纪检监察组组长
冯　丹
宣传部纪检监察组组长
邰小雪（女，—2023年3月）
丁　浩（2023年3月—）
政法委机关纪检监察组组长
陈　鑫
发改委纪检监察组组长
孙平国
住建局纪检监察组组长
王　挺
农业农村局纪检监察组组长
杜雪美（女）
市监局纪检监察组组长
袁根富
公安局纪检监察组组长
王志平
综合监督纪检监察组组长
傅明进

·句容市人民法院·

院长、党组书记
唐东升
副书记
张　路（—2023年10月）
徐光云（女，2023年10月—）
副院长
张　路（—2023年10月）
徐光云（女，2023年10月—）
严卫东
陈　琴（女）
党组成员
严卫东
陈　琴（女）

谭江宇
王　丽（女）
政治部主任
王　丽（女）
审判委员会专职委员
谭江宇
卞英明
执行局局长
赵瑾俊

·句容市人民检察院·

检察长、党组书记
陈东旭
党组副书记
鸦连军（—2023年6月）
张　路（2023年10月—）
副检察长
鸦连军（—2023年6月）
徐光云（女，—2023年10月）
张　路（2023年10月—）
张红兴（2023年10月—）
党组成员
徐光云（女，—2023年10月）
朱凌雁（女）
张红兴
刘昌云
刘　薇（女，2023年10月—）
政治部主任
刘昌云
检察委员会专职委员
朱凌雁（女）
张红兴（—2023年10月）
刘　薇（女，2023年10月—）

·社会团体·

总工会

主　席
徐胜宝*

党组书记
陈一江（—2023年3月）
滕　静（2023年3月—）
副主席
陈一江（—2023年3月）
张　健
方海军
张元慧（女）
胡继发*
薛　文*（—2023年4月）
沈春雷（挂职）
王建军（挂职，2023年4月—）
党组成员
张　健
方海军
张元慧（女）

共青团句容市委员会

书　记
姜雯荣（—2023年8月）
刘　浩（2023年8月—）
副书记
文　超
杨鸣昊（2023年4月—）
孟　慧*（女）
丁　峰*
周　江*

妇女联合会

党组书记、主席
尹小计（女）
副主席
陈　梅（女）
夏　敏（女）
华梦丽（女，挂职）
孙　瑜*（女）
罗先霞*（女）
党组成员
陈　梅（女）
夏　敏（女）
张玉红（女）

科学技术协会

主 席
高庆松（—2023年4月）
凌　麓（2023年4月—）

党组书记
高庆松（—2023年4月）
王发顺（2023年4月—）

副主席
张德成
施江华
李　祥*
房家义*
蒋雪平*

党组成员
张德成
施江华

工商业联合会

主 席
朱　燕（女）

党组书记
周　伟（—2023年10月）
徐　进（2023年10月—）

驻会副主席
蒋苏娜（女）
冯　俊

党组成员
冯　俊
祝震宇

不驻会副主席
虞育号
刘树安
鲁平才
季　浩
张秀凤（女）
姚锁平
汤　槿（女）

文学艺术界联合会

主 席
吴　清

副主席
徐　燕（女）
刘后成*

红十字会

会 长
凌　华（女）

常务副会长
王　霞（女，—2023年8月）
周菲菲（女，2023年8月—）

党组书记
周菲菲（女，2023年8月—）

党组成员
王立宇（女，2023年12月—）
凌　凯（女，2023年12月—）

副会长
王立宇（女）

残疾人联合会

主 席
闵　佳

党组书记
张业华（女，—2023年4月）
高庆松（2023年4月—）

副主席、理事长
张业华（女，—2023年4月）
高庆松（2023年4月—）

副理事长
汤继红（女）
张光兵

党组成员
汤继红（女）
张光兵

归侨侨眷联合会

主 席
文德忠

副主席
郑长明（不驻会）
汪海滨（不驻会）

人口和计划生育协会

会 长
凌　华（女）

·各镇党委、人大、政府·

下蜀镇

党委书记
陈　斌（援陕）

党委副书记
徐　明（—2023年10月）
侯　伟（2023年10月—）
朱　斌（—2023年4月）
陈建兵（—2023年4月）
杨　健（2023年4月—）
孔　飞（2023年4月—）

党委委员、纪委书记
殷文宏

党委组织委员
张　馨（女，—2023年8月）
胥文雯（女，2023年8月—）

党委宣传委员
夏建玲（女）

党委统战委员
胥文雯（女，—2023年8月）
徐　洲（2023年8月—）

党委政法委员
董存玉

党委委员、人武部部长
谢　鸣（—2023年8月）
许朝宏（2023年8月—）

党委委员
杨　健（—2023年4月）
丁卫民（2023年4月—）

人大主席
戴兆方（—2023年4月）
俞小俊（2023年4月—）

镇 长
徐　明（—2023年10月）
侯　伟（2023年10月—）

副镇长

杨 健（—2023年4月）

丁卫民

冯正平

张波静

许学智

郑晓虎

经济发展局局长

徐 洲

财政和资产管理局局长

雍 慧（女）

行政审批局局长

王志敏

建设局局长

王 勇（2023年6月—）

政法和社会事业局局长

戴邦国

宝华镇

党委书记

卞云峰（—2023年12月）

方春喜（2023年12月—）

党委副书记

方春喜

孙洪钰

党委委员、纪委书记

任凌云

党委组织委员

毕道杰

党委宣传委员

郭心悦（女，—2023年8月）

王 媛（女，2023年8月—）

党委统战委员

王 欣（女，—2023年3）

赵君岚（女，2023年3月—）

党委政法委员、人武部部长

林 松

党委委员

戴 裔（—2023年10月）

宋贤飞

张录军（挂职，—2023年8月）

人大主席

冯义进

镇 长

方春喜

副镇长

戴 裔（—2023年10月）

宋贤飞

朱宏琴（女）

陈 平

李 晶（—2023年10月）

郑 超（女，2023年10月—）

马国兵（—2023年6月）

马千里（2023年6月—）

边城镇

党委书记

吴 勇

党委副书记

张世海（2023年4月—）

周菲菲（女，—2023年8月）

党委委员、纪委书记

刘 浩（—2023年8月）

姚 炜（2023年10月—）

党委组织委员

章 伟（—2023年6月）

尹 方（2023年6月—）

党委宣传委员

笪倩倩（女）

党委统战委员

巫玉倩（女）

党委政法委员、人武部部长

姚 炜

党委委员

刘 凯

人大主席

张 虎

镇 长

张世海（2023年4月—）

副镇长

刘 凯

陈和平

许 平

沈 晨（—2023年4月）

章 伟（2023年4月—）

白兔镇

党委书记

闵 佳＊（—2023年4月）

朱庆峰（2023年4月—）

党委副书记

朱庆峰＊（—2023年4月）

董 群（2023年4月—）

戴荣国（—2023年6月）

樊 磊（2023年6月—）

党委委员、纪委书记

徐 钧

党委组织委员

卢 力

党委宣传委员

庄 瑜（女）

党委统战委员

施佳敏（女）

党委政法委员、人武部部长

朱小洪

党委委员

樊 磊（—2023年6月）

侯建忠（2023年6月—）

人大主席

董 群（—2023年4月）

王轶群（女，2023年6月—）

镇 长

朱庆峰（—2023年4月）

董 群（2023年4月—）

副镇长

樊 磊（—2023年4月）

刘长珍（女，—2023年6月）

孙 青（女，2023年6月—）

侯建忠

成 帅

茅山镇

党委书记

　郭　露

党委副书记

　蔡　艳（女）

　钱　莉（女）

党委委员、纪委书记

　喻　萍（女，—2023年3月）

　邱小雪（女，2023年3月—）

党委组织委员

　潘道政

党委宣传委员

　刘　亚（女）

党委统战委员

　朱明海

党委政法委员、人武部部长

　方　静

党委委员

　刘富金（—2023年4月）

　陈　杰（2023年8月—）

人大主席

　戴显斌

镇　长

　蔡　艳（女）

副镇长

　刘富金（—2023年4月）

　陈　杰

　孙怀建

　束　泉

后白镇

党委书记

　张明飞

党委副书记

　任　刚（—2023年4月）

　徐哲迅（2023年4月—）

　于景金（挂职）

　余　兵

党委委员、纪委书记

　沈信志

党委组织委员

　余　俊

党委宣传委员

　周钰明（—2023年8月）

　王小飞（2023年8月—）

党委统战委员

　王　媛（女，—2023年8月）

　王　越（2023年8月—）

党委政法委员、人武部部长

　马　杰（2023年4月—）

党委委员

　靳春亮（—2023年6月）

　赵　文（2023年10月—）

　庄黎丽（女，挂职）

人大主席

　张　博（—2023年10月）

镇　长

　任　刚（—2023年4月）

　徐哲迅（2023年4月—）

副镇长

　靳春亮（—2023年6月）

　张　巍（女，—2023年8月）

　王　伟

　樊旭华（女，—2023年10月）

　赵　文（2023年10月—）

　佘　斌（2023年6月—）

　周钰明（2023年8月—）

天王镇

党委书记

　侯　伟（—2023年10月）

　丁国睿（2023年10月—）

党委副书记

　丁国睿（—2023年5月）

　周　伟（2023年10月—）

　鲁学谦（—2023年10月）

党委委员、纪委书记

　孔　叶（—2023年6月）

　赵泓宇（2023年8月—）

党委组织委员

　方　晶（—2023年4月）

　翁文璐（2023年8月—）

党委宣传委员

　张映钢

党委统战委员

　姚伟超

党委政法委员、人武部部长

　陈江涛

党委委员

　范迎春

人大主席

　韦　刚

镇　长

　丁国睿（—2023年10月）

　周　伟（2023年10月—）

副镇长

　范迎春

　王　莉（女，—2023年4月）

　张昌华

　时　效

　方　晶（2023年4月—）

郭庄镇

党委书记

　谢　兵（—2023年6月）

　袁　民（2023年6月—）

党委副书记

　洪礼荣

　毛海洋（2023年3月—）

　袁友新

党委委员、纪委书记

　喻　萍（女，2023年3月—）

党委组织委员

　肖　川（—2023年8月）

　张佩佩（女，2023年8月—）

党委宣传委员

　薛珊珊（女）

党委统战委员

沈军伟

党委政法委员

徐原雷（—2023年4月）

朱文俊（2023年4月—）

党委委员、人武部部长

米　玉（2023年4月—）

党委委员

夏兴华

人大主席

朱华伟（—2023年6月）

赵　军（2023年6月—）

镇　长

洪礼荣

副镇长

夏兴华

毛可进

杨青松

孙　青（女，—2023年6月）

刘长珍（女，2023年6月—）

杨　荣

黄庆平（2023年6月—）

综合行政执法局局长

王　玮

集成管理指挥中心主任

戴　翔（2023年8月—）

索 引

说 明

一、本索引采用主题分析方法编制。标引词按第一字汉语拼音音序排列；第一字相同，按第二字排列，依次类推。

二、类目、分目（次分目上）名称用黑体字标明。标引词后的阿拉伯数字表示内容所在的页码，数字后的拉丁字母 a、b、c 表示从左至右第一、二、三栏。标引词后第二个页码起，表示该索引参见内容所在位置。

三、彩色画页未编索引。

A

艾滋病防治　205a
爱国卫生　206b
安全生产　218a
安全生产（城管）　178c
安全生产（环境）　108a
安全生产工作　183a
安全生产执法　218c
安全隐患治理　218b
案件侦破　93b
案件执行　97a

B

白兔镇　234c
办公用房管理　70a
帮扶纾困工作　80a
宝华山第十五届泡山节　155c
宝华镇　233a
保险扩面征缴　224c
保障性安居工程　174b
保障性补助　174c
报纸媒体宣传　201a
边城镇　236b
便民服务　69a
殡葬工作　211a
病媒生物防制　206b
博物馆　198a

C

财政　117a
财政　35a
财政改革和管理　118b
财政平稳运行　117a
财政预算审计　120b
参政建言（知联会）　91c
参政议政（民进句容支部）　88b
参政议政（民盟句容支部）　88b
参政议政（农工民主党句容支部）　89b
餐饮油烟整治　109a
残疾人教育就业　85b
茶产业资源整合　133c
产品质量安全监管　123b
产业布局优化　111a
产业结构　139c
产业强市支持　117a
产业项目服务　69a
城区拆迁安置工作　172a
城区建设　172a
城市管理服务　178b
城市绿化和园林建设　179a
城市详细规划　106c
城市性质及规划　29a
城市总体规划　106a
城乡发展　38a
城乡管理　177b
城乡规划　105c
城乡建设　35c
城乡建设和管理　172
城乡建设（开发区）　229a
城乡居民基本医疗保险　225b
池塘标准化改造　132b
崇明街道　245a
出台关于加强沪宁沿江高速铁路句容站综合管理意见》　67b
出台《句容市产业项目"招引评估"办法》　66c
出台《句容市供排水一体化改革实施方案》　67c
出租车行业管理　166b
初中教育　193c

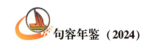

初中"研学课堂"推进　193c
畜禽粪污资源化利用　132a
传媒产业发展　201c
传授三坛大戒法会　50c
创新管理（开发区）　229a
创新人才培育　222b
创新型示范县（市、区）建设
　　183b
慈善事业　217a
慈善网络募捐　217b
慈善助残　217c
慈善助老　217b
慈善助学　217b
慈善助医　217b
促进创新创业　223c
村级"一事一议"财政奖补
　　项目监管　128a
村镇规划　106c
村镇建设　172c
村镇建设（下蜀）　232b

D

大事记　9
大中小学思政课一体化建设　188b
大众传媒　200c
代表议案、重点建议　63b
代建业务　115b
党风廉政建设　77b
党史工作　56a
党外代表人士工作　50a
党校工作　54a
档案工作　55a
档案库房全面盘库　55a
档案库房　55b
档案为民服务　55b
档案征集编研　55c
地方金融稳定　158a
地理位置　23a
第六届白兔草莓文化旅游节
　　155b　236a

第三届江苏发展大会句容行合作
　　恳谈会　40c
第十届句容桑果紫酒节　155b
第十三届中国句容茅山文化
　　旅游节　155a
第十四届丁庄葡萄节　155c
第四轮省农村改革试验任务　129a
地名工作　211a
地情概要　23a
地质地貌　23a
地质灾害防治工作　105b
第五次全国经济普查　121b
第五届国际道教论坛　1
第五届国际道教论坛　40c
电力安全生产　175a
电力供应　175a
电视新闻宣传　200c
电网建设　175b
电诈案件整治　93c
电子商务　147b
督学工作　190c
督政工作　191a
断面达标整治　109a
队伍建设（纪委监委）　75b
对外及对港澳台贸易　144a
对外交流工作　190a
对外宣传　201b
多元解纷　97c

E

儿童青少年近视防控工程　191c
2023 福地句容马拉松　203a
2023 句容茅山湖铁人三顶赛　203b

F

发展促进工作　49b
发展规划管理　111a
发展环境管理　122c

法律服务　98c
法律服务（工商联）　90c
法院　96c
法治　92
法治建设　92c
法治句容建设　98a
法治宣传　98b
方言　31b
防返贫保险　125c
防灾减灾　220b
房地产业　174a
房地产　34b
房屋白蚁防治　172a
"飞地经济"战略合作协议签订
　　239b
非煤矿山安全生产综合整治　219c
非物质文化遗产的保护利用　198b
风景名胜　32a
扶持重点群体　223c
扶贫工作　125a
服务业　34c
腐败惩治　77b
妇女儿童权益维护　82a
妇女就业创业　83a
妇幼健康　207c
附录　261
富民强村帮促行动　125a

G

干部队伍建设　42a
干部教育培训　54b
港澳台工作　51c
港台资情况　145c
高标准农田建设项目　134b
高等教育　195a
高考成绩　193c
高效产业项目帮扶　125c
高性能材料产业　142a
耕地保护　103c

耕地质量提升　130c
工会服务工作　79c
工贸企业安全生产监管　219a
工业　139
工业　34a
工业经济（白兔）　235a
工业经济（宝华）　233b
工业经济（边城）　236b
工业经济（郭庄）　238a
工业经济（后白）　239c
工业经济（华阳）　230a
工业经济（天王）　241a
工业经济（下蜀）　231c
工业园区限值限量管理监测监控
　　能力建设　108b
公安　93b
公共服务　225b
公共机构节能　70b
公共文化服务　197a
公共资源交易　69b
公共租赁住房　174c
公路管理　166c
公民道德建设　48a
公务用车管理　70b
公务员工作　44b
公益诉讼检察　95c
公用事业　172c
公园广场管理　179b
公证工作　98c
供电服务　175c
供水服务　176b
供水管网建设　176a
供销合作　147b
共青团句容市委员会　80c
固定资产投资　34c
关心下一代工作　215a
广播电视管理　197c
广电网络　170a
《癸卯年》特种邮票首发仪式
　　236a

郭庄镇　237c
国防动员　100c
国防动员体制改革　101b
国防动员演练　101c
国防教育　100b
国家级5G工厂建设　169b
"国家卫生乡镇"复审　206b
国民经济和社会发展　34a
国土空间监测　103c
国土绿化行动　104b
国有企业实体化转型　116c
国有资产管理　114c
国有资产监管　115a
国有资产专项监督　77a

H

航道管理　167a
和谐劳动关系　224a
核与辐射安全管理　108a
后白镇　239b
后勤服务保障　70c
护航企业用工　223c
沪宁沿江高铁建设工程　5
沪宁沿江高铁句容站投入使用
　　165a
华电江苏句容新能源有限
　　公司揭牌　233a
华夏银行句容支行　163a
华阳街道　230a
"华阳蟠桃"获评全国名特优新农
产品　231c
环境　107a
环境保护　35c
环境管理　107c
环境监测　110b
环境卫生整治　108b
环境信访工作　107c
环境执法　107c
环境质量　107a

环境质量自动监测　110b
婚俗改革　211c
婚姻登记　211c
货币信贷政策　158a
货运管理　166a
获省科学技术奖6项　185b

J

机动车尾气管控　108b
机构编制　52b
机构编制管理　53a
机构整合　148c
机关事务管理　70a
基层党组织和党员队伍建设　43a
基层工会建设　80b
基层卫生　207b
基层中医　209c
基础网络建设　170a
急性传染病控制　204c
疾病预防控制　204c
集团化办学　187b
"纪巡"联动　78b
技能人才培育　222c
家庭家教家风建设　82c
价格管理　123c
监督工作　58a
监督工作　75c
监督执行监测　110c
检察　95a
检察为民服务　96b
建言献策　73b
建置沿革　27b
建筑企业监督管理　173c
建筑企业信用管理　174a
建筑业　173c
建筑业　34b
健康促进工作　206c
健康教育与健康促进工作　206a
健康镇村（社区）建设　206b

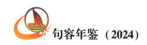

江苏常熟农村商业银行句容支行　162a
江苏句容农村商业银行　160b
江苏句容农旅招商专场推介会　68a
江苏句容投资集团有限公司　115b
江苏句容新农控股集团有限公司　116a
江苏农林职业技术学院　195a
江苏农林职业技术学院百年发展　7
江苏省句容高级中学异地新建　191c
江苏省普惠金融县区行　67c
江苏苏州农村商业银行句容支行　162a
江苏银行句容支行　160c
江苏紫金农村商业银行句容支行　161a
交通　164
交通　29c
交通管理　166c
交通管理（公安）　94c
交通建设　164c
交通银行镇江句容支行　159b
交通运输　165b
交通综合执法改革　164b
教科研成果　189b
教师队伍　189c
教师培训　190a
教育　187
教育　35a
教育督导　190b
教育基础建设　191b
教育装备　191c
教育装备管理　192a
秸秆机械化还田　136a
结核病防治　205b
金融　156
金融　35a
金融风险化解　157b

金融服务　157c
金融管理　156b
金融普惠　157a
进出口产品结构　144b
经济发展　37a
经济发展（开发区）　227c
经济发展（茅管）　244a
助推经济社会发展　57c
经济责任审计　121a
经贸合作　144
精神文明建设　46c
警示教育　77c
竞技体育　202c
九三学社句容支社　90a
九运会　160c
救护培训　85c
就业创业　223b
就医保障　226c
居家养老上门服务　212c
"句满意"服务品牌升级　112b
句容（北京）高质量发展恳谈会　40b
句容（上海）高质量发展恳谈会　40c
句容市第十四届丁庄葡萄节　243c
句容市工商业联合会　90b
句容国有资本投资控股集团
有限公司　116c
句容农文旅上海推介招商会　68b
句容市残疾人联合会　85a
句容市党外知识分子联谊会　91b
句容市第五次全国经济普查
　工作　67b
句容市妇女联合会　81c
句容市妇幼保健院异地建成投入
　使用　208b
句容概览　23
句容市红十字会　85c
句容市监察委员会　75
句容市科学技术协会　83b

句容市人民代表大会　57
句容市人民武装部　100a
句容市人民政府　64
句容市文学艺术界联合会　84a
句容市总工会　79a
句容苏南村镇银行　161c
句容综合交通枢纽建设　165a
决策部署落实　76a
军事　100

K

开发区建设和管理　227
开发园区体制改革　112b
开放型经济　34c
康复服务　85b
抗震节能　172b
考察交流（港澳台工作）　52a
科创载体建设　182c
科技　35a
科技成果　184c
科技创新　228c
科技服务　183c
科技服务（科协）　83c
科技管理　183a
科技活动　184a
科技计划　184c
科技项目立项　184c
科技指标　182b
科技治超　166c
科教研成果　189b
科普宣传教育　83c
科普阵地建设　83c
科学技术　182
客运管理　166a
空气环境质量　107a
控烟工作　206c
矿产资源管理　105a
困境妇女儿童帮扶　82c

L

劳动保障监察 224b
劳动监督与仲裁 224a
劳资纠纷调处 224b
老干部工作 53a
老干部政治待遇落实 53b
老干部走访慰问 53c
老干部作用发挥 54a
老龄健康 208a
老年人助餐服务 215a
离休干部"三有一落实"工作 53c
理论宣讲 54b
理论研究 54c
历代兵事 33b
历代名人 33a
历史文化遗存 32b
利用外资及港澳台资 145b
粮食 148b
粮食安全 148c
粮食安全宣传 149a
粮食储备 114c
粮食购销 148c
粮油储备 149a
"两个年"行动 192b
"两个责任"落实 76a
林梅村入选第三批全国乡村治理示范村 240c
林业管理 104a
林长制工作 104a
路灯养护 173b
路政巡查 166b
旅游 35b
旅游产业（宝华） 233c
旅游产业建设 153b
旅游产业（茅管） 244b
旅游产业（茅山） 243a
旅游规划建设 152b

旅游行业管理 154a
旅游节庆活动 155a
旅游项目推进 154a
旅游宣传推介 154c
旅游业 152
律师工作 98c
绿地养护 179a
绿色发展 38c
绿色防控示范区建设 131a
绿色高质高效创建 130a
绿色建材产业 141c
绿色优质农产品供给 134b

M

慢性非传染病防治 205a
茅山风景区管委会 243c
茅山镇 242a
美丽乡村建设 172c
免疫规划工作 205a
民商事审判 97a
民生保障 113c
民生保障（财政） 118a
民生保障（市委） 39a
民生服务 115c
民生工程建设 178a
民生审计 121a
民生实事项目建设 113c
民生事业（宝华） 234b
民生事业（边城） 237b
民生事业（郭庄） 238c
民生事业（后白） 240b
民生事业（华阳） 231a
民生事业（开发区） 229b
民生事业（茅管） 244c
民生事业（茅山） 243b
民生事业（天王） 241c
民生事业（下蜀） 232c
民事检察 95b
民宿管理 154c

民营经济工作 49b
民政工作 210a
民主党派·工商联 87
民主监督 74b
民族 31a
民族工作 50b
民族工作宣传活动 50b
模范人物简介 248b

N

南京银行句容支行 162b
内部整治（纪委监委） 75c
年鉴工作 56b
宁句城际轨道管理 167b
宁句企业家对口交流活动 68b
农产品流通 147c
农产品展示展销 133c
农产品质量监管 134b
农村不动产确权登记 103b
农村产权交易监督管理 129c
农村电子商务 134a
农村工作 124c
农村河道管理范围划界 137a
农村户厕改造 125a
农村环境质量监测 110b
农村集体土地所有权确权登记 103b
农村人居环境整治村庄垃圾清理专项行动 124c
农村生活污水治理 177a
农村危旧房改造 172c
农村宅基地工作 129a
农机购置补贴 136a
农机新机具、新技术示范推广及培训 136b
农机源头管理 136a
农科院科技服务 137c
农路管养 167b
农田水利 136c

农业 34a
农业·农村 124
农业产业化 133a
农业发展（白兔） 235a
农业发展（边城） 236c
农业发展（郭庄） 238b
农业发展（后白） 240a
农业发展（华阳） 230b
农业发展（茅山） 242c
农业发展（天王） 241b
农业发展（下蜀） 232b
农业机械 135c
农业经济 126c
农业科技创新 183a
农业科技推广 135b
农业科技研究 137b
农业绿色发展 135c
农业品牌化建设 133b
农业普法宣传 126b
农业综合开发 134b
农业综合行政执法 126a
农业综合行政执法规范建设 126a

P

排污许可证管理 108a
培训机构监管 196b
品牌建设 145a
平安建设 92b
普通高中教育 193c

Q

企业帮扶 144c
企业服务（工商联） 90c
企业服务（开发区） 229a
企业服务（政务服务） 68c
企业结构 140c
企业上市服务 157a
气候 24c

气象服务 186b
气象科技 185c
气象灾害监测 185c
气象灾害防御 185c
气象灾害风险管理 186a
汽车及零部件产业 142a
侨务工作 51a
侨务交流 51c
侨务联盟建设 51b
青年发展工作 81b
青年人才培育 222b
青年志愿者工作 81c
青少年服务（关工委） 215c
青少年服务工作 81a
青少年生命健康"润心"
　　行动 188c
青少年思想引领工作 80c
青少年主题教育 215a
青虾产业技术体系推广示范项目
　　132c
权益保障 101c
全民终身学习 195a
全市产业强市大会 39b
全市"七一"表彰大会暨党
　　建引领高质量发展推进会 39c
全市文化旅游高质量发展大会
　　39c
全市组织工作会议 40a
全域农安追溯 135a
群众体育 202a
群众团体 79

R

燃气安全 177b
人才服务 222a
人才工作 44a
人大代表工作 62c
人道救助 86b
人居环境整治 177c

人口 30b
人力资源服务 222a
人力资源和社会保障 222
人民生活 36b
人事制度改革 188a
人物·荣誉 247
任免市政府副市长 62b
容错纠错 76b
融资领域专项监督 77a

S

"三包干一统筹"工作 219c
"三扶两创" 工作 215c
3家企业入选省级"瞪羚"企业
　　185a
"三献"工作 86a
312国道句容段快速化改造工程
　　165b
森林防灭火工作 104c
商会建设 90b
商贸流通 147
上海浦东发展银行句容支行 162c
社保惠民 224c
社保基金监管 225a
社工工作 210c
社会保障 224b
社会保障 36b
社会服务（工商联） 91a
社会服务（民盟句容支部） 87c
社会服务（农工民主党句容支部）
　　89b
社会服务（知联会） 91c
社会救助 216a
社会救助对象年度复查工作 217a
社会救助扩围增效专项行动 216c
社会救助宣传 216c
社会矛盾化解 99a
社会生活 210
社会事业（白兔） 235c

索　引

社会文明建设　48c
社会治理　210a
社会综合治理（法治）　93a
社会综合治理（检察）　96a
社会组织管理　210b
社情民意反映　74a
社区服务（崇明）　245b
社区管理（崇明）　245c
社区建设（崇明）　245a
社区矫正帮扶　99a
社区教育　194c
社区睦邻治理（崇明）　246a
涉农执法办案　126a
涉农执法行动　126a
涉烟案件　149a
深化改革　112b
审计　120a
审判监督　97c
生产经营主体入网监管　134c
生态安全保障　178c
生态河道建设及农村河道疏浚　136c
生态红线及生态管控区管理　108b
生育服务和管理　211b
声环境质量　107b
省委巡视、审计工作　39b
师德师风建设　190a
施工和道路扬尘监管　108c
师资队伍建设（党校）　54c
石砀山铜矿抽水蓄能电站项目签约　234c
食盐　149b
实验室监测质量控制　110c
食品安全高质量发展　134c
食品安全监管　123a
石油　149b
史志工作　56a
市场监督管理　122a
市场主体管理　122a
市徽和市花　33c

市级机关党建工作　45a
市级养老服务指导中心投入运营　212c
市领导简介　247a
市人大常委会会议　58c
市人大常委会主任会议　59c
市容环境整治　177b
市十七届人大二次会议　58b
市政府全体（扩大）会议　66c
市政府与江苏农林职业技术学院全面深化战略合作　68a
市政基础设施维护　173a
市政建设·公用事业　172c
市政协常委会　72a
市政协十一届二次会议　72a
市政协主席会　72b
数字电视　170b
数字化建设（联通）　169c
数字化智慧农业建设　133c
数字经济建设　112a
数字人民币试点　158b
"双创"工作　191a
"双减"工作　187b
双拥共建　102c
水产品质量安全专项整治　133a
水环境质量　107a
水库移民后期扶持项目建设　180b
水利工程管理　180a
水利工程监督　180b
水利工程建设　179c
水利设施建设与管理　179c
水、气、声环境质量例行监测　110b
水文水情　24a
水污染防治重点工程　109b
水系河流　23c
水政水资源管理　180c
税费服务　119b
税收改革　119a
税收征管　118c

税务　118c
司法　98a
思想理论建设　45c
"四风"纠治　76c
饲料兽药监督　132b
诉讼服务体系建设　97c

T

台企服务　52a
太湖综合治理　132b
太湖综合治理攻坚战　109b
碳达峰碳中和落实　113b
特色产业　141b
特殊教育　194a
特殊困难老年人探访关爱服务　213b
特载　1
特种设备安全监管　123b
提案工作　73c
提升就业技能　224a
体教融合　202b
体育　202a
体育产业　202c
体育赛事　203a
体育设施建设　202b
体育组织建设　202b
体制机制改革　52b
天然气供应　177a
天王镇　240c
天王镇重点产业项目集中开工仪式　242a
停车服务　178c
通信　169a
统计　121b
统计服务　122a
统计能力提升　121c
统战工作　49a
统战人才建设工作　49a
统战阵地建设工作　49c

图书馆　198a
屠宰环节监管　132a
土地领域专项监督　77b
土地面积　23a
土地市场　105c
土壤环境质量　107b
退役军人管理　101c

W

外地推介活动　155a
外汇服务　158b
外来入侵水生动物普查　133a
网格化治理　219b
网络安全　171c
网络安全（电信）　169b
网络管理　170c
网络宣传　171a
网络治理　171b
危险废物排查整治　109c
危险废物污染防治　109c
危险化学品监管　219a
违建管控　178a
未成年人保护　96b
未成年人救助　216b
未成年人思想道德建设　48b
为侨服务　51c
卫生　204
卫生　35b
卫生基础建设　208b
卫生监督执法　206a
文化　197a
文化　35b
文化·体育　197
文化产业　200a
文化场所　198a
文化惠民　197a
文化建设　46b
文化市场监管　200a
文化遗产　198b

文化艺术　199b
文旅融合　152c
文旅招商推介会　154c
文明城市创建　47a
文物保护　199a
文艺创作　199b
文艺创作（文联）　84c
文艺活动　199c
文艺主题活动　84b
稳价保供　114b
污水处理　176c
"无废城市"建设工作　110a
无害化处理监管　132a
无人机路网巡查　167c
无线电管理工作　168c
五级人大代表统一接待选民日　62b
物流业　150c
物业管理　174b

X

下蜀镇　231c
先进集体名录　253
先进人物名录　250
乡村产业项目　133b
乡村公益医疗互助试点　125b
乡村建设　124c
乡村振兴助力　97b
乡村治理　129b
乡土人才培育　223a
乡镇人大工作　63a
项目建设（开发区）　228a
项目推进（工业）　141a
项目推进（开发区）　228b
项目推进（茅山）　242b
项目引进　141a
消防工作　220c
消防审查　172b
消费环境管理　123a
小贷行业发展　163c

小额贷款公司　163b
小学教育　193a
小学教育内涵建设　193b
校家社协同育人　188a
校外教育辅导站建设　215b
校外培训　196a
校园安全防范　192b
新兵应急救护培训　100c
新技术示范推广　130b
新媒体宣传　201a
新品种、新技术推广应用　130c
新时代文明实践　47c
新闻宣传　46a
新型电力（新能源）装备产业　141c
新型农业经营主体建设　126c
信访　99a
信访工作基层建设　99c
信访问题化解　99b
信访问题源头治理　99b
信息采集　220a
信息化建设　168
信息化建设（电信）　169a
信息基础设施建设　168b
信息技术产业　141b
信用金融合作　147c
刑事犯罪打击　95a
兴业银行句容支行　161b
刑事审判　96c
行政检察　95c
行政区划　28c
"幸福家园"村社互助工程　217c
推广休闲观光农业　133b
畜牧生态健康养殖技术推广　132a
宣传工作　45c
学前教育　192c
学校安全　192a
血寄地防工作　205c
巡察工作　78a
巡察整改　78c
循环经济和资源循环利用　113c

索　引

Y

烟草　149a
养老服务工作　212b
养殖业　131c
药品安全监管　123b
药品采购　226a
野生动物监测　104c
医保基金监管　226b
1912文化休闲商业街正式营业　231b
医疗保障　225a
医疗机构管理　209a
医疗救助　225c
医疗培训　209a
医政管理　208c
依法行政　98b
依法治统　121c
宜居宜业和美乡村示范创建　125a
移交安置　102a
以案促改　77c
意识形态工作　46c
艺体教育　189a
议政协商　72c
印发《2023年市政府重点工作》　67a
银行　157c
营商环境服务　96a
营商环境优化　76b
营商环境管理　122b
应急管理　218
应急减排清单管理　108c
应急救援能力建设　220c
优抚优待　102b
优质企业培育　112a
《癸卯年》特种邮票首发仪式　150c　236a
邮政　149c
邮政惠农　150a
邮政快递　150b

幼儿园发展　192c
渔业产业概况　132b
渔业科技创新　132c
园林绿化工程建设　179a

Z

渣土运输整治　177c
招商引资（开发区）　228a
招投标工作　172a
镇村建设（白兔）　235b
镇村建设（宝华）　233c
镇村建设（边城）　237a
镇村建设（郭庄）　238c
镇村建设（后白）　240a
镇村建设（华阳）　230b
镇村建设（茅管）　244c
镇村建设（茅山）　243a
镇村建设（天王）　241c
镇江市农科院　137a
镇·街道·管委会　230
征信服务　158b
正高级专业技术人员名录　259
政策跟踪审计　120b
政策性农业保险工作　128c
政府常务会议　64b
政府投资审计　120c
政务诚信建设　113a
政务服务　68c
政协句容市委员会　71
政协委员管理　71c
政治巡察　78a
支部活动（民进句容支部）　88c
支部活动（民盟江苏农林学院支部）　87a
支部活动（民盟句容支部）　87c
支部活动（农工民主党句容支部）　89a
知联会活动　91a
支社活动（九三学社句容支社）　90a

执法服务　94b
职工基本医疗保险　225a
职工文化建设　79b
职教高考录取情况　194b
职业教育　194a
治安防控　93c
智改数转网联工作　168c
志书工作　56c
中共句容市纪律检查委员会　75
中共句容市委十三届四次全会　40a
中共句容市委十三届五次全会　40b
中共句容市委员会　37
中国电信股份有限公司句容分公司　169a
中国工商银行句容支行　158b
中国光大银行句容支行　161b
中国建设银行句容市支行　159b
中国联合网络通信集团有限公司句容市分公司　169c
中国民生银行句容支行　162b
中国民主促进会句容支部　88b
中国民主同盟江苏农林学院支部　87a
中国民主同盟句容支部　87b
中国农工民主党句容支部　89a
中国农业发展银行句容市支行　160a
中国农业银行句容市支行　158c
中国移动通信集团江苏有限公司句容分公司　169b
中国银行句容支行　159a
中国邮政储蓄银行句容市支行　159c
中心工作保障　76a
中信银行句容支行　163a
中医中药　209b
重大动物疫病防控　131c
重大项目建设　111c
重点工程项目（新农控股）　116b

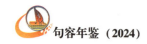

重点企业选介 142a	主题教育 41a	自然资源和生态环境 103
重要会议（人大） 58b	住房保障 174b	自然资源行政执法 105b
重要会议（市委） 39b	专委会建设 71c	自营业务 115c
重要会议（政府） 64b	专项监督治理 76c	综合经济管理 111
重要会议（政协） 72a	专项评议大会 62b	综合考核工作 45a
重要活动（人大） 62b	专项整治 218b	宗教 31a
重要活动（市委） 40b	资产工作 116b	宗教工作 50c
重要活动（政府） 67c	资产招租 115a	宗教领域安全生产工作 51a
重要决策（政府） 66c	资源 26a	宗教领域"两个专项"整治 50c
重要水体水质保障 109a	自来水供应 176a	组织工作 40c
种植业 130a	自然资源 103a	尊老金发放 212c

图书在版编目（CIP）数据

句容年鉴 . 2024 / 句容市史志办公室编 . -- 苏州：苏州大学出版社，2024. 12. -- ISBN 978-7-5672-4284-5

Ⅰ. Z525.34

中国国家版本馆 CIP 数据核字第 2024ZT1946 号

书　　名	句容年鉴（2024）
编　　者	句容市史志办公室
责任编辑	杨　柳
助理编辑	穆宣臻
装帧设计	刘　俊
出版发行	苏州大学出版社（Soochow University Press）
社　　址	苏州市十梓街 1 号
邮　　编	215006
网　　址	http：//www.sudapress.com
邮　　箱	sdcbs@suda.edu.cn
印　　装	镇江文苑制版印刷有限责任公司
邮购热线	0512-67480030　销售热线　0512-67481020
网店网址	http：//szdxcbs.tmall.com（天猫旗舰店）
开　　本	889 mm×1 194 mm　1/16　印张　22　字数　710 千字
版　　次	2024 年 12 月第 1 版
印　　次	2024 年 12 月第 1 次印刷
书　　号	ISBN 978-7-5672-4284-5
定　　价	280.00 元

凡购本社图书发现印张错误，请与本社联系调换。服务热线：0512-67481020

一般公共预算收入	50.05 亿元
一般公共预算支出	83 亿元
粮食总产量	26.23 万吨
规模以上工业总产值	564.58 亿元
固定资产投资	225.39 亿元
进出口总额	39.2 亿元
社会消费品零售总额	193.96 亿元
旅游总收入	120.71 亿元
接待游客人数	1504.9 万人次
公路总里程	2446.406 千米
航道总里程	76.63 千米
铁路里程	90.678 千米
卫生机构总数	278 个
居民人均可支配收入	49210 元
城镇居民人均可支配收入	62269 元
农村居民人均可支配收入	32081 元